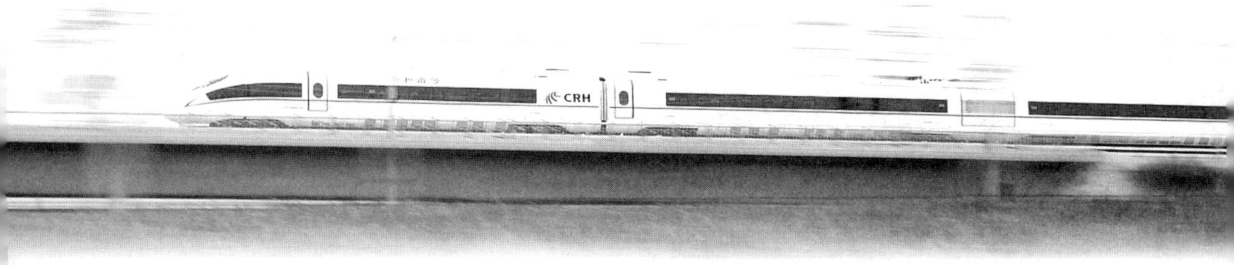

新常态新动力：

“十三五”经济增长动力机制研究

盛来运 主编

中国统计出版社
China Statistics Press

图书在版编目(CIP)数据

新常态新动力 ："十三五"经济增长动力机制研究 / 盛来运主编. —— 北京 ：中国统计出版社，2015.6
ISBN 978-7-5037-7452-2

Ⅰ. ①新… Ⅱ. ①盛… Ⅲ. ①中国经济—经济增长—经济动力学—研究—2016～2020 Ⅳ. ①F124

中国版本图书馆 CIP 数据核字(2015)第 131880 号

新常态新动力："十三五"经济增长动力机制研究

作　　者/盛来运
责任编辑/郭　栋
封面设计/李雪燕
出版发行/中国统计出版社
通信地址/北京市西城区月坛南街 57 号　邮政编码/100826
办公地址/北京市丰台区西三环南路甲 6 号
网　　址/http://www.zgtjcbs.com/
电　　话/邮购(010)63376907　书店(010)68783172
印　　刷/河北天普润印刷厂
经　　销/新华书店
开　　本/787×1092 毫米 1/16
字　　数/310 千字
印　　张/25.25
版　　别/2015 年 8 月第 1 版
版　　次/2015 年 8 月第 1 次印刷
定　　价/68.00 元

编　委　会

前　言

“十三五”时期是实现全面建成小康社会宏伟目标的攻坚时期，是全面深化改革的关键时期，也是加快转变发展方式的重要时期。伴随经济发展内涵和条件的改变，新常态将成为这一时期重要的阶段性特征。与以往的高速增长时期相比，“十三五”中国经济潜在的增长区间将会如何变化？能否确保实现十八大提出的“两个翻番”的目标？新常态下支撑中国经济增长的动力将会如何转换？如何有效培育新动力以充分释放发展潜力？产业结构和区域布局应如何调整以形成增长的新引擎？这些问题对于全面把握机遇，科学应对各种挑战，实现全面小康社会宏伟目标，具有重大深远的意义。

2014年，国家统计局综合司组织全国省级统计局综合统计分析部门，集中力量对“十三五”时期经济增长动力问题进行了专题研究，研究重点集中于经济潜在增长空间、经济增长动力转换、增长新动力培育、产业结构调整与转型升级、区域经济协调发展和跨越中等收入陷阱的国际经验。在大量调查分析的基础上，各单位形成了一批质量较高的研究报告，主要内容综述如下：

一、“十三五”期间经济潜在增长区间将适度下移

2014年末召开的中央经济工作会议指出，我国经济正从高速增长转向中高速增长。从近两年经济实际运行情况看，受国际经济复苏疲弱和国内“三期叠加”等因素影响，经济增速呈现稳中趋缓态势，从1978－2010年年均增长9.9%回落到近两年的7－8%，国内外关于中国经济增速换档是否会引发失速的议论很多。因此，在全面分析“十三五”期间经济社会发展面临的内外部环境以及支撑经济增长的要素资源和动力变化基础上，科学预测“十三五”期间中国的潜在经济增长率具有重大的现实意义。这不仅关系到“十三五”规划的制定，还关系到顺利实现十八大提出的到2020年“实现国内生产总值和城乡居民人均收入比2010年翻一番”的奋斗目标。

目前学术上测算潜在经济增长率的方法很多，综合考虑各种方法的优势和不足，以及我国经济发展的特征，我们选取HP滤波、劳动生产率和生产函数法三种方法，从不同角度对“十三五”期间的潜在经济增长率进行了预测和验证。HP滤波预测法剔除了经济增长的短期波动，是对经济增速周期变化的直接观察，反映了经济运行的长期趋势。劳动生产率预测法建立在人口变化和相对于劳动的技术进步基础上，反映了要素质量提升对经济增长的作用。生产函数预测法重点考虑了包括支出结构、人口结构和产业结构等结构因素的变化，综合反映了需求、要素、供给等动力转换对经济增长可能带来的影响。预测结果显示，“十三五”（2016—2020年）期间我国经济增速的可能区间为6.0％—7.5％，年均增速均值为6.8％。预测结果表明，近两年经济增速的换档反映了我国经济发展的阶段性特点，具有长期性和趋势性，也符合国际上后发国家追赶进程的普遍规律。

从预测结果出发，报告进一步对2020年实现“两个翻番”目标的可能性进行了探讨。根据2010年和2013年国内生产总值的可比数据计算，要实现2020年国内生产总值比2010年翻一番，2014—2020年需要实现年均6.74％的经济增长率，如果2014—2015年可以保证7％的年均增速，则实现总量翻番目标，“十三五”期间只需要实现6.64％的年均增速。三种测算方法得到的“十三五”期间潜在年均经济增长率均在6.64％以上，说明我国经济总量翻番的目标具有较为坚实的基础。而且，“十三五”期间我国人口的自然增长率很可能继续下降，劳动力稀缺性的进一步显现将推动（相对）工资的持续上涨，这将使居民收入在收入分配中的比重上升，进而使居民收入增速持续高于国内生产总值增速，因此，如果总量翻番目标得到了保证，那么城乡居民人均收入翻番的目标也是可以保证的。总之，根据报告的预测结果以及2014年经济增长7.4％的实际运行结果，尽管目前潜在经济增长率出现了下降，并且这种下降趋势在“十三五”期间还将延续，但是按照现有的发展方式和结构变化趋势，到2020年仍然可以实现“十八大”提出的“两个翻番”奋斗目标。

上海、江苏等省份在对资本、劳动力和全要素生产率等要素投入进行数量分析的基础上，分别对各自地区“十三五”期间的潜在增长率进行了测算。尽管由于地区发展水平和发展阶段不一，潜在增长水平区间差别较大，但却显示出相似的趋势，即总体将呈现稳中略降的趋势，但不会出现大起大落，仍将位于“合理区间”。上海经济发展进入大众高额消费阶段后期，“十三五”时期的潜在增长率预计比近三年平均水平下降1个百分点左右。江苏经济发达程度略低于上海，但也已步入发达经济体行列，“十三五”时期的潜在增长率预计将下降到8.2％－9.0％之间，比近三年的平均水平低1个百分点以上。江西处于中高收入经济体向发达经济体过渡的关键时期，在改革创新、产业升级、扩大内需等措施的带动下，能够大体维持目前的增长速度，到2020年人均GDP突破1万美元。甘肃作为一个典型的欠发达地区，经济处于工业化初期向中期过渡的阶段，“十三五”时期国内生产总值增速预计将在6.9％至8.6％之间。

二、新旧增长动力转换进程加快

当前，我国经济正在向形态更高级、分工更复杂、结构更合理的阶段演化，经济发展动力正从传统增长点转向新的增长点，系统总结回顾改革开放以来30多年来支撑经济高速增长的主要动力以及未来演变趋势，对于科学认识和把握新常态下中国经济运行的新特征具有重要意义。报告从需求动力、供给动力、产业动力和区域动力等四个角度提供了一个分析框架，以1978－2010年、2011年－2014年和即将到来的“十三五”为时间纬度，比较系统地分析研究了我国经济增长动力的阶段性特征及其演变趋势。

报告指出，我国过去30多年的高速增长是在改革开放政策的推动下，充分发挥后发优势，利用资源禀赋，依靠要素规模扩张和投资、出口拉动取得的。近年来，随着我国经济进入转型发展新阶段，经济增长的支撑力量正由传统动力向新兴动力转变，过去推动经济高速增长的传统动力出现减弱，新生动力加快孕育增强，支撑经济增长的新旧动力转换态势将进一步加快。从全国层面看，动力转换主要包括四个特征：**从需求角度看，**支撑过去高速增长的传统领域投资和出口动力出现一定衰减，当前及今后一个时期，消费持续升级、较快增长的潜力和空间较大，基础设施互联互通和一些新技术、新产品、新业态、新商业模式的投资机会大量涌现，有利于经济的稳定增长。**从要素供给角度看，**依靠劳动力、资本、能源、土地等要素规模扩张推动经济增长的传统模式已难以为继，需要依靠人力资本、技术进步、改革创新等因素助推经济增长和转型升级。**从产业角度看，**传统制造业产能过剩问题比较突出且面临艰巨的转型升级任务，对经济增长的推动力趋于下降；服务业发展较快且前景广阔，对经济增长的贡献将持续增强。**从区域角度看，**东部地区在技术创新和转型升级方面引领作用进一步发挥，中西部地区后发优势更加凸现，经济增速趋于加快，区域协同发展格局将逐步形成。

从省级行政区层面看，大部分地区也都呈现出增长动力转换的态势。东部地区的经济发展阶段领先于中、西部地区，增长动力的变化相对较大，中西部地区的增长动力特征则基本稳定。江苏经济在由中上等收入经济体步入发达经济体的过程中，增长动力实现了明显转换。需求动力由内外需共同驱动转向主要依赖内部需求；产业动力由规模扩张转向结构调整；要素动力由物质投入转向科技创新；区域动力由苏南地区为主转向区域协调发展；城乡动力由传统城镇化转向"以人为本"的城乡一体化发展；体制动力由政府主导转向市场决定。湖北经济在中部地区处于领先地位，长期以来依靠传统动力实现了较快发展，但在当前阶段已明显感受到了增长动力转换偏缓带来的问题：需求动力以高投资为主，消费牵引动力不足；供给动力以要素投入为主，而自主创新动力不足；产业动力以工业化为主，产业优化动力不足；区域动力以城镇引领为主，区域协调动力不足。广西目前传统的增长动力仍在继续发挥作用，但可以预见"十三五"时期内需增长、结构调整、科技创新、"双核"驱动、新型城镇化将成为新的动力来源。

三、有效培育新动力是充分释放发展潜力的关键

当前我国经济增长的新旧动力正在孕育转换，一方面传统动力出现一定衰减，另一方面新生动力正在成长。但新动力的孕育成长还面临较大阻力和不确定性，需要一定的培育和成长期，新动力全面取代传统动力占据经济增长主导地位还需要较长的时间。因此，当前在继续巩固传统的经济增长动力，提升传统动力的质量，防止传统动力和经济增速的过快回落的同时，更为重要的是要通过体制机制的创新加快培育新生动力，使新动力尽快成长为经济增长的主导力量，向改革创新要动力，向结构调整要动力，向民生改善要动力，力促经济在转型升级中健康发展。

培育新动力要顺应规律主动作为。要保持经济健康稳定发展，就必须充分认识经济发展新阶段环境条件的深刻变化及其动力机制的转换，认真遵循新常态下的经济发展规律。当前及今后一个时期，经济由工业主导向服务业主导转变、消费由模仿排浪式向个性化、多样化转变是发展的大趋势。要顺应这个规律和趋势，不失时机地加快推进服务业发展和消费升

级。上海提出起飞阶段单纯的跟随战略已不足以支撑经济转型发展，必须把科技创新摆在发展全局的核心位置，加快建设全球科技创新中心城市。要强化基础科研、教育、人才引进等方面投入，特别要加大基础研究和应用研究的投入，系统推进重大技术成果的产业化。要抓住第三次工业革命的孕育给上海经济带来的新契机，顺应全球新产业革命的发展趋势，推动科技、生产方式、产业组织、管理模式的创新，推动战略性新兴产业发展，带动传统产业转型升级。要以发展生产性服务业作为突破口，积极发展信息服务业、现代物流业、技术研发业等新兴服务业，推动文化、教育、医疗和社区服务业的发展。

培育新动力要抓住机遇加快改革。党的十八大提出，要发挥市场在资源配置中的决定性作用。要发现和培育经济增长新动力、加快推进经济转型升级、实现经济发展方式转变，保持国民经济健康稳定发展，最关键的就是要按照中央的要求进一步深化改革。只有改革创新，才能更好适应新常态，有效引领新常态，也才能把握好未来中国经济发展的大逻辑，开创经济发展的新局面。只有改革创新，才能提高要素质量和资源配置效率，激发全社会创业动力和创新潜力，挖掘经济持续增长的驱动力，以及千百万老百姓中蕴藏的创造热情。只有改革创新，才能稳妥推进创新驱动发展战略，才能稳步加大破解发展难题的力度。只有改革创新，才能加快转变经济发展方式，切实转换经济发展动力，实现科学发展、绿色发展、和谐发展。很多省份在建议中提出，要通过简政放权激发市场活力，减少政府对微观经济的干预，降低创业成本，激发创新动力，更好发挥市场在资源配置中的决定作用。当前尤其是要加快推进价格改革和财税金融体制改革，切实减轻企业税费负担，进一步放宽市场准入，破除市场垄断，引导和鼓励民间投资。在通过对经济预调微调，确保国民经济运行在合理区间的基础上，更好地发挥政府在完善市场规则、优化市场监管方面的作用，为各类企业公平竞争创造良好的市场环境，激发和巩固大众创业、万众创新的良好局面。

四、梯次推进产业结构升级是转型升级的必由之路

发展经济学认为，结构对经济增长的速度和质量具有决定性的影响，当经济结构发生重大变化时，经济增长的速度和质量也将相应发生显著变化。近年来中国经济结构性矛盾表现突出，主要是：产业供给结构还不适应需求结构尤其是消费结构升级和多样化、个性化发展的需要。部分传统行业在市场需求复苏缓慢、产能过剩比较严重的情况下，生产经营持续面临较大压力和困难；一些创新能力不强、缺乏核心竞争力的企业在残酷的市场竞争中面临生存危机，甚至被"洗牌"出局；一些消费领域的传统业态难以满足消费者便捷、优质、个性化的需求，市场份额不断萎缩。与此同时，在政府引导和市场倒逼双重作用下，新产业新业态新产品加快孕育成长，市场呈现"冰火两重天"的分化调整格局。技术含量高、资源消耗少、成长潜力大的高技术产业和装备制造业增长较快，电子商务、移动互联网等与居民消费升级相关的新业态发展迅猛，高附加值、高技术含量的新产品产销两旺。2011－2014 年，高技术产业增加值年均增长 13.2%，装备制造业增长 11.7%，分别比规模以上工业增加值增速快 2.7 和 1.2 个百分点。2014 年，我国网上零售额达到 2.8 万亿元，同比增长 49.7%，相当于社会消费品零售总额的 10.6%。

产业结构调整在地区间呈现梯次推进的格局。绿色崛起是产业升级的理想路径，也是东部地区下阶段发展的主要目标。海南是改革开放以来新兴的东部省份，其产业升级的过程和未来的方向有较强的代表性。海南建省以来的三次产业结构演进经历了加速调整、探索调整、结构优化和转型升级四个阶段，确立、巩固了"三二一"的产业格局，具有工业化中期阶段特征明显、服务业占主导地位、重化工业份额高的产业结构特征。扩大第三产业比重会推动经济良性增长，其中科学研究综合技术服务业、房地产业和商业饮食业等是拉动海南经济增长的最有效因素。中西部地区的产业结构则相对落后，转型升级有较大的空间和潜力。近年来，云南省坚持推进农业产业化、新型工业化、城镇化和教育现代化"四轮驱动"战略，以推进园区经济、县域经济、民营经济发展"三大战役"为抓手积极推进产业转型发展，产业结构调整取得了积极进展，服务业比重稳中有升，第二、三产业吸纳就业的能力有所增强。但是也要看到，云南仍属于"二、三、一型"产业结构，产业发展中"一产不优、二产不快、三产不强"的格局没有根本改变，与全国"三、二、一型"的产业结构相比仍显滞后。振兴东北老工业基地战略实施以来，东北地区的产业结构和发展方式发生了可喜变化。东北地区最发达的辽宁省已实现了由传统老工业基地向现代产业基地的转变，经济增长由主要依靠人力、物力投入向更多依靠人才、科技投入的转变。但是，目前辽宁省战略性新兴产业发展较慢，冶金石化工业发展不容乐观，服务业发展水平仍然较低，科技创新动力不足，产业结构层次与发达国家及我国东南沿海等发达地区差距仍然十分明显。

五、寻求缔造新增长极是区域协调发展的重点

区域协同发展有利于拓展国民经济发展空间，创造更大回旋余地，有利于形成合理的区域分工和高效的协同机制，提高空间利用效率，减少恶性竞争和重复建设，同时也是落实科学发展观、全面建成小康社会和建设社会主义和谐社会的内在要求。“十三五”时期，京津冀一体化和丝绸之路经济带建设等重点规划都将实施推进，区域间的产业合作将不断深化，区域相对差距将呈现缩小趋势。报告对此作了深入研究。

京津冀产业协同发展有利于优化国家区域发展布局、形成新的增长动力。从可行性来看，三地经济发展阶段不同，产业发展处在不同发展梯度上，存在一定互补性，为实现区域内产业合理分工、协同发展奠定了基础。根据北京、天津和河北省11个地级市不同的潜力能级划定出三地开展产业合作的空间圈域——京津核心区，唐山、保定、廊坊、沧州、石家庄、邯郸产业协作区和秦皇岛、邢台、衡水、张家口、承德联动支撑区。核心区应是产业转移方，引领产业高端环节；产业协作区应利用区位优势，根据自身基础承接来自核心区的产业转移；联动支撑区主要承担生态保障、产业支撑等功能。当前应加强顶层设计，尽快编制出台京津冀产业协同发展规划，健全多方位的协同发展保障机制，推进京津冀区域的产业协同发展。

丝绸之路经济带建设是“十三五”区域经济协调发展的重要内容。我国西北五省区（陕西、甘肃、青海、宁夏、新疆）及中亚五国（哈萨克斯坦、吉尔吉斯斯坦、塔吉克斯坦、乌兹别克斯坦和土库曼斯坦）是丝路经济带必然涉及的地区，甚至可视为丝路经济带的核心地区，其经济协调发展水平的高低直接关系到整个“一带一路”战略的成败。使用2000—2013年的数据，对西北五省区及中亚五国共10个地区的区域经济协调度进行了测算，结果表明，10个地区的区域经济协调度较高，但这种协调是低发展水平上的协调，随着丝绸之路经济带建设的推进，这种低发展水平上的区域经济协调状态有可能被打破，出现协调度的下降。为使区域经济协调度保持在可以接受的限度内，需要各省区及相关国家建立高效的沟通协调机制，高水平推进丝绸之路经济带软硬件建设。

省级行政区内部差距缩小、协调性增强是协同发展的另一个重要目标。近年来广东省经济逐渐由珠三角主导拉动向区域协调发展转变，经济发展的区域协调性进一步增强为其他地区提供了很好的经验。广东省区域协调发展主要有五个特点：一是区域间相对差距不断缩小，区域差距的变化趋势呈轻微的倒"U"型。二是区域产业结构不断优化，东西北地区升级快于珠三角。三是东西北地区劳动密集型工业迅速增加，珠三角先进制造业加快发展，区域工业实现有序转型。四是区域间产业错位发展，形成了优势互补的区域产业布局。五是产业与就业结构偏差缩小，区域劳动力结构配置不断优化。为促进广东省区域协调发展，要继续突出主导产业的拉动作用，做大做强区域中心城市。要注重发展特色产业，充分发挥东西北地区的后发优势。要加强区域之间的分工与合作，加大对东西北地区的政策扶植。

六、充分借鉴国际经验成功跨越"中等收入陷阱"

当前，我国正处在由中等偏上收入向高收入国家迈进的关键阶段。自19世纪中叶第一次工业革命以来，全球230多个经济体中只有70个左右的经济体进入了高收入发展阶段，绝大部分至今还停留在中等收入阶段。西欧国家在第三次技术革命浪潮的推动下，依托制度转型建立了新的增长机制，逐步迈进高收入国家行列。美国依靠稳定制度和创新能力的推动，多次成功转型，有效避免了"中等收入陷阱"。日韩两国通过转变经济发展战略与经济增长方式、科技创新能力和机制建设、调整经济结构与产业升级、发展动力转换和收入分配均等化，成功跨越"中等收入陷阱"。

以阿根廷、巴西、智利、墨西哥为代表的拉美国家是跌入中等收入陷阱的典型经济体。他们的教训主要是：进口替代战略未能及时调整，过度城市化，收入分配不公平以及市场配置资源严重扭曲。印度尼西亚、马来西亚、泰国、菲律宾等国的主要教训是：对国外市场过度依赖，而忽略了国内市场的开发；盲目追求利用外资的数量，而忽略了监管；外贸依存度高，产业结构和内外部经济结构失衡；货币政策失误，不分环境条件实行固定汇率制度。中东和俄罗斯国家过度依赖自然资源，也未能逃离"中等收入陷阱"的怪圈。

参照这些经验和教训，我国应抓住经济发展转型的历史机遇，通过实现"包容性增长"，社保制度与经济增长同步发展，跨越"福利陷阱"。在政策选择上，**一是**将经济增长速度调整到合理区间，由高速、粗放型增长向均衡增长、可持续发展转变。**二是**扩大中等收入群体，由"生产型社会"向"消费型社会"过渡。**三是**加快改造传统产业，支持发展战略性新兴产业，促进经济实现高端化、低碳化发展。**四是**加快推进体制改革，为促进经济结构调整和社会结构转型创造制度条件。

经济增长动力研究是一项巨大且深奥的工程，涵盖的内容非常复杂。本书的研究只是初步的探索，研究内容还有待扩展，方法还有待完善，有些结论也有待于在实践中进一步检验。但即使是这些初步的探索，也已经涵盖了大量的专项调查资料和翔实的统计数据，报告原创性强，对“十三五”时期经济增长走势的把握也是较科学的，对于制定相关的政策无疑具有较强的参考价值。

最后，向关心支持该课题研究的相关省、区、市统计局和调查总队，以及所有参与课题研究、付出辛勤劳动的同志们表示衷心感谢！

编　者

2015 年 5 月 31 日于北京

目　录

第一部分　增速换挡：潜在增长率下移

第二部分 动力转换：新动力加快孕育

第一部分　增速换挡:潜在增长率下移

第一章　中国“十三五”潜在经济增长率预测

摘要：科学预测“十三五”期间我国潜在经济增长率，对于认识和把握经济发展新常态的运行特点、制定“十三五”规划十分重要。为此，本文综合使用HP滤波法、劳动生产率法、生产函数法等三种方法，从不同角度对“十三五”期间的潜在经济增长率进行了预测。预测结果显示，“十三五”(2016—2020年)期间我国经济增速的可能区间为6.0%—7.5%，年均增速均值为6.8%。如经济按照这一速度运行，“十八大”确立的“两个翻番”目标能够实现。

关于潜在经济增长率的测算和预测有多种方法，多数文献从特定的角度和目的出发仅采用其中一种方法进行估算，为了更为全面地分析“十三五”期间经济增长可能出现的变化，本文使用HP滤波法、劳动生产率法和生产函数法三种方法分别从不同的角度对潜在增长率及其未来走势进行估算。同时，本文在相关变量和模型的选择中较多地考虑了人口结构、支出结构、产业结构，以及劳动力在不同产业间的转移等结构变化和动力转换因素对经济增长可能带来的影响，这有助于更好地解释未来经济增长的可能来源，也是对宏观经济预测方法的一种新尝试。

一、基于HP滤波的ARIMA预测

在测算潜在经济增长率的众多方法中，HP滤波法是一种相对简单、应用普遍的方法，其基本原理是从时间序列的原始数据中分解出周期成分和波动成分，通过设定经验参数测定长期趋势。一般认为，一个经济增长的时间序列由长期趋势和短期波动组成，短期波动是时间序列对长期趋势的偏离程度，长期趋势即为潜在经济增长率。通过HP滤波得到潜在经济增长率的历史数据后，可从历史数据的变化趋势推测出潜在经济增长率的未来变化。这种方法的优点在于依赖的指标和数据很少，但是经济学理论支撑不够充分，只能说明数据变化的趋势，难以从中得出具体的政策含义和经济学规律，属于典型的"数据挖掘"方法。本文使用 HP 滤波法进行预测的主要目的是从增长率数据变化本身观察"十三五"潜在经济增长率的可能区间，为其他预测方法提供参考和佐证。

(一)HP 滤波结果

对 1978—2013 年经济增长率的 HP 滤波结果见图 1。滤波结果表明，改革开放以来我国潜在经济增长率维持在 8%—11%的区间。按照"谷—峰—谷"的划分方法，改革开放以来我国潜在经济增长率的长期趋势可以分为三个周期：第一个周期是 1978—1989 年，该周期跨度为 12 年，潜在经济增长率的波动区间在 8.97%—10.18%之间；第二个周期是 1990—1999 年，周期跨度为 10 年，潜在经济增长率的波动区间在 9.61%—10.27%之间；第三个周期起始于 2000 年，该周期潜在经济增长率的高点为 2006 年，达 10.47%，到 2013 年回落至 8.55%。

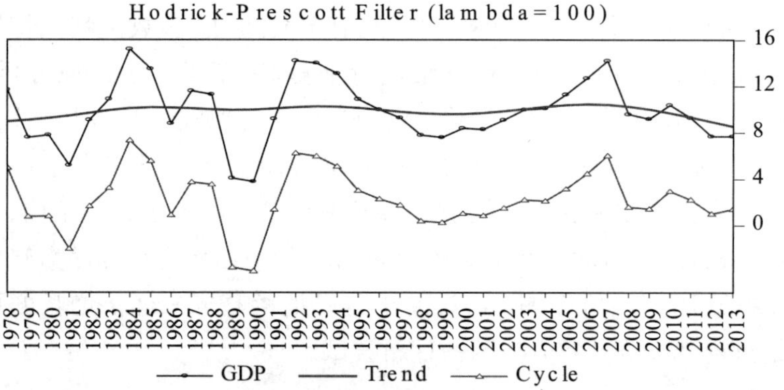

图 1　HP 滤波后我国潜在经济增长率(Trend)

(二)对潜在经济增长率的 ARIMA 预测

ARIMA(p,d,q)模型即差分自回归移动平均模型，又称 Box—Jenkins 模型。其基本原理是以时间序列的自相关分析为基础，将预测对象随时间推移形成的数据序列视为一个随机序列，用一定的数学模型近似描述这个序列。这个模型一旦被识别后就可以从时间序列的过去值、现在值来预测未来值。该模型在经济预测中既考虑了经济现象在时间序列上的依存性，又考虑了随机波动的干扰性，对经济运行短期趋势预测准确率较高，应用比较广泛。

ARIMA(p,d,q)中,p 为自回归项数,q 为移动平均项数,d 为为使时间序列平稳所做的差分次数。预测时间序列 X_t 时,ARIMA(p,d,q)模型可以表示为:

$$(1-\sum_{i=1}^{p}L^{i})(1-L)^{d}X_{t}=(1+\sum_{i=1}^{q}Q_{i}L^{i})\varepsilon_{t}$$

对经过 HP 滤波得出的 1978—2013 年潜在经济增长率进行 ADF 单位根检验的方法,结果表明该组数据在一阶差分后是平稳序列,因此在 ARIMA 模型中,d 选择 1。p 和 q 的确定需要根据 AIC 和 SIC 准则进行选择,通过运算处理及结果判断,ARIMA(1,1,1)更为适合本模型。

预测结果见图 2 和表 1。由于改革开放 30 多年我国经济的快速增长导致经济增长长期趋势的位势相对较高,因此 ARIMA 预测结果在 2014 年和 2015 年相对偏高。从预测值数据看,我国经济增长率的下降态势较为明显,由 2010 年 8%的增长水平较快地接近 6%的增长水平,“十三五”期间我国经济增长率可能会维持在 6.2%—7.5%之间。

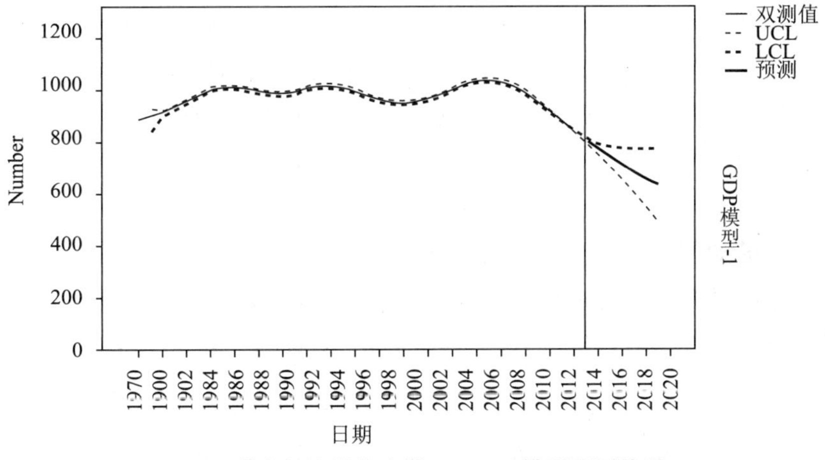

图 2　潜在经济增长率的 ARIMA 模型预测结果

表 1　经济增长率的 ARIMA 模型预测结果

年份	2014	2015	2016	2017	2018	2019	2020
预测	8.17	7.81	7.46	7.13	6.81	6.51	6.22
UCL	8.25	8.05	7.9	7.8	7.73	7.69	7.68
LCL	8.09	7.56	7.02	6.46	5.9	5.33	4.76

二、基于劳动生产率的预测

“十三五”期间,我国经济增长的内外部环境将发生重大变化,必然给经济增长速度带来一定影响,而经济结构的调整和发展方式的转变也将对经济增长产生重大影响,要准确预测这些纷繁复杂的变化并将其全部量化,在现有的统计资料基础上是很难实现的。因此,这里选取少数几个最为可靠的指标和数据,尽可能准确地找出数据变化的规律,根据其规律进行趋势外推,预测未来经济增长变化的可能区间。

在发展方式一定的前提下,经济增长速度主要由各种生产要素的供给决定,其中,相比于资本、土地、技术等生产要素,劳动力要素的波动性是最小的,因为劳动力的数量主要由人口规模决定,而人口规模在短期内很难发生巨大变化,劳动力的质量主要由教育决定,而教育又是一个长期的投资过程,人口平均受教育年限在短期内也不会发生巨大改变,因此,从波动性最小的劳动力数据出发,可得到相对可靠的潜在经济增长率趋势预测。相比于 HP 滤波方法,这种方法的优点在于考虑了劳动力数量和劳动力质量,以及相对于劳动的技术进步因素对经济增长的决定作用,具有较强的经济学理论基础。但是,由于考虑的变量仍然较少,所以从估测结果中得出政策含义的难度也较大。

(一)劳动年龄人口及就业人数预测

根据我国各年龄的人口数和死亡率数据,可推算 n 年后除 0 到 n－1 岁以外的各年龄人口数,具体的计算公式为:

$$PO_{age+n}^{t+n}=PO_{age}^{t}(1-dr_{age})(1-dr_{age+1})\cdots(1-dr_{age+n-1})$$

上式中,t 为年份,age 为年龄,PO_{age}^{t} 为 t 年份年龄为 age 的年平均人口数,dr_{age} 为年龄为 age 的人口死亡率,这里假设各年龄人口死亡率不随时间变化,PO_{age+n}^{t+n} 为 n 年后年龄为 age+n 的年平均人口数。

使用 2012 年人口抽样调查的各年龄人口比重及其死亡率数据[①]计算 2013－2020 年各年龄年平均人口数。然后,将各年份 15－64 岁年龄人口年

① 数据来源于国家统计局人口和就业统计司(编):《中国人口和就业统计年鉴 2013》,中国统计出版社,2013 年。

平均数加总，得到各年份“劳动年龄人口”①的年平均值预测数。

历年就业人员年平均数与15—64岁年龄人口年平均数相除，得到“劳动参与率”②，计算结果如图3所示，1991—2013年，我国劳动参与率呈明显的下降走势。

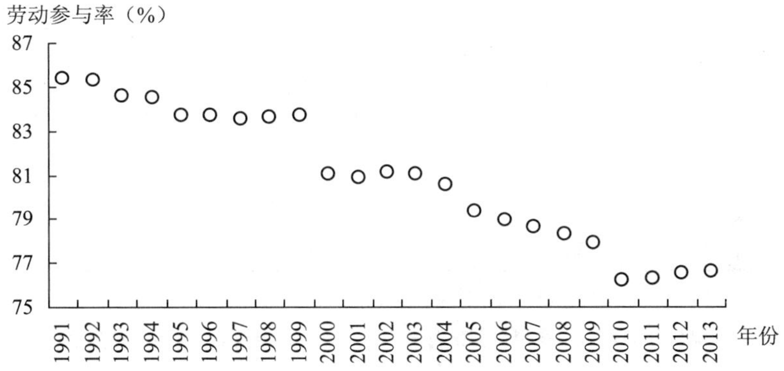

图3　全国劳动参与率

为预测未来的劳动参与率变化，设t为时间，并令1991年t取值为1，1992年t取值为2，依此类推，将1991—2013年劳动参与率数据对时间t做线性回归，得预测方程：

$$LPR_t = -0.4506t + 86.3424$$
$$(R^2 = 0.9657)$$

上式中，LPR_t为第t年的劳动参与率。将未来相应年份换算为自1991年开始计数的第t年，代入此预测方程，可得到各年劳动参与率的预测值。

使用上述两式计算的未来各年份年平均劳动年龄人口数和劳动参与率列于表2，两者相乘得到各年份年平均就业人员数预测值。

① “劳动年龄人口”一般指16岁以上或16—60岁人口，但由于我国历年的统计资料一直采用15—64岁人口分组的统计口径，为方便数据的处理，这里将“劳动年龄人口”定义为15—64岁人口。

② 准确地说，计算“劳动参与率”应将失业人口计算在内，但目前我国公布的失业数据中只有城镇失业率，且全国“就业人员”数中又包含了农业中的隐性失业人口，为方便数据的处理，这里不考虑失业人口。

表 2　全国就业人员数预测

年　份	劳动年龄人口(万人) (1)	劳动参与率(%) (2)	就业人员数(万人) (3)=(1)×(2)
2013	100315	75.98	76217
2014	100188	75.53	75669
2015	100098	75.08	75151
2016	99977	74.63	74609
2017	99536	74.18	73831
2018	99080	73.73	73047
2019	98644	73.27	72280
2020	98228	72.82	71533

注:虽然 2013 年就业人员数已公布,但为了观察潜在经济增长率的变化趋势,这里仍用 2013 年劳动年龄人口预测值和劳动参与率拟合值推算 2013 年人员数;表中各年份数据均为年平均值。

(二)劳动生产率和潜在经济增长率预测

使用按 1978 年不变价格计算的国内生产总值数据与当年就业人员数相除的方法,可分别计算历年按可比价格计算的全国平均劳动生产率,对 1979—2013 年的计算结果如图 4 所示,全国平均劳动生产率变化轨迹呈提高速度逐渐加快的曲线。

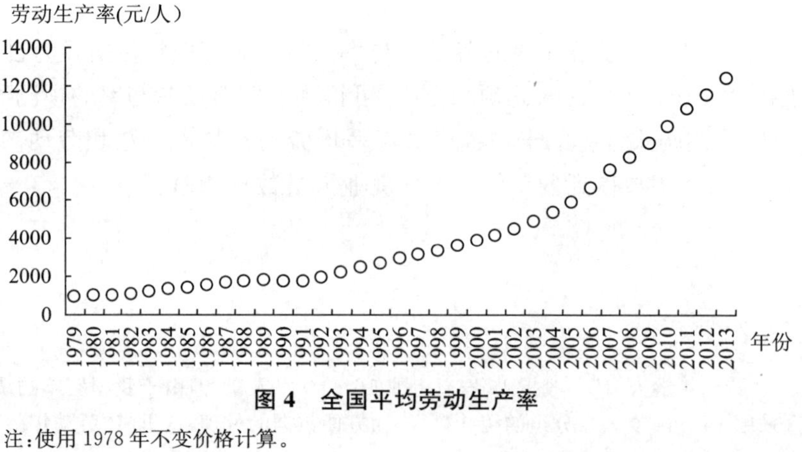

图 4　全国平均劳动生产率

注:使用 1978 年不变价格计算。

为较为全面地考察经济增长的可能变化,这里选用两种模型对 1979—2013 年全国平均劳动生产率数据进行拟合。令 t 为自 1979 年开始计数的年份，并令 A_t 为第 t 年的全国平均劳动生产率，则有：

模型Ⅰ——指数函数：

$$A_t = 777.9423e^{0.0763t} \quad (5-3)$$

$$(R^2 = 0.9880)$$

模型Ⅱ——三次多项式函数：

$$A_t = 0.4410t^3 - 10.0611t^2 + 151.3907t + 709.3852 \quad (5-4)$$

$$(R^2 = 0.9984)$$

使用模型Ⅰ和模型Ⅱ可分别求出未来各年份全国平均劳动生产率的两种预测值，将这些预测值与相应年份的就业人员预测值相乘，得到按 1978 年不变价格计算的未来各年份国内生产总值，据此可得两组可能的经济增长率预测值，计算结果列于表 3。

表 3　全国平均劳动生产率和经济增长率预测

年份	全国平均劳动生产率（元/人）(4)		经济增长率(%) $(5)_t = \left[\frac{(4)_t \times (3)_t}{(4)_{t-1} \times (3)_{t-1}} - 1\right] \times 100\%$		经济增长率预测均值(%)
	模型Ⅰ	模型Ⅱ	模型Ⅰ	模型Ⅱ	
2013	11242	12590	—	—	—
2014	12134	13694	7.15	7.99	7.57
2015	13096	14873	7.18	7.87	7.52
2016	14134	16131	7.15	7.67	7.41
2017	15255	17468	6.80	7.16	6.98
2018	16465	18889	6.78	6.98	6.88
2019	17770	20395	6.80	6.84	6.82
2020	19179	21990	6.81	6.70	6.75

注：2013 年数据为使用模型计算的拟合值；表中全国平均劳动生产率为年平均值；(3)表示表 2 中所标号为(3)的列，下标 t 表示年份。

综合表 3 的预测结果来看，"十三五"期间经济增长速度在 6.70%—7.67%之间，较 2001—2013 年 7.7%—14.2%之间的增速明显下降。为得到一个较为集中的变化趋势，可以对两个模型的经济增速预测结果做几何平均观察预测均值变化，结果显示，2014 年经济增速可能在 7.6%左右，2016—2020 年经济增速可能会由 7.4%逐渐下降到 6.8%（见表 3）。

三、基于生产函数的预测

生产函数代表了产出与要素投入之间的技术关系,从生产函数出发估计潜在产出的方法已经在发达国家广泛应用。这种方法的主要优点在于:第一,生产函数法全面考虑了要素投入对经济增长的贡献度,而不是仅仅依赖于变量间的统计关系,具有明确的经济理论基础。第二,提供了具体经济增长模式的基本分析框架,能够适应不同经济增长模式,涵盖经济结构演变等经济增长动力特征,估测结果具有较为丰富的政策含义。这种方法的缺点主要在于估测结果依赖于指标计算方法和函数形式的选取,目前,资本、劳动力等外生变量指标的计算方法以及全要素生产率的函数形式还存在很大争论,对各种外生变量的预测也难免带有一定的主观成分,这降低了分析和预测的客观性和准确度。

为考察结构变化对于经济增长的影响,本文尝试建立包含人口结构、产业结构以及储蓄行为等因素的生产函数,并用以预测“十三五”期间的潜在经济增长率。基本思路为:第一步,构建能够涵盖我国经济结构特征的生产函数模型,并基于历史数据,估计模型参数;第二步,结合“十三五”期间要素投入和产业结构等可能的演变趋势,对未来的潜在经济增长率进行模拟预测。

需要指出的是,任何经济计量模型预测都是以一定的假设为前提的。在下面的模型构建和预测中,我们关注决定经济增长的主要方面,特别是要素投入和经济结构等因素,而制度、劳动力质量等因素暂时没有明确引入模型。一方面,这些变量的准确地定量测度仍然有重大争议;另一方面,这些被忽略的因素,在一定程度上可以被模型变量(如产业结构、人口抚养比等)所“代理”。综合起来,从预测而不是因果分析的角度来说,这种处理可能具有更好的效果。

(一)生产函数模型及其估计

按照C—D形式构造国民经济生产函数:

$$Y=Ae^{\gamma t}K^{\alpha}L^{\beta}$$

其中Y为国内生产总值,γ为技术进步率,t为时间,K为资本存量,L为就业人员数,α、β为待估参数,A为常数。

根据一般的经济规律，不同产业的劳动生产率提高速度存在很大差别，说明不同产业的技术进步率不同，因此，劳动力在产业之间的比例关系变化会对全要素生产率产生重要影响。一方面，劳动力由生产率低的农业向相对生产率高的第二和第三产业的转移，是我国劳动生产率的提高的一个重要机制，所以，农业劳动力的转移速度是影响技术进步率的重要因素；另一方面，由于第二产业生产率提高速度高于第三产业，所有由农业转移出来的劳动力在第二和第三产业的分配也会影响技术进步速度。为了刻画这种情况，放弃技术进步速度为常数的假设，将技术进步设定为：

$$\gamma = b_1 + b_2 X_2 + b_3 X_3$$

其中，X_2、X_3分别为第二产业和第三产业就业人员比例。代入 C－D 生产函数，得：

$$Y = Ae^{(b_1 + b_2 X_2 + b_3 X_3)t} K^{\alpha} L^{\beta}$$

假设规模报酬不变，即 $\alpha + \beta = 1$，于是，生产函数可以进一步简化为如下形式：

$$\frac{Y}{L} = Ae^{(b_1 + b_2 X_2 + b_3 X_3)t} \left(\frac{K}{L}\right)^{\alpha}$$

记 $\frac{Y}{L} = y$，$\frac{K}{L} = k$，并对上式取对数，得：

$$\ln(y) = \ln(A) + (b_1 + b_2 X_2 + b_3 X_3) + \alpha ln(k)$$

考虑到变量非平稳性，对上式两边分别差分，得：

$$\Delta \ln(y) = b_1 + b_2 X_2 + b_3 X_3 + \alpha \Delta\, ln(k)$$

使用 1978—2013 年数据对上述方程进行回归，具体的估算过程中，资本存量 K 使用国家统计局核算司测算的数据，其他数据均来自历年《中国统计年鉴》。回归结果为（回归参数下方括号内为 t 值，下同）：

$$\Delta \ln(y) = 0.1736 - 0.0093 X_2 + 0.0020 X_3 + 1.1141 \Delta ln(k) + [AR(1) = 0.5073]$$

$$(2.5774)\ (-2.0604)\ (0.9973)\ (8.3762)\qquad (3.1445)$$

$$(R^2 = 0.7663)$$

（二）结构变化趋势与潜在经济增长率预测

使用上述回归方程，预测未来几年的经济增速变化，必须对未来资本存量、就业人员数及其产业分布结构(二、三产业就业人员比重)做出预测。

考虑到人口年龄结构对于储蓄率会产生重要影响,设定资本存量方程和储蓄方程:

$$K=(1-\delta)K_{-1}+sY$$
$$s=f(s_{-1},s_{-2},p)$$

其中,f 取线性函数形式,P 表示人口总抚养比,δ 为折旧率,根据经验取值 0.06,s 为储蓄率,储蓄率滞后项代表了消费和储蓄习惯的影响。

首先估计上述储蓄方程,结果如下(基于数据可获得性,样本区间为 1990—2013 年):

$$s=17.7854+1.3497s_{-1}-0.5802s_{-2}-0.1749p$$
$$(4.6155)\ (6.7065)\ (-3.5543)\ \ (-4.3364)$$
$$(R^2=0.9682)$$

将此回归结果代入资本存量方程,可得资本存量预测方程,如果不考虑内生于生产函数方程的变量 Y,那么该方程只有一个外生变量,即人口总抚养比 p。根据中国人口与发展研究中心预测,我国人口总抚养比在 2013 年后将进入上升期,设定 p 自 2014 年起,每年上升 0.2 个百分点,代入资本存量方程,可得 2014—2020 年资本存量估计值。

2014—2020 年全国就业人员数使用前文得出的估计值。考虑到未来服务业发展前景较为广阔,且过去第三产业就业人员比重提高幅度一直保持平稳,最近十年共提高 9 个百分点。根据这一提高幅度,我们设定到 2020 年第三产业就业人员比重在 2013 年水平上提高 7 个百分点,即达到 45.5%;考虑到未来工业增长动力可能继续减弱,我们设定第二产业就业人员比重

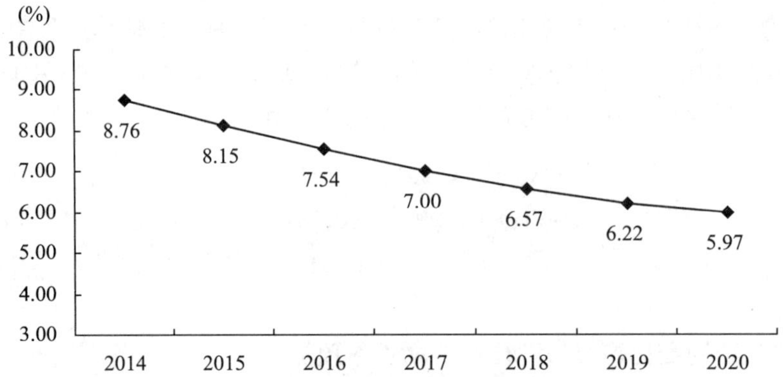

图 5　基于生产函数的经济增速预测结果

在近几年提高后，于“十三五”期末逐步回落到33%的水平。

将2014—2020年的人口总抚养比、就业人员数、第二产业就业人员比重、第三产业就业人员比重四组预测值代入资本存量方程和生产函数回归方程，解方程组，得到2014—2020年经济增长率预测值，预测结果见图5。结果显示“十三五”期间经济增速较过去明显下降，但波动幅度较小，稳定在6.0%—7.5%的区间。

四、主要结论

综合上述三种预测结果，我国“十三五”时期经济增速很可能呈下降走势，可能的区间大概在6.0%—7.5%，三种方法预测的潜在生产率均值为6.8%（见表4）。

表4　三种方法预测结果比较

年　份	HP滤波法（%）	劳动生产率法（%）	生产函数法（%）
2016	7.46	7.41	7.54
2017	7.13	6.98	7.00
2018	6.81	6.88	6.57
2019	6.51	6.82	6.22
2020	6.22	6.75	5.97
年均	6.83	6.97	6.66

选取HP滤波、劳动生产率和生产函数法三种方法进行预测，可以较好地发挥不同方法的优势，弥补各自不足，相互印证。三种方法分别基于不同的理论和数据，反映了不同的因素对于经济增长的可能影响。HP滤波预测法剔除了经济增长的短期波动，是对经济增速周期变化的直接观察，反映了经济运行的长期趋势。劳动生产率预测法建立在人口变化和相对于劳动的技术进步基础上，反映了要素质量提升对经济增长的作用。生产函数预测法重点考虑了包括支出结构、人口结构和产业结构等结构因素的变化，综合反映了需求、要素、供给等动力转换对经济增长可能带来的影响。

根据2010年和2013年国内生产总值的可比数据计算，要实现2020年国内生产总值比2010年翻一番，2014—2020年需要实现年均6.74%的经济增长率，如果2014—2015年可以保证7%的年均增速，则实现总量翻番目标,“十三五”期间只需要实现6.64%的年均增速。表4显示,三种测算方法得到的“十三五”期间潜在年均经济增长率均在6.64%以上,说明我国经济总量翻番的目标具有较为坚实的基础。而且,“十三五”期间我国人口的自然增长率很可能继续下降,劳动力稀缺性的进一步显现将推动(相对)工资的持续上涨,这将使居民收入在收入分配中的比重上升,进而使居民收入增速持续高于国内生产总值增速,因此,如果总量翻番目标得到了保证,那么城乡居民人均收入翻番的目标也是可以保证的。总之,我们的预测结果表明,虽然目前潜在经济增长率出现了下降,并且这种下降趋势在“十三五”期间还将延续,但是按照现有的发展方式和结构变化趋势预测,到2020年可以实现“十八大”提出的“两个翻番”奋斗目标。

还需指出的是,本文第二种和第三种预测方法中对于劳动参与率、劳动生产率、储蓄率、第二产业和第三产业就业人员比重等变量的估算和预测,均未考虑改革及特定政策造成的影响,如果这些变量值发生改变,相应的预测结果也会发生很大变化。这一方面体现了结构调整对经济增长率具有决定作用,另一方面也说明,“十三五”期间通过适当的改革措施和政策干预引导经济结构逐步优化,可对经济增长的速度及其平稳性产生巨大作用。

完 成 单 位:国家统计局综合司
课题组组长:盛来运
课题组成员:王文波　王　军　毛盛勇　戴旻乐
郑　鑫　杜修立(南京财经大学)
李宝会(江苏省统计局)
郑　礼(天津市统计局)

第二章　"十三五"上海经济增长预测

摘要:按照经典理论关于经济增长阶段划分标准,上海目前已处于大众高额消费阶段后期。在经济发展的各个阶段,上海经济增长动力呈现了不同变化:从需求角度看,经济起飞和持续增长阶段,投资是主要动力;经济起飞阶段,最终消费率基本稳定,随着经济进一步发展,消费成为主要动力;对外贸易在各个阶段的作用总体稳定,大部分时间对经济增长起着正向推动作用。从供给角度看,资本存量在经济起飞阶段是经济增长的主要动力,全要素生产率受改革和对外开放影响较大。实证分析表明,资本贡献逐步回落,但当前仍是重要动力;劳动力贡献相对较小且波动变化;全要素生产率贡献在波动中有所提高。"十三五"时期,中国经济进入转型关键期,增长动力将显著变化,上海经济增长动力也将随之变化。投资率和全要素生产率呈缓慢递减趋势,劳动力增长基本稳定。基于上述判断并考虑两种可能的情景,建立罗伯特·索罗描述的增长模型,对"十三五"时期上海潜在经济增长水平进行预测。结果显示:"十三五"时期,如果上海投资增速继续明显放缓,2016—2020年平均增长率可能只有6%左右。必须采取有力措施,扶持新动力迅速成长。要提升科技创新能力,加快建设具有全球影响力的科技创新中心;加快产业结构调整升级,培育新的经济增长点;推动收入分配制度改革,促进消费需求的释放和升级;加快体制机制创新,释放改革强大动力,从而促进经济平稳较快增长。

2013年,上海常住人口人均GDP为90092元,按2013年平均汇率计算,折合14547美元。按照经典理论关于经济增长阶段划分的标准,上海已处于大众高额消费阶段后期,即将步入追求生活质量阶段。在上海成功跨越中等收入陷阱,昂首步入发达经济体的过程中,各增长要素在经济增长中扮演着何种角色?在即将到来的"十三五"时期,各要素贡献率将呈现何种格局?准确把握这些问题,对合理规划上海经济发展路径、制定发展战略具有重要的参考意义。

一、上海经济增长动力的变迁

根据GDP核算方法,经济增长的动力可以从两个角度观察,一是需求角度,包括资本形成、最终消费和净出口;二是供给角度,包括资本投入、劳动力投入和包括技术进步在内的全要素生产率。

(一)基于需求角度的增长动力变迁

1. 经济起飞和持续增长阶段,投资成为主要动力。改革开放初期,上海资本形成总额占GDP的比重维持在较低水平,1983年开始短暂提升后大幅回落。1993年固定资产投资爆发式增长,1994—2009年之间,固定资产投资总额增长了3.7倍。这一阶段,投资率稳步上升,由1992年的44%提高到1996年的66%的峰值,此后投资率开始波动下滑,但在2010年前都保持在40%以上。这段时间,投资率虽有所下滑,仍然在高位运行。较高的投资规模对经济保持快速平稳增长起到了重要的支撑作用,成为经济增长的主要动力。

2. 经济起飞阶段,最终消费率基本稳定;随着经济进一步发展,消费成为主要动力。1993年到2007年的连续15年间,上海最终消费率一直维持在46%和49%之间。2008年开始,最终消费率逐年提升,由2008年的51%提高到2012年的57%。总体来看,消费在经济起飞阶段和成熟阶段都对经济增长做出了重要贡献,并逐步取代投资而成为经济增长的主要动力。

3. 对外贸易迅速增长后回落,大部分时间保持在净流出状态,对经济增长形成了有力支撑。1992年开始,上海对外贸易开始快速发展。1992—1999年,上海外贸出口连续8年保持良好增长势头,年均增长21.7%。进入21世纪以来,中国加入了世贸组织,上海立足转变外贸增长方式,在发展规模、运行质量、管理体制等方面都发生了深刻变化。2002—2007年,外贸出口年均增长超过35%,远高于同期投资和消费增长。2009年以后,受国际金融危机影响,外贸进出口增速虽有所回落,但随着贸易结构的调整和升级,进出口稳步增长的趋势仍在延续。纵观经济起飞和成熟阶段,上海对外贸易只在1994—1998年之间为短暂的净流入,其他年份都保持了一定的净流出,外贸成为经济增长的平稳动力。

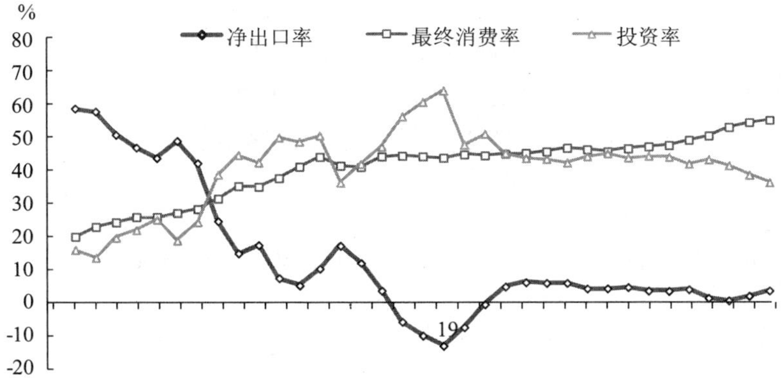

图1 改革开放以来上海最终消费率和投资率的变化

(二)基于供给角度的增长动力变迁

1. 劳动投入快速增长,成为较为稳定的供给动力。经济起飞和持续发展阶段,劳动力投入较快增长。1978—1995年,上海全社会从业人员数量维持小幅增长,增长率基本低于2%。在经济起飞阶段伊始的1996年,从业人员数量陡增了7.2%。1998年,随着国有企业改革的推进,大量国有企业职工下岗,以致从1998—2001年间从业人员短暂下降。随着国企改革的初步完成,上海经济发展进入新一轮快速发展,房地产和基础设施建设加快推进,从业人员大幅回升,2004年增幅达到14.5%。随着经济进一步发展,劳动力投入增长和经济增长都趋于平稳。2005年以来,伴随上海经济先后进入成熟发展期和大众高额消费阶段,从业人员增长率基本稳定在1%—3%之间。劳动力投入和经济增速都趋于平稳,且保持了相同的变化节奏,劳动力投入,成为支撑经济增长的稳定动力。

2. 资本存量在经济起飞阶段是经济增长的主要动力。按照永续盘存原理,将1952—1978年上海累计经营性固定资产投资占总固定资产投资82.6%的比例作为1978年经营性固定资产占总固定资产比例的估计值,依据当年上海固定资产原价数据298.53亿元,采用学界普遍认可的5%的折旧率,推算出1978年上海资本存量为361.3亿元。由此,利用固定资本形成价格指数,课题组估算了上海1978—2013年的资本存量。改革开放初期,资本存量的增长率稳步提升。在1981年到1988年,增幅一般都在10%以上,但之后连续4年低于10%。这种情况一直持续到1993年发生转变。而从1994年起,资本存量的增长率更是连续4年年均达到了16%以上。其中,

1995年和1996年,增幅均达到峰值20%以上。伴随着经济逐步进入成熟发展阶段,从1998年起,资本存量的增长率稳定在11%左右。由此判断,资本存量的增长在经济起飞阶段是经济增长的主要动力。在经济进一步发展之后,经济发展模式日趋成熟,资本存量的增长也逐步趋于平稳,但仍然是推动经济增长的主要动力(见图2)。

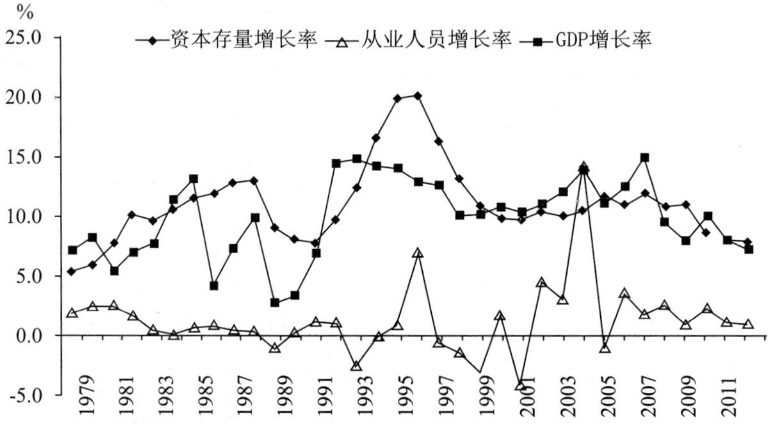

图2 改革开放以来上海资本存量、劳动力投入和经济增长走势

3. 全要素生产率受改革和对外开放影响较大,对经济增长起着举足轻重的作用。全要素生产率反映的是单位投入带来的产出,即投入产出效率。全要素生产率包括技术水平、制度创新、资源配置效率和专业化水平等因素。改革开放30余年来,上海全要素生产率的提高对经济增长起着举足轻重的作用,其中,改革和对外开放的作用最为明显。1992年邓小平南巡讲话后,经济体制改革全面展开,非公经济作为一种经济形态与公有制经济共同发展,对全要素生产率的提高和经济增长都发挥了重要的影响。1991年底,上海非公企业仅有2288户,到1994年已增至1.7万家,其中科技企业就达6470余家。同时,大量外资开始涌入,外商和港澳台经济逐步活跃,当时的外资企业全要素生产率普遍高于内资企业,并且对内资企业发挥了很强的技术溢出效应。2001年加入世贸组织后,中国的对外开放程度空前提高,加剧了国内企业的国际竞争,并加快了技术引进和追赶步伐。同时,为了兑现入世承诺和应对日益加剧的国际竞争压力,国内实施了一系列改革措施,进一步提高了资源配置效率。上海作为改革开放的排头兵,受外部的影响更加深刻,从而能更直接地利用外资企业的技术溢出,也更迅速地在全球市场的竞争压力中调整资源配置从而提高了生产效率。

二、上海经济发展的动力因素实证分析

从供给角度出发，资本、劳动力和全要素生产率等要素投入构成了经济增长的动力。依据索洛模型关于全要素生产率测算的经典方法，选取柯布—道格拉斯(Cobb—Douglas)生产函数，沿用规模收益不变和希克斯技术中性的基本假设，总产出由供给方面的各个因素决定：

$$Y_t = A_t K_t^{\alpha} L_t^{\beta} \tag{1}$$

其中，Y_t 为第 t 年总产出，K_t 为 t 年资本存量，L_t 为劳动力，A_t 为全要素生产率。

对方程两边取对数，得到：

$$\mathrm{Ln}Y_t = \mathrm{Ln}A_t + \alpha \mathrm{Ln}K_t + \beta \mathrm{Ln}L_t \tag{2}$$

要估算资本、劳动力和全要素生产率对经济增长的贡献，可在方程两边对时间求导，可获得经济增速与劳动力增速、资本存量增速和全要素生产率增速之间的关系：

$$g_Y(t) = g_A(t) + \alpha g_K(t) + \beta g_L(t) \tag{3}$$

利用 1978—2013 年的年度数据，采用最小二乘法(OLS)对生产函数模型式(2)进行回归，各项参数在 10%的显著性水平下直接通过检验，拟合优度 $R^2=0.999$。回归结果为

$$\mathrm{Ln}Y = 0.82\mathrm{Ln}K + 0.97\mathrm{Ln}L - 5.61 \tag{4}$$

对回归系数进行归一化处理，可得 $\alpha=0.46$，$\beta=0.54$，即资本要素弹性为 0.46，劳动力要素弹性为 0.54。由此可得：

$$g_A(t) = g_Y(t) - 0.46 g_K(t) - 0.54 g_L(t) \tag{5}$$

据此，可以测算上海市全要素生产率和分析经济增长因素。1978—2012 年，上海市的年均 GDP 增速为 10.1%，资本和劳动力的年均增长率 11.2%和 1.4%，期间，资本投入贡献增长 5.1 个百分点，劳动力贡献经济增长 0.8 个百分点，而技术进步等因素则贡献经济增长 4.2 个百分点，三者对经济增长的贡献率分别为 51%，7.7%和 41.3%，由此表明，自改革开放以来上海经济的增长主要是靠资本和技术的双推动(见图 3)。

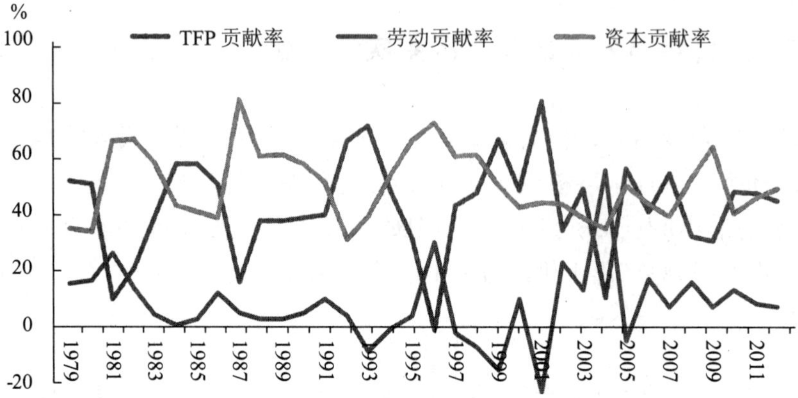

图 3　改革开放以来资本、劳动力和全要素生产率对经济增长的贡献率

纵观上海经济发展的各个阶段,供给要素贡献呈现出以下特征:

一是资本贡献逐步回落,但仍是重要动力。资本贡献率从 1992—1994 年间的 64.3%的高位逐步下降,1995—2003 年间为 52.5%,而 2010—2013 年间又进一步跌至 44.5%,表明随着经济发展阶段的演进,经济增长方式正在逐步转变。

二是劳动力贡献波动变化。1978—1994 年间,劳动力贡献率为 5.7%,而 1995—2003 年降为 3.7%,2004—2009 年随着上海大量外来劳动力的流入,人口红利集中释放,劳动力贡献率大幅提高到 16.2%。而 2010 年开始,随着上海经济加快转型升级,劳动密集型产业不断外迁,劳动力贡献率下降至 9.5%。

表 1　不同经济发展阶段要素贡献率

单位:%

阶段划分	GDP 年均增速	资本贡献率	劳动力贡献率	全要素生产率贡献率
1978—2013 年	10.1	51.7	7.7	41.3
其中:1978—1994 年	8.8	64.3	5.7	30.0
1995—2003 年	11.5	52.5	3.7	43.8
2004—2009 年	11.4	46.8	16.2	37.0
2010—2013 年	7.8	44.5	9.5	46.0

三是全要素生产率贡献波动提高。1978—1994 年间，全要素生产率贡献率为 30%。随着 1992 年开始的市场经济体制改革以及非公经济的发展，1995—2003 年间，全要素生产率贡献率提高至 43.8%，2004—2009 年又回落至 37%，2010—2013 年再次提高至 46%。这种变化态势表明，上海转型期劳动密集型产业生产逐步下降，而技术类因素正扮演着愈来愈重要的角色。

三、“十三五”时期经济增长动力转换

“十三五”时期，在全球经济增速放缓，新技术革命初露端倪，国际合作继续深化的复杂环境下，上海经济发展既面临很多挑战也存在很多机遇。面对新阶段、新常态的特定条件，上海发展模式将有所调整，经济增长动力将逐步转换。

1. 全要素生产率将呈现缓慢递减的趋势。改革开放以来上海全要素生产率提高的主要来源是后发达地区通向发达国家或地区的追赶优势。随着追赶型国家或地区技术水平距离技术前沿越来越近，通过技术引进和模仿而实现的技术进步速度会越来越慢。日本、韩国和中国台湾地区等经济体都在多年快速增长后，经历了全要素生产率大幅下滑的阶段，上海也无法避免这样的规律。另外，上海在过去 30 年全要素生产率的提高也在很大程度上依靠了全国层面的要素重新配置和改革开放所带来的制度红利。而目前，随着中国经济进入转型发展新阶段，全国发展的战略布局有所调整，过去集中优势资源支持少数地区率先发展的环境将不复存在，上海凭借资源禀赋优势而获得的政策红利将越来越弱。但从长期来看，仍然存在促进上海全要素生产率增长的因素：一是随着教育数量和质量的提高，人力资本的累积效应将越来越大；二是上海着力推进的中国（上海）自由贸易区建设和行政体制改革等一系列举措将形成新的制度红利，并在一定程度上推动生产率的提高。因此，全要素生产率虽然存在递减趋势，但仍将是推动经济增长的重要动力。

2. 资本存量的增长速度也将缓慢递减。上海经济的起飞和成熟阶段，投资的来源主要是国内储蓄，外资只起到补充作用。因此未来 10 年的储蓄水平将在很大程度上决定着投资和资本存量的增长速度。储蓄来源中，居民储蓄占总储蓄的比重超过一半，主要目的用于退休养老、医疗等方面的不

备之需。在未来一段时期内,随着上海经济日益临近追求生活质量阶段,社会保障体系将得到不断完善,居民储蓄的意愿将有所下降,资本存量的增长势必受到影响。在起飞和成熟阶段,上海经济以较短的时间、奔跑的速度走过了西方工业国家曾经花费很长时间走完的路程,通过资本粗放型积累,实现了由劳动密集型为主向资本密集型为主转变,但也支付了很高的资源环境代价。“十三五”时期,上海经济将处于高额消费阶段后期乃至追求生活质量阶段,政府和社会对资源环境必将高度重视,投资受资源环境标准的约束将日益强化,资本存量的增长速度必将随之下降。

3. 劳动力增长基本稳定。上海在 20 世纪 70 年代完成了人口低生育率、低死亡率和低增长率的转变,劳动力已经连续多年保持稳定低速增长。1978—2012 年,上海全社会从业人员的年均增长率为 1.4%。“十三五”时期,1.4%的增速预计不会出现大的变化。而且,即使这一增速进一步有所回落,对经济增速总体影响也不大。

四、“十三五”时期上海经济增速的预测

依据经典理论,建立罗伯特·索罗(Robert Solow)描述的增长模型,该模型包括四个方程,第一个等式为前文所用的柯布—道格拉斯(Cobb—Douglas)生产函数:

$$Y_t = A_t K_t^{\alpha} L_t^{\beta} \tag{4}$$

第二个等式描述资本增长,即 $K_t = (1 - \zeta_t) K_{t-1} + I_t$ (5)

第三个等式描述劳动增长,即 $L_t = aL_{t-1}$ (6)

第四个等式描述投资增长,即 $I_t = bY_{t-1}$ (7)

其中,Y_t 为经济增长率,I_t 为实际投资,b 是一个常数。等式(7)表示,在模型中,将 t 期的实际总投资定义为 t—1 期实际 GDP 的一个份额。

在利用方程(4)、(5)、(6)和(7)做预测时,基于前文关于增长动力转换的判断,假设 2016—2020 年劳动力的年均增长率为 1.4%,折旧率仍为 5%。对于预测所需要的未来投资率以及全要素生产率,在基准模型中我们做出如下假设:在 2013—2015 和 2016—2020 年,假设投资占上一年 GDP 的比重为 2010—2012 年相应值的平均值,即为 24%。再假设全要素生产率 TFP 在 2013—2015 和 2016—2020 两个阶段均未明显回落,保持 1978—2012 年

的平均值 4.2%。在这一基准预测假设之外，未来经济还比较有可能出现两种情景。

情景 1：假设全要素生产率增长在 2013—2015 年和 2016—2020 年分别为 4.2%和 4%，投资占上一年 GDP 的比重在 2013—2015 年与 2010—2012 年相应值的平均值相同，假设这一比重会随着时间的推移而有所减少，2016—2020 年为上一时期平均值减去 2 个百分点。

情景 2：假设全要素生产率增长在 2013—2015 年和 2016—2020 年分别为 4.2%和 3.8%，投资占上一年 GDP 的比重在 2013—2015 年与 2010—2012 年相应值的平均值相同，2016—2020 年为上一时期平均值减去 4 个百分点。

根据基准模型和两种情境的假设分别求解，得到下表所示的预测结果。

表 2 基准模型预测结果以及情景分析

	预测时间	GDP 平均增长率（%）	TFP 增长率（%）	固定资本形成占上年 GDP 比重（%）	从业人员增长率（%）
基准模型	2013—2015	8.9	4.2	24.0	1.4
	2016—2020	8.0	4.2	24.0	1.4
情形 1	2013—2015	8.9	4.2	24.0	1.4
	2016—2020	6.9	4.0	22.0	1.4
情形 2	2013—2015	7.9	4.2	24.0	1.4
	2016—2020	6.3	3.8	20.0	1.4

在各种情景中，基准模型中的假设是比较乐观的。尽管 2013 年 GDP 增速与预测值较为接近，但 2014 年出现明显下滑，这其中有短期因素冲击影响，也有生产要素增长趋缓的因素。因此在两个情景分析模型中，我们假设全要素劳动生产率出现下降，而且投资占 GDP 的比重也会下降。通过情景分析我们看到，投资占 GDP 比重下降以及 TFP 增长率的逐渐放缓，都使预测值相对基准模型的预测值出现明显的减少，而情景分析中所做的假设，特别是对 TFP 增长率所做的假设，在未来的经济运行中是很有可能出现的。因此，基准模型所预测的增长率应当理解为是对未来的一个比较乐观的估计。在“十三五”时期，国内和国际的经济增长都面临着较大的不确定性，如果上海投资增长速度继续明显放缓，如我们在情景分析 2 中所做的假设那

样,投资占上一年 GDP 的比重比基准模型中所做的假设大幅度下降,那么 2016—2020 年平均经济增长率有可能只能达到 6%左右,这样的增长速度会大大低于最近五年的增长速度,也低于改革开放以来近 30 年的平均增长速度。

五、促进经济增长动力转型升级的对策建议

未来几年,上海经济仍处于转型升级的关键时期,能否突破目前逐步显现的增长瓶颈,激发经济增长的内在动力、活力和潜力,对于促进经济持续健康发展至关重要。通过上文预测,在“十三五”时期,随着发展阶段的转换和自身要素条件的变化,支撑上海经济维持近 30 年较快增长的旧动力机制将明显衰减,如果没有新的增长点和技术突破,上海经济无疑将从中高速增长转向中速增长。因此,政府必须采取有力措施,扶持新动力迅速成长,推动经济持续健康发展。

1. 提升科技创新能力,加快建设具有全球影响力的科技创新中心。“十三五”时期,在全要素生产率缓慢递减的情况下,上海经济需由依赖大量投入和快速市场扩张、重化工业主导的增长,转向着力于提高技术含量的制造业升级和服务业发展;由主要借助低成本要素组合优势,转向更多地依靠创新驱动和产业升级。起飞阶段单纯的跟随战略已不足以支撑经济转型发展,必须按照习近平总书记对上海科技创新的战略定位,把科技创新摆在发展全局的核心位置,加快建设全球科技创新中心城市。要强化基础科研、教育、人才引进等方面投入,特别要加大基础研究和应用研究的投入,系统推进重大技术成果的产业化。努力促使经济增长模式由主要依靠实物资本向人才资本转变。

2. 加快产业结构调整升级,培育新的经济增长点。在储蓄率下降和资源环境约束加强的共同作用下,上海的投资动力将会减弱,必须全力提高投资效率。要抓住第三次工业革命的孕育给上海经济带来的新契机,顺应全球新产业革命的发展趋势,推动科技、生产方式、产业组织、管理模式的创新,推动战略性新兴产业发展,带动传统产业转型升级。同时,要加快产业兼并和重组步伐,加速推进传统产业的改造和设备投资,大力扶持生产性服务业发展,扩展新的增长空间。

3. 推动收入分配制度改革,促进消费需求的释放和升级。在上海经济

增长的需求动力中，居民消费是支撑经济增长的重要内生动力，而且随着经济发展达到大众高额消费阶段，消费率将不断提高。从国际经验看，美国和日本在人均 GDP 超过 1 万美元时，居民消费率分别为 62.2%和接近 60%，香港目前为 60.5%左右，都明显高于上海当前的居民消费率，未来上海在提升居民消费水平上仍有较大空间。因此，上海应着力提高居民收入在国民收入分配中的比重和劳动者报酬占 GDP 的比重，缩小收入差距。进一步完善社会保障制度，加强税收对垄断性行业的收入调节作用，增加财政对低收入群体的转移支付。同时，要提高农业补贴标准和农产品收购价格，大力发展农村消费。

4. 加快体制机制创新，释放改革强大动力。不论是需求动力还是供给动力，都与制度密切相关。要抓住用好转型发展新阶段出现的机遇，尽快形成适应新阶段要求的体制机制和政策体系，切实加快相关领域改革、创新和政策调整，充分发挥市场的决定性作用。要以发展生产性服务业作为突破口，积极发展信息服务业、现代物流业、技术研发业等新兴服务业，推动文化、教育、医疗和社区服务业的发展。充分利用中国(上海)自由贸易试验区建设的契机和浦东综合试点改革先行先试的优势，积极推进“四个中心”国家战略的建设，促进上海经济进一步加快转型升级、提质增效，实现中长期较快健康发展。

完成单位：上海统计局
课题组组长：秦丽萍
课题组成员：甄明霞　周群艳　陈君君
张　诚　曹美芳　屠孟樵
执　　笔：陈君君

第三章 “十三五”江苏经济增长动力预测

摘要:改革开放以来,江苏经济历经了30多年的快速增长,在全国各省、市、区中位居前列,2013年人均GDP已达12047美元。但是近几年,江苏经济增速下滑,同全国一样,也处在经济增速换挡期、结构调整阵痛期、前期刺激政策消化期,增长动力转换成为转型发展新阶段的主要特征。需求动力由内外需共同驱动转向主要依赖内部需求;产业动力由规模扩张转向结构调整;要素动力由物质投入转向科技创新;区域动力由苏南地区为主转向区域协调发展;城乡动力由传统城镇化转向“以人为本”的城乡一体化发展;体制动力由政府主导转向市场决定。采用计量模型方法对经济增长以及内需、结构调整、科技创新、区域发展、新型城镇化和深化改革等增长动力核心指标进行预测研判,结果显示“十三五”时期江苏经济增长动力将呈现以下六个特征:一是内需对经济增长的推动力总体稳定。二是结构调整对经济增长的促进作用明显。三是科技创新对经济增长的驱动力得到加强。四是苏中苏北对经济增长的贡献水平持续提升。五是新型城镇化对经济增长的新引擎作用将充分发挥。六是深化改革对经济增长的红利将不断释放。根据江苏经济发展阶段的新环境和新要求,江苏应围绕内部需求、结构优化、科技创新、区域协调发展、城乡一体化发展、发挥市场决定性作用等方面培育经济增长新引擎,实现经济发展的新跨越。

改革开放以来,江苏经济持续较快增长,1977—2013年地区生产总值年均增长12.8%,高于同期全国增速3个百分点。但近几年,由于国内外环境和发展动力机制发生了重大变化,江苏经济增长开始减缓,经济运行和增长动力均出现新变化。当前和今后一段时间江苏经济处在经济增速换挡期、结构调整阵痛期、前期刺激政策消化期,转型发展成为新阶段的主要特征,经济运行开始呈现新的特征和规律,增长动力也开始转换。如何把握“十三五”江苏经济运行的规律和特点,寻找经济增长的新动力,已成为当前亟需研究的重要现实问题。

一、改革开放以来江苏经济增长规律

改革开放以来江苏经济增长的趋势总体上可以划分为五个阶段，前三个阶段(1978—1989 年)基本处于改革开放初期，后两个阶段(1990—今)主要处于市场经济体制形成时期(见图 1)。

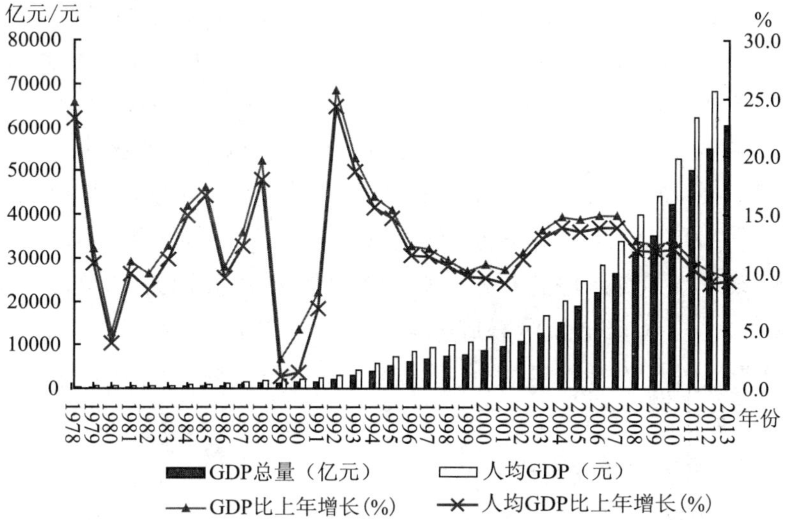

图 1 1978—2013 年江苏 GDP、人均 GDP 的总量及增速

改革开放初期是对传统计划经济体制改革的时期，该时期经济波动与经济体制改革存在较大联系，经济周期与改革周期基本同步，经济增长动力与各项改革举措密切关联。第一阶段：1978—1980 年。该阶段基建投资快速增长，经济波动幅度在五个阶段中最高，三年内增速由 24.6% 回落至 4.8%，速度差高达 19.8 个百分点，增长主要源于 1978 年的“拨乱反正”，回落则是由于急速停建基建项目的调整所致。第二阶段：1981—1986 年。该阶段经济增长较为平稳，波峰在 1985 年，增速为 17.3%，得益于 1984 年的信贷体制改革；波谷在 1986 年，增速为 10.4%，主要是实行经济“软着陆”的结果。第三阶段：1987—1989 年。该阶段经济增长波动较前期有所加大，三年增速差为 17.1 个百分点。波峰在 1988 年，增速为 19.6%，由“价格闯关”因素和放开价格预期推动，波谷在 1989 年，增速低至 2.5%，是实行严厉的“治理整顿”导致的结果。

市场经济体制形成时期，市场对经济的主导作用逐渐增强。在市场经济体系中,政府管理经济以经济、法律等间接手段为主,辅之必要的行政、政府投资等直接手段,经济增长的波动逐渐减小、稳定性逐渐增强。第四阶段:1990—2001年。该阶段时间跨度长达11年,经济增速落差为15.4个百分点。波峰在1992年,增速高达25.6%,是改革开放以来年度增长的最高增速,主要原因是受到邓小平南巡讲话等效应刺激,投资急剧增长所致。随后,国家实施了以治理通货膨胀为首要任务的宏观调控政策,通过“适度从紧”乃至“从紧”的财政和货币政策使经济保持平稳较快增长。1997年开始,受亚洲金融危机等因素影响,经济增长开始下滑,1999—2001年分别增长10.1%、10.6%、10.2%。第五个阶段:2002—2013年:该阶段经济增长较为平稳,11年间增速差仅为5.3个百分点,波动区间收窄。随亚洲金融危机情况的逐渐改善,2002年江苏经济增长回升到11.7%,随后总体呈稳定上升态势,2006—2007年达到阶段顶点,增速均为14.9%。2008年,因为国际金融危机等影响,江苏经济增速开始回落,2008、2009年分别为12.7%、12.4%。2010年,得益于国家扩大内需等政策,经济增速回升至12.7%。进入2011年,由于国内外环境日趋复杂、外部需求持续疲软、微观经济主体生产经营困难加大等要素制约,2011—2013年经济增速分别回落到11%、10.1%和9.6%,进入个位数增长阶段。

二、新阶段江苏经济增长动力转换

在江苏经济增长的第五阶段后期,国际市场需求低迷,经济增长区间下移,资源约束和产能过剩压力增强,经济出现了增速换档和结构转型特征。江苏经济进入了转型发展的新阶段,增长动力也出现了比较明显的转换。

1. 需求动力由内外需共同驱动转向主要依靠内部需求。江苏作为外向型经济大省,长期以来对外贸易是经济增长的重要动力,2008年国际金融危机爆发后,江苏出口形势恶化,2009年净出口对经济增长拉动率为-1.2个百分点,比2007年1.8个百分点的拉动率下降3.0个百分点,随后几年净出口对经济增长拉动始终处于低位,外需对江苏经济增长的驱动作用逐步降低。但江苏经济的产业门类齐全、产品丰富,主要工农业产品基本能实现省内调给,企业适应市场竞争的能力非常强。当前,国家已经将“构建扩大内需长效机制,促进经济增长向依靠消费、投资、出口协调拉动转变”作为重大发展战略,尤其是把扩大消费需求作为扩大内需的战略重点。江苏经济在宏观政策的支持下有望实现产品生产和服务的快速增长，省内经济增长的内需驱动态势将在今后几年逐步形成。

2. 产业增长动力由产业规模扩张转向结构调整。近年来，江苏经济增长主要依靠产业规模的扩张，通过第二、第三产业规模效应促进经济的增长。这种发展模型导致江苏产业结构偏重，结构不合理，主要体现在重化工业增加值占工业的70%以上；制造业层次不高，以加工制造为主的工业结构很难提供大规模生产服务需求，一定程度上制约了现代服务业的发展；服务业发展相对滞后，占GDP的比重刚超过40%，同全球平均水平相比差距仍然较大，这些结构性矛盾制约了经济的增长。因此江苏以优化产业结构推动经济增长的空间依然很大。未来几年，江苏将推动服务经济特别是现代服务业加速发展，2015年服务业增加值比重将达到48%左右，服务业对经济增长的支撑力量有望继续攀升。战略性新兴产业发展空间很大，新兴产业推动经济增长的动力将得到强化。同时，江苏信息化与工业化“两化融合”将进一步推进，为新一代信息技术和软件产业、物联网和云计算产业提供发展机遇，产业结构调整为经济持续稳定增长提供坚实基础。

3. 要素动力由物质投入转向科技创新。“十一五”及以前的年度，江苏经济增长主要依靠大量廉价劳动力和自然资源的投入，通过劳动密集型和资本密集型产业的发展带动经济增长。最近随着江苏加快建设创新型省份，努力使经济增长从主要依靠增加物质资源消耗向主要依靠科技进步、劳动者素质提高、管理创新转变，科技创新能力显著增强，创新能力不断提升，宏观层面正释放出越来越多推动经济可持续发展的“正能量”。2013年，全省全社会研究与发展活动经费占地区生产总值的2.43%，连续多年保持稳定提高。2013年，全省每万名从业人员中R&D人员数128人，接近中等收入国家平均水平。2007－2013年，全省科技进步贡献率分别为49.1%、50.7%、52.3%、54.1%、55.2%、56.5%和57.5%，年均提高1.4个百分点，经济发展的创新驱动模式已有雏形。

4. 区域动力由苏南地区为主转向区域协调发展。改革开放以来，苏南凭借乡镇企业、外向型经济大发展，在全省经济发展中始终处于领先位置。近年来，苏中和苏北迎来了长三角区域发展一体化和沿海地区发展上升为国家战略的叠加机遇，凭借自身资源优势，积极承接产业转移，经济发展尚有快速增长的空间。未来几年，江苏区域协调发展水平将不断提高，可望为经济增长提供广阔的空间。苏中苏北工业化进程的加快，有望对全省经济增长的贡献继续得到提升,预计到 2015 年三大区域构成中苏南占比约为 58%,比 2012 年下降 2 个百分点,苏中和苏北对全省经济增长的贡献率超过 45%。苏北承接苏南产业、人才等转移的空间仍然很大。2013 年,苏北吸纳新毕业大学生 13.2 万人,引进急需人才 761 人、高层次人才近 2000 人,随着人才集聚、产业的转移,苏北将成为江苏经济增长的新引擎。

5. 城乡动力由传统城镇化转向“以人为本”的城乡一体化发展。近年来,江苏城镇化进程加快推进,2013 年以常住人口计算的城镇化率已经超过 64%,步入城镇化快速发展阶段,但城镇化进程仍然存在诸多问题,主要表现在大量在城镇居住的农业转移人口仅实现了地域转移和职业转换,既没有完全实现在城镇落户,更没有实现地位的转变,这也是目前城镇化质量不高的主要问题,并由此带来对消费提升、产业发展及社会稳定等一系列不利影响。根据江苏发展目标,2020 年将实现工业化、农业现代化、城镇化和城乡一体化,苏南地区基本实现现代化。届时,江苏城镇化水平将达到 70%左右,城镇人口将上升到 5800 万。从 2014 到 2020 年,全省约有 1800 万农业转移人口需要实现真正市民化。由此,农业转移人口平均每年要被城市消化 225 万,这些人群可以创造大量的消费和投资需求,大量公共服务、基础设施、相关房地产投资等支出对于维持江苏经济的持续增长具有十分重要的现实意义。

6. 体制动力由政府主导转向市场决定。改革开放以后,我国逐步形成以政府为主导、以市场为基础、以资本积累与对外出口为主动力的增长方式,这一增长模式不断累积着矛盾。近年来,江苏省委省政府出台了一系列简政放权的措施,在“十二五”前两年取消和下放 422 项行政审批事项的基础上,2013 年又取消和下放 154 项。将分配、消费与积累的决策交还微观经济主体,将运用资本的判断交还企业,将投资主体的选择交还市场。2010 年以来民营经济增加值年均增长 11.3%,增速高于 GDP 增速 0.5 个百分点,占 GDP 比重由 52.8%提高至 54.1%;民营经济对全省 GDP 增长的贡献率达 55.3%,拉动经济增长 5.3 个百分点。2013 年全省完成民间投资 24525.8 亿元,占全部投资比重达 68.2%,拉动固定资产投资增长 13.5 个百分点,增长贡献率达 73.6%。随着各项举措的实施,深化改革将成为江苏经济发展的“最大红利”,江苏经济已从政府投资拉动为主的增长方式转向社会资本和消费带动为主的增长方式。

三、“十三五”江苏经济增长动力预测

新阶段江苏经济增长动力转换分析表明，“十三五”时期，内需增长、结构调整、科技创新、区域协调发展、新型城镇化和深化改革将成为新的动力来源。我们选取能够反映“十三五”时期江苏经济增长动力的相关指标，通过自回归差分移动平均模型预测，对新阶段江苏经济增长动力进行预测和分析。

（一）指标选取和数据收集

根据“十三五”时期江苏经济增长动力的转换分析，我们选取了反映内部需求、结构调整、科技创新、区域协调发展、新型城镇化和改革创新的核心指标，对新阶段江苏经济增长动力进行量化分析，指标选取如下：

表 1 模型指标选取结果

层面	增长动力	核心指标	代码	单位
输入层	内部需求	全社会消费品零售总额增长率	Con	%
		固定资产投资增长率	Inv	%
	结构调整	第三产业占 GDP 比重	trd	%
		最终消费占 GDP 比重	fcon	%
		非公有制经济占 GDP 比重	npu	%
	科技创新	R&D 经费投入占 GDP 比重	rd	%
		发明专利授权量增速	pat	%
	区域协调发展	苏中苏北 GDP 占全省比重	szb	%
	新型城镇化	城镇化率	ubr	%
		户籍人口占常住人口比重	hou	%
	改革创新	机关事业单位从业人员占城镇单位从业人员比重	org	%
		民间投资占全部投资比重	pri	%
		境外贷款占全部本外币贷款的比重	out	%
输出层	经济增长	GDP 增长率	gdp	%

根据模型变量选取结果，结合数据可获得性，我们搜集了 14 个反映江苏

经济增长以及增长动力的核心指标。考虑到经济增长受到近期因素影响较大,以及江苏所处的经济周期阶段,时间序列的跨度设定为2005—2013年,数据来源于《江苏统计年鉴》相关年份。

表2 模型指标相关数据

序号	核心指标	单位	2005	2006	2007	2008	2009	2010	2011	2012	2013
1	全社会消费品零售总额增长率	%	17.2	16.9	19.1	24.0	15.9	18.5	17.5	14.7	13.4
2	固定资产投资增长率	%	24.0	20.2	22.5	24.1	24.2	22.1	21.5	20.5	19.6
3	第三产业增加值占GDP比重	%	35.6	36.4	37.4	38.4	39.6	41.4	42.4	43.5	44.7
4	最终消费占GDP比重	%	44.0	41.7	42.1	42.5	43.5	44.1	42.5	43.1	43.9
5	非公有制经济占GDP比重	%	59.5	60.9	62.8	63.2	64.1	65.2	66.1	66.7	67.2
6	R&D经费投入占GDP比重	%	1.5	1.6	1.7	1.9	2.1	2.1	2.3	2.3	2.4
7	发明专利授权量增速	%	21.0	31.4	36.1	58.0	51.7	35.5	53.2	47.1	35.6
8	苏中苏北GDP占全省比重	%	37.4	37.5	37.6	38.1	39.1	19.8	40.1	40.1	40.6
9	城镇化率	%	50.5	51.9	53.2	54.3	55.6	60.6	61.9	63.0	64.1
10	户籍人口占常住人口比重	%	95.6	95.6	95.2	95.2	95.0	94.9	95.1	95.4	95.9
11	机关事业单位从业人员占城镇单位从业人员比重	%	31.5	29.6	29.1	29.4	28.9	27.8	27.1	27.1	27.2
12	民间投资占全部投资比重	%	51.9	57.7	60.8	61.3	62.6	64.2	66.0	67.2	68.2
13	境外贷款占全部本外币贷款的比重	%	0.4	0.5	0.9	0.9	0.6	0.4	0.3	0.4	0.4
14	GDP增长率	%	14.5	14.9	14.9	12.7	12.4	12.7	11.0	10.1	9.6

(二)模型输出结果及解读

根据赤池消息准则和施瓦茨准则和差分平稳性检验进行选择,通过运算处理及结果判断,ARIMA模型的参数选取为(1.1.2)。从模型统计变量看,模型回归的效果较好,R—squared为0.845,拟合程度较好;Number of Outliers(异常值的数量)的数量为0,表明模型列入的变量均参与回归。从预测结果看,即使江苏经济发展面临着复杂严峻的国内外经济形势的影响,但综合考虑内需增长、结构调整、科技创新、区域协调发展、新型城镇化和深化改革等因素的影响,“十二五”后两年和“十三五”时期,江苏经济增长的长期趋势仍然将会较为平稳,区间由10%以上逐步下移到10%以内,2014—2015年围绕9%的增速波动;2016—2020年,江苏经济增长的增速区间可能位于8.2%—9.0%之间,呈现稳中略降的特点,但不会出现大起大落,总体仍将位于“合理区间”。

表 3　Forecast

Model		2014	2015	2017	2018	2020
gdp—模型_1	Forecast	9.03	8.78	8.71	8.43	8.24
	UCL	11.58	11.92	13.56	15.03	16.33
	LCL	6.28	5.04	2.66	.47	−1.53

注：模型对“十二五”后两年和“十三五”中关键年份进行了预测。

采用上述方法对江苏反映内需增长、结构调整、科技创新、区域协调发展、新型城镇化和深化改革经济等动力的核心指标进行预测分析，对未来江苏经济增长动力演变进行分析（过程略），结果汇总如下：

表 4　Forecast

Model		2014	2015	2017	2018	2020
inv—模型_1	Forecast	17.34	16.49	15.01	14.84	15.07
	UCL	24.59	24.95	24.76	24.41	24.01
	LCL	14.47	13.71	13.25	12.83	12.42
con—模型_2	Forecast	13.74	14.46	13.89	13.31	13.02
	UCL	24.02	23.91	23.45	22.96	22.45
	LCL	5.45	5.00	4.53	4.06	3.58
trd—模型_3	Forecast	45.79	46.96	48.18	48.24	50.36
	UCL	46.61	48.27	49.65	51.09	52.43
	LCL	44.96	45.66	46.50	47.39	48.30
fcon—模型_4	Forecast	43.52	43.59	43.68	43.77	43.86
	UCL	46.38	46.47	46.56	46.65	46.74
	LCL	40.66	40.71	40.80	40.90	40.99
npu—模型_5	Forecast	69.29	70.32	71.36	72.40	73.44
	UCL	70.57	71.69	72.74	73.78	74.82
	LCL	68.01	68.95	69.98	71.01	72.06
out—模型_6	Forecast	.43	.47	.49	.44	.52
	UCL	.85	1.36	1.70	1.97	2.20
	LCL	.01	−.50	−.85	−1.12	−1.36

续表

Model		2014	2015	2017	2018	2020
pri—模型_7	Forecast	70.16	72.39	74.66	76.95	80.23
	UCL	73.70	80.59	86.28	91.30	95.90
	LCL	66.63	64.18	63.04	62.59	62.57
org—模型_8	Forecast	26.91	26.34	25.72	25.09	24.45
	UCL	28.45	29.93	30.81	31.37	31.75
	LCL	25.36	22.75	20.63	18.80	17.15
rd—模型_9	Forecast	2.59	2.67	2.84	2.90	3.09
	UCL	2.79	2.93	3.05	3.17	3.29
	LCL	2.39	2.51	2.63	2.76	2.88
hou—模型_10	Forecast	96.29	96.55	96.75	96.92	97.06
	UCL	97.07	97.97	98.77	99.49	100.14
	LCL	95.50	95.13	94.73	94.34	93.98
ubr—模型_11	Forecast	66.16	68.07	69.91	71.73	73.55
	UCL	69.56	71.78	73.68	75.52	77.33
	LCL	62.76	64.36	66.14	67.95	69.77
szb—模型_12	Forecast	36.91	37.29	37.47	37.87	38.05
	UCL	58.79	59.06	59.14	59.22	59.29
	LCL	15.04	15.51	15.59	15.72	15.84
pat—模型_13	Forecast	23.05	29.88	22.95	25.37	23.53
	UCL	82.17	90.74	94.67	97.29	99.46
	LCL	7.93	9.01	11.23	13.45	15.60

注:模型对“十二五”后两年和“十三五”中部分年份进行了预测,UCL和LCL分别表示预测区间的上限和下限。

从模型输出结果,结合上述指标“十一五”以来走势变动情况,江苏经济增长动力预测变动结果为:

一是内需将继续成为经济增长的主要推动力。20世纪90年代以后,江苏最终需求和资本形成总额增速区间一直维持在10%—20%之间,占GDP比重均维持在40%—50%之间,对经济增长的贡献率总体也分别维持在

40%—50%之间，表明内需已经成为推动经济长期增长的主要因素。从模型回归结果看，未来五年江苏全社会消费品零售总额增速可能维持在13.0%—14.5%之间；固定资产投资增速虽然从20%以上的高位回落到20%以下，但仍将保持较快增长，增长区间可能维持在15%—17%之间。

二是结构调整对经济增长的促进作用将明显体现。从预测结果看，“十三五”时期江苏结构调整将取得明显进展，对经济增长的支撑力将逐步显现。从第三产业增加值占GDP比重看，未来几年江苏第三产业占GDP比重将保持稳步提升态势，2020年将超过50%。从最终消费占GDP比重看，江苏最终消费占GDP比重也将保持稳步提升态势，但提升幅度较为缓慢，预计未来几年保持在43.5%—45%之间。从非公有制经济占GDP比重看，未来几年江苏非公有制经济将保持稳步发展，非公有制经济增加值占GDP比重将呈现明显的提升态势，2020年有望超过73%。

三是科技创新对经济增长的驱动力将得到加强。从预测结果看，“十三五”时期江苏科研投入的强度仍将不断提高，科技对经济增长的贡献率仍有提升空间。2020年，江苏R&D经费投入占GDP比重将超过3%，比2013年将提高0.6个百分点左右。从发明专利授权量增速情况看，未来几年江苏发明专利授权量仍将保持较快增速，年均增速预测在20%以上，这将有力推动江苏经济增长的创新驱动力。

四是苏中苏北对经济增长的贡献水平将持续提升。近年来江苏区域协调发展步伐明显加快，苏中苏北经济总量占全省比重不断提高。从预测结果看，未来几年随着区域协调发展战略的稳步实施，苏中苏北的发展优势将得到充分发挥，其地区生产总值占GDP的比重将呈现稳步提升的态势，2014—2020年预计为36.9%、37.29%、37.5%、37.9%、38.1%。

五是新型城镇化对经济增长的新引擎作用将充分发挥。未来几年是江苏加快新型城镇化发展的关键时期，城乡一体化加快发展将成为经济增长的新引擎。从预测结果看，未来几年江苏城镇化水平将持续提升，2020年将接近74%的水平，比2013年将提高10个百分点左右。2020年，预计江苏户籍人口占常住人口的比重将超过97%，城市中“半城镇化”的人口将逐步实现市民化，为经济增长提供稳定动力。

六是深化改革对经济增长的红利将不断释放。从反映改革创新的主要核心指标预测情况看，江苏深化改革将取得明显成效，改革将成为经济增长的“最大红利”。从民间投资占全部投资的比重看，随着国家促进民营经济发展各项政策措施的落实，2020年江苏民间投资占GDP比重将接近80%，成为推动经济增长的重要动力。从境外贷款占全部本外币贷款的比重看，随着改革开放步伐的深入和金融市场开放程度的扩大，江苏利用外部资金的比重将呈现扩大态势，预计2020年境外贷款占全部本外币贷款的比重将超过0.5%。从机关事业单位从业人员占城镇单位从业人员比重预测看，2020年该指标将下降到24%左右。

四、培育江苏经济增长新动力的政策建议

根据江苏经济发展阶段的新环境和新要求，适应增速换挡、经济转型的新常态，实现"十三五"时期经济增长动力的良好转变，是江苏谋求更大发展、提高综合实力的关键。在"十三五"时期，江苏应围绕内部需求、结构优化、科技创新、区域协调发展、城乡一体化发展、发挥市场决定性作用等方面培育经济增长新引擎，实现经济发展的新跨越。

（一）发挥投资的关键性作用和消费的基础性作用，经济增长动力立足于扩大内需

"十三五"时期，江苏经济增长的外需动力很难出现根本性转变，因此扩大内需特别是消费需求，对于经济增长的支撑作用就显得尤为重要。一是下大力气扩大消费需求，补齐经济发展中的"短板"。建立居民收入和消费与经济同步增长的联动机制，保证劳动工资增长与经济增长、企业利润增长同步。扩大服务消费，重点发展养老、健康、旅游、文化等服务，落实带薪休假制度。要促进信息消费，鼓励电子商务创新发展。二是要发挥好投资的关键作用，积极增加有效投入，大力优化投资结构。发挥好政府投资的引导带动作用，进一步突出重点，加大民生领域投入，主要投向保障性安居工程和城镇基础设施。切实落实好民间投资"36条"，明确和细化鼓励民间投资的各项政策措施，为民间投资发展营造更多发展机遇、创造更大发展空间，充分释放民间投资潜力，实现民间投资与公共投资的互动协调。

（二）加快需求、产业、所有制等结构调整步伐，经济增长动力立足于结构优化

"十三五"时期，江苏经济增长将摆脱依靠产业规模扩张的老路，以结构

优化升级为着力点，从而为经济持续健康发展提供重要的基础。一是优化需求结构。坚持扩大内需战略基点，努力释放有效需求，充分发挥消费的基础作用、投资的关键作用、出口的支撑作用，促进消费投资出口协调拉动经济发展。二是优化产业结构。以培育壮大战略性新兴产业来调“高”，以加快发展现代服务业来调“轻”，以改造提升传统产业来调“优”，以增强自主创新能力来调“强”，加快产业转型升级，构建现代产业体系。三是优化所有制结构。加快发展混合所有制经济，引入“负面清单”管理，引导民间资本有序进入国有经济。同时要切实消除目前在一些领域仍或多或少存在的“玻璃门”和“弹簧门”现象，引导和促进民间资本进入金融等竞争性行业领域。

（三）培育创新的核心驱动作用，经济增长动力立足于科技创新和人力资本素质提高

“十三五”时期，要充分发挥江苏科教人才资源丰富的优势，扎实推进创新型省份建设，建立以企业为主体、市场为导向、产学研相结合的技术创新体系，充分释放科技创新潜力，不断凸显创新驱动的倍增效应。突出企业创新主体地位，建立健全企业主导产业技术研发创新的体制机制，着力将创新资源引入企业，将研发机构建在企业，将科技服务覆盖到企业，将创新政策落实到企业，鼓励企业加大研发投入和人才储备。深入实施江苏高校协同创新计划，围绕产业链部署创新链，围绕创新链完善资金链，推动创新成果产业化和商品化，促进科技与经济紧密结合。全面提高劳动者素质，开发、培育和创造“新人口红利”。

（四）挖掘苏中苏北发展空间，经济增长动力立足于区域协调发展

“十三五”时期，要深入实施区域协调发展战略，统筹兼顾、分类指导、突出重点，进一步增强区域发展协调性。苏北地区要发挥后发优势，把推动发展与促进转型有机结合起来，继续做大经济总量，提高发展质量，加快新型工业化、城市化、经济国际化进程。全面落实促进苏中融合发展、特色发展的政策意见，认真实施苏中三市综合改革试点的总体方案和行动计划，大力推进政策创新和体制机制创新，推动沿江地区转型发展，促进苏中与苏北结合部经济相对薄弱地区加快发展，提高苏中全面小康建设水平。

(五)抢抓新型城镇化重大机遇,经济增长动力立足于城乡发展一体化

“十三五”时期,要认真贯彻落实《江苏省新型城镇化与城乡发展一体化规划(2014—2020)》,推动信息化和工业化深度融合、工业化和城镇化良性互动、城镇化和农业现代化相互协调,把握发展质量,积极稳妥推进以人为核心的新型城镇化和城乡发展一体化。要把促进符合条件的农业转移人口市民化作为推进新型城镇化的重点,扎实推进以人为核心的城镇化进程,通过统筹推进户籍制度改革与逐步实现城乡公共服务均等化,把有能力、有意愿、长期在城镇就业的农民工及其家属逐步转为城镇居民,使在城镇就业居住但未落户的城镇常住人口能够享受城镇基本公共服务,加快推进农民市民化进程,实现发展成果的城乡共享。

(六)建立有利于经济发展的体制机制环境,经济增长动力立足于深化改革

“十三五”时期,江苏要实现经济的持续健康发展,就要紧紧围绕使市场在资源配置中起决定性作用和更好发挥政府作用,正确处理好政府与市场的关系,放开用活市场这只看不见的手,管住用好政府这只看得见的手,充分释放体制机制创新红利,拉长经济高速增长向次高速增长转换的时间。充分发挥江苏非公有制经济发展优势,加快发展混合所有制经济,着力优化国有企业股权结构,全面推进股权多元化。建立健全现代企业制度,规范法人治理结构。建立有利于提高劳动报酬的职工工资正常增长机制,减轻中低收入群体税收负担,加快形成经济增长、公平分配和社会和谐的良性互动。深化行政审批制度改革,建立各部门行政审批事项目录清单制度,并向社会公开,在清单之外的,一律不得设置行政审批事项。

完 成 单 位:江苏统计局
课题组成员:郭　艳　李宝会　蔡　颖
执　笔　人:郭　艳　李宝会　蔡　颖

第四章 “十三五”江西经济发展预测

摘要:30多年江西经济的高速增长为“十三五”奠定了比较扎实的经济增长基础,本文运用柯布一道格拉斯生产函数,对改革开放30多年江西经济快速发展的动力进行了测算分析,结果表明,资本对经济高速增长贡献最大,包括技术进步、结构优化等在内的全要素生产率贡献略低于资本,劳动力贡献相对较小。“十三五”期间江西经济增长既面临着有利的因素,也存在着不利的方面,本文在此基础上对主要经济指标进行了预测,并从七个方面提出了夯实增长源、促进经济社会发展的对策建议:一是优化产业结构,推动转型发展;二是保持投资拉动,促进经济平稳运行;三是夯实消费基础,增强经济发展动力;四是强化开放带动,注入发展活力;五是打造区域板块,培育新的增长极;六是实施创新驱动,增强自主创新能力;七是提升生态品牌,强化发展可持续性。

经过改革开放30多年的快速发展,江西GDP总量于2011年突破1万亿元,人均GDP突破5000美元,跨入中等偏上收入行列,经济发展水平进入一个新阶段。在新的发展平台上,寻找新的经济增长源,培植新的增长动力,是“十三五”时期江西经济发展迫切需要解决的问题,也是决定2020年能否与全国同步全面建成小康社会的关键。

一、改革开放以来江西经济增长动力分析

改革开放30多年来,江西经济快速发展,劳动力数量不断增加,投资快速增长,技术进步、劳动力素质以及产业结构升级均取得较大进展。本文运用柯布一道格拉斯生产函数,对支撑江西经济增长的动力因素进行了分析。

(一)模型设定

新古典增长理论认为,资本、劳动力和技术进步等因素的长期作用是经济增长的动力。为考察各要素拉动经济增长的贡献度,应用柯布—道格拉斯生产函数:Y=Af(K,L)。其中,Y 为总产出,K 和 L 是资本投入和劳动投入,A 是技术水平,F(K,L)为规模报酬不变的生产函数,对函数取全微分并除以总产出得出生产函数表达式:

$$\frac{dY}{Y}=\frac{dA}{A}+\left[\frac{F_K K}{F}\right]\frac{dK}{K}+\left[\frac{F_L L}{F}\right]\frac{dL}{L} \tag{1}$$

其中:dY/Y 为产出增长率,dk/k 和 dL/L 分别为资本投入增长率、劳动投入增长率;dA/A 为全要素生产率(TFP)的增长率,反映产出增长中不能为生产要素的投入所解释的部分,在计算上,是除去劳动、资本等要素投入之后的“余值”,包括没有识别带来增长的因素和概念上的差异以及度量上的误差,因相对衡量效益改善和技术进步的程度,近似作为技术进步率。

资本要素报酬率和劳动要素报酬率用 α、β 代替,假定规模报酬不变,则 $\alpha+\beta=1$,由此整理得到方程式:

$$\frac{dA}{A}=\frac{dY}{Y}-\alpha\frac{dK}{K}-\beta\frac{dL}{L} \tag{2}$$

方程式取自然对数得到:

$$InY_t=InA+\alpha InK_t+\beta InL_t\cdots\cdots \tag{3}$$

将方程式(2)左右分别除以产出增长率,就得到综合要素贡献率,即我们普遍认为的科技进步贡献率,同时求出资本、劳动的贡献率。即:

$$资本投入贡献率E_k=a\frac{dK}{K}\Big/\frac{dY}{Y}\times 100$$

$$劳动投入贡献率E_l=\beta\frac{dL}{L}\Big/\frac{dY}{Y}\times 100$$

$$科技进步贡献率E_A=\frac{dA}{A}\Big/\frac{dY}{Y}\times 100=1-E_K-E_L$$

(二)数据选取

1. 产出量 Y 的确定。无论从统计学意义上还是经济学意义上,国内生产总值(GDP)都是反映全社会经济产出最为理想的变量。为了确保各年GDP具有可比性,就必须消除价格因素的影响,以1978年为基期,对各年GDP进行调整计算得到相关数据(表1)。

表1 1978—2013年江西产出量(Y)

单位:亿元、%

年份	现价GDP	GDP指数(1978=100)	不变价GDP	实际增长率	年份	现价GDP	GDP指数(1978=100)	不变价GDP	实际增长率
1978	87	100	87		1996	1409.74	516.1	449.007	11.7
1979	104.15	115.8	100.746	15.8	1997	1605.77	579.6	504.252	12.3
1980	111.15	120.7	105.009	4.2	1998	1719.87	620.8	540.096	7.1
1981	121.26	127.5	110.925	5.6	1999	1853.65	669.2	582.204	7.8
1982	133.96	139.4	121.278	9.3	2000	2003.07	722.7	628.749	8.0
1983	144.13	148.9	129.543	6.8	2001	2175.68	786.3	684.081	8.8
1984	169.11	171.8	149.466	15.4	2002	2450.48	868.9	755.943	10.5
1985	207.89	197.2	171.564	14.8	2003	2807.41	981.9	854.253	13.0
1986	230.82	210.4	183.048	6.7	2004	3456.7	1111.5	967.005	13.2
1987	262.9	227.9	198.273	8.3	2005	4056.76	1253.8	1090.806	12.8
1988	325.83	253.9	220.893	11.4	2006	4820.53	1408	1224.96	12.3
1989	376.46	269.4	234.378	6.1	2007	5800.25	1593.9	1386.693	13.2
1990	428.62	281.5	244.905	4.5	2008	6971.05	1804.3	1569.741	13.2
1991	479.37	304.6	265.002	8.2	2009	7655.18	2040.7	1775.409	13.1
1992	572.55	349.7	304.239	14.8	2010	9451.26	2326.4	2023.968	14.0
1993	723.04	397.6	345.912	13.7	2011	11702.82	2617.2	2276.964	12.5
1994	948.16	432.6	376.362	8.8	2012	12948.88	2905.1	2527.437	11.0
1995	1169.73	462	401.94	6.8	2013	14338.5	3198.5	2782.695	10.1

2. 劳动投入L的确定。从理论上说,劳动投入不仅取决于劳动的投入数量,还与劳动的利用效率、劳动者素质有关,但受数据资料限制,本文采用全社会从业人数,为提高数据的稳定性,对这一指标取平均值。具体做法是:基年和末年数据保持不变,其余年份根据当年及前后相邻两年数据三者的平均值。经过测算,得出表2。

3. 资本存量K的确定。资本存量(K)根据国际上通常采用的方法,采用永续盘存法估算出从基期到报告期以来的固定资本形成存量。用公式表示为:$Kt=It/Pt+(1-\delta)K_{t-1}$。其中:$Kt$表示第$t$年年末实际资本存量;$It$表示第$t$年名义投资;$Pt$为固定资本投资价格指数;$\delta$表示重置率;$K_{t-1}$表示上一年年末实际资本存量。

表 2 1978—2013 年江西劳动投入(L)

单位:万人

年份	全社会从业人数	从业人员平均值	年份	全社会从业人数	从业人员平均值
1978	1254.3	1254.3	1996	2107.2	2109.4
1979	1307.0	1305.9	1997	2120.6	2107.4
1980	1356.3	1357.7	1998	2094.3	2101.3
1981	1409.8	1400.0	1999	2089.0	2081.4
1982	1434.0	1447.3	2000	2060.9	2068.2
1983	1498.2	1489.8	2001	2054.8	2082.1
1984	1537.3	1540.1	2002	2130.6	2117.9
1985	1584.8	1581.6	2003	2168.2	2170.9
1986	1622.6	1625.3	2004	2214.0	2219.6
1987	1668.4	1671.3	2005	2276.7	2270.6
1988	1723.0	1717.3	2006	2321.1	2322.5
1989	1760.4	1766.6	2007	2369.6	2365.1
1990	1816.5	1817.1	2008	2404.5	2406.4
1991	1874.5	1853.8	2009	2445.2	2449.5
1992	1870.4	1882.9	2010	2498.8	2492.2
1993	1903.7	1927.3	2011	2532.6	2529.1
1994	2007.7	2004.0	2012	2556.0	2559.1
1995	2100.5	2071.8	2013	2588.7	2588.7

(1)当年投资 I 的确定:用于衡量每年新增的资本,本文选取固定资本形成总额作为当年投资指标。要做的是消除价格因素,计算得到各年的不变价固定资本形成。

这里需要解决投资价格指数问题,由于 1991 年以前没有投资价格指数,不能直接计算不变价的投资额,因而需要对 1979—1990 年间的指数进行推算。我们的思路是,首先按生产法统计的国内生产总值及其指数计算出国内生产总值平减指数,然后根据平减指数把现价计算的支出法国内生产总值调整为不变价计算的支出法国内生产总值。在总量上,国内生产总值基本等于最终消费与资本形成总额之和。如果能得到按不变价计算的最终消费,就能间接得到按不变价计算的资本形成总额。而最终消费的主要组成部分是零售商品,利用全社会商品零售价格指数可以近似得到按不变价计算的最终消费额,现价的和不变价的资本形成总额即可推算出投资价格指数。

表 3 1978—1990 年投资价格指数推算表

（以 1978 年为 100） 单位：亿元、%

年份	支出法GDP（现价）	GDP 缩减指数（%）	支出法GDP（不变价）	最终消费（现价）	商品零售价格（%）	最终消费（不变价）	固定资本形成（不变价）	固定资本形成（现价）	投资价格指数（%）
1978	87	100	87	52.48	100	52.5	34.52	34.52	100.00
1979	104.15	103.4	100.746	64.82	101.3	64.0	36.76	39.33	107.00
1980	111.15	105.8	105.009	74.81	105.7	70.8	34.23	36.34	106.15
1981	121.26	109.3	110.925	87.33	110.5	79.0	31.89	33.93	106.39
1982	133.96	110.5	121.278	95.05	113.7	83.6	37.68	38.91	103.26
1983	144.13	111.3	129.543	101.17	115.3	87.7	41.80	42.96	102.78
1984	169.11	113.1	149.466	116.06	118.2	98.2	51.28	53.05	103.46
1985	207.89	121.2	171.564	139.06	128	108.6	62.92	68.83	109.39
1986	230.82	126.1	183.048	149.91	135.4	110.7	72.33	80.91	111.86
1987	262.9	132.6	198.273	167.22	144.8	115.5	82.79	95.68	115.57
1988	325.83	147.5	220.893	196.77	176.3	111.6	109.28	129.06	118.10
1989	376.46	160.6	234.378	241.7	209.1	115.6	118.79	134.76	113.45
1990	428.62	175	244.905	301.63	211.9	142.3	102.56	126.99	123.82

（2）重置率 δ 的确定：永续盘存法考虑资本品的效率在各期呈几何下降趋势，我们用固定资产综合折旧率来替代重置率。从江西实际情况看，根据测算，改革开放初期，固定资产综合折旧率大致在 4.2%左右，90 年代初期提高到 5.5%左右，2000 年根据投入产出表推算达到 6.0%左右，呈现逐年提高的发展趋势。从长远看，随着技术进步加快，资本折旧率也会快速提高。从统计年鉴 GDP 收入法观察，1978—2013 年固定资本产折旧额占 GDP 的比重在 8%—10%，作为一种近似值，考虑到固定资本不同的使用寿命，经加权，我们设定折旧率平均值为 8.5%。

（3）基年固定资本存量 K_0 的估计：这一数据的取得采用国际常用计算方法：$K_0=I_0/(g+\delta)$，其中，g 是样本期真实投资的年平均增长率，δ 是折旧率，I_0 是基期的投资。我们计算 1978—2013 年真实投资的年平均增长率 g＝19.08%，基期的不变价固定资本形成 $I_{1978}=34.52$ 亿元。所以代入上式计算得到：基期的资本存量 $K_{1978}=125.16$ 亿元。在确定了当年投资 I、折旧率 δ 和基年固定资本形成存量的情况下，我们可以利用永续盘存法逐年推算各年的固定资本形成存量。

表 4 1978—2013 年资本存量推算表

单位:亿元

年份	投资总额(现价)	投资价格指数(1978=100)	投资总额(不变价)	固定资本形成总额(现价)	固定资本形成总额(不变价)	资本存量
1978	8.13	100	8.13	34.52	34.52	125.16
1979	8.4	107	7.85	39.33	36.76	151.28
1980	16.32	106.15	15.37	36.34	34.23	172.65
1981	13.49	106.39	12.69	33.93	31.89	189.87
1982	19.97	103.26	19.35	38.91	37.68	211.41
1983	20.5	102.78	19.95	42.96	41.80	235.24
1984	26.15	103.46	25.27	53.05	51.28	266.52
1985	31.82	109.39	29.08	68.83	62.92	306.79
1986	36.9	111.86	33	80.91	72.33	353.04
1987	40.71	115.57	35.21	95.68	82.79	405.82
1988	52.08	118.1	44.09	129.06	109.28	480.61
1989	50.19	113.45	44.26	134.76	118.78	518.54
1990	56.12	123.82	45.29	126.99	102.56	530.39
1991	71.13	136.7	52.03	147.62	107.99	535.46
1992	99.54	150.6	66.09	219.51	145.76	758.31
1993	151.2	195.4	77.38	298.34	152.68	846.53
1994	201.87	223.9	90.16	368.62	164.64	939.21
1995	222.47	240.1	92.66	425.44	177.19	1036.57
1996	267.33	254	105.25	507.63	199.85	1148.32
1997	295.78	257.5	114.87	617.03	239.62	1290.34
1998	355.77	263	135.27	672.85	255.84	1436.49
1999	380.64	259.3	146.8	715.41	275.90	1590.29
2000	458.19	262.9	174.28	718.29	273.22	1628.34
2001	564.82	260	217.24	800.83	308.01	1635.32
2002	826.39	260	317.84	999.28	384.34	2113.17
2003	1279.76	273.26	468.33	1321.68	483.67	2417.23
2004	1710.03	275.65	620.36	1697.01	615.64	2827.4
2005	2046.87	279.83	731.47	1981.98	708.28	3295.35
2006	2542.57	290.01	876.72	2494.67	860.20	3875.45
2007	3146.41	305.6	1029.58	3060.96	1001.62	4047.66
2008	4153.24	310.21	1338.85	3760.5	1212.24	4373.35
2009	5442.13	312.21	1743.1	4163.37	1333.52	6250.13
2010	6859.35	320.01	2143.48	4854.65	1517.03	8235.9
2011	8403.93	329.5	2550.51	5989.05	1817.62	8438.47
2012	10378.37	330.56	3139.63	6513.67	1970.50	9691.69
2013	12434.95	339.31	3664.78	6925.31	2041.00	11908.9

4. 产出弹性系数的确定：利用上述数据，运用 Eviews6.0 软件，对方程(3)进行回归分析，得到：

$$\ln Yt = 4.279630 + 0.356697\ln Kt + 0.612688\ln Lt$$

对模型估计结果进行检验，得到复相关系数 R＝0.912，统计量 F＝1028.5，$R^2=0.938$，说明拟合优度较好，检验效果比较显著。

回归方程弹性系数 α＝0.356，β＝0.612，表明当劳动投入和资本投入每增加 1%，可分别带来 0.356%和 0.612%的经济增长。

(二)结果分析

根据一系列基础数据计算，得到 1978－2013 年，江西经济年均增长 10.41%，劳动投入、资本投入和全要素生产率年均增长 2.09%、13.90%和 4.28%，在资本产出弹性系数 α＝0.356 和劳动产出弹性系数 β＝0.612 的影响下，三个要素对全省经济增长的贡献率分别为 12.3%、47.5%和 40.2%。表明改革开放特别是进入 21 世纪以来，江西立足承东启西产业梯度转移优势和在中部崛起的基本省情，要素投入规模扩张、产业结构优化升级、创新驱动能力提升，为经济健康快速发展提供了充足的原动力。

表 5　1978 年以来生产要素贡献情况

单位：%

时　期	GDP 年均增长	资本存量		劳动力		体制及技术变革	
		年均增长	贡献率	年均增长	贡献率	年均增长	贡献率
1979－1990 年	8.41	12.08	51.13	3.05	22.19	2.24	26.67
1991－2000 年	10.08	13.15	46.47	1.22	11.97	4.64	41.55
2001－2010 年	12.81	19.67	54.69	2.02	7.56	4.56	37.75
2011－2013 年	10.55	18.79	63.43	1.17	5.69	3.14	30.88
2008－2013 年	12.13	22.18	65.09	1.47	6.21	3.33	28.99

一是投资拉动经济增长的特征鲜明。改革开放以来，江西资本投入持续上升，1979－1990 年间平均增速为 12.08%，1991－2000 年为 13.15%，2001－2010 年间达到 19.67%，2011－2013 年间为 18.79%。尤其是 2008 年国际金融危机以来，江西大力实施重大项目带动战略，投资规模出现前所未有的扩张，2008－2013 年，资本投入年均增长 22.18%，部分年份超过 30%。根据生产函数测算，全省资本投入对经济增长的贡献率由 1979－

1990年间的51.13%上升到2001—2010年间的54.69%,2011—2013年间达到63.43%,2008—2013年高达65.09%,表明投资拉动成为推动经济增长的要素主动力。

二是体制创新及科技进步对经济增长的贡献较强。据测算,全省科技进步贡献率由1979—1990年间的26.67%上升到2001年以来的30%以上的水平,从发展趋势看,科技创新逐渐成为江西经济增长的核心动力。尤其党的十六大以来,科技驱动经济增长具有较为鲜明的特征。从科技投入来看,全省研究与试验发展(R&D)经费支出占GDP的比重由2002年的0.44%提高到2013年的0.95%,上升了0.41个百分点;高新技术产业增加值占GDP的比重由2.00%上升至8.1%,上升了6.1个百分点;科技进步贡献率由32.9%上升至39.9%,上升了7个百分点。科技进步加快了工业化进程,促进经济结构优化升级,也成为经济快速增长的重要力量。

三是劳动力投入对经济增长的贡献份额有所下降。据测算,1979—1990年间贡献率为22.19%,是劳动贡献份额最大的历史时期。随着市场经济体制深入推进,经济结构优化升级和科技创新技术不断进步,产业部门劳动生产率提高,适龄劳动人口规模呈下降趋势,老龄化趋势逐步提高,依靠人力资本高投入带来的人口红利越来越少。特别是近10年来,由于大力加强技术革新,提高劳动生产率,劳动参与率不断下滑,劳动投入对经济增长的贡献份额也随之减少。2000年以来,全省劳动力投入对经济增长贡献率仅为7%左右,相当于改革开放前20年平均水平的1/3。劳动力投入贡献份额减少,反映经济增长不能再依靠劳动力数量的增加,而要靠劳动力素质的提升以及技术进步,走集约创新之路。

二、“十三五”江西经济发展面临的环境分析

“十三五”是江西转型发展的关键时期,这不仅是因为国内外经济大环境的深刻变化,而且过去支撑经济增长的内在因素也正在发生新变化,面临的挑战日趋复杂严峻。必须适应新形势,寻找新的经济增长动力,促进经济转型升级,实现经济长期健康可持续的发展。

(一)新阶段面临的国内外发展环境

世界经济总体处于复苏阶段,但仍存在许多不确定性因素。从目前看,

全球经济调整效果初显，国际市场需求出现一定回升态势，但美、欧、日等发达经济体复苏进程依然曲折，新兴经济体经济下行压力较大。中东地区动荡局势仍将持续，造成国际能源供给和价格波动。

我国经济具备稳定较快增长的基本条件。一是改革创新将激发巨大动力和活力，市场在资源配置中的决定作用进一步发挥，以简政放权为主要内容的改革将进一步深化，改革红利将不断释放。二是结构调整、转型升级呈现良好态势。区域方面，东部地区在技术创新、转型升级方面继续发挥引领作用。产业方面，第三产业增长加速，服务业主导型经济初步确立。三是扩大内需潜力巨大。当前我国储蓄率依然较高，有利于保持较高的投资水平。加之近年来我国高度重视改善民生，城镇低收入群体和农民收入水平都有较大提高，覆盖城乡的社会保障体系基本建立，为扩大国内消费需求奠定了基础。户籍制度改革以及新型城镇化进程不断推进，为内需增长注入新动力。

但经济从10％左右的高速向目前7.5％左右的中高速转换后，短期内不可避免出现了一些矛盾和问题，如传统产业产能严重比较过剩，新兴产业尚在孕育中，由于经济下行以及房地产市场不断调整等综合因素造成地方政府财政金融风险加大，企业生产经营困难，财政收入减缓等。这些问题相互联系、相互影响，处理不好不仅会进一步加大经济下行压力，甚至有可能加剧社会矛盾，影响经济中长期发展。

（二）江西砥砺奋进中遇到诸多瓶颈制约

一是经济波动较大。改革开放30多年来，江西经济增长呈现出较大波动，最大波动幅度达11.6个百分点。从各阶段看，1979－1984年间，全国经济呈现出加速增长，江西却表现出明显的波动。1985－1991年间，江西经济走势与全国基本一致，呈现出波动增长的W型曲线，但经济处于谷底的年份较多，回升势头也有一定滞后。1992－2001年间，全国经济增长呈现出平稳下滑的L型曲线，而江西依然表现出较大的起伏波动。2002－2013年间，全省经济才走出一条平稳的增长曲线。

二是传统产业比重偏高。改革开放以来，江西的三次产业结构逐步优化，由1978年的41.6∶38.0∶20.4（即一二三类型）发展到2013年的11.4∶53.5∶35.1（即二三一类型）。但从产业构成看，第一产业、第二产业占GDP的比重明显偏大。2013年，江西的第一产业增加值占GDP的比重为

11.4%,高于全国平均水平 1.39 个百分点,第二产业比重为 53.5%,高于全国 9.61 个百分点,均居全国上游水平;而第三产业比重仅有 35.1%,低于全国 8.79 个百分点,居全国第 22 位。主要原因是钢铁、水泥、冶金、纺织等传统高耗能产业比重偏大,高新技术产业化正处于起步阶段,金融保险等行业仍然发育不足。

三是收入水平较低。江西消费率偏低,改革开放初期保持在 60%左右水平,近 10 年徘徊在 50%上下。主要原因在于收入水平偏低,消费倾向不高,制约了消费能力。农民收入与全国平均水平之差明显扩大,由 1978 年的 +7.13 元发展到 2013 年的 −115 元,农民增收趋缓导致农村市场难以启动。城镇居民收入水平虽然提高很快,但与全国平均水平的差距却在拉大,由 1978 年的 −7.13 元发展到 2013 年的 −5082 元,居全国第 24 位。经济下行压力影响居民未来消费预期,也在一定程度上抑制了消费需求的增长。

四是吸纳就业能力下降。目前,江西劳动力资源 3524.7 万人,全社会就业 2588.7 万人,劳动参与率 73.4%。受国际经济复杂多变以及国内经济下行压力较大等因素影响,江西经济增速很可能趋于放缓,稳定和扩大就业将面临新的挑战。一方面,总量压力仍然存在。从劳动力供给看,2013 年,全省高校毕业生人数达 25 万人,再创新高,外出务工劳动力回流速度在进一步加快。但从劳动力需求看,尽管第三产业比重有所提高,但总体来看江西企业规模小、创新型企业少,吸纳就业的能力和潜力不大。同时,技术进步、产业升级将使劳动力需求进一步下降;在化解过剩产能、企业兼并重组过程中也会造成部分岗位流失,产生就业的"挤出效应",加剧劳动力供求矛盾。另一方面,结构性矛盾更加突出。农村回流劳动力大部分年纪偏大、文化程度偏低,就业创业能力、职业转换能力总体偏弱,与离校未就业大学生、下岗失业人员交织叠加,构成"就业难"的主要群体。同时,企业"招工难"尤其是"稳工难"现象比较严重,并将成为一种常态。

三、"十三五"江西经济发展预测

根据江西省十三届七次全会确立的"发展升级、小康提速、绿色崛起、实干兴赣"十六字方针,"十三五"时期是推进鄱阳湖生态经济区建设、实现苏区振兴、奋力实现跨越发展的重要时期,是全面实现小康社会的关键时期。综合考虑未来发展趋势和条件,对"十三五"全省经济发展趋势做出如下预测判断：

(一)经济总量将实现从1万亿元向3万亿元重大跨越

2013年，江西经济总量1.4万亿元，预计2015年将达到1.8万亿元左右，这意味着全省财富积累将步入一个新的较快发展阶段，预计2016年GDP总量将突破2万亿元大关，到2020年，全省经济总量将突破3万亿元，预计达到3.2万亿元左右。

(二)人均GDP将实现由6千美元向1万美元突破

从世界经济的发展轨迹看，一个国家或地区迈上人均GDP6000美元的台阶，这意味着已接近上中等收入国家平均水平线，也意味着进入了一个新的历史转折时期，即从上中等收入国家平均水平向高收入门槛迈进阶段，消费升级空间广阔。2013年，江西人均GDP为5130美元，预计2015年将突破6000美元，2020年将突破1万美元，达到1.1万美元左右。

(三)城乡居民收入实现较快增长

2013年，城镇居民人均可支配收入21873元，预计2015年将接近3万元，2020年将达到5万元；2013年，农民人均纯收入8781元，预计2015年将突破1万元，达到1.1万元，2020年达到2万元；城乡居民收入均超过全面小康标准。2020年，预计城乡居民恩格尔系数分别由2013年的37.7％和42.5％下降到30％和35％以下。

(四)产业结构调整将取得积极进展

2013年，三次产业结构为11.4∶53.5∶35.1，其中工业化率达44.9％，城镇化率达到48.9％。江西正处在工业化、城镇化快速发展的重要阶段。预计到2015年，三次产业比重为10∶53.5∶36.5，到2020年为7.5∶49.5∶43。随着工业化进程加快，服务业加速发展，农业占比将持续下降，非农产业比重上升到90％以上；城乡区域发展协调性增强，城镇化率达57％。

(五)生态环境继续保持全国一流水平

当前，江西森林覆盖率为63.1％，预计到2020年，森林覆盖率稳定在63％以上，继续排在全国前列，森林蓄积量达到5亿立方米。全省主要河流监测断面Ⅰ—Ⅲ类水质稳定在82%左右。单位工业增加值用水量、单位生产总值能耗将进一步下降。农业灌溉用水有效利用系数达到0.5以上,城镇生活污水集中处理率、城镇生活垃圾无害处理率分别提高到90%、85%以上。

(六)鄱阳湖生态经济区建设实现阶段性目标

“十二大生态经济工程”鄱阳湖水质稳定在Ⅲ类,湿地得到有效保护,流域综合管理能力大幅提升,空气质量达到国家二级标准。区域生态产业和生态城镇体系不断完善,人均生产总值达到全国平均水平,基本公共服务主要指标达到或超过全国平均水平,提前基本实现全面建成小康社会的目标。

四、推动江西经济又好又快发展的对策建议

“十三五”时期,江西要紧密结合实际,深入实施鄱阳湖生态经济区建设和赣南等原中央苏区振兴发展两大国家战略,加快推进体制机制改革,加快推进改革创新,加快改善民生,不断激发市场活力,促进经济可持续较快发展。

(一)优化产业结构,推动经济转型发展

一是积极运用高新技术和先进适用技术改造提升有色、钢铁、汽车、船舶、石化、建材、食品、纺织、家电等传统产业,着力推进新材料、光伏、航空制造、电子信息、生物医药等优势产业发展,积极发展锂、铜合金、高性能稀土材料、节能与新能源汽车等产业。二是加快农业产业化进程,推动城乡统筹发展。改革户籍管理制度,促进农村劳动力的转移;推行“龙头企业+专业合作社+农户”等经营形式,形成合理的农业生产布局;加大无公害农产品、绿色食品和有机食品生产力度,建设绿色农产品生产加工基地。三是大力发展服务业,加快发展银行、证券、保险、现代物流和商务服务等生产性服务业,扶持发展信息服务、创意设计、科技服务等新兴服务业,改造提升传统服务业,发展壮大健康产业、社区服务、养老服务等新型业态。

(二)保持投资拉动,促进经济平稳运行

一是要及时、准确贯彻落实好中央经济政策。将新增中央投资优先安排符合投向并可以迅速形成实物工作量的在建项目,加大投资力度,加快建设进度,并及时启动符合条件的新开工项目。二是要狠抓项目不动摇。围

绕保障性安居工程、农村民生工程和农林基础设施、重大基础设施、节能减排和生态建设工程、文教卫体等社会事业、高新技术和产业结构升级等方面增强投入。三是要优化投资环境。支持引导民间资本投向政府鼓励项目和符合国家产业政策的领域，广泛参与各种民生工程、基础设施和生态环境建设，把政府投资引导作用与发挥民间投资积极性有机结合起来。

(三)夯实消费基础，增强经济发展动力

一是要提高居民收入，改善居民消费预期。增加公务员工资，提高最低工资标准，按照推进城乡基本公共服务均等化的要求，健全覆盖城乡居民的社会保障体系。二是要优化消费软环境，维护和增强消费者信心。持之以恒地开展诚信体系建设，将社会信息化和诚信榜进行有效对接，加强市场秩序监管力度，提高对假冒伪劣和商业欺诈行为的惩处力度。三是要完善消费供给结构，培育和扩大新的消费热点。大力提高消费者对电子信息、通讯产品、教育培训、家政服务、创意文化、体育健身、休闲旅游、会展活动等消费领域的认可程度，引导个性化、时尚化、品牌化消费。

(四)强化开放带动，注入发展活力

一是要突出重点产业招大引强，大力实施专业化集群式招商。着力引进一批世界和国内500强企业、跨国公司、行业龙头企业和重大投资项目，加快推进产业集聚，形成产业集群。二是要优化配套服务，加强对外开放平台建设。抓紧谋划建设一批功能突出、关联性强的服务业配套区，建设一批特色鲜明、优势突出、辐射带动作用强的服务业集聚区，打造较为完整的产业链条，实现集群发展和产业规模效应的充分释放。三是要加快打造具有比较优势的创业投资环境，构筑对外开放新优势。要下大力气简政放权、深化行政审批制度改革，积极为企业提供高效便捷规范的服务；要全面清理和废除妨碍公平竞争的各种规定，促进生产要素在更大范围内自由流动和有序竞争。

(五)打造区域板块，培育新的增长极

一是要做强南昌。提升南昌的经济功能，在产业方面，加快建设一批具有较强影响力和竞争力的优势产业基地，努力将南昌打造成全国重要的先进制造基地。在交通方面，加快建设南昌至铜鼓等高速公路，加快推进昌樟、昌九高速公路改造提升,加快周边国道、省道、县道、乡道的改扩建,扩建符合国际标准的白水湖国家集装箱货运中心,大力发展多式联运,把南昌建成全国重要的综合交通枢纽。二是做大九江。充分发挥九江临江大运输、大吞吐的产业优势,重点发展重化工业、船舶制造、钢铁、新能源等产业。以昌九工业走廊和长江沿岸为主要范围,重点进行"T 字型"的生产力布局,形成九江经济总量发展的主轴。加快推进"昌九一体化",实现两地联动。加快推进昌九交通体系的对接融合,通过联动推进公共服务一体化发展。

(六)坚持创新驱动,增强自主创新能力

一要加快建立科技创新体系。充分发挥企业创新主体作用,完善并落实鼓励科技创新和科技成果产业化的财税金融政策,扶持一批有实力的企业单独设立技术研发中心。大力推进企业间、企业与高校、企业与科研机构之间的协同创新。二要抓好科技创新平台建设。充分发挥高等院校、科研院所的作用,打造具有较强原始创新能力的科研平台。依托国家高技术产业基地、国家高新开发区、专业园区和特色产业基地,有效汇聚区域各种创新要素,推进科技基础设施建设。三要加快建设高素质人才队伍。大力实施"赣翻英才 555 工程",加快培养高素质、专业化、有技能的实用人才。进一步完善有利于人才成长发展的政策机制,为各类人才提供干事创业平台,对一些高端、特殊人才实施特殊政策措施。

(七)提升生态品牌,强化发展可持续性

一要努力构建生态产业体系。大力发展生态农业,围绕"粮菜果林"重点建设十大优质绿色农产品基地,加快无公害、绿色有机农产品基地和现代农业园区建设,培育一批影响力大、竞争力强、特色鲜明的农产品品牌,打造一批特色鲜明、优势互补、相互配套的产业基地。二要切实抓好生态环境建设和保护。要严格饮用水源的保护,加强"五河"水系生态廊道的生态保护,着力实施长江、珠江防护林工程,加大水土流失治理力度。要加大源头污染防治力度,提高产业环保准入门槛。加强农村面源污染防治,加快重金属污染治理,积极开展土壤污染治理和修复,改善土壤环境质量。

完 成 单 位:江西统计局

课题组成员:曾庆道　杨金华　张万才　杨幸丽

第五章 “十三五”甘肃经济发展目标研究

摘要:本文对改革开放以来甘肃省经济发展的基本情况和不同于其他省份的特点进行了分析,并就“十三五”经济增长目标进行了讨论,认为2014—2020年甘肃产业结构调整与城镇化速度有望加快、就业基本平稳、投资增速将大幅回落,生产总值增速可维持在6.9%—8.6%的区间。为顺利达到这些目标,甘肃必须把握全面深化改革重大战略机遇,紧抓发展第一要务,全力以赴保增长、调结构、惠民生、促升级。

近年来,我国经济发展资源约束趋紧,对未来经济走势的判断,国内外学者也存在较大差异。甘肃作为一个典型的欠发达地区,未来的经济发展会呈现什么态势?为回答此问题,本文立足甘肃经济发展现状,多角度、多层次深入剖析1978—2013年推动或制约甘肃经济增长的主要因素,以期探寻“十三五”时期甘肃经济增长的动力结构和增长空间。

一、改革开放以来甘肃经济发展情况和特点

(一)经济总量增加显著,但人均水平与全国差距不断拉大

纵向看,经济总量快速增长,居民收入水平显著提高。2013年,甘肃生产总值达6268亿元,较1978年增长95.8倍;城镇居民人均可支配收入达18965元,较1978年增长45.5倍;农村居民人均纯收入达5108元,较1978年增长49.6倍。

横向看,甘肃经济发展相对缓慢,人均生产总值、居民收入与全国的差距逐年拉大,在全国的位次不断后移。

一是生产总值占全国比重小,而且呈先快速下降而后波浪小幅回升的态势——1978年、1995年和2013年甘肃生产总值占全国的份额依次为1.78%、0.92%和1.10%;生产总值在全国的位次由1978年的第24位后移至2013年的第27位。

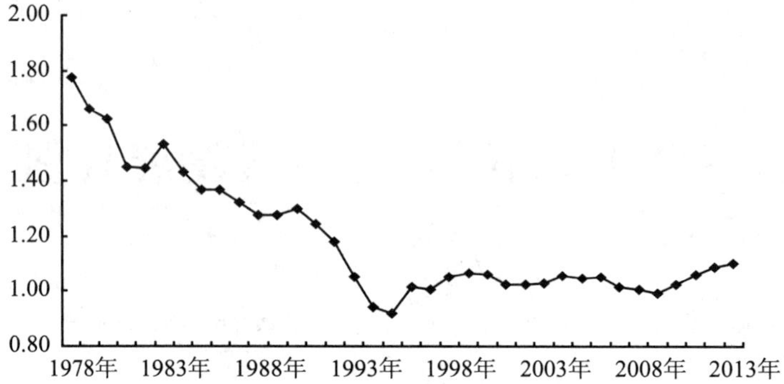

图 1　1978—2013 年甘肃省生产总值占全国的份额

二是人均生产总值和居民收入与全国的差距逐年拉大,在全国的位次不断后移。甘肃人均生产总值与全国均值的差距由 1978 年的 33 元扩大到 2013 年的 17611 元,在全国的位次也相应地由第 14 位后移第 30 位;城镇居民人均可支配收入由 1978 年高于全国 64 元转变到 2013 年比全国低 7990 元;农民人均纯收入与全国的差距由 33 元扩大到 2013 年的 3788 元,城乡居民收入在全国的位次分别由 1984 年的第 24 位和第 30 位均后移到末位。

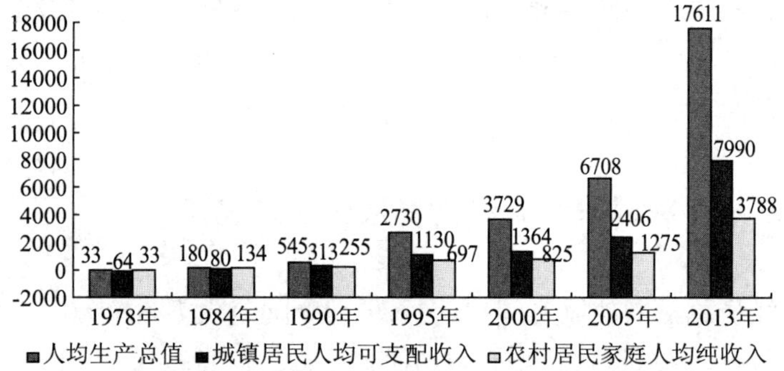

图 2　甘肃人均生产总值和居民收入与全国的差距

(二)产业结构不断优化,但升级速度比较缓慢

1978 以来,甘肃三次产业全面发展,产业结构趋于优化。1978—2013 年,甘肃第一、二、三次产业年均分别增长 12.8%、11.7%和 16.5%,三次产业的结构比由 1978 年的 20.4∶60.3∶19.3 转变为 2013 年的 13.5∶44.8∶41.8。

与全国平均水平相比,甘肃产业结构层次相对较低。2013 年,甘肃第一产业所占比重比全国高 3.5 个百分点,第三产业比重比全国低 4.3 个百分点。从各产业内部结构看：甘肃第一产业中农业占农林牧渔业总产值的比重高达 72.8%，比全国高 20.0 个百分点；规模以上工业企业轻工业增加值比重为 16.4%，六大高耗能行业增加值比重为 48.4%，高技术产业增加值比重为 2.8%，均远低于全国平均水平；金融业、房地产业占第三产业的比重仅为 8.9%和 6.1%，分别比全国低 3.9 个百分点和 6.6 个百分点。甘肃产业结构层次相对较低，经济发展的粗放型特征明显。

与其他省市相比，甘肃产业结构转换速度缓慢。产业结构转换速度可用产业增长速度差异程度来衡量。计算公式如下：

$$\delta=\sqrt{\sum(X_{\mathrm{i}}-X_{\mathrm{p}})^2\frac{R_i}{X_p}}$$

其中：δ 是产业结构转换系数，X_i是 i 产业增加值从基期到报告期的年均增长速度，X_p是生产总值从基期到报告期的年均增长速度，R_i是 i 产业在生产总值中的比重。从各省（市、区）的产业结构转换系数①看，1978－2013 年，东北与西北等各省的产业结构转换系数相对较低，甘肃的产业结构转换系数仅为 0.0432，居全国倒数第 2 位。

表 1 1978－2013 年各省市产业结构转换速度对比表

地 区	转换系数	地 区	转换系数	地 区	转换系数
浙 江	0.1046	江 苏	0.0675	辽 宁	0.0496
北 京	0.1013	福 建	0.0668	广 西	0.0478
西 藏	0.0880	江 西	0.0668	黑龙江	0.0478
广 东	0.0801	云 南	0.0645	吉 林	0.0463
上 海	0.0793	湖 南	0.0640	新 疆	0.0459
重 庆	0.0785	陕 西	0.0628	天 津	0.0450
安 徽	0.0770	河 南	0.0610	河 北	0.0441
四 川	0.0695	内 蒙	0.0577	宁 夏	0.0437
山 东	0.0692	山 西	0.0575	甘 肃	0.0432
湖 北	0.0686	海 南	0.0521	青 海	0.0387
贵 州	0.0679				

① 各省（市、区）1978－2013 年生产总值和三次产业的平均增长速度采用累计法计算。

(三)低收入水平下的最终消费主导型发展模式

1. 资本形成增长乏力

从全国及各省(市、区)经济经济发展历史①看,改革开发以来,资本形成是经济发展中最活跃的因素,是促进产业结构升级、拉动经济增长的主要动力之一。(见附表1)。

1979—1999年,全国资本形成增速略高于消费;甘肃最终消费、资本形成年均分别增长13.15%和11.95%,增速均居全国末位,而且资本形成增速比最终消费低1.2个百分点。而经济较发达的省份,如浙江、广东、福建、江苏等东南沿海地区资本形成增速均在20%以上,其中浙江资本形成增速高达28.18%。

2000—2013年,甘肃最终消费、资本形成年均分别增长14.58%和16.69%。与上一时期相比增速均有不同程度的提高,而且资本形成增速高于最终消费2.11个百分点,但资本形成增速仍低于全国0.23个百分点,居全国第22位,西部末位。内蒙的资本形成增速则高达28.14%。

2. 低收入与消费主导并存

对比分析1979—1999年、2000—2013年全国及各省(市、区)需求要素的贡献率可看出,甘肃经济增长属于“最终消费、资本形成带动增长与净进口拖滞型”(见附表2、附表3)。

在1979—1999年和2000—2013年两个时期,最终消费贡献率均高于资本形成贡献率的只有浙江、广东、贵州和甘肃4省。但是与甘肃、贵州不同的是:第一,浙江、广东资本形成增速高于甘肃、贵州,且高于本省最终消费增速。第二,浙江与广东经济比较发达,产业结构层次较高,产品竞争力强,是货物与服务净流出省份;甘肃与贵州经济发展滞后,特别是甘肃重化工业比重高,是货物与服务净流入省份。第三,甘肃城乡居民人均可支配收入居全国末尾,总体有效购买能力差。

---

① 本部分关注的焦点是各省市改革开放以来经济增长模式,强调财富的积累水平,因此经济增长率与贡献率均采用累计法;同时,各省市支出法各构成项没有指数,因此本部分增速均采用名义增速,即不扣除价格因素。

二、“十三五”甘肃经济增长目标建议

(一)三次产业增长目标

1978—2013年，甘肃第一、二、三产业增加值均呈曲线上升趋势，且无明显的周期性特征，符合ARMA(p,q)模型预测条件。在置信度为95%时，第一产业模型中p=2、q=2时，样本数据能够满足参数检验，模型拟合精度较高，到2020年第一产业增加值的合理区间是〔1180—1300〕亿元；第二产业和第三产业模型中p=2，q=3时，各变量和模型的参数估计值均可达到需要的精度，合理区间分别为〔4480—4960〕亿元、〔4540—5020〕亿元。

农业经济稳步发展，区间中位数是比较切实可行的目标。随着“365”(打造旱作农业、高效节水农业和草原畜牧业三个国家级示范区；壮大草食畜牧业、设施蔬菜、优质林果，提升马铃薯、中药材、现代种业和酿酒原料等特色产；强化农业设施装备和科技创新、农村基础设施建设、新型农业生产经营主体培育、农民职业技能培训、政策支持和保护五大支撑)现代农业发展行动计划的深入实施，甘肃农业结构大幅调整，传统农业向现代农业转变的趋势增强。但由于水资源、土地资源及自然环境等瓶颈因素制约，到2020年，区间中位数1240亿元是农业增加值比较切实可行的目标值。

以新能源及高端制造业为代表的高技术新兴主导产业快速成长，第二产业有望达到区间高值。传统支柱产业稳步发展。2011—2013年，甘肃工业年均增速达到13.6%，增速高于全国5个百分点，其中：占规模以上工业增加值约三成的石化工业资产利税率保持在21%以上，资产负债率相对较低，销售产值利润率有上升的趋势，加之页岩油气与煤制油气技术逐步成熟，发展潜力较大；食品工业增加值占规模以上工业增加值的比重由2010年的10.23%提高到2013年的12.03%，其资产负债率较低、利税率高，销售产值利润率基本稳定，随着农业现代化快速发展，为食品工业发展提供丰富优质的资源，食品工业也应有较大发展；2011—2013年有色、冶金两大支柱产业的增加值年均分别增长24.07%和19.32%，但是其资产负债率逐步走高，销售产值利润率持续下降，发展后劲不足，增速将会减缓。以新能源及高端制造业为代表的高技术新兴主导产业将快速成长。2013年，以河西新能源基地为主的风电、光电装机容量达到705万千瓦和300万千瓦，并网装机容量分别位居全国第三位和第一位；全省高技术产业完成工业增加值56.9亿

元,比上年增长15.5%。随着高技术产业园区建设与承接产业转移工作的逐步深入,高技术产业集聚态势加快形成,使甘肃工业结构日益走向高级化,2020年甘肃第二产业增加值有望达到区间高值4960亿元。

现代服务业快速发展,目标值选取四分之三分位数较为合理。2011—2013年,甘肃第三产业年份增长11.9%,占生产总值的比重由2010年的37.3%提高到2013年的41.8%。同时,从第三产业内部来看,以金融业为代表的现代服务业发展较快,金融业年均增长19.6%,占第三产业比重由2010年的6.5%提高到2013年的8.9%。从当前宏观政策措施看,"十三五"时期,国家将进一步加大对甘肃交通、通讯等重大基础设施建设的投入,这为第三产业快速发展创造了更好的物质条件;同时兰州新区、新丝绸之路经济带、华夏文明传承创新区和主题功能区等战略举措的深入实施,为进一步搞活现代服务业,加速产业结构转型升级提供重要保障,现代服务业将快速发展,成长为主导产业。基于上述分析,同时考虑到甘肃刚刚步入工业化中期,工业仍然是推动经济增长的重要力量,重化工业仍将深化发展。第三产业目标值选取四分之三分位数4900亿元较为合理。因此,2020年三次产业结构有望调整为11∶45∶44,与此同时,三次产业内部的结构变化显著。

(二)城镇化目标

进入新世纪以来,甘肃镇化进程步伐加快,对经济增长的促进作用显著提高。"十三五"时期,甘肃城镇化建设步伐将会进一步加快,新型城镇化将成为甘肃实现与全国同步建成全面小康社会的强大引擎。

另外,国家将加快推进欠发达地区城镇化建设的战略部署以及促进城镇化质量提高诸多举措的推出,也将为甘肃加快新型城镇化建设提供强有力支撑,特别是兰州新区和主体功能区的建设,有效支撑和推进甘肃新型城镇化建设。

综合考虑近十年来的发展趋势与上述因素,2020年甘肃城镇化率将达到50%—52%。

(三)投资规模目标

2014—2020年,甘肃固定资产投资仍将延续1978—2013年曲线加速上升的趋势,可以利用历史数据进行趋势预测。

对1978—2013年甘肃固定资产投资取对数,并进行二次差分后,数据趋于平稳。因此，我们选用 ARIMA(2,2,1)模型先预测出 2014—2020 年固定投资额的对数，然后测算出各年度的固定投资额，主要参数如表 5。

表 5 固定资产投资预测模型主要参数

模型	参数				
ARIMA (2,2,1)	最终参数：				
	Standard error	.10110973			
	Log likelihood	28.92425			
	AIC	−49.848499			
	SBC	−43.514424			
	模型变量：				
		B	SEB	T 统计量	P 值
	AR1	1.9561146	.0418996	46.685735	.00000000
	AR2	−.9587330	.0414794	−23.113462	.00000000
	MA1	.4432158	.1623863	2.729392	.01022536
	CONSTANT	5.7669041	2.6889991	2.144628	.03967726

参数估计全部通过显著性检验，残差序列的方差、标准误差以及按 AIC 和 SBC 标准计算的统计量都表明模型拟合较好。而且从残差的自相关检验结果数据中可得知残差通过白噪声显著性检验。

利用上面确定的模型进行预测，置信度为 95%时，2020 年，固定资产投资额合理区间为〔17520，19360〕亿元，年均增速在 15.5%—17.1%之间。与 2001—2013 年 22.9%的年均增速相比，投资增速有所放缓。

(四)就业规模目标

1990 年以来，甘肃人口自然增长率稳步下降，2002 年后一直保持在 7‰以下；2000 年以来，就业人员在 1400—1500 万人之间波动；居民平均受教育年限由 2000 年的 6 年提高到 2010 年的 7.5 年。据此估计，2014—2020 年，甘肃就业人员相对平稳，劳动力素质稳步提高。

(五)经济增长目标

综合考虑上述指标值，我们认为，2014—2020 年，甘肃产业结构调整与城镇化建设力度有所加快，劳动量基本持平，投资增速大幅回落，在这四个因素的合力下，生产总值增速将在 6.9%—8.6%之间。

三、“十三五”甘肃经济发展思路与对策

2020年,甘肃要实现与全国一道进入全面建成小康社会的目标任务,必须把握全面深化改革重大战略机遇,紧抓发展第一要务,全力以赴保增长、调结构、惠民生、促升级。为此要着重做好以下几个方面的工作:

(一)调整优化产业结构,培育新的经济增长点

1. 大力扶持特色农业,加快农业结构调整和农业产业化。应进一步扩大生产总量,突出精深加工,做大主导产业,做强优势产业,做优特色产品,培育龙头企业,创建名牌产品,逐步形成更加合理的农产品加工区域布局,实现基地专业化、加工科学化、经营规模化,使农产品加工业成为甘肃新的经济增长点。

2. 提升传统产业,培育发展新兴产业,推动工业化进程。一是要加快用高新技术和先进技术改造提升石油化工、有色冶金、煤电化工等传统工业产业,提高市场竞争力。二是要要大力发展以信息、生物、新能源等为代表的高新技术产业,加快构建战略性新兴产业体系,把战略性新兴产业加快培育成为先导产业和支柱产业。三是要围绕石油化工、有色冶金、煤电化工、生物医药、中藏药以及特色农产品加工等优势产业,做好沿海产业转移的对接工作,引进战略投资者,通过外资的进入和嫁接,通过资源共享和产业共生组合,大力推进产业链之间的延伸和耦合,使主导产业由“点状”向“块状”聚集发展,加快形成专业化分工、系列化生产、集聚式配套的产业格局,促进产业集群向更高层次发展,推进产业优化升级。四是要利用我国能源结构调整契机,依托河西地区丰富的风能和太阳能资源,以及地域辽阔,气候条件好、场址面积大、不占用耕地等优势,将河西建设成为新能源及新能源装备制造业基地,形成具有核心技术的风电和太阳能光电应用产业链条。

3. 大力发展物流、电子商务、社区服务和文化旅游服务等新兴产业,使之尽快成为新的经济增长点。依托交通枢纽优势、产业基地建设和特色资源开发,积极引进有实力的现代物流企业,建设一批大型物流园区、配送中心和批发市场。牢牢把握扩大内需战略基点,加快发展现代物流、电子商务、研发设计等生产性服务业,大力发展商贸、家政、养老等生活性服务业。充分发挥文化资源优势,凝聚《读者》、《大漠敦煌》、《丝路花雨》、马踏飞燕等

品牌效应，依托推进华夏文明保护传承和创新发展示范区建设，积极谋划和建设文化旅游大项目，推动文化产业与旅游业的大发展。

（二）加快新型城镇化建设步伐，引领经济快速发展

在经济社会加快转型的关键时期，新型城镇化建设是带动产业结构、城乡结构、区域结构及社会结构加快调整和优化重大引擎。因此，“十三五”时期，甘肃应以新型城镇化建设为抓手，促进经济转型升级，引领经济快速发展。

1. 加强城市基础设施建设，完善城镇服务功能。一是既要立足于城市长远发展，着力构建高效便捷的城市内外交通基础设施；二是要大力发展城市社会事业，保护生态环境，切实提升城镇服务功能；三是要把推进城镇化与构建现代产业体系、优化产业结构有机结合起来，加快产业发展和产业集聚，有效地支撑和推进城镇化的发展。

2. 扩大城市整体规模，增强城镇辐射带动能力

从全国各地发展经验看，随着城市版图越拉越大，规模效益越来越明显。反观甘肃，一个明显的特点就是城市规模小，辐射带动能力偏弱。因此，我们必须将发展大中城市放在首要位置，以城市规模的扩张拉动城镇化水平的提升，进一步增强城市的辐射带动能力。

（三）拓宽融资渠道，进一步扩大投资规模

从甘肃的发展阶段看，在较长一个时期内主要依靠投资拉动增长的基本特征不会改变。因此：

1. 要加大基础设施建设力度，为经济后续发展打好基础。一是要加大公路、铁路、邮电通讯、城市基础设施、生态环境保护等领域投资力度。二是要努力扩大农业基础设施投资，同时积极建立和完善水利价格收费体系，健全水利投资和受益的责权利关系，扩大水利投资需求。三是要加快和扩大农产品储备运输体系建设。四是要扩大城镇治污和环境保护等的投资需求。五是注重民生投入，坚持以改善民生为出发点和落脚点，在资源配置上优先向社会保障、医疗、教育、就业和保障性住房等民生领域倾斜。

2. 要千方百计拓宽融资渠道，增加投资总量。一要充分利用国家开发西部的政策和资金，吸纳国内外资金；二要转变观念，勇于探索，大胆创新，在保证国家利益和资本不受损害的前提下，可采取灵活多样的方式，真正把

国内外的大公司、大财团、大商社请得来,留得住。三是充分发挥政府投资“四两拨千斤”的作用同时,要加强信用合作融资、扩大信贷规模、加大招商引资工作力度,大力吸引社会资金和民间资本,确保项目建设所需的资金投入。

(三)提高城乡居民收入,不断提高消费能力

收入是决定消费最重要的因素,甘肃城乡居民收入偏低,与全国的收入差距不断拉大。因此,提高城乡居民收入,从而提高消费能力,增强消费对经济增长的推动作用应是甘肃加快经济增长的主要抓手。

1. 建立城镇居民增收长效机制。一是积极扩大就业,大力发展就业容量大的劳动密集型产业、服务业和各类所有制的中小企业,鼓励劳动者自主创业和自谋职业,促进多种形式就业,增加城镇居民收入。二是改进和完善职工收入与经济效益协调增长机制,适当出台地方补贴政策,遏止城镇居民收入与全国差距的进一步扩大。三是完善最低生活保障制度,适时提高城镇居民最低生活保障标准,积极扶持生活困难群体自主脱贫。

2. 多渠道促进农民增收。一是要大力发展县域经济,加强农村劳动力技能培训,引导富余劳动力向非农产业和城镇有序转移,带动乡镇企业和小城镇发展。二是做好农产品流通工作,防止农产品价格下跌和“卖难”现象再度发生,确保农民增产增收。三是要加大扶贫开发力度,提高贫困地区人口素质,改善基本生产生活条件,开辟增收途径。

3. 合理调节收入分配。要坚持各种生产要素按贡献参与分配,着力提高低收入者收入水平,逐步扩大中等收入者比重,在经济发展基础上逐步提高最低生活保障和最低工资标准。加大调节收入分配的力度,努力缓解地区之间和部分社会成员收入分配差距扩大的趋势。

完 成 单 位:甘肃统计局
课题组成员:刘雅杰　张继良　董　平　陈雪霞
执　笔　人:陈雪霞

附表 1　全国及各省(市、区)需求增长率

单位:%

地　区	1978—1999 年		地　区	2000—2013 年	
	消费	投资		消费	投资
全　国	16.86	16.92	全　国	11.97	16.80
浙　江	18.34	28.18	内　蒙	17.81	28.14
海　南	13.92	26.29	广　西	12.32	23.31
福　建	18.90	23.09	宁　夏	16.87	23.13
广　东	19.22	22.92	吉　林	12.54	22.80
北　京	14.27	21.47	陕　西	15.97	22.62
安　徽	15.56	21.27	天　津	15.38	21.60
山　东	17.08	20.92	辽　宁	10.82	21.43
江　苏	17.12	20.91	山　西	15.21	21.18
上　海	17.56	20.69	青　海	15.41	20.83
新　疆	17.39	19.82	重　庆	13.66	20.26
河　南	16.09	19.35	河　南	14.24	19.96
湖　北	17.18	19.29	湖　南	11.83	19.37
河　北	16.10	17.97	云　南	12.30	19.16
天　津	15.86	17.86	江　西	12.68	18.19
四　川	14.57	17.81	贵　州	13.94	18.17
云　南	16.15	17.69	新　疆	12.41	17.57
内　蒙	15.01	17.44	四　川	12.94	17.38
黑龙江	14.37	17.42	江　苏	15.79	16.93
广　西	16.76	17.30	安　徽	11.21	16.92
湖　南	16.11	17.06	山　东	13.37	16.85
辽　宁	15.87	16.83	黑龙江	10.46	16.83
陕　西	15.43	16.40	甘　肃	14.58	16.69
山　西	15.79	15.79	海　南	12.89	16.43
吉　林	15.08	15.75	广　东	15.73	16.32
重　庆	15.68	15.47	河　北	13.89	15.33
江　西	15.84	15.41	福　建	11.66	14.69
贵　州	15.44	13.66	湖　北	12.56	14.39
宁　夏	14.50	13.39	浙　江	16.65	15.46
青　海	13.51	12.36	北　京	21.57	13.30
甘　肃	13.15	11.95	上　海	16.35	12.48

附表 2　1979—1999 年三驾马车累计平均贡献率

单位:%

地　区	消费	投资	净出口	经济发展模式
全　国	60.40	37.49	2.11	消费主导 三驾马车共同带动
北　京	38.90	69.93	−8.83	投资主导 净出口拖滞
上　海	46.63	60.60	−7.24	
天　津	48.25	55.91	−4.16	
海　南	48.97	54.72	−3.69	
江　苏	44.98	47.55	7.47	投资主导 三驾马车共同带动
浙　江	46.37	44.32	9.31	消费主导 三驾马车 共同带动
山　东	49.37	47.20	3.42	
河　北	47.99	44.06	8.05	
河　南	52.17	42.08	5.75	
福　建	55.44	43.87	0.69	
广　东	55.33	40.23	4.44	
湖　北	57.14	41.49	1.29	
辽　宁	54.70	36.17	9.13	
黑龙江	59.20	38.15	2.65	
重　庆	63.23	36.69	0.08	
新　疆	60.91	58.65	−19.57	消费主导 净出口拖滞
山　西	58.02	42.83	−0.98	
宁　夏	67.78	51.81	−19.58	
内　蒙	61.35	44.30	−5.65	
青　海	67.46	48.42	−15.88	
云　南	61.41	40.34	−1.75	
安　徽	60.83	39.28	−0.11	
陕　西	68.68	46.19	−14.87	
吉　林	62.45	39.31	−1.79	
四　川	63.46	36.61	−0.07	
江　西	64.92	36.81	−1.73	
甘　肃	67.62	39.31	−6.92	
湖　南	67.37	32.81	−0.23	
广　西	69.44	34.16	−3.60	
贵　州	77.26	34.96	−12.27	

附表 3 2000—2013 年三驾马车累计平均贡献率

单位：%

	消费	投资	净出口	经济发展模式
全 国	46.01	49.33	4.66	投资主导 三驾马车共同带动
内 蒙	38.25	83.15	−21.40	投资主导 净出口拖滞
宁 夏	51.46	92.41	−43.87	投资主导 净出口拖滞
吉 林	38.38	78.02	−16.40	投资主导 净出口拖滞
青 海	54.61	92.07	−46.68	投资主导 净出口拖滞
天 津	36.57	72.84	−9.41	投资主导 净出口拖滞
辽 宁	36.90	71.20	−8.10	投资主导 净出口拖滞
广 西	48.90	81.03	−29.93	投资主导 净出口拖滞
河 南	45.14	71.91	−17.06	投资主导 净出口拖滞
陕 西	44.57	68.53	−13.09	投资主导 净出口拖滞
山 西	43.12	66.59	−9.70	投资主导 净出口拖滞
新 疆	48.50	71.74	−20.24	投资主导 净出口拖滞
云 南	60.23	80.25	−40.48	投资主导 净出口拖滞
重 庆	44.61	60.70	−5.31	投资主导 净出口拖滞
海 南	47.78	63.63	−11.41	投资主导 净出口拖滞
黑龙江	47.41	59.17	−6.58	投资主导 净出口拖滞
湖 南	45.46	56.90	−2.36	投资主导 净出口拖滞
安 徽	47.80	54.97	−0.42	投资主导 净出口拖滞
四 川	49.56	55.00	−4.56	投资主导 净出口拖滞
山 东	37.90	55.17	6.93	投资主导 三驾马车 共同带动
福 建	40.58	54.72	4.71	投资主导 三驾马车 共同带动
河 北	41.47	54.34	4.19	投资主导 三驾马车 共同带动
江 西	44.75	54.91	0.34	投资主导 三驾马车 共同带动
江 苏	41.93	50.89	7.17	投资主导 三驾马车 共同带动
湖 北	46.22	53.21	0.58	投资主导 三驾马车 共同带动
贵 州	61.82	60.13	−21.95	消费主导 净出口拖滞
甘 肃	60.71	58.76	−19.47	消费主导 净出口拖滞
浙 江	48.52	45.22	6.26	消费主导 三驾马车 共同带动
广 东	48.83	37.69	13.48	消费主导 三驾马车 共同带动
上 海	57.80	40.32	1.88	消费主导 三驾马车 共同带动
北 京	59.48	37.40	3.13	消费主导 三驾马车 共同带动

第二部分　动力转换:新动力加快孕育

第六章　我国经济增长动力转换

摘要:改革开放30多年来,我国经济保持了近10%持续高速增长,这一时期支撑经济高增长的动力表现为:从需求角度看主要依靠投资和出口带动,从供给角度看主要依靠劳动力、资本、自然资源等要素规模扩张带动,从产业角度看主要依靠工业带动,从地区结构看主要依靠东部地区带动。进入"十二五"(2011—2015年)以来,我国经济进入转型发展新阶段,过去一直推动经济高速增长的传统动力出现减弱,新生动力加快孕育增强,一是需求动力由投资出口带动逐步向消费带动转变,二是供给动力由要素规模扩张带动向质量提升带动转变,三是产业动力由工业带动向服务业带动转变,四是区域动力由东部带动向地区协同发展转变。"十三五"(2016—2020年)期间,支撑经济增长的新旧动力转换态势将进一步加快。

经过30多年持续高速增长后,我国经济运行进入了转型发展新阶段,面临的内外部环境发生了深刻变化,潜在经济增速趋于下降。支撑过去30多年经济高速增长的主要动力是什么,增长动力正在发生哪些变化,未来的演变趋势如何？本文从需求动力、供给动力、产业动力和区域动力等四个角度提供了一个分析框架,以1978—2010年、2011—2014年和即将到来的"十三五"为时间纬度,比较系统地分析研究了我国经济增长动力的阶段性特征及其演变趋势,以利于科学认识和把握新常态下的中国经济运行的新特征。

一、需求角度:投资和出口动力减弱

1978—2010年的33年间,投资和出口增长强劲,成为拉动经济增长的主要需求动力。1978至2010年,最终消费支出由2239亿元增加到194115亿元,年均增长14.9%;资本形成总额由1378亿元增加到193604亿元,年均增长16.7%;货物和服务出口由145.8亿元增加到118031.8亿元,年均增长23.3%。资本形成总额和出口增速分别快于最终消费增速1.8和8.4

个百分点。如果从另外三个能够反映投资与消费水平的统计指标全社会固定资产投资、社会商品零售总额和外贸出口总额来看,增长速度差距则更为明显:1981—2010 年,全社会固定资产投资从 961 亿元增加到 278121.9 亿元,年均增长 21.6%;外贸出口从 367.6 亿元增加到 107022.8 亿元,年均增长 21.6%;社会消费品零售总额从 2350 亿元增加到 156998.4 亿元,年均增速只有 15.6%,比固定资产投资增速低 6 个百分点,比出口增速低 6 个百分点。这说明,投资和出口的快速发展推动了我国经济的高速增长,成为了经济增长的主要动力。

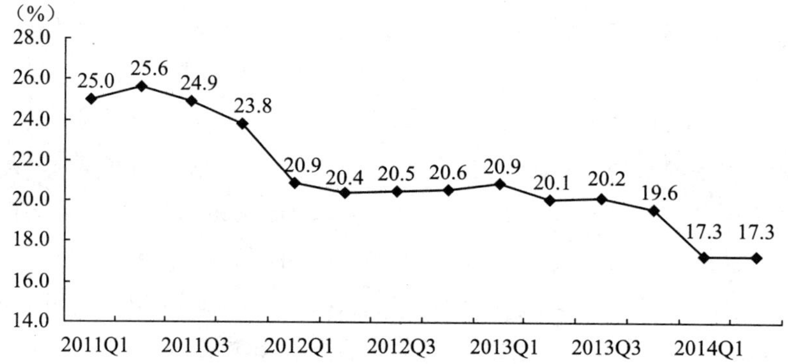

图 1　2011 年以来固定资产投资(不含农户)累计增速

近年来,随着我国经济发展阶段以及国际经济形势的变化,投资和出口动力出现减弱。2011—2013 年,全社会固定资产投资增速明显下降,分别为 23.8%、20.3%和 19.3%,不但低于"十一五"时期 25.5%的年均增速,而且呈逐年下降走势。分季度来看,2011 年以来,固定资产投资(不含农户)累计增速也呈明显的逐季回落走势,从 2011 年二季度的 25.6%回落到 2014 年二季度的 17.3%,3 年内增幅回落达 8.3 个百分点(见图 1)。资本形成总额年均增长 13.1%,比"十五"和"十一五"增速分别回落 4.3 和 6.9 个百分点,比最终消费增速低 1.5 个百分点,而"十五"和"十一五"期间资本形成总额增速均高于最终消费增速①。2011—2013 年,货物和服务净出口对经济增长的贡献率分别为—4.2%、—2.1%和—4.4%,连续三年为负,这在我国改革开放历史上极为罕见,在此之前,只有 1983—1985 年出现过。分季度看,2011 年以来,我国货物出口总额累计增速除在 2013 年 2 季度因汇率波动出现回升外,其他季度增速均呈现比较明显的下降走势,由 2011 年 1 季度的

① 资本形成总额增速和最终消费增速均使用当年价格计算。

26.5%回落到2014年2季度的0.9%(见图2)。

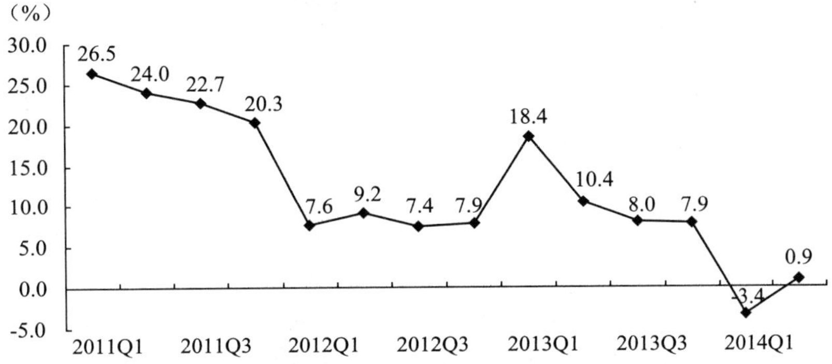

图2　2011年以来货物出口总额累计增速

在投资和出口动力出现减弱的同时,消费动力日益增强。随着收入水平的不断提高和经济结构的逐渐优化,消费对经济增长的拉动作用不断增强,尤其是进入"十二五"以来,消费增速开始超过经济增速。如表1所示,2001—2005年,居民人均消费水平年均提高7.3%,比人均国内生产总值年均增速低1.8个百分点;2006—2010年,居民人均消费水平年均提高9.6%,与人均国内生产总值年均增速的差距缩小到1.0个百分点;2011—2013年,居民人均消费水平年均提高9.2%,比人均国内生产总值高1.5个百分点。居民人均消费水平提高速度相对于人均国内生产总值增速,由落后到领先,说明消费对经济增长的促进作用逐渐增强。

表1　改革开放以来居民人均消费水平与人均国内生产总值增速

时间段	居民人均消费水平年均增速(%) (1)	人均国内生产总值年均增速(%) (2)	差额 (百分点) (1)—(2)
1979—1985年	9.2	8.4	0.8
1986—1990年	4.4	6.2	—1.9
1991—1995年	8.5	10.9	—2.4
1996—2000年	7.3	7.6	—0.3
2001—2005年	7.3	9.1	—1.8
2006—2010年	9.6	10.6	—1.0
2011—2013年	9.2	7.7	1.5

二、供给角度：要素规模扩张难以为继

1978—2010 年的 33 年间，我国技术进步虽然有了明显改善，但还未成为经济增长的主要动力，劳动力、资本、自然资源、土地等要素扩张在经济增长过程中发挥了更为重要的作用。一是劳动力规模持续扩大，人口红利因素明显。1982 年，我国 15—64 岁的劳动年龄人口总量为 62517 万人，2010 年增加到 100557 万人，年均增加 1189 万人。劳动年龄人口占比从 1982 年的 61.5%增加到 2010 年最高峰的 74.5%。就业人口总量也呈快速增长态势，1978 年为 40152 万人，2010 年增加到 76105 万人，33 年间增加了 35953 万人，年均增加 1086 万人(图 3)。在劳动年龄人口规模和比重不断提高的同时，全社会总抚养比①总体趋于下降。1982 年总抚养比为 62.6%，2010 年降为最低的 34.2%，29 年间下降了 28.4 个百分点。二是资本投入大幅增加，推动经济快速增长。外商直接投资快速增长，1984—2010 年的 27 年间，我国共吸收外商直接投资 10484 亿美元，年均增长 19.2%。储蓄率保持高位，并呈上升态势，1992 年总储蓄率为 36.3%，2010 年上升到 47.8%，19 年间提高了 11.5 个百分点；1992 年居民储蓄率为 20.7%，2010 年为 25.8%，上升了 5.1 个百分点，远高于发达国家和其他金砖国家。三是城镇建设用地规模不断增加，1981 年为 6720 万平方米，2010 年增加到 39758 万平方米，是 1981 年的 5.9 倍，年均增长 6.3%。城镇建成区面积不断提高，1981 年为 7438 万平方米，2010 年增加到 40058 万平方米，是 1981 年的 5.4 倍，年均增长约 6.0%。四是能源消费不断增加，1980—2010 年我国能源消费总量由 60275 万吨标准煤增加到 324939 万吨，增加了 264664 万吨，年均增长 5.8%。30 多年间，我国能源消费增速持续快于产量增速，导致进口不断增加，能源对外依存度日益提高，1980 年只有 4.3%，2010 年增加到 17.2%，提高了 12.9 个百分点。劳动力、资本、土地和能源等要素规模的巨大投入支撑了经济的快速增长。

进入"十二五"后，随着经济发展阶段和要素资源禀赋结构的变化，过去依靠要素规模扩张带动经济增长的方式正逐步向依靠改革创新、人力资本和技术进步等要素质量提升的增长方式转变。由于我国人口结构发生了重

① 总抚养比＝少儿抚养比＋老年抚养比，即 0—14 岁以及 65 岁以上年龄段人口之和与 15—64 岁年龄段人口之比。

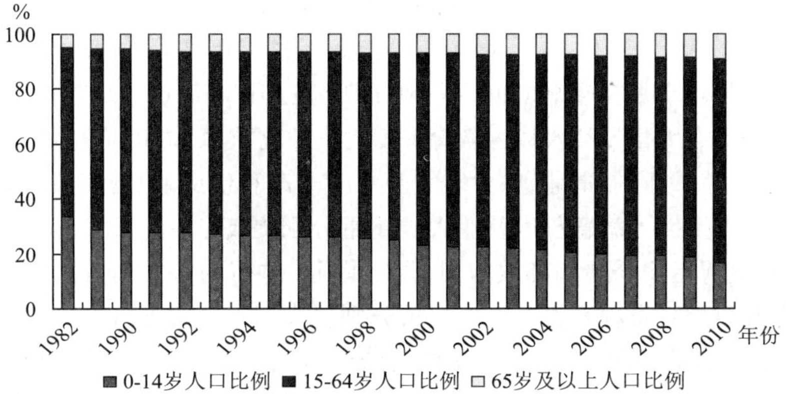

图 3　我国人口年龄结构比重(1982—2010)

大变化，劳动力成本优势开始逐渐减弱。2010—2013 年，我国 16—59 岁(含不满 60 周岁)劳动年龄人口比重连续 4 年下降，由 2009 年的 68.8%下降到 2013 年的 67.6%，其中 2010 年和 2011 年分别比上年下降 0.1 个百分点，2012 年和 2013 年分别比上年下降 0.5 个百分点，下降速度呈加快趋势。2012 年末，我国 16—59 岁(含不满 60 周岁)劳动年龄人口为 9.2 亿人，比上年末减少 205 万人，为近年来首次下降。人口结构的老龄化和劳动年龄人口绝对量的减少，反映在要素价格上，导致了工资的持续上涨。2011—2013 年，城镇单位就业人员平均货币工资年均涨幅高达 12.1%。由于预期投资回报下降，外商直接投资增速出现回落，2011—2013 年年均增长 3.9%，比"十一五"时期平均增速下降了 8.0 个百分点。从土地使用来看，目前我国土地日益稀缺，用地成本越来越高。2012 年，全国房地产开发企业土地购置面积比上年下降了 19.5%，而成交价款只下降了 16.7%，平均每平方米土地成交价款比上年上涨了 3.5%；2013 年，房地产开发企业土地购置面积比上年增加了 8.8%，而成交价款增加了 33.9%，平均每平方米土地成交价款比上年上涨了 23.0%。此外，我国人均资源拥有量偏低，在国内供给能力有限的情况下，主要能源、矿产资源的对外依存度越来越高，价格持续攀升。随着各种要素和资源价格的连续上涨，企业生产成本不断走高，传统依靠要素规模扩张推动经济增长的模式已难以为继。

经过 30 多年的发展，我国劳动力受教育水平不断提高，人力资本积累不断加快，人力资本、改革创新和技术进步等要素质量提升将成为未来中长期经济增长的主要动力。1982 年，我国第三次人口普查结果显示，全国人口中高中和中专及以上教育程度人口只占 7.39%。而 1990 年、2000 年和 2010

年的人口普查结果显示,该比重分别提高到了 9.46%、14.58%和 22.96%,分别提高了 2.07、5.12 和 8.38 个百分点。经过多年高等教育大规模扩招,劳动力受教育水平在较短时间内得到了明显提升。2006—2012 年,全国就业人员中具有大学专科及以上教育程度的人数比重由 6.6%提高到 13.7%。分行业看,采矿业、制造业、电力燃气及水的生产和供应业、建筑业等第二产业行业大专及以上教育程度就业人员比重分别提高了 9.2、5.2、7.0、1.3 个百分点,交通运输仓储和邮政业、批发零售业、住宿和餐饮业等第三产业行业大专及以上教育程度就业人员比重分别提高了 6.1、6.6 和 3.3 个百分点(见图 4)。企业研发投入不断增加,创新能力不断增强。劳动力价格的上涨,尤其是体力劳动者工资的上涨,倒逼企业加大技术创新和转型升级。2004 年,企业执行的 R&D 经费支出占全国 R&D 经费支出的 66.8%,2012 年达到 76.2%;2004 年,我国有 R&D 活动的企业所占比重只有 6.2%,2012 年该比重增加了一倍,达到 13.7%①。这说明企业研发活动的主动性在增强。企业创新研发能力的增强以及我国劳动力素质的提升,将逐渐取代要素规模投入,成为推动我国经济增长的新动力。

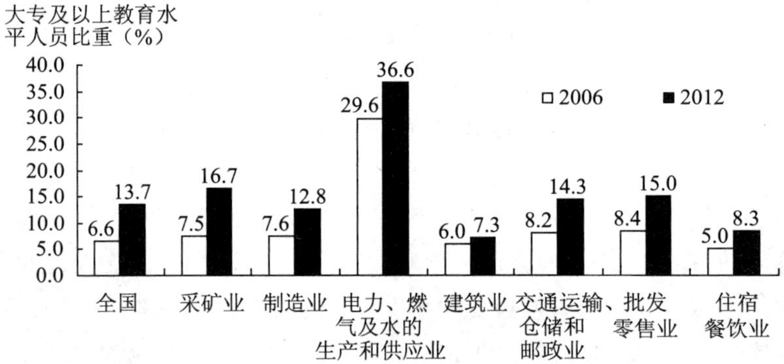

图 4 主要行业大专以上教育程度就业人员比重

三、产业角度:工业带动贡献下降

1978—2010 年间,工业快速发展,成为推动经济增长的主要产业动力。我国第一产业增加值增速较低,占 GDP 比重逐步降低;第三产业发展较快,

---

① 国家统计局和科学技术部(编):《2013 中国科技统计年鉴》,中国统计出版社,2013 年。

增速总体比较平稳；第二产业特别是工业增速高、占比大，是经济增长的主要动力。从国内生产总值构成看，1978 年第二产业比重为 47.9%，其中工业占比 44.1%，服务业占比为 23.9%；2010 年第二产业比重为 46.7%，其中工业占比 40%，服务业占比 43.2%；33 年间，尽管二产比重总体略有下降，三产比重趋于上升，但第二产业比重一直高于第三产业。工业在第二产业中占主要地位，其增加值占 GDP 比重总体稳定，一直保持在 36%—44%之间。从增长速度来看，1978—2010 年间，GDP 平均增速 9.8%，工业增速为 10.7%，高于 GDP 增速 0.9 个百分点。1978—2010 年的 33 年间，有 28 年工业增加值增速高于 GDP 增速。从三次产业贡献率来看，1990—2010 年间，工业的贡献率为 50.9%，第三产业的贡献率①只有 35.8%，第三产业贡献率比工业低 15.1 个百分点。从三次产业对国内生产总值增长的拉动点来看，1990—2010 年间，工业拉动经济增长 5.2 个百分点，而第三产业拉动点只有 3.7 个百分点，第三产业拉动点比工业低 1.5 个百分点。总的来说，改革开放 30 多年来，工业主导经济增长的特点比较明显，工业成为经济增长的主要动力。

进入"十二五"以来，第三产业保持了较快发展，在经济增长中的主导作用不断增强。早在 1994 年，第三产业就业人员比重就超过了第二产业，到 2011 年，第三产业就业人员比重首次超过第一产业。2013 年，三次产业就业比重为 31.4∶30.1∶38.5，服务业占主导的就业格局已经形成。与就业结构相对应，我国第三产业增加值占 GDP 的比重也稳步上升，自 2007 年以来持续高于工业，其超过工业比重的幅度由 2007 年的 0.3 个百分点扩大到 2013 年的 9.1 个百分点；2013 年，我国三次产业增加值的比重为 10.0∶43.9∶46.1，第三产业比重超过了第二产业，成为我国经济的主导产业。随着第三产业就业比重和增加值比重的上升，第三产业对经济增长的贡献率也逐渐上升。2001 年，第三产业对经济增长的贡献率首次超过了工业，2001—2013 年的 13 个年份中，第三产业贡献率超过工业的年份达 8 个，2013 年对经济增长贡献率达 46.8%，超过工业贡献率 6.9 个百分点，超过的幅度创 2001 年以来的新高。从季度数据来看，从 2012 年三季度开始，第三产业增加值增速连续快于工业，截止到 2014 年二季度，这种状况已经延续了 8 个季度。

---

①　产业贡献率指各产业增加值增量与国内生产总值增量之比，按不变价格计算。

“十三五”乃至未来中长期,我国服务业将会保持更快的发展,对经济增长的贡献将越来越大。服务业增加值比重的上升是国民收入达到一定水平后的必然规律。按照世界银行的划分标准,我国于2010年步入了中等偏上收入国家行列,从发达国家的历史数据看,从进入中等偏上国家转变为高收入国家的过程,往往会出现服务业比重的较快上升和工业比重的缓慢提高甚至是下降。日本处于这一阶段的时间是1968—1977年,1969—1977年第三产业增加值比重年均提高0.69个百分点,而第二产业比重则年均下降0.35个百分点;韩国处于这一阶段的时间是1988—1995年,1989—1995年第三产业比重年均提高0.63个百分点,而第二产业比重则年均提高0.01个百分点。这说明,近年来我国第三产业增速和比重超过工业不是短期现象,而是我国经济发展到新阶段后的一种新常态。

四、区域角度:东部地区增速趋缓

1978—2010年间,东部地区经济增速总体快于中西部地区,是经济增长的主要动力。我国的城市改革开放是从东部沿海开始的,通过设立经济特区、制定特殊优惠政策,吸引境外资本、技术和管理经验流入,同时大量外地人才和劳务人员涌入,充分发挥东部沿海的区位优势,促进了东部地区经济的快速发展,同时也带动了全国经济的发展。1978年,东部10省市经济总量为1514亿元,占全国比重43.6%,此后该比重一直上升,2005年达到最高55.5%,近年来由于国家政策以及中西部地区后发优势开始显现,东部地区经济总量占比开始小幅回落,2010年为53.1%。以广东、江苏、浙江和上海四省市为代表的珠三角、长三角在我国经济发展过程中率先发力,带动了全国经济的快速增长。1978年,这四个省市经济总量只有832亿元,占全国比重为23.9%,发展到2006年时,经济总量已经达到63821亿元,占全国GDP的比重为32%,为改革开放以来的最高值。近几年,中西部地区加快发展,经济增速快于东部地区,长三角和珠三角经济总量占全国GDP比重略有下降,2010年为30.3%(图5)。从对经济增长的贡献来看,1979年东部10省市对全国经济增长的贡献率为42.4%,长三角和珠三角的贡献率为25.9%;2003年贡献率达到最高,东部10省市的贡献率高达60.1%,长三角和珠三角的贡献率为36.5%;近几年随着中西部地区的快速发展,东部地区包括长三角、珠三角地区经济增速略有下滑,对经济增长的贡献总体波动下行。

2010年东部10省市的贡献率为49.3%，长三角珠三角4省市的贡献率为28.4%(图5)。

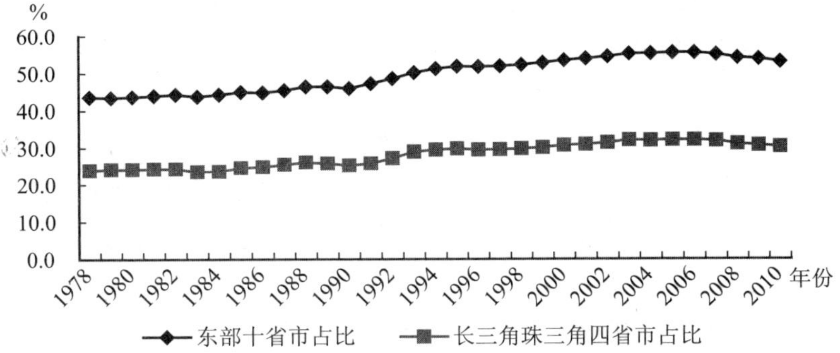

图5　东部地区、长三角和珠三角地区经济总量①占全国比重走势(1978—2010)

进入"十二五"以来，随着东部地区经济发展步入一个新的水平和阶段，经济增速出现了放慢，单独依靠东部的非均衡发展格局已不可持续。我国政府很早就开始关注经济发展过度依靠东部可能产生的问题，并从20世纪末开始逐步实施区域协同发展战略，目前已经产生了良好的效果，经济增长开始由东部带动向区域协同转变。随着东部地区经济规模的不断扩大，东部地区经济发展水平已经接近发达国家，上海、北京、广东等地区已经基本达到了发达国家水平，经济增长速度开始放缓，依靠东部地区的高速增长带动全国经济增长的模式已不可持续。从2010年开始，东部十省市经济增长贡献率持续低于50%，2010—2012年贡献率分别为49.3%、46.6%、44.5%，呈明显下降走势，2013年虽然重新上升到了49.3%，但仍然明显低于"十一五"期间的高贡献率，东部十省市贡献率的下降很可能是长期的趋势。人口和产业的过度集中也带来了污染的过度集中，对东部地区环境造成了沉重的压力，已明显超出了东部地区的环境容量，出现了较为严重的水体和大气污染，对我国不合理的区域布局和产业发展方式敲响了警钟。

中西部地区后发优势将在未来进一步凸显，区域协同促进经济增长的格局日益形成。从全国经济总量的地区结构来看，近几年我国区域差距开

① 地区生产总值为国家统计局审核数据；全国GDP为按照各地区生产总值加总数得到，与公布的全国GDP有一定差异。

始缩小,经济增长动力的空间来源开始趋于多元化。根据全国 31 个省(市、区)地区生产总值占全国的比重数据计算霍芬达尔指数①,结果显示,改革开放后,该指数在 20 世纪 80 年代呈缓慢上升走势,在 1991—1995 年间上升速度加快,此后又继续缓慢上升,但从 2007 年开始,该指数连续下降,且下降幅度较大,从 2006 年的 0.0551 下降到 2013 年的 0.0506②,降幅达 8.1%,说明地区(省、市、区)间经济总量差距明显缩小,欠发达地区的更快发展丰富了经济增长的区域动力来源(见图 6)。随着经济规模的扩大和城镇化的推进,金字塔型的城镇体系在各地区逐渐形成,各中心城市(主要是省会以上城市)作为各地区的主要增长极,其经济竞争力反映并决定了其所在区域在全国经济中的地位及其提升潜力。为观察全国各地区增长极的地位变化,这里将全国省会以上城市(含市辖县)数据作为总体进行分析,结果发现近年来各地区中心城市的差距有明显缩小的趋势,说明全国经济增长的城市结构呈现出多元化特征。如图 7 所示,全国 31 个省会以上城市地区生产总值离散系数自 2005 年以来连续下降,且降低幅度较大;东部 10 市地区生产总值占 31 个城市的比重也从 2005 年开始逐渐下降,由 2004 年的 58.5%下降到 2013 年的 52.6%,按这种趋势推算,进入“十三五”后该比重将降至 50%以下,预示着中西部的中心城市增长动力将对我国经济增长起到更为关键的作用。

图 6 全国地区 GDP 的霍芬达尔指数

① 霍芬达尔指数为各地区经济比重的平方和。

② 按 31 个省(市、区)计算的霍芬达尔指数理论取值范围是[0.0323,1],指数越大表示区域差距越大。

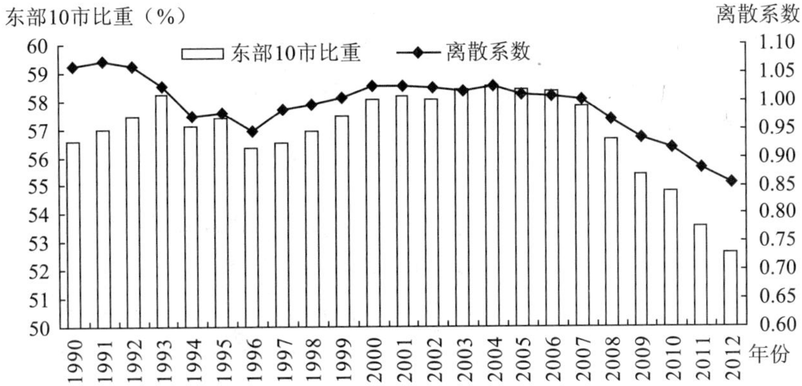

图7 省会以上城市(含市辖县)GDP大小关系

五、“十三五”期间新旧动力将加快转换

按照上述分析思路，为观察经济增长的需求动力、供给动力、产业动力和区域动力的变化走势，我们使用 ARIMA 模型对固定资产投资增速、社会消费品零售总额增速、出口增速、劳动力增速、外商直接投资增速、第三产业增加值占 GDP 比重和东部 10 省市地区生产总值占比等 7 个关键指标进行预测。根据历史数据的特征，将自回归项定为 1，移动平均项数定为 1，时间序列成为平稳时所做的差分次数定为 1。从模型统计变量看，模型回归的效果较好，多数指标的决定系数均在 0.6 以上，拟合程度相对较好。预测结果显示，固定资产投资增速继续呈现回落态势，出口增速低位增长，社会消费品零售总额增速基本稳定，劳动力总量增速将由正转负，外商直接投资增速小幅波动，第三产业增加值占 GDP 比重稳步提高，东部 10 省区市地区生产总值占比将稳中略降。从需求角度看，投资、出口增速出现回落，而社会消费品零售总额增速大体稳定，说明消费对经济增长的相对贡献趋于上升；从供给角度看，劳动力总量和外商直接投资增速将出现一定下滑，说明依靠要素规模扩张促进经济增长难以为继；从产业角度看，第三产业增加值占比将继续提升，说明服务业对经济增长的贡献将进一步增强；从地区角度看，东部地区生产总值占比将稳中有降，说明区域协同发展的格局将进一步确立。这些情况表明，推动我国经济增长的动力因素正在发生变化，“十三五”期间，动力转换的趋势将进一步加快。

“十三五”是我国经济社会发展十分重要的关键时期，保持经济中高速增长,实现经济转型升级任重道远。当前,我国经济增长的新旧动力正在孕育转换,传统动力出现减弱,新生动力正在加快成长。要顺应这一转换势头,采取积极有效措施,着力推进经济增长新动力的孕育、成长,确保国民经济持续健康快速发展。

完 成 单 位:国家统计局综合司
课题组组长:盛来运
课题组成员:王文波　王　军　毛盛勇　戴旻乐
郑　鑫　杜修立(南京财经大学)
李宝会(江苏省统计局)
郑　礼(天津市统计局)

第七章　经济增长动力特征(一):以山东为例

摘要:当前,山东经济正处于转型发展关键时期,传统增长模式已难以为继,亟需培育新的增长动力。报告首先总结了改革开放以来山东经济增长动力的阶段性特征:第一阶段,经济制度改革充分调动各方面积极性,是助推经济较快增长的主要动力;第二阶段,改革开放不断深化,投资、消费共同发力,是助推经济较快增长的主要动力;第三阶段,经济体制改革稳步推进,投资需求持续旺盛,是助推经济较快增长的主要动力;第四阶段,重工业加速发展,高资本投入与高素质劳动力共同作用,是助推经济稳定在高速增长平台的主要动力;第五阶段,工业等传统动力有所衰减,服务业、消费、区域等新动力加快孕育,经济由高速增长转变为中高速增长。在此基础上,明确了转型期山东经济增长动力的转换方向,即:增长动力亟需由传统产业转向现代服务业和先进制造业,由单纯依靠投资转向投资与消费协同拉动,由粗放投入转向绿色发展,由少数创新转向万众创新。最后,提出相关政策建议:一是全面深化改革,释放经济增长最大动力;二是提升要素质量,深入挖掘经济增长潜力;三是稳步扩大内需,强化经济增长内生动力;四是调整产业结构,提高经济增长质量效益;五是统筹区域经济,不断拓展经济发展空间。

历经改革开放30余年的高速增长,山东经济正步入中高速增长和转型发展的新阶段,经济发展面临更加错综复杂的形势,以投资为主要拉动力的传统增长模式已难以为继,转方式、调结构任务十分艰巨。在转型发展关键时期,加快培育经济增长新动力对于稳增长、促转型至关重要。

一、山东经济增长动力阶段性特征

改革开放以来,山东经济历经多个发展时期,不同时期助推经济增长的主动力有所差异,呈现出明显的阶段性特征。

第一阶段(1979—1984 年):经济制度改革充分调动各方面积极性,是助推经济较快增长的主要动力。

以农村改革为先导,各项经济改革初步展开,对外经贸起步发展,劳动者素质明显提升。农村全面推行家庭联产承包责任制,城市逐步推行以盈亏包干为主要内容的经济责任制,有效激发了市场主体活力。十一届三中全会拉开对外开放序幕,青岛、烟台被批准为对外开放城市,带动山东半岛乃至内陆地区直接参与国际市场合作与竞争,对外经济贸易开始起步发展,为经济增长注入新的动力。全国恢复高考,山东从业人员队伍中高素质人才及时得到补充,带动人力资本质量提升。这一时期,全省生产总值年均增长 11.1%,并于 1984 年达到峰值 17.4%,远高于 1952—1978 年 6.1%的年均增速。

第二阶段(1985—1992 年):改革开放不断深化,投资、消费共同发力,是助推经济较快增长的主要动力。

改革由农村向城市以及整个经济领域全面推进,对外开放进入新阶段,投资、消费需求逐步旺盛。经济体制改革的重点由农村转移到城市,广泛推行企业承包经营责任制,并对财税、金融、价格、劳动工资等体制进行初步改革;期间,两次针对经济过热和通货膨胀实行全面治理整顿和继续深化改革,在严控信贷规模和货币投放、压缩投资、控制消费基金膨胀等方面取得明显成效。国家出台进一步扩大对外开放 10 项政策,半岛沿海 7 个市被列入开放区,成为全国最大的开放区,推动全省开放型经济快速发展。随着改革开放的不断深化,城市工业生产增势良好,农村乡镇企业迅速壮大,带动城镇化进程明显加快,进一步激发了投资和消费需求。这一时期,经济增长波动较大,在经历 1989 年回落探底短期调整之后,经济增长速度逐年提升,1992 年达到 20.4%的历史最高水平,年均增长 10.5%。

第三阶段(1993—2002 年):经济体制改革稳步推进,投资需求持续旺盛,是助推经济较快增长的主要动力。

宏观调控政策持续显效,新经济体制顺利形成,投资效率稳步提升。1993 年下半年起,针对投资扩张过快、金融秩序混乱、物价快速上涨等突出问题,进一步加强宏观调控,有效改善由投资和金融相互推动形成的经济过热现象,于 1996 年平稳实现经济“软着陆”。国有企业、财税金融、外汇外贸、社会保障等一系列重大改革举措陆续出台,顺利实现由旧经济体制向新经济体制的过渡。基础设施建设力度加大,带动能源、原材料等基础产业快速发展,有效缓解经济发展中的瓶颈制约,投资效率大幅提升。这一时期,经济增长速度始终保持在两位数以上,年均增长 12.6%。

第四阶段(2003—2007 年):重工业加速发展,高资本投入与高素质劳动力共同作用,是助推经济稳定在高速增长平台的主要动力。

改革向全面纵深推进,重化工业发展加快,投资拉动作用增强,人力资本质量提升。资本密集度高、规模效应明显的重化工业加速发展,重工业增加值占工业比重由 2002 年的 60%提高到 2007 年的 65%。投资规模不断扩大,固定资产投资 2005 年突破万亿元,投资率由 2000 年的 29.8%跃升到 2005 年的 57.1%。教育投入持续增加,在扩大高校招生规模、加强职业培训等措施的推动下,人力资本质量进一步提升。这一时期,经济保持较快增长,于 2004 年达到阶段性峰值 15.3%,人均 GDP 分别于 2004 年、2005 年在全国连上 2 个台阶,由第 9 位上升到第 7 位,逐步向世界中等收入国家水平迈进。

第五阶段(2008—2013 年):工业等传统动力有所衰减,服务业、消费、区域等新动力加快孕育,经济由高速增长转变为中高速增长。

应对国际金融危机取得明显成效,服务业发展加快,消费拉动作用增强,区域经济协调发展。应对国际金融危机的冲击,在国家宏观调控政策引导下,强力发挥资本动力作用,保持经济增速运行在合理区间。从产业结构看,服务业发展明显加快,服务业增加值占 GDP 比重由 2008 年的 33.5%逐年提升至 2013 年 41.2%,而工业增加值比重由 51.4%回落至 44.3%。从需求结构看,最终消费率由 40.0%缓慢提升至 41.3%,消费对经济增长的拉动作用有所增强。从区域结构看,黄河三角洲高效生态经济区和山东半岛蓝色经济区上升为国家战略,发展空间不断拓展,发展活力逐步显现;省会城市群经济圈继续发挥承东启西的纽带作用,辐射带动作用有效增强;西部经济隆起带建设开始起步,为西部各市发展注入新的动力。这一时期,经济由高速增长转变为中高速增长,2010 年达到阶段性峰值 12.3%,此后逐年回落,2012 年增长 9.8%,结束长达 21 年的两位数增长,2013 年增长 9.6%,稳定运行在一位数增长区间。

二、山东经济增长动力存在问题

当前,全省经济正在进入增速换挡、质量提升的新常态,结构调整转型升级趋势明显,但也存在一些突出矛盾和问题,原有的增长动力逐渐衰减,亟需加快培育新的增长动力。

(一)产业结构逐步改善，但产业层次仍然偏低，经济增长动力亟需由传统产业转向现代服务业和先进制造业

山东把加快发展服务业作为推进经济结构调整的重要抓手，工作力度和投资强度不断加大，努力推动服务业实现跨越式发展。三次产业结构由2007年的9.7∶56.8∶33.5调整优化为2013年的8.7∶50.1∶41.2，服务业比重较2007年提升7.7个百分点，年均提升1.28个百分点。

产业层次偏低问题依然突出。一是现代服务业比重不高。2013年，山东服务业增加值占GDP比重为41.2%，低于江苏(44.7%)、浙江(46.1%)、广东(47.8%)以及全国平均水平(46.1%)。从服务业内部结构看，交通运输、批发零售、住宿餐饮等传统服务业占比为57.8%，金融、信息、科技、商务等现代服务业仅占42.2%。二是先进制造业规模偏小。装备制造业增加值仅占规模以上工业的26.1%，高技术产业产值仅占规模以上工业的30.2%。三是企业发展仍处于价值链底端。企业利用廉价劳动力等低成本要素优势，在国际分工中承担加工组装环节，而生产所需的技术、装备依靠进口，研发、设计来自国外，品牌和市场营销也由跨国公司所控制。与跨国公司赚取高额利润形成鲜明对比，大部分本地企业只能赚取低廉的代工费。对于处在结构调整阵痛期的山东经济来说，只有加快转型升级步伐，向产业链高端延伸，向价值链上游攀升，才能实现"阵痛"后的新生。

(二)内需拉动作用增强，但消费贡献相对不足，经济增长动力亟需由单纯依靠投资转向投资与消费协同拉动

在外需不足的形势下，山东积极实施扩大内需政策措施，促进经济增长的内生动力不断增强。2008年，内需对经济增长的贡献率为97.8%；2009年，受国际金融危机影响，外贸进出口下降12.4%，外需对经济增长作用由连续11年的正拉动转为负拉动，内需贡献率迅速提升至为111.7%；至2013年，外需已连续5年对经济增长形成负拉动，内需贡献率达到103.5%。内需的强劲增长有效弥补了外需下降的影响，对稳定全省经济增长发挥了关键作用。

消费拉动作用有待增强。2008年以来，投资占内需的比重不断上升，消费比重则逐步下降。2013年，全省最终消费率为41.3%，低于投资率15.3个百分点，经济增长主要依靠投资拉动的局面没有根本改观。随着城市汽车保有量的趋于饱和、家电升级换代的基本完成，尤其是针对汽车、家电等特定商品短期刺激政策的退出，传统消费热点有所降温，亟需培育新的消费增长点，进一步发挥消费对经济增长的基础性作用。

(三)节能降耗成效明显，但能源环境约束依然较大，经济增长动力亟需由粗放投入转向绿色发展

落实转型发展要求，山东加大节能降耗工作力度，推动单位能耗持续下降。与2008年相比，2013年万元GDP能耗降低20.7%，万元GDP电耗降低11.0%。工业能耗增幅先升后降。2008—2011年，工业能耗分别增长2.2%、4.4%、4.5%和5.3%，增幅逐步上升；2012—2013年，随着经济增长有所放缓，工业能耗增幅回落，分别增长2.2%和3.1%。

节能减排压力依然较大。2012年，山东万元GDP能耗高于全国平均水平6.8%，是广东的1.5倍、江苏的1.4倍；二氧化硫、氮氧化物、化学需氧量排放量分别为174.9万吨、173.9万吨和192.1万吨，均居全国首位，其中二氧化硫排放量占全国的8.3%，约为广东的2.2倍、江苏的1.8倍。污染物长期超量排放，大气、河流、土壤均受到不同程度污染，生态环境承载压力较大，经济转型发展已成为迫切需要。

(四)科技创新能力增强，但创新辐射力和带动力较弱，经济增长动力亟需由少数创新转向万众创新

山东高度重视创新能力建设，不断加大科技创新投入，努力发挥科技创新对经济增长的引领支撑作用。科技投入与产出成效明显。全社会研发经费支出占GDP比重2011年首次超过全国平均水平，在全国位次前移一位至第7位，2013年继续上升到2.15%；专利授权数量占专利申请数量的比重由2008年的44.3%提升至2013年的49.61%，年均提升1.06个百分点。对国外技术的依赖性逐步减弱。2013年，规模以上工业技术引进经费支出23.7亿元，比上年下降6.7%；购买国内技术经费支出19.9亿元，增长8.8%；技术引进经费支出与购买国内技术经费支出之比由上年的1.39∶1下降到1.19∶1。

创新辐射力和带动力有待提高。从创新主体看，有研发活动的企业数量偏少。2013年全省有R&D活动的企业3747家，仅占全部规模以上工业的9.3%；有科技机构的企业2757家，仅占6.8%。从经费来源看，对外部研发资源利用不足。规模以上工业R&D经费内部支出占全部研发经费支出

的 95.2%,而外部支出仅占 4.8%。

三、政策建议

当前,山东经济正处于转型发展的关键时期,传统增长动力逐步衰减,新生动力开始孕育成长。要积极适应经济发展的新常态,切实采取有效措施,加快培育新的增长动力,促进全省经济持续健康较快发展。

(一)全面深化改革,释放经济增长最大动力

一是围绕激发市场主体活力深化改革,处理好政府和市场的关系,进一步强化市场在资源配置中的基础性作用。二是围绕推动经济转型深化改革,加快财税、金融体制改革,推动铁路投融资体制改革,推进资源性产品价格改革,完善科技创新体制机制等。三是围绕改善民计民生深化改革,处理好教育、医疗、社会保障、食品安全、环境保护等民生重点问题,进一步构筑人民群众生产生活的保障网。四是围绕促进社会公平正义深化改革,构建各类企业平等竞争和民众平等发展的制度环境,改革收入分配制度,提高中低收入阶层收入水平,使人民群众更多、更公平地分享改革发展成果。

(二)提升要素质量,深入挖掘经济增长潜力

一是提高人力资本质量。调整教育资源布局,引导高等教育尽快适应产业结构与就业结构调整,大力发展职业技术教育和继续教育;优化人才发展环境,落实好引进人才的各项政策措施,不断吸引高素质人才落户山东。二是强化创新驱动作用。完善体制机制,引导创新资源向优势产业和优势企业集聚,健全以企业为主体、市场为导向、产学研相结合的技术创新体系,以高端技术支撑高端产品开发、引领高端产业发展;加大创新投入,加快技术创新公共服务平台建设,不断提升自主创新和成果转化能力。三是优化资本市场结构。改革资本市场准入机制,建立和完善退出机制,优化融资流程,提高融资效率;加快多层次股权市场建设,规范发展债券市场,培育私募市场,推进期货市场建设,健全多层次地方资本市场体系。

(三)稳步扩大内需,强化经济增长内生动力

一是优化投资结构。推进投资增长方式由规模扩张向质量提升转变,

引导资金投向污染较小、能耗较低、附加值高、带动力强的大项目,以高端项目建设带动优质总量扩张;进一步激发民间资本活力,引导社会资本投向先进制造业、现代服务业、基础设施、公共服务等重点领域和薄弱环节,不断拓展民间投资领域。二是释放消费需求。着力增加城乡居民收入,不断完善社会保障体系,提高居民消费能力和意愿;加快发展家政、养老、医疗、教育、文化等社会服务业,不断拓展服务领域,满足社会多层次多样化需求,积极培育新的消费热点。

(四)调整产业结构,提高经济增长质量效益

一是有保有压,大力发展先进制造业。积极培育新能源、新材料、新信息、新医药、空间海洋地球科学等战略性新兴产业,提升装备制造业比重,强化制造业核心竞争力;用高端技术改造传统产业,坚决淘汰高耗能、高污染、市场竞争力弱的产品和产业。二是多措并举,加快发展现代服务业。加大投入力度,完善财政、融资、土地、人才等政策保障,营造服务业发展良好环境;依托制造业发展优势,加快发展生产性服务业,优先发展与制造业配套的物流、信息、金融、商务、科技等服务业,打造一批特色鲜明、主业突出、功能完善的现代服务业集聚区。

(五)统筹区域经济,不断拓展经济发展空间

一是加快新型城镇化进程。坚持规划先行,统筹规划各个区域的产业布局,避免各自为战、重复建设;完善城镇功能,加大基础设施投入,不断增强城镇承载能力;统筹城乡发展,积极稳妥解决农民工特别是新生代农民工融入城镇问题;注重特色发展,重点推进大中小城市和小城镇协调发展,着力培育特色产业集群,壮大县域经济整体实力。二是发挥重点区域带动作用。推进黄河三角洲高效生态经济区规划建设,打造新能源、生态产业、循环经济等示范基地;加快山东半岛蓝色经济区建设,发展海洋特色产业,构建现代海洋产业体系;促进省会城市群经济圈发展,发挥省会城市承东启西的纽带作用,辐射带动中西部地区快速崛起;实施西部经济隆起带重点突破,承接国内外产业转移,建设建材、能源和煤化工、优质农产品加工等特色基地。

完 成 单 位:山东统计局
课题组成员:宋丽萍　张叶红　陈　成　杨世涛　马　丽
执　笔　人:宋丽萍　张叶红　陈　成　杨世涛　马　丽

第八章　经济增长动力特征(二):以福建为例

摘要:改革开放30多年来,福建经济总体上保持了强劲增长,经济发展出现5次比较明显的周期波动,波动周期越来越长。本文从投资需求、生产要素、产业结构、体制创新、对外开放和地区结构等六个方面研究支撑福建经济增长的动力及特征,并分析了增长动力的制约因素。研究表明:福建从消费主导型向投资主导型转变;城镇化水平的提高强化了生产要素在经济增长中的作用;工业和服务业的发展促进了就业和产业结构调整;市场化提高了资源配置效率;国际化缓解了经济发展的瓶颈制约;增长由空间分化型转向区域协调发展。同时,经济增长也面临着外需不足、生产要素供给能力的减弱、经济转型升级的缓慢、收入差距扩大和城市发展水平不够高等因素的制约。根据福建省委、省政府关于进一步加快福建科学发展跨越发展的新要求,福建应围绕内部需求、创新驱动、结构优化、区域协调发展、体制机制创新和加快城乡一体化发展等方面培育经济增长的新动力,推动实现科学发展跨越发展。

改革开放以来,福建经济总体上保持了强劲增长,GDP增速保持两位数的年份有26年,增速最高是1993年,增长22.6%;最低是1979年,增长5.5%。1979—2013年,年均增长12.7%,增幅比同期全国平均水平高2.9个百分点。2013年,全省地区生产总值达21759.64亿元,在全国位次从1978年的第22位前移到2013年的第11位,人均GDP居全国位次从第22位前移到第9位。八闽大地,在跨越式地发展着。但同时,我们也应清醒地看到,自2010年开始,福建经济增幅呈现持续回落趋势,地区生产总值增幅从2010年的13.9%,逐年回落至2013年的11.0%,2014年前三季度进一步回落至9.5%,1—10月增速略有回升,为9.6%,但全年增速要完成年度10.5%预期目标困难不小。因此,推动福建经济增长的动力是什么?制约福建经济增长的因素是什么?如何把握"十三五"福建经济运行的规律和特点,培育经济增长的新动力,推动福建实现科学发展跨越发展已成为当前亟需研究的重要现实问题。

一、改革开放以来福建经济增长的周期性特征

改革开放以来,福建经济发展前后经历了 8 个"五年规划"(见表 1),全省地区生产总值除了"七五"时期年均增长低于 10%外,其他时期年均增长均高于 10%,各个时期的年均增幅均高于同期全国平均水平。2013 年福建地区生产总值增长 11.0%,增幅居全国第 6 位。1979－2013 年年均增长 12.7%,比同期全国平均水平高 2.9 个百分点。

表 1　福建各个规划时期 GDP 增速与全国比较

时　　期	福建 GDP		全国年均增长(%)
	总量(亿元)	年均增长(%)	
1979－1980 年	161.17	11.8	10.3
"六五"时期	708.73	13.2	11.3
"七五"时期	1865.67	9.7	7.9
"八五"时期	6258.04	18.4	16.4
"九五"时期	15693.79	11.4	10.4
"十五"时期	25842.11	10.8	9.4
"十一五"时期	54629.04	13.8	13.1
2011－2013 年	59021.60	11.6	10.8
1979－2013 年	164180.15	12.7	11.3

与此同时,福建经济发展也出现了 5 次比较明显的周期波动(见表 2),且经济波动周期越来越长。第 5 次周期波动从 2001 年增长 8.7%开始,到 2004 年提升至 11.8%;从 2004 年下半年开始,在国家宏观调控政策的作用下,2005 年地区生产总值增幅略有回落,为 11.6%,2006 年上升至 14.8%,2007 年攀升到 15.2%,达到这次经济周期的峰值;2008 年,受国际金融危机影响,GDP 增幅总体上呈现逐年回落态势,2008－2013 年各年的地区生产总值增幅分别为 13.0%、12.3%、13.9%、12.3%、11.4%和 11.0%,2014 年前三季度进一步回落至 9.5%,1－10 月增速略有回升,为 9.6%。

表 2　福建经济发展周期情况

	年份	峰值年份	峰值（%）	波动幅度（百分点）	周期长度（年）
第一次	1979—1983	1980	18.4	12.9	4
第二次	1983—1986	1984	17.9	12.2	3
第三次	1986—1990	1988	14.3	8.6	4
第四次	1990—2001	1993	22.6	15.1	11
第五次	2001—2013	2007	15.2	6.5	12

经济总量实现了新跨越。1979—1984 年，除 1983 年外，每年增量都在 10 亿元以上；1984—1990 年，每年增量在 20 亿元以上。20 世纪 90 年代以来，福建经济总量迅速增加。1993 年和 1995 年，全省地区生产总值分别越过 1000 亿元和 2000 亿元大关，之后各用 3 年的时间分别跨越 3000 亿元、4000 亿元和 5000 亿元的台阶，2005 年跨越 6000 亿元，2006 年跨越 7000 亿元，2007 年跨跃 9000 亿元，2008 年跨跃 10000 亿元，2011 年跨跃 15000 亿元，2013 年跨跃 20000 亿元，达 21759.64 亿元，实现跨越式发展（见图 1）。

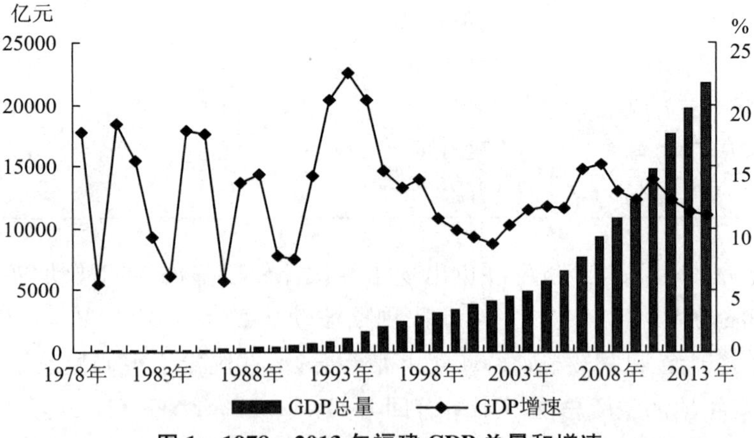

图 1　1978—2013 年福建 GDP 总量和增速

人均 GDP 从 1978 年的 273 元，增加到 2013 年的 57856 元，折合 9343 美元（见图 2）。

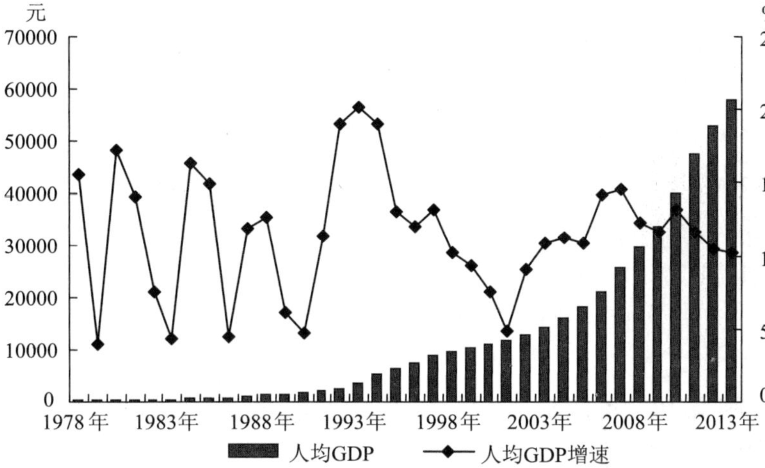

图 2 1978—2013 年福建人均 GDP 和增速

二、福建经济增长动力及特征

支撑福建经济增长的动力主要包括投资需求、生产要素、产业结构、体制创新、对外开放和地区结构等方面,这些动力共同带动福建经济高速增长。

(一)需求动力及特征:从消费主导型向投资主导型转变

剖析福建经济增长的需求结构可以发现,目前福建经济增长明显呈现投资主导型模式,消费需求对经济增长拉动作用减弱。一是投资需求(资本形成总额)不断扩张。全社会固定资产投资从 1978 年的 13.34 亿元,增加到 2013 年的 15526.87 亿元,年均增长 22.3%;投资率从 1978 年的 34.0%上升到 2012 年的 57.4%。最终消费率从 1978 年的 79.9%下降到 2012 年的 40.0%。多年来,福建在扩大内需的同时,千方百计扩大出口,外贸依存度和出口依存度均比较高,外贸依存度从 1981 年的 10.3%,波动提高到 2004 年的历史最高,达 68.3%;从 2004 年后波动下降到 2013 年的 48.2%。出口依存度从 1981 年的 6.8%,逐年波动提高到 2005 年的历史最高,为 43.4%,2005 年后逐年回落到 2013 年的 30.3%。货物和服务净输出所占比重从 1978 年的−13.9%提高 2012 年的 2.6%。二是投资对经济增长的贡献总体呈现上升趋势。1980—1999 年期间,投资需求的贡献率波动比较明显,1980

年为27.1%,1999年为37.7%,贡献率超过50%的年份有8个,最高的1986年为77.0%;2000—2012年,投资对经济增长贡献率从2000年的31.7%上升到2012年的75.2%;最终消费的贡献率则由2000年的54.4%波动下降为2012年的26.3%;货物和服务净输出贡献率则从2000年的13.9%,转为2012年的—1.5%。三是从增量的角度考察,投资需求是拉动经济增长份额最大、动力最强的国内需求,消费需求仍显动力不足,经济增长动力机制明显呈现出投资主导型的特征。2013年的投资增量(2817.21亿元)比1979—1995年的投资总量还多,约相当于2008年整年的投资量。

(二)要素动力及特征:城镇化水平的提高,强化了生产要素在经济增长中的作用

一是城市承载了大量的农村剩余劳动力,强化了劳动要素在经济增长中的作用。2013年,福建城镇常住人口为2293万人,比2000年增加861万人,年均增长3.7%,城镇化率从2000年的42.0%,提高到2013年的60.8%。从业人员从1978年的924.41万人,增加到2013年的2555.86万人,35年共增加了1631.45万人,年均增加46.61万人。二是城市的极化效应使各种生产要素,特别是资本、技术和人力资本向城市集中,加速了工业和服务业的发展。城市化为工业和服务业发展提供了巨大的市场空间,城市规模扩大和城市人口的增加刺激基础工业品、消费工业品和生产服务业、消费服务业的扩张。三是利用外资的增加和储蓄率的提高为经济增长提供了资本保障。全省利用外商直接投资资金从1979年的83万美元,增加到1990年的2.90亿美元,2013年进一步增加到66.79亿美元,2006—2013年的8年间,福建共吸收外商直接投资437.11亿美元,年均增长12.5%;储蓄率从1978年的20.1%,提高到2000年的44.1%,2013年进一步提高到59.9%。四是劳动者素质提高和科技投入的增加为经济增长提供技术支撑。人口普查显示,1982年福建接受大专及以上教育占总人口比重为0.6%,2010年提高到8.4%。研究与试验发展经费投入从2000年的21.19亿元,增加到2013年的314.06亿元,年均增长23.0%。

(三)产业结构动力及特征:工业和服务业的发展促进了就业和产业结构调整

1978年,福建地区生产总值的三次产业结构为36.0∶42.5∶21.5,三次产业的就业结构为75.1∶13.4∶11.5。经过35年的发展,2013年,三次产业结构调整为8.9∶52.0∶39.1,就业结构调整为24.1∶39.1∶36.8。三次产业结构中,第一产业增加值所占比重下降27.1个百分点、第二产业提高9.5个百分点、第三产业提高17.6个百分点;第一产业就业人员所占比重下降51.0个百分点、第二产业提高25.7个百分点、第三产业提高25.3个百分点。产业结构的巨大变化归因于工业化的扎实推进和服务业的稳步发展,1979—2013年,福建工业增加值和服务业增加值年均分别增长16.0%和13.1%,比同期地区生产总值的增速分别高3.3个和0.4个百分点。工业和服务业较强的承载能力是推动经济增长的主要原因。一是就业结构调整,实现了大量劳动力从农业向工业和服务业的转移,使丰富的劳动力资源得到有效利用。1978年,福建农村劳动力向二产、三产转移了22.5万人,转移率为3.1%;到2013年,福建农村劳动力向二产、三产转移了810.08万人,转移率为56.8%。二是产业结构的调整实现了土地资源的优化配置,使土地资源得到更为有效的利用。工业和服务业能够以相对较少的土地投入实现更大的产出,因此,工业和服务业的发展能够更为有效地使用土地,使土地资源得到更为优化的配置。2013年,福建平均每平方公里国土面积产出地区生产总值比1978年增长了64.2倍(按可比价计算)。三是经济结构的调整促进了全要素生产率的提高。工业和服务业的产业特性决定了从业人员所从事的劳动要求具备更高的文化知识、更先进的技术技能和更完善的信息,这必然导致从业人员在学习知识技术和掌握信息的同时更能够实现技术的自主创新,因此能够有效地提高全要素生产率,实现经济的快速增长。

(四)体制创新动力及特征:市场化提高了资源配置效率

由中央集中计划经济向市场经济体制转型的市场化进程带来了资源配置效率的提高与经济激励结构的变化。主要表现:一是商品与生产要素的流动越来越多地由市场主导,推动了生产要素在部门间的重新配置,产生了巨大的结构效应。民间投资占全省投资的比重由1978年的35.2%,提高到2013年的56.9%,2014年1—10月进一步提高到59.8%,对全省投资增长的贡献率高达76.3%。二是所有制改革强化了产权约束和产权保护,使得所有者能够利用产权范围内的生产资料进行自主生产和自主经营,生产者的财富保值和财富创造意识得到有效激发。同时,所有制改革强化了生产者之间的竞争意识,生产经营者必须对其生产盈亏进行自主负责,极大鼓励了生产者绩效的提高。2013 年,福建民营经济实现增加值 1.47 万亿元,占全省地区生产总值比重由 1978 年的 46.7%提高到 2013 年的 67.2%,提高了 20.5 个百分点。

(五)对外开放动力及特征:国际化缓解了经济发展的瓶颈制约

一是经济国际化使得福建通过从国外引进国内紧缺的资金,缓解经济增长过程中投资与储蓄的“缺口”;通过引进技术和体现较高技术水平的设备缓解经济发展过程中的技术“缺口”。从而较快地摆脱制约经济快速增长的资金与技术约束。1979—2013 年,全省实际利用外资累计达 1104.99 亿美元。二是经济国际化使得福建通过利用国外市场和资源有效促进非公有制的发展。2013 年,全省规模以上工业增加值中,港澳台商和外资投资企业所占比重达 40.2%,私营企业占 31.8%。三是经济国际化使得福建通过外商直接投资企业的技术外溢效应和竞争效应,不断提高和壮大国有经济的效率和国际竞争力。四是经济国际化使得福建在进入新世纪后能够在全球配置资源,缓解经济增长过程中的能源、原材料等一系列制约,保持经济增长的强劲势头。

(六)地区结构动力及特征:由空间分化型转向区域协调发展

新古典经济学认为,由于要素投入边际收益递减规律,区域间的经济差距随着经济发展会呈缩小趋势,或者说,在经济发展初期,经济增长的空间动力主要由单个区域带动为主,而后逐步变为多区域协同发展态势。福州、厦门和泉州充分发挥区位优势,扮演了经济增长的火车头,在促进本地经济快速发展的同时,也带动全省区域的协调发展。1979—2008 年,福州、厦门和泉州地区生产总值年均增速分别为 15.2%、17.2%和 17.7%,分别比全省平均增速高 2.4 个、4.4 个和 4.9 个百分点,全省九个设区市年均最高增速(泉州 17.7%)与年均最低增速(南平 10.1%)的差为 7.6 个百分点。2009—2013 年,全省经济发展的协调性增强,全省九个设区市年均最高增速(莆田 13.9%)与年均最低增速(南平 12.0%)的差缩小到 1.9 个百分点。

三、影响福建经济增长的制约因素

这轮经济增速放缓的原因相对比较复杂,既有周期性的变化,也有结构性的因素;既有外部需求的收缩也有内需增长的放缓;既有短期因素的影响也有中长期因素的影响等。

(一)外部需求减弱

国际金融危机影响深远,世界经济增长速度减缓,围绕市场、人才、技术、标准的竞争更加激烈,外部需求的减弱,2014 年 1—10 月,福建出口总额同比只增长 3.4%(按美元计算),增幅比上年同期回落 5.3 个百分点。经济发展发生积极变化和不利影响同时显现,国内因素和国际因素相互影响,不确定、不可预料的因素增多,这在一定程度上将制约福建科学发展跨越发展的进程,从 2010 年以来,福建经济增幅呈现持续回落趋势。

(二)生产要素供给能力下降

一是劳动要素。2010 年以来,福建劳动力人口增长率呈现下降趋势,16—59 岁劳动年龄人口占总人口比重,从 2010 年的 69.3%下降到 2013 年的 67.8%;2013 年全社会从业人员比上年下降 0.5%。负担少年系数不断下降,从 2000 年的 32.7%下降到 2013 年的 20.9%;负担老年系数不断上升,从 2000 年的 9.5%上升到 2013 年的 10.9%。这表明福建劳动人口数量即将到达供给拐点。

二是资本要素。实际利用外资增幅从 2005 年的 17.4%回落至 2013 年的 5.4%,2010 年仅增长 1.1%;金融机构人民币存款余额增幅从 2005 年的 21.1%回落至 2013 年的 15.5%,2014 年 1—10 月增长 9.7%。这意味着福建资本供给能力趋于下降,需要通过资本配置效率的提高来应对。

三是科技要素。第一,科技投入相对不足。2013 年 R&D 经费投入强度为 1.44%,比全国平均水平低 0.64 个百分点;科研机构和高等院校投入分别占 R&D 经费的 3.4%和 3.5%,均远低于全国平均水平。第二,人才资源的短缺。虽然福建籍的两院院士在全国居前列,但在福建工作的高层次科技人才偏少,全省高校拥有的院士人数仅占全国高校院士总数的 2.4%,而主要集中在厦门大学。行业发展的领军人物、管理人员匮乏。第三,高水平科研成果不多。2013 年,全省发明专利占全部专利申请的比重为 18.4%,比上年下降 1.5 个百分点,比 2010 年下降 4.9 个百分点。

四是资源要素。第一,耕地资源匮乏。人均耕地仅 0.5 亩,沿海一些县市还不到 0.3 亩,长期以来粮食依靠外省调进。福建森林覆盖率虽然居全国首位,但林种树种结构不合理,工业生产所需的原料林供给能力不足。第二,能源资源短缺。福建是常规能源短缺的省份,少煤、无油、无天然气,煤炭能源保有储量仅居全国第24位,且品种单一,金属矿产相对贫乏。现有探明的煤炭储量,按现有生产能力仅能开采15—20年。全省一次能源生产量占可供消费能源总量的比重由2005年的39.5%,下降到2013年的23.9%。大部分能源消费由省外、国外购进,2013年省外调入量和国外进口量达9372.39万吨标准煤,比2005年增长1.42倍。随着沿海临港重化工业的加快发展,石化、冶金、建材、机械装备等制造业发展对能源资源与环境的依赖性增强,受一次能源自给率低的影响,今后先进制造业基地发展将对能源资源环境造成较大的压力。第三,水资源供需平衡矛盾依然突出。福建水资源主要来源于自降水,受降雨时空和河流走向的影响,水资源在时间空间上分布不均,会出现地域性、时间性水资源短缺。第四,生态环境仍然较脆弱。福建地貌以山地丘陵为主,降水时空分布不均匀,容易产生旱涝、水土流失和地质灾害。森林结构不合理,生态功能尚未得到最大限度的发挥。第五,治理环境成本增加。经济发展的环境成本逐渐成为福建长期不可忽视的方面,2013年,全省环境污染治理投资175.39亿元,2010—2013年,年均增长41.0%,远高于现价GDP增速。经济快速增长的空间越来越多地会受到环境相关的成本约束。

(三)经济转型升级缓慢

当前福建经济低端优势难以为继,高端发展不起来,虽然经济转型已提了多年,但没有明显起色,在产业结构升级和需求结构优化方面进展缓慢,经济结构没有向更优的方向调整,反而有所退步。一是产业结构调整缓慢。2005年服务业增加值占地区生产总值比重为38.9%,到2013年为39.1%,基本停滞不前,而全国2013年该比重为46.1%,表明福建第三产业发展相对滞后,其增速连续多年低于GDP增速,对经济的带动作用较弱。二是产业升级缓慢。高技术制造业增加值占工业增加值比重从2005年的15.0%下降到2013年的9.0%;高新技术产品出口占出口总额比重从2005年的22.4%下降到2013年的14.6%,2006—2013年全省高新技术产品出口年均增长8.9%,比同期全省出口年均增幅低6.1个百分点。表明工业发展层次不高,有科技含量、有竞争力的高技术制造业发展不快。三是消费率下降。最终消费率从2005年的50.2%下降到2013年的40%左右,居民消费率从

2005年的36.4%下降到2013年的30.0%左右,表明投资仍是拉动经济的主导力量,消费拉动的发展模式尚未真正形成。

(四)收入差距扩大

收入差距不断扩大,收入结构不合理严重影响了需求,从而制约了供给,经济出现了经济虚化、产能过剩等不平衡问题。一是城乡居民收入差距扩大。2008年,福建农村居民人均纯收入比城镇居民人均可支配收入低11765元,2013年扩大到19632元,总量呈扩大趋势。二是区域收入差距扩大。在全省9个设区市中,仅有厦门市、泉州市、福州市3个地市城镇居民可支配收入高于全省平均水平,且差距逐年上升,全省最高的厦门市与最低的宁德市的绝对收入差距从2008年的10012元扩大到2013年的17409元;农民人均纯收入最高的市与最低的市同样还是厦门市和宁德市,绝对收入差额由2008年3071元扩大到2013年4969元。三是行业收入差距扩大。城镇单位在岗职工平均工资最高行业(金融业)与最低收入行业(农、林、牧、渔业)的绝对差额由2008年的48351元扩大至2013年的86984元。垄断行业收入畸高是导致行业间收入差距过大的主要原因,金融业、电力燃气及水的生产和供应业属于垄断行业,分别位于行业第1和第3位,为119375元和71839元;信息传输、计算机服务和软件业或多或少也具有一定垄断性质,为75204元,居第2位;而收入最低的是农林牧渔业,只有32391元。

(五)城市发展水平有待提高

福建与长三角、珠三角一些经济发展快的省份相比存在一定差距,因素很多,其中重要一条就是福建省没有300—500万人的大城市,中心城市辐射力、带动力偏弱。占福建经济总量1/4的地级市泉州,2013年,其市辖区户籍人口只有105.08万人,常住人口也只有149.30万人,城市规模与经济总量明显不相称。省会城市福州,2013年市辖区常住人口也只有302.80万人。城市基础设施较为薄弱,城市功能有待完善,最突出的是交通拥堵、环境污染以及资金短缺,远远不适应城市经济社会发展的要求。

四、培育福建经济增长新动力的建议

近年来,支撑福建经济高增长的供给和需求条件发生趋势性变化,经济增长面临着生产要素供给能力的减弱、经济转型升级的缓慢、收入差距扩大和城市发展水平不够高等因素的制约,传统动力出现减弱,新生动力尚未形成,导致经济潜在增长率明显下降。我们要顺应这一变化,落实好福建省委、省政府《关于进一步加快福建科学发展跨越发展的行动计划》,着力培育经济增长新动力的成长,破解影响福建经济增长的制约因素,确保福建实现科学发展跨越发展。

(一)积极寻求投资与消费的最佳结合点,把消费需求培育成未来经济增长的新动力

1. 从短期看,当前应稳投资,缓解经济下行的压力。一是改革不合理的体制机制,释放投资增长潜力。二是优化投资结构,促进产业转型升级。三是抓好城镇化投资。引导各地把资金更多地投入教育、医疗和保障性住房等领域。

2. 从长期看,把消费需求培育成未来经济增长的新动力。一是增加居民收入,缩小城乡居民收入差距、职工的行业收入差距和居民的区域收入差距,让群众“能”消费。二是完善社会保障体系,在教育、医疗和住房等方面提供适度的社会保障,让群众“敢”消费。三是提供新的消费产品,重点抓好旅游、健康服务和信息消费,让群众“愿”消费。四是完善消费服务。积极营造公平竞争的市场环境,打击假冒伪劣行为,维护消费者权益,让群众“放心”消费。

(二)着力破解生产要素供给能力减弱的制约,把创新驱动、全要素生产率提高培育成未来经济增长的新动力

1. 推动要素市场化改革,提高全要素生产率。一是各类要素以市场化方式来配置,消除包括政府力量在内的各种形式的垄断力量;二是理顺土地要素、资本要素和劳动要素的相对价格关系,通过市场的力量来逐渐消除结构失衡问题。目前首要的是要理顺政府与市场的关系,实现政府职能的公共化,实现要素市场化配置。

2. 加强科技创新,提高全要素生产率。一是增强社会研发能力。建立健全以财政资金为引导、企业投入为主体、社会资本广泛参与的多元化科技创新投入体系,建立健全产学研相结合的多元化研发模式。二是增加教育培训投入。大幅度增加教育培训投入,大幅度提高教育培训质量,大力促进教育公平,大力加强教师队伍建设,提高教育的现代化水平。三是加大技术引进力度。继续深化发展开放型经济,提高外商直接投资资本的使用质量。

(三)加快产业结构优化升级,把服务业发展培育成未来经济增长的新动力

1. 大力发展服务业,把服务业真正培育成未来经济发展的强劲"引擎"。要针对存在的制约因素,研究更多更有效的政策,加大对劳动密集型服务业和研发等知识密集型服务业的支持力度,促进服务业发展提速、比重提高、水平提升。

2. 加强规划引领。各级政府在制定国民经济长期发展规划和年度计划中,要统筹考虑服务业发展重点产业、服务网点、各类集聚区和重点项目,把更多的政府资源用于公共服务,引导社会各类资源投入服务业。

3. 健全和完善支持服务消费的政策环境。进一步完善有利于服务业发展的税收制度,全面实行营改增,进一步提高小型微型企业和个体户的税收起征点,避免重复征税,降低税负。

4. 加强服务业体制和机制的改革与创新。要在深入调查研究的基础上,充分利用中央赋予福建先行先试政策,加快服务业对外开放步伐,以开放倒逼改革,尽快完善服务业相关配套政策措施,并且积极贯彻和落实。大力支持非公有资本进入服务业,加大对垄断行业的改革力度,实现服务业由政府配置资源为主向市场配置资源为主转变。

(四)正视福厦泉对全省经济增长带动力减弱的现实,把区域协调发展培育成未来经济增长的新动力

1. 培育区域间产品价值链分工合作的发展。区域合作能够促进分工细化,使更多地区参与到成熟产品乃至创新产品的分工活动之中;区域分工合作也有利于进一步发挥各地优势,提高资源要素配置效率,促进区域协调发展。

2. 培育创新发展互助式合作。在经济新常态下的区域合作,应该着眼于提高各地的创新能力,实现创新驱动发展。通过区域合作,优化创新资源配置,最大程度地形成创新聚集效应;通过区域合作,使创新成果在更大地区得到应用,最大程度形成创新辐射作用。

3. 培育机制化的区域合作。在经济新常态下,区域合作的加强应该建

立在常态化合作机制的基础之上。如着力推进厦漳泉同城化和福莆宁同城化发展。一是完善政府管理机制。二是完善基础设施投资体制。三是构建跨区域利益共享机制。

(五)深化改革、扩大开放、简政放权,把营造有利于经济发展的体制机制环境培育成未来经济增长的新动力

福建要实现赶超,就要紧紧围绕使市场在资源配置中起决定性作用和更好发挥政府作用,正确处理好政府与市场的关系,继续深化改革开放,简政放权,充分释放体制机制创新红利,拉长经济高速增长向次高速增长转换的时间。充分发挥福建非公有制经济发展优势,建立有利于提高劳动报酬的职工工资正常增长机制,减轻中低收入群体税收负担,加快形成经济增长、公平分配和社会和谐的良性互动。深化行政审批制度改革,建立各部门行政审批事项目录清单制度,并向社会公开,在清单之外的,一律不得设置行政审批事项。

(六)破除新型城镇化建设的制度障碍,把加快城乡一体化发展培育成未来经济增长的新动力

未来几年是福建加快新型城镇化发展的关键时期,城乡一体化加快发展将成为经济增长的新引擎。一是制定合理的土地利用政策。在保障农民土地利益的情况下,进一步加大土地制度的改革,促进城镇化进程和农业现代化的发展。二是统筹规划城乡发展。在推进新型城镇化过程中,要高度重视规划的引领作用,要加快制定和完善城乡统筹发展战略规划。三是要继续强化工业、服务业对新型城镇化发展的带动作用。发展以新型工业化、现代化服务业为主导的现代经济,加快产业结构优化升级,通过经济转型升级,提高产业素质和竞争力,实现工业、服务业与城镇化的良性互动协调发展。

完成单位:福建统计局
执 笔 人:杨洪春

第九章　经济增长动力特征(三):以重庆为例

摘要:改革开放以来,重庆经济经历了30多年的高速增长,取得显著成就。这一时期推动重庆经济快速增长的动力机制主要体现为:以工业化为主导的产业结构优化、以城镇化为载体的空间布局优化、以市场化和直辖为特征的体制机制优化、以及以对外开放为支撑的要素市场优化。运用柯布—道格拉斯生产函数,从供给的角度对重庆经济发展动力因素进行测算分析,结果表明,资本投入对经济增长贡献最大,其次是技术投入和制度因素,劳动力投入和经济结构变动贡献较小。重庆经济持续快速发展面临着四个方面的问题与制约:一是产业结构协调性差,工业转型升级压力较大;二是城乡发展不协调,城镇化质量有待提高;三是非公经济发展状况不佳,市场化进程有待加快;四是“走出去”和“引进来”力度不大,对外开放水平有待提高。为此,提出以下对策建议:一是加快产业集群发展和结构转型升级,提升工业化水平和质量;二是以“人”为本,科学规划,加快推进新型城镇化;三是转变政府职能,推动更多领域向民资开放,充分发挥市场配置资源的决定作用;四是以“两江新区”为载体,完善配套措施,提升对外开放层级。

改革开放以来,重庆经济持续快速增长,2013年全市人均GDP达到6939美元,已步入中等偏上收入行列。随着全国经济步入新常态,经济增长逐渐放缓,结构调整渐进深化。新常态下如何激发经济运行活力、增强转型内生动力,在保证经济平稳增长的同时实现转型升级,是“十三五”时期重庆经济发展迫切需要解决的问题。在此背景下,回顾改革开放以来重庆经济增长的历程,探析推动经济增长的动力机制,对于促进“十三五”时期全市经济可持续增长具有十分重要的现实意义。

一、改革开放以来重庆经济增长的动力机制分析

重庆经济快速增长的过程就是驱动经济快速增长的动力机制形成与发展的过程,其动力机制归纳起来主要有以工业化为主导、以城市化为空间载体、以市场化和直辖为体制基础和以对外开放为战略支撑的增长机制。

(一)以工业化为主导的产业结构优化

从根本上说,工业化过程就是伴随科技进步,经济不断发展、产业结构优化升级的过程。改革开放以来重庆发展历程可以说就是由初级产品生产阶段向工业化中后期快速转换的过程,由工业化引发的产业结构优化升级是经济增长的重要推动力量,并决定着经济增长的稳定性和可持续性。这种产业结构变化推动经济增长主要表现为两方面:

一是具有比较劳动生产率优势的工业和服务业因聚集大量生产要素迅速发展,进而在推动经济快速发展的同时实现三次产业在经济总量中的份额不断转换。改革开放以来,随着工业化进程的不断推进,更多资源要素向劳动生产率更高的二三产业集聚,重庆二三产业分别实现年均13.6%和12.2%的快速增长,其中工业年均增速也为13.6%,远远高于农业年均4.8%的增长速度。二三产业的快速增长带动重庆经济实现年均11.3%的高速增长,同时使得重庆三次产业构成由1978年的34.6:48.1:17.3转变为2013年的7.9:50.5:41.6(见图1)。二产在经济总量中的比重虽然变化幅度不大(与重庆三线建设有关),但是二产对经济增长的贡献率从1990年的46.8%上升到2013年的63.9%,提高17.1个百分点,是经济增长的最主要动力。同时,1978年农业占GDP的份额高达34.6%,经过35年的发展,农业比重下降为7.9%,下降26.7个百分点,而第三产业比重上升了24.3个百分点,三产对于经济增长的贡献率也由1990年的19.3%上升为2013年的33.3%,提高14个百分点,成为经济增长的第二动力。

二是二三产业较强的承载能力使农村丰富而低效的劳动力资源得以进入效率和报酬更高的二三产业,在提升社会整体劳动生产率的同时实现三次产业就业结构的变动。就业结构作为产业结构的重要方面,其变动构成了工业化过程结构转换的主要内涵,无论人均收入水平还是三次产业结构,在一定程度上都是就业结构不断变化的结果。以劳动力从生产效率低的部

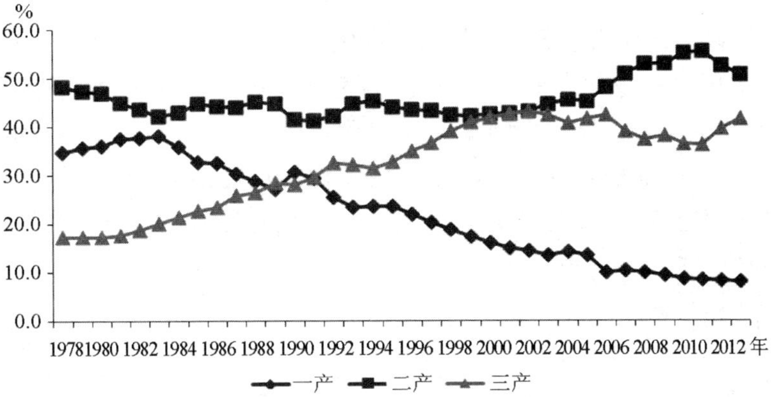

图 1　改革开放以来重庆三次产业增加值结构

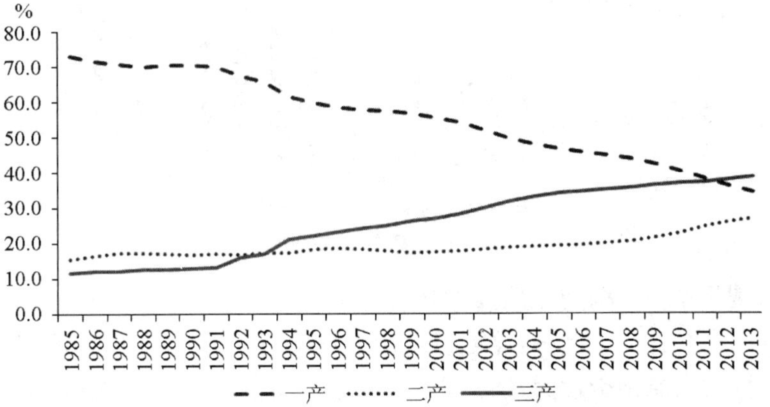

图 2　1985 年以来重庆三次产业就业比重

门向生产效率高的部门转移为特征的就业结构演进实现了劳动力与其他要素更有效的组合,反映了经济增长方式的转变过程。改革开放以来,重庆三次产业的就业比重从 1985 年的 72.8∶15.6∶11.6 优化为 2013 年的 34.5∶26.9∶38.6(见图 2),一产就业人员比重下降 38.3 个百分点,二三产就业人员比重分别上升 11.3 和 27 个百分点,二产特别是三产成为吸纳就业的最主要渠道,大量农业劳动力转移到工业和服务业中。工业化带来的就业结构转换有效缓解了重庆较高的农业人口基数与大山区市情决定的有限的土地等生产资源之间的巨大矛盾,使得农业劳动力摆脱与土地的单一结合,走向与资本、技术和企业家才能的结合,实现更有效的要素组合,土地等生产资源得以优化配置,更有效地提高全要素生产率,推动经济快速增长。

(二)以城镇化为载体的空间布局优化

城镇化的推进为重庆经济的持续高速增长提供了有效的空间载体。重庆1996年以城镇常住人口衡量的城镇化率仅有29.5%,2013年则达到了58.3%,实现了翻倍转变。而伴随着城镇化的快速推进,重庆GDP总量实现了现价增速年均14.3%的快速增长,城镇化与经济增长呈现高度协同的走势(见图3)。

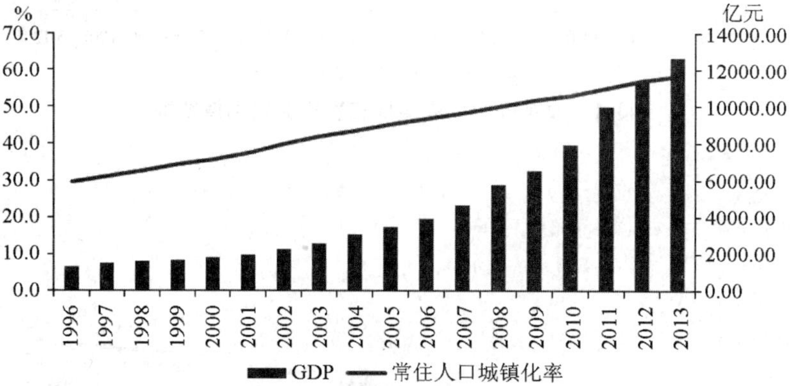

图3 直辖以来重庆GDP与城镇化率

城镇化作为结构变化重要载体的非积累性因素,对经济增长的促进机制表现为三个方面。**其一**,伴随着大量人口由农业向非农的转变,城镇承载了大量的农村剩余劳动力,强化了劳动要素在经济增长中的作用,迁移群体的生产率不断提高,从而创造更多的社会财富,促进经济发展。**其二**,城镇显著的聚集效应和规模效益使劳动力、资本、技术和信息等社会生产要素向城镇集中,城镇化利用物质资本、人力资本与研发资本传递渠道,通过规模扩张带动更多投资,提供更好地受教育场所与信息交流的渠道,加速了以上要素的积累,促进分工的深化,为经济增长获得推动力。**其三**,城镇化产生的新增市场需求为工业和服务业发展提供了巨大的市场空间。城镇规模扩大和城镇人口的增加刺激基础工业品、消费工业品和生产服务业、消费服务业的扩张,加速了工业和服务业的发展。

(三)以市场化与直辖为特征的体制机制优化

在推动重庆经济增长的动力机制中,与全国任何一个省市一样,作为全国经济的一部分,国家经济制度的变革和变化(我国主要是市场化)是区域经济增长的重要前提和推动力,没有有效的制度安排,标准的生产要素无法提供快速的经济增长。与其他省市有所区别的是,1997年重庆直辖后行政体制变化及其背后蕴含的强大区域开发政策效益和资源要素聚合力也是经济发展的重要推动力。

首先,我国经济体制改革和市场化进程是重庆经济实现快速增长的体制前提。我国由计划经济向市场经济转型的市场化进程带来了资源配置效率的提高和经济激励结构的变化。由于商品与生产要素的流动越来越多地由市场主导,推动了生产要素在部门间的重新配置,产生了巨大的结构效应。同时,所有制结构的变化改善了经济的激励结构,并构成经济持续增长的最主要的制度根源。体制改革和市场化推进释放的强大能量,极大增强了经济发展的活力,这是重庆经济实现快速增长的体制前提。

其次,直辖体制是推动重庆经济快速增长的体制催化剂。重庆1997年以来取得的巨大成就,稳定持续的快速增长,经济发展的活力不断增强,在很大程度上得益于直辖所释放的强大能量。**一方面,**直辖及其随之而来的行政体质变革减少了行政管理层级,提高了行政效率,政府职能更加适应市场经济发展。城市的自主权大大增强,这种自主权提高了城市经济建设的决策速度,使得城市经营能够在更大程度上因地制宜,可以在更大的限度内开发城市所蕴涵的经济潜能,激活发展潜力。**另一方面,**直辖所承载的区域功能定位大大增强了国家对重庆经济发展的政策支持,无论是基础设施建设还是产业布局,重庆直辖后所获得的国家政策支持都是以往无法相提并论的,而随之而来的是资源要素的不断涌入,城市发展活力不断增强。

(四)以对外开放为支撑的要素市场优化

对外开放作为支撑一国和地区经济增长的重要引擎,在重庆的不同发展时期对于缓解经济发展的瓶颈制约发挥了重要作用,特别是"十二五"以来,对外贸易对重庆经济发展的支撑作用愈发明显。没有较高的开放程度,近年来重庆经济重要的增长动力——笔电产业,将无从谈起。2013年重庆对外贸易依存度达到33.6%,较"十一五"末的2010年提高了23个百分点,其中进口依存度为10.7%,较2010年提高6.5个百分点,出口依存度为22.9%,较2010年提高16.5个百分点(见图4),呈现迅猛增长的势头,对外贸易成为2008年金融危机以来重庆经济"风景独好"的重要支撑动力。

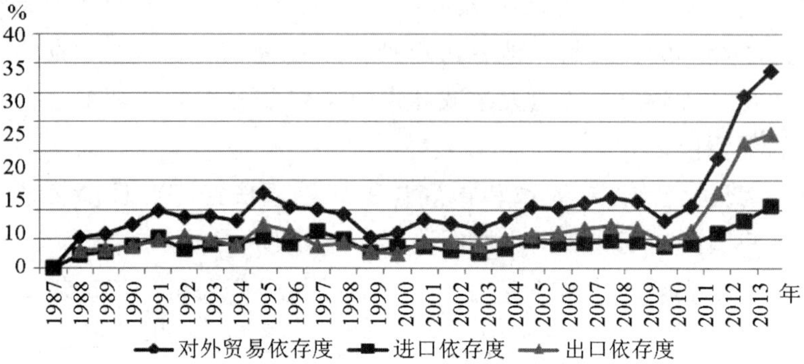

图 4 1987 年以来重庆对外依存度

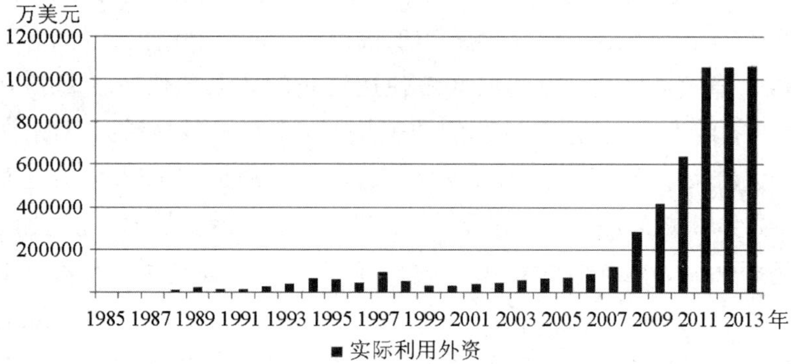

图 5 1985 年以来重庆实际利用外资

一是对外开放使得重庆通过从国外引进大量资金,缓解经济增长过程中投资与储蓄的“缺口”,通过引进技术和体现较高技术水平的设备缓解经济发展过程中的技术“缺口”,从而较快地摆脱制约经济快速增长的资金与技术约束。从“十一五”开始,重庆接受了大量出口导向型的外国直接投资,实际利用外资额成倍增长,2006—2011 年年均增长率高达 57.1%,2013 年实际利用外资达到 106 亿美元的历史高位,为经济发展注入了充裕的资金和技术支持(见图 5)。同时,出口产品结构不断优化,2013 年全市高新技术产品出口规模达到 248.36 亿美元,占全市出口总额的 53.0%。

二是对外开放使得重庆通过利用国外市场和资源有效促进非公有制的发展。在 20 世纪 80 年代,随着大批农村劳动力向乡镇企业、民营企业等非公有制经济转移,非公有制经济享受到越来越多的人口红利,对外开放使大批非公有制企业从国外找到市场,并不断成长壮大,利用大量劳动资源发挥比较成本优势参与国际竞争推动经济增长内生机制得以形成,嘉陵、力帆等摩托企业的发展壮大正是这一时期。

三是对外开放使得重庆通过外商直接投资企业的技术外溢效应和竞争效应,不断提高和壮大国有经济的效率和国际竞争力,产品出口额大幅增长,长安汽车的发展历史和电子信息产业的拔地而起诠释了这一作用。2013 年重庆出口额达到 468 亿美元,2008 年金融危机以来逆势实现年均 81.8%的高速增长,占规上工业产值比重已达到 18.4%的较高水平(见图 6)。

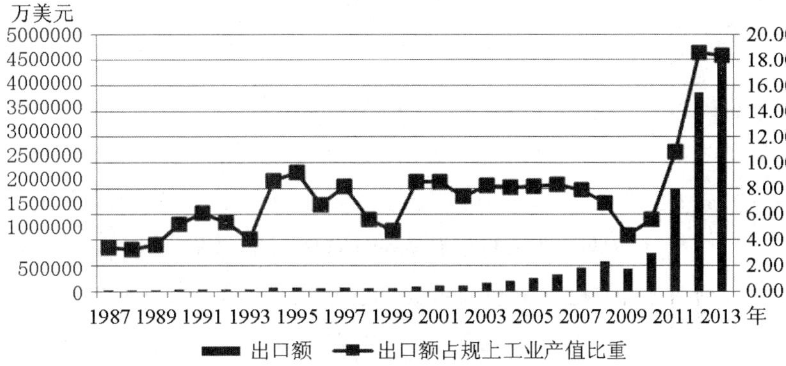

图 6　1987 年以来重庆出口情况

四是对外开放使得重庆在新时期能够在全球配置资源,缓解经济增长过程中的能源、原材料等一系列制约,保持经济增长的强劲势头。

二、基于生产函数的重庆经济增长动力分析

新古典增长理论、结构主义发展理论和制度变迁理论从不同侧面对增长的供给动力进行了深入研究,得出的基本结论是:资本、劳动、技术进步、资源配置、制度创新等因素是一国经济增长的重要源泉。结合重庆实际,基于数据的可获得性,本文利用 1997—2013 年的数据,从影响经济增长的供求因素出发,建立经济增长模型分析直辖以来推动重庆市经济增长的主要供给源泉。

经济增长模型以两要素生产函数为基础,引入了技术创新变量、经济结构变量和制度因素变量,具体形式为:

$$Y=F(K,L,TC,ST,ZD)=K^{\alpha}L^{\beta}TC^{\eta}ST^{\xi}ZD^{\theta} \tag{1}$$

其中,Y、K、L、TC、ST、ZD 分别为总产出、资本投入、劳动投入、技术创

新、经济结构变动和制度创新，α、β、η、ξ、θ 分别为投资、劳动、技术、结构变动和制度创新弹性。此外，除了上述的变量可用来解释重庆长期持续的经济增长外，还应考虑使要素生产效率持续提高的其他因素，因此，我们在(1)式中加入了其他变量(OTH)，并假定其他因素随时间推移而改变生产技术水平，同时设 $OTH(t)=e^{\gamma t}$，则(1)式变为：

$$Y=F(K,L,TC,ST,ZD,OTH)=e^{\gamma t}K^{\alpha}L^{\beta}TC^{\eta}ST^{\xi}ZD^{\theta} \quad (2)$$

对模型(2)两边取对数并添加随机变量 u_t，模型变为如下对数形式：

$$\ln Y_t=\gamma t+\alpha\ln K_t+\beta\ln L_t+\eta\ln TC_t+\xi\ln ST_t+\theta\ln ZD_t+u_t \quad (3)$$

在指标选取上，本文以 GDP 为总产出；固定资本形成为资本投入；常住人口为劳动投入；R&D 经费支出为技术创新变量；第三产业占 GDP 比重为经济结构变量；国有工业总产值占规上工业总产值比重为制度变量。选取 1997—2013 年数据①对方程(3)进行参数估计。回归结果如下：

$$\ln Y_t= 0.189t+0.449\ln K_t+0.155\ln L_t+0.103\ln TC_t+0.323\ln ST_t-0.192\ln ZD_t$$

$$(3.36)\quad(6.87)\quad(3.16)\quad(2.76)\quad(3.25)\quad(-3.95)\quad(3)$$

$R^2=0.997 \quad DW=2.41$

从模型的回归结果看，拟合系数达到 99.7%，从 DW 值看，方程不存在异方差，各变量对经济增长的贡献较为显著。根据估计结果，计算出重庆市 1997—2013 年各要素对经济增长的贡献作用(见表 1)：

表 1　1997—2013 年各要素对重庆经济增长的贡献情况

	年均增长率%	产出弹性	各因素对经济增长的贡献率%	各因素对经济增长的拉动力%
GDP	12.3	—	—	—
资本投入	15.5	0.449	56.6	7.0
劳动投入	0.2	0.155	0.3	0.03
技术投入	27.8	0.103	23.3	2.9
结构变动	0.29	0.183	0.4	0.1
制度因素	−4.4	−0.192	6.9	0.8
其他因素	—	0.189	12.6	1.5

① 由于数据有限，1996—1999 年 R&D 经费支出数据为大中型工业企业 R&D 支出数据；2013 年资本形成总额数据未公布，根据 1997—2012 年数据采用时间序列预测法而得。

我们可以得出以下结论：

一是直辖以来重庆经济持续高增长的主要动力是资本投入的增加。从计算结果看，资本投入的产出弹性为0.449，也就是说，固定资本形成增长率每增长1%，经济增长率将增长0.45%。1997—2013年，重庆市固定投入对经济增长的贡献率达到56.6%。这也说明直辖以来重庆市的经济增长依旧是外延行的经济增长方式，主要依靠投入更多的资本来增加产出。因此资本投入对重庆市的经济增长的贡献产生了规模效应，导致其对经济增长率的影响显著。

二是直辖后劳动投入和结构调整对重庆市经济增长的推动作用有限，在所有变量中排名最后两位。从回归情况看，1997—2013年，劳动投入对全市经济增长的贡献仅为0.3%，主要原因可能在于重庆市本身就拥有丰富的劳动资源，必导致大量的富余的劳动力的存在。结构调整对经济的贡献率为0.4%，这主要原因可能在于重庆市产业结构调整速度较慢。1997年以来，重庆市第三产业占GDP比重呈波浪型变化，2013年全市第三产业占GDP比重为41.6%，低于全国4.5个百分点。

三是技术创新对直辖以来重庆市经济增长的贡献作用较大。在市场国际化、信息高速化、科技高速化、生产快速化、需求日新化的今天，技术创新对经济发展的作用不言而喻，实证结果显示，1997—2013年，技术创新的弹性系数虽然只有0.103，但由于投入大，增速快(重庆R&D经费支出以年均27.8%的速度高速增长)，所以其对重庆经济增长的贡献率为23.3%，成为继资本投入之后的第二大动力。

四是直辖以来，制度变迁对重庆市经济增长的贡献作用较为突出。直辖、西部开发、两江新区等政策为重庆市经济增长提供了全新的制度安排，主要将体现在对外贸易加快、非国有经济的快速发展等多个领域，本文主要以国有经济占比指标来进行测算。结果显示，制度变量的产出弹性为－0.192，由于采用的指标是国有经济占比，所以实证结果显示系数为负值，系数的绝对值越大，则反映非国有经济对经济增长的劳动作用越大。从表1可以看到，1997—2013年，非国有经济成分对全市经济增长产生了重要的促进作用，年均拉动经济增长0.8个百分点，对经济增长的贡献达到6.9%。从现实情况看，1997年以来，重庆非国有工业总产值比重平均每年提高4.4%，非国有经济成分的扩大不仅鼓励了竞争，更有利于建立产权明晰的有效率经济，从而加快经济的增长率。

除以上因素之外,还有一些重要因素,如社会政治稳定、宏观调控政策的科学性、日趋成熟的宏观调控手段和技巧以及规模经济等,不易找到适当的指标来反映,在模型中我们将这些因素一并作为其它因素加以描述。通过分析,我们看到,其它因素对全市经济高增长发挥了重要作用,其它因素的产出弹性系数为 0.189,对经济的贡献率为 12.6%,年均拉动经济增长 1.5 个百分点。

三、重庆经济持续增长面临的问题与制约

虽然在资本、劳动力、技术和制度变迁等动力因素以及工业化、城镇化、市场化和经济国际化等动力机制的作用下,重庆经济快速增长,经济总量不断扩大,但由于面临着一系列结构性问题的制约,重庆经济保持快速增长面临着越来越大的压力。

(一)产业结构协调性差,工业转型升级压力较大

改革开放以来,以工业和服务业为主导的产业结构调整促进了重庆经济的持续增长。但在产业结构调整推进经济增长的过程中存在着一些问题,同时在新的发展阶段的关口又面临着严峻挑战。

一是服务业比重偏低,对工业转型升级形成牵制。目前重庆经济结构中服务业的比重偏低,而且发展慢特别是生产性服务业发展不佳。一方面不能有效吸收工业产业能级提升、技术进步,特别是资金和技术密集型工业发展带来的剩余劳动力,缓解社会就业压力;另一方面生产性服务业发展滞后不能很好地为工业产业结构升级、增长方式转变提供保障。

二是工业内部结构"单极化"特征还比较明显。2013 年,全市利润总额上百亿的行业仅汽车制造业一个,其利润占全市的 27.3%,拉动全市利润增长 18.3 个百分点。重点发展的电子设备制造业 2013 年销售利润率仅 2.2%,远低于全市平均水平。

三是工业企业的创新能力不强和受资源环境的约束日益趋紧。从创新能力看,2013 年,全市规上工业企业拥有 546 个科研机构和 33606 名科研人员,分别仅占规上工业企业数的 9.8%和规上工业企业从业人员数的 2.0%。R&D 经费内部支出 138.9 亿元,占工业销售产值的 0.9%;作为自主创新主体的内资企业,在技术引进消化吸收、创新转换上弱于外资企业。2013 年,

规上工业企业中,内资和外资企业每单位新产品开发经费支出、新产品产值、新产品销售收入分别为 887 万元和 2373 万元、1.4 亿元和 7.5 亿元、1.5 亿元和 7.6 亿元。从资源环境看,作为重工业基地,重庆高能耗企业多,且为行业支柱,对能源的需求大。但重庆不可再生能源供给有限,而可再生能源开发成本普遍较高,能源整体对外依存度较高。

(二)城乡发展不协调,城镇化质量有待提高

单纯以常住人口统计来衡量的重庆城镇化发展速度还是比较快的,但其质量并不高。集中体现在两个方面:

一是相关制度安排不完善,造成"进城农民工"并未分享到城镇化进程带来的发展成果。据人口普查资料显示,农民工在城镇主要分布在制造业、建筑业、住宿和餐饮业、批发和零售业、居民服务业等行业,对城镇建设贡献大、付出多,但待遇极低。城市对农民工"取而不予"、"用而不养",农民工并未真正"市民化",其付出与所得极其不对等,只能十分有限地分享到工业化、城市化所带来的利益。这种状况若不改善,其城镇化的持续推进势必受阻。

二是城乡发展不协调,城市对乡村的带动作用没能较好地发挥。目前资源和要素更多的是单方面流向城市,而不是城乡间自由流动,造成农村地区失血,城乡一体化的构想未能达到。特别是从人口流动看,形成中心城区高度城镇化集聚大量城市人口,且区域之间城镇化差距明显。2013 年都市核心功能区城镇化率达 99.8%;两翼地区城镇化率仅为 40%,二者相差 59.8 个百分点。而且两翼地区的城镇建设水平和质量不高,据调查两翼地区城镇生活垃圾及污水无害化处理率仅为 68.94%。

(三)非公经济发展状况不佳,市场化进程有待加快

市场化的度量并未有一个公认的界定,目前常用非公经济的发展来管窥市场化程度。2013 年,重庆非公经济实现增加值 7782.6 亿元,增长 16.8%,占全市 GDP 的 62.3%,整体发展良好,但也应看到非公经济的发展中存在一些问题。

一是行业内部结构均衡性较差。非公经济主要集中在技术含量较低的制造业以及批发零售、餐饮、住宿商贸行业。技术含量较高的制造业以及服务业、特别是属于现代服务业中的各行业相对少。

二是中小企业发展环境欠佳。作为非公有制经济主体的中小企业融资渠道窄,贷款困难,未来发展受到一定影响。

三是政府与市场的边界模糊。现有政府在市场经济中普遍存在越位、缺位的情况。目前政府在提供公共产品、履行公共服务方面与民众需求之间仍存较大差距。社会保障水平,医疗、教育体系都还有待进一步的提高,经济发展成果惠及民众力度还较弱。与之相反,政府对投融资风险甚至重复建设问题管得过多,企业没有真正的投融资自主权,许多投融资项目要经过审批,导致立项困难,因而失去很多市场机会。同时政府与企业、市场分工不清,行使了不该由政府行使的企业职能和市场职能。

(四)"走出去"和"引进来"力度不大,对外开放水平有待提高

充分利用国外市场和要素,是市场经济在全球配置资源的重要体现。与沿海发达城市和其他三个直辖市相比,重庆对外开放水平还需要持续提高。集中体现在:

一是"引进来"数量少、规模小。2012年,重庆外商投资企业数、外商投资企业投资总额、外商投资企业注册资本、外方外商投资企业注册资本分别为4461户、536.9亿美元、311.6亿美元、235.6亿美元,与北京、上海、天津等直辖市相比还相差甚远,与西部地区的四川相比也略有不及。

二是"走出去"力度不大,步伐不快。本地企业"走出去"才开始起步,由于缺乏品牌优势、核心技术、管理经验、资金实力,在国际市场中的优势项目和主导产品也不突出。"走出去"的方式主要是产品和劳务的国际化,通过海外上市、参股境外企业、海外并购等资本运作方式"走出去"的企业极少,除长安在欧洲、日本设立海外研发中心外,很少有企业在海外建立研发基地。

三是对外开放中重要的产业承接力度也相对较弱。主要体现为各类配套和服务较差。如缺乏完整的高端产业链,重庆新兴产业如电子信息、软件、材料、装备制造、生物医药等整体实力还较薄弱,更没有形成龙头企业带动、配套企业衔接、关联企业对接的完整产业链。加之现代生产性服务业发展较慢,金融业发展相对滞后,高技术人才匮乏,科技创新能力不强,难以辅助高端产业转移。

四、促进重庆经济可持续增长的对策建议

(一) 加快产业集群发展和结构转型升级,提升工业化水平和质量

积极培育新能源、新材料等战略新兴产业,以计算机设备制造和云计算两大产业为引导,大力发展10+2产业集群(10是做大做强10个重大产业集群:通信设备产业集群、集成电路产业集群、新能源汽车产业集群、环保装备产业集群、轨道交通装备产业集群、生物医药产业集群、新材料产业集群、风电装备产业集群、光源设备产业集群、仪器仪表产业集群;2是加快建设亚洲最大笔记本电脑基地、国内最大离岸数据开发处理中心两大全球性产业基地);积极打造高水平工业园区和特色产业基地,着力加强以产业链为纽带的产业集群建设;加快促进生产性服务业发展,提升对工业转型升级的服务支撑能力;增强企业自主创新意识,合理引导、积极鼓励,将企业内部创新制度、激励机制与政府的政策有机结合,有效拓展企业的创新空间,不断提高工业企业核心竞争力。

(二)以“人”为本,科学规划,加快推进新型城镇化

进一步改革和完善户籍管理等相关制度,实行农村进城务工、经商人员与城市居民享受同等待遇,消除农村劳动力转移的体制性障碍;大力发展服务业、非公有制经济、扶持劳动密集型、农副产品加工型和科技型民营企业、壮大乡镇企业等措施,拓展城镇就业空间和从业人员吸纳能力。城镇建设规划要可持续,综合考虑城镇的功能定位、地理位置、历史文化、人口总量、承载能力等方面要求;要从市政基础设施建设、交通文化休闲娱乐、教育卫生等多方面综合考虑,提升城市整体品质,增强城镇综合管理能力。

(三)转变政府职能,推动更多领域向民资开放,充分发挥市场配置资源的决定作用

一是促进非公经济协调发展。引导、鼓励、支持非公经济企业在高技术、现代化行业发展,降低这些行业的市场准入规则,打破行业垄断,营造公开、良好的市场竞争环境。通过财税政策,发挥财政资金的引导作用,带动社会资金重点支持非公经济中有发展潜力和实力的企业。通过扩大政府采购范围,鼓励、支持非公企业参与政府采购,提高采购其产品和服务的比例。

通过协调金融机构金融服务的方式切实缓解非公经济企业,特别是中小企业融资难的问题。引导银行、信贷等金融机构创新金融产品,为非公企业发展提供资金动力。推动非公企业信用制度建设,建立和完善信用信息征集机制和评价体系,为金融服务的深化奠定基础。二是积极构建服务型政府。转变服务理念,实现全能政府向有限政府,管理政府向服务政府的转变。进一步明确和合理划分职能,并用地方性法规的形势固定下来,坚持依法行政,既要防止政府职能不到位,又要尽可能避免侵犯企业合法权益的现象发生。提高服务水平。通过创新服务模式,使服务型政府的服务内容与市场经济的发展要求越加贴合,满足服务对象日益增多的各类需求;通过强化效能建设,使公共服务更优质高效,提升服务对象的满意度。

(四)以“两江新区”为载体,完善配套措施,提升对外开放层级

一是加快保税港区建设。结合“十三五”规划编制工作,借鉴国内保税港区建设案例的成功经验,合理确定保税港区发展目标、功能定位、产业规划,实施高层次、高目标、高定位的开发建设。同时加快基础设施建设,着眼于新航运市场的需求和实际,加快港口码头、港区围垦、疏港路网、航道锚地、油气管道、综合枢纽等基础设施建设,构建综合运输体系,促进物流生成。提升通关服务,简化通关程序,增强服务意识,完善口岸功能。加强与其他城市、地区的合作。与邻近的城市、地区加强合作,积极拓展经济腹地,为港口发展培育新的增长点。二是完善产业配套服务体系。加大政策的支持力度,从财税、土地、投融资、奖励等方面进行政策支持,全面落实国家给予的各种投资和招商引资的优惠措施,并对接完善全市相应政策。对已出台政策进行全面梳理、整合,使之产生叠加效应。加快发展环境建设,特别是要进一步加强投资软环境的建设。深化投融资、土地、资本、劳动力等体制改革,为市场主体和资源、信息、技术、人才、各类生产要素的自由畅通流动创造条件,营造“安商、亲商、富商”的良好氛围,做好产业承接和配套服务。

完 成 单 位:重庆统计局
课题组成员:李仕文　张自力　吴向东　金　灿
执　笔　人:李仕文　张自力　吴向东　金　灿

第十章　经济增长动力特征(四):以河北为例

摘要:改革开放以来,河北经济实现了较快增长。从要素动力变化看,河北经历了制度因素引领期(2001—2004年),产业结构因素凸显期(2005—2007年)及资本和劳动力投入因素引领期(2008—2013年)。从需求动力看,河北经历了消费主导期、交替作用期和投资主导期三个阶段。从产业结构动力看,1979—2013年第一产业对劳动生产率增长的贡献为2.7%,第二产业贡献为63.9%,第三产业为33.4%。比较多种预测方法,考虑到河北当前面临的形势,预测"十三五"时期经济年均增长区间为6.0%—7.5%。综合以上分析,河北应牢牢把握京津冀协同发展主旋律,突出结构调整、转型升级发展重点,大力培育经济增长新动力。

实现经济可持续增长是政府宏观调控的主要目标。改革开放30多年以来,河北保持了年均10%左右的较高增长速度,创造了大量就业机会和物质财富,但同时也积累了一些深层次矛盾和问题。分析研究河北经济增长的动力因素,对"十三五"经济增长做出预判预测,将对促进河北省结构调整、转型升级、保持经济可持续增长具有十分重要的现实意义。

一、河北经济增长的历史回顾

改革开放以来,河北省国内生产总值由1978年的183.1亿元增加到2013年的28301.4亿元,增长了154倍,扣除价格因素影响,实际增长了34倍,年均增长10.7%,实现了经济较快增长。以改革推进的深度和广度为标准,改革开放以来全省经济发展大致可以划分为"改革开放初期(1979—1991年)"和"社会主义市场经济体制逐步形成期(1992—2013年)"两个重要历史阶段。

第一阶段:改革开放初期的经济增长

1979—1991年,河北省经历了以"承包制"为核心的经济体制改革,提高了劳动生产率,搞活了市场流通,催生了乡镇企业,改变了国有企业管理方式,实行了政企分开,增强了企业活力,形成了以公有制经济为主、多种经济成分并存的经济格局。13 年间,全省生产总值由 203.2 亿元增加到 1072.1 亿元,按可比价格计算,增长了 1.95 倍,年均增长 8.7%,年均增速比改革开放前提高了 2.9 个百分点。

这一阶段经济增长的主要特点是增速起伏波动较大。改革开放初期属于摸索阶段,计划经济体制逐步被打破,而新的体制尚未完全建立,新旧体制摩擦不断,加之宏观调控的经验不足、措施不够完善,“治理整顿”和“调整提高”交替出现,既出现了 1982—1985 年、1987—1988 年 10%以上的经济高速增长,也出现了 1979—1981 年、1986 年和 1989—1990 年 6%以下的增速大幅度回调。这一阶段全省生产总值增长率出现了三次明显的波动,最高增速与最低增速相差 13.4 个百分点。

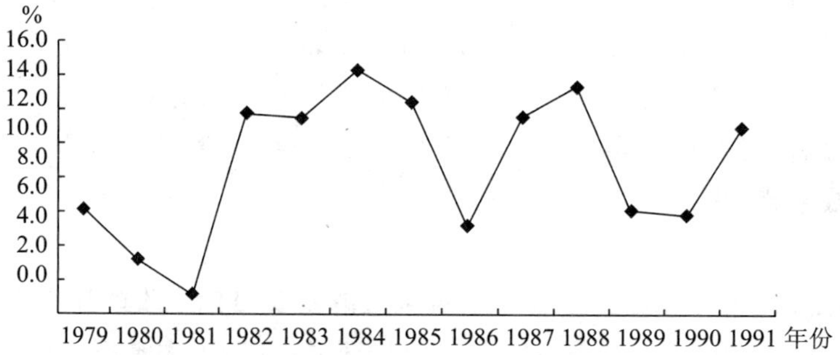

图 1　1979—1991 年河北 GDP 增长率变动情况

第二阶段:市场经济体制逐步形成期的经济增长

1992—2013 年,市场经济体制逐步确立,加入 WTO 使对外开放步伐加快,优势主导产业支撑作用增强,市场对资源配置的基础作用得到发挥,但资源环境压力逐步加大、人口红利逐步减退、收入差距逐步扩大、有效需求不足和产能过剩问题比较突出,经济增长正面临着可持续发展的巨大压力。这 22 年间,全省生产总值由 1278.5 亿元增加到 28301.4 亿元,按可比价格计算,增长了 10.75 倍,年均增长 11.8%,年均增速比改革开放初期提高了 3.1 个百分点。

这一阶段河北省经济增长的主要特点是高速增长持续时间长、经济波动较为平稳。高速增长突出表现在 1992—1997 年和 2003—2011 年两个时期共 15 年时间,经济增长率均在 10%以上。其中:1992—1997 年年均增长 14.7%,2003—2011 年年均增长 12.0%。经济平稳波动主要表现在 1998—

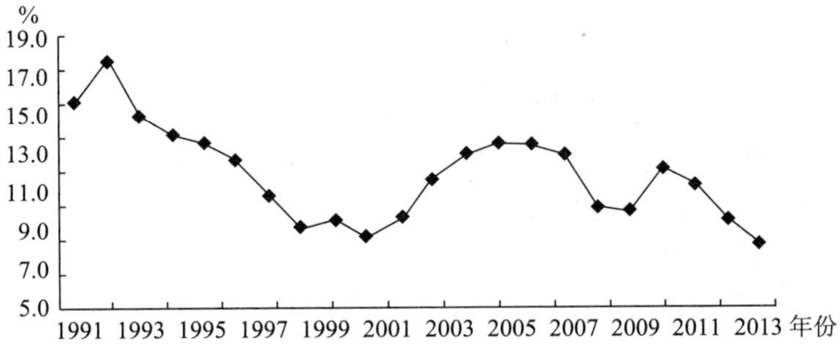

图 2 1992—2013 年河北 GDP 增长率变动情况

2002 年和 2012—2013 年两个阶段,经济增长率均在 8%—10%之间。其中:1998—2002 年受亚洲金融危机等因素影响,全省生产总值年均增长 9.5%。2012—2013 年受世界经济深度调整和刺激政策的消化、退出影响,经济下行压力较大,经济增长出现平稳回落态势,2012、2013 年全省生产总值分别增长 9.6%和 8.2%。

总的看,改革开放三十多年来,全省经济实现了较高速度的增长,增长的动力源泉主要有三个因素:一是制度变革因素。制度变革调动了各方积极性,极大地解放了生产力,是影响经济增长的长期因素,是经济高速增长的重要动力源泉。1978 年推行的农村家庭联产承包责任制和 1992 年实行的以确立社会主义市场经济体制为目的经济体制改革对推动河北省经济长期增长的作用最为重要。二是生产要素充足供给因素。河北省经济的高速增长是建立在资本高速积累、劳动力不断增加、技术不断进步的基础上。从 1979—2013 年的 35 年间,河北省的投资率平均高达 47.3%;就业人员由 1978 年的 2109 万人增加到 2013 年的 4184 万人,净增就业人员超过 2000 万人;产品结构不断调整优化,技术含量不断增加。三是对外开放扩大的因素。扩大对外开放,加快了资本积累的速度,提高了专业化水平和优势资源的效益,扩大了市场,促进了技术进步,对经济增长起到了明显拉动作用。2013 年,河北省进出口贸易总额达 548.8 亿美元,是 1978 年的 184 倍,年均增长率为 16.6%。

二、河北经济增长动力因素分析

各生产要素的投入增加及其结构组合的不断优化,是推动经济增长的核心动力,我们分别从要素贡献、三大需求、产业结构等三个主要方面来进一步量化分析河北经济增长的动力因素及其影响。

(一)基于C－D生产函数的要素贡献率分析

经济学理论研究表明,一个国家或者地区经济增长的影响除了劳动力和资本因素外,还有制度和产业结构两个重要因素。根据这一经济学观点给出了一个包括资本和劳动投入、技术进步、结构变量和制度变量的C－D生产函数。基本方程具体形式如下:

$$Y=BK^{\alpha}L^{\beta}P^{\lambda}S^{\xi}e^{\varepsilon}$$

式中:Y为总产出,K为资本投入量,L为劳动投入量,P为结构变量,S为制度变量,B为由其他因素构成的全要素生产率,e为随机项。α、β、λ和ξ分别表示劳动力、资本弹性系数、结构变量和制度变量对经济增长的弹性。对上式两边同时取对数,生产函数变形为:

$$\mathrm{LnY}=\mathrm{LnB}+\alpha\mathrm{LnK}+\beta\mathrm{LnL}+\lambda\mathrm{LnP}+\gamma\mathrm{LnS}+\varepsilon$$

即把经济产出看成是全要素生产率、资金、劳动力、制度、结构等因素投入的线性组合。为得到各要素对经济增长的贡献率,我们用全省生产总值(可比价)表示产出,用资产负债表中的资产数(可比价)表示资本存量,用全社会就业人员表示劳动力投入,用非国有控股工业产值比重、城市化率、外贸依存度、R&D经费投入占GDP比重分别表示市场化程度、城镇化水平、对外开放程度、科技投入等制度因素,用非农就业人员比重表示产业结构因素。各指标选取河北省2000－2013年有关数据。对数据进行条件数kappa、方差膨胀因子VIF等共线性检验,条件数kappa为1152,大于30;方差膨胀因子VIF值为248.88,远大于10,结果显示存在严重多重共线,无法直接进行线性回归分析。因此,我们采用主成分法克服多重共线性,并测算各指标对经济增长的贡献率。

运行R程序显示,选取第一个主成分z1,能涵盖以上七指标88.5%的信息,并且检验通过,进一步得到河北省2000年以来要素投入定量化的相关数据。

1. 综合分析

根据以上操作,得到各要素指标系数的估计结果,结合各指标平均增速,计算得到每项因素对经济增长的平均贡献率(见下表):

表 1　各项因素对经济增长的平均贡献率

要　素	系　数	平均贡献率
要素生产率	0.0004	10.7
资本投入	0.1691	16.8
劳动力投入	1.0452	15.5
产业结构	0.7666	14.9
市场化程度	0.3224	13.5
城镇化水平	0.3055	13.1
对外开放程度	0.2569	6.1
科技投入	0.2011	9.4

结果显示:2000—2013 年,资本和劳动力投入是拉动经济增长的最主要动力。在七项因素中,资本对经济增长的贡献率最高,为 16.8%,其次是劳动力投入为 15.5%,科技投入排在倒数第二位,对经济增长贡献为 9.4%,最低的是对外开放程度,扣除以上因素的全要素生产率年均增长 1.2%,对经济的平均贡献率为 10.7%。资本仍是拉动经济增长的主要因素,产业结构调整对经济增长具有较强的促进作用,科技投入和对外开放程度贡献偏弱,符合河北省经济增长特点。

2. 阶段性分析

根据各要素指标系数的估计结果,结合各指标各年增速,计算得到每项因素各年对经济增长的贡献率(见下图),并根据因素变动特点划分了三个时期:

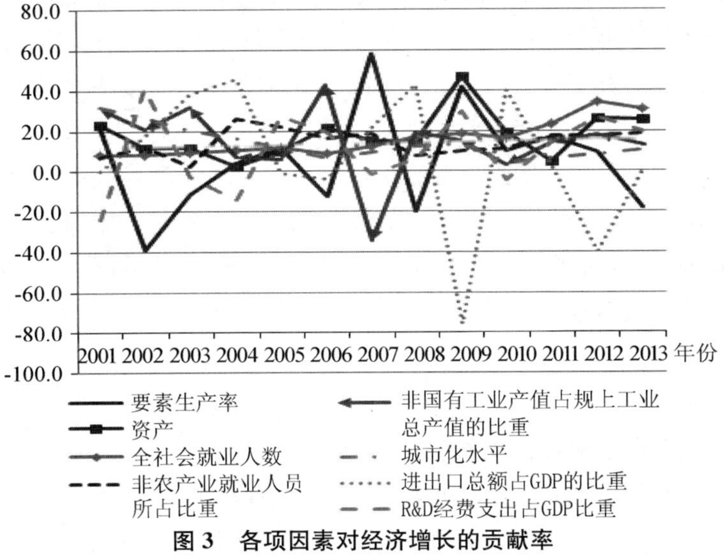

图 3　各项因素对经济增长的贡献率

制度因素引领期(2001—2004年)。除R&D经费支出占GDP比重外,其他三项体现制度因素的指标都有较大提升。其中:非国有工业产值比重由2000年的41.0%上升到2004年的54.5%,对经济增长的贡献率有3个年份在20%—33%之间;城市化率由26.3%上升至35.3%,对经济增长的贡献率介于15%—33%之间;外贸依存度由8.6%上升到13.2%,对经济增长贡献率由0.3%增加到45.8%,体现出2001年中国加入WTO对全省经济的促进作用。这段时期,资本投入对经济的贡献程度呈下降趋势,劳动力投入的贡献程度不断提高,但增幅不大,R&D经费支出占GDP比重在0.5%左右,对经济增长贡献不明显。

产业结构因素凸显期(2005—2007年)。这是经济高速发展阶段,全省地区生产总值年均增长13.2%,非农产业就业人员所占比重由2005年的55.9%提高到2007年的57.2%,对经济增长贡献率介于16%—23%之间,为这段时期对经济增长贡献最大、最稳定的因素。表明产业结构因素对经济增长促进作用比较明显。这期间,资本投入呈上升趋势,两年增加2.2万亿,对经济增长贡献率由2005年的9.9%提高到2007年的15.4%;就业人数年均增加48万人,对经济增长贡献率在11%左右,比较均衡;制度因素中的四项指标处于波动状态,非国有工业产值占比、城市化水平、外贸依存度、科技投入对经济增长年均贡献率分别为5.5%、9.2%、5.6%和15.0%。

资本和劳动力投入因素引领期(2008—2013年)。2008年以来,国际金融危机深化蔓延,加之河北省治理环境污染、结构调整、节能减排等因素,使河北省经济处于调整转换期,全省生产总值年均增长10.2%,对经济增长的拉动主要靠资本和劳动力投入。6年间,资本投入增加10万亿,对经济增长贡献率平均为22.7%;劳动力投入增加458万人,对经济增长率平均为23.3%;非农产业就业人员所占比重由2008年的60.2%提高到2013年的66.4%,提高6.2个百分点,对经济增长贡献率提高11.1个百分点,产业结构调整效果明显,对经济增长贡献不断加大;制度因素中,非国有工业产值占比和科技投入对经济增长贡献较大,城市化次之,进出口对经济形成负向拉动。

(二)三大需求对经济增长的影响分析

社会总需求由消费、投资和净流出三项构成,通常称为“三驾马车”,在拉动经济增长中此消彼长。改革开放以来,河北经济增长主要依靠投资和消费拉动,经历了消费主导期、交替作用期和投资主导期三个阶段。

1979—1996年为消费主导期。消费占生产总值的比重高,对经济增长贡献大,生产总值年均增长10%。1979年,河北省最终消费率为51.4%,高于资本形成率17.5个百分点,1996年为45%,比1979年回落6.4个百分点,高于资本形成率的幅度缩小为0.2个百分点。

1997—2004年为交替作用期。投资和消费比重互有高低,共同拉动经济增长,生产总值年均增长8.9%。1997—2000年,资本形成率高于最终消费率,幅度在0.1—4.3个百分点之间,生产总值年均增长7.2%,投资对经济增长的贡献率在28.5%—60.5%之间。2001—2004年,最终消费率高于资本形成率,幅度在0.2—6.8个百分点之间,生产总值年均增长8.4%,消费对经济增长的贡献率在51.9%—42.8%之间。

2005—2013年为投资主导期。资本形成率高于最终消费率,是拉动经济增长的主要动力,生产总值年均增长9.7%。2013年,资本形成率为57.9%,高于消费率的幅度由2005年的4.5个百分点扩大到15.9个百分点,对经济增长的贡献为59.1%,高于最终消费12.5个百分点。

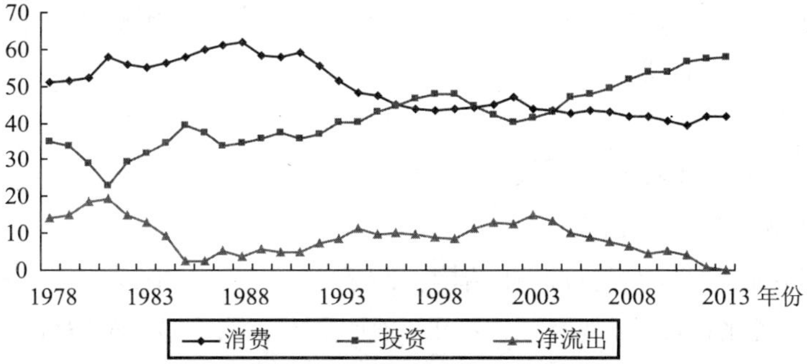

图4 1978年以来河北三大需求占生产总值比重(%)

从单个要素变动特点看,首先是消费需求比重总体呈现"上升→回落→企稳"特点。1978年,最终消费支出占生产总值的比重为51%,1988年提高到61.9%,之后波动回落,2011年回落到39.3%,为改革开放以来最低水平。2012年以来开始企稳回升,2012、2013年比重为41.7%、42%,比2011年分别回升2.4和2.7个百分点。对经济增长的贡献率变动特点为"回落→回升"。1990年,最终消费支出对经济增长的贡献率为81.3%,2003年回落到32.9%,2004年以来回升到40%以上,2012、2013年分别为45.8%和46.6%,比2011年提高3和3.8个百分点。

其次，投资作为经济发展的主动力，对拉动经济增长具有十分重要的作用。1978年，资本形成总额占生产总值的比重为35.1%，低于消费需求15.9个百分点；1997年，投资需求比重开始高于消费需求，2013年，资本形成总额比重为57.9%，高于最终消费比重15.9个百分点；对经济增长的贡献率为59.1%，高于消费需求12.1个百分点。

第三，净流出对经济增长的拉动作用偏低。是指货物和服务出口与进口的差额，货物和服务净出口占生产总值的比重经历了两个相对较高的时期，一是1979－1983年，五年间比重在13%－19.2%之间；二是1994－2005年，比重在10%左右。2006年以来，货物和服务净出口占生产总值的比重呈逐年回落态势，2013年为0.9%，是改革开放以来最低水平；对经济增长的贡献率为－6%，连续5年负拉动。

综合分析，消费主导期经济增长速度快于投资主导期，消费是推动经济持续增长的动力源泉。2012年以来，消费拉动经济增长的动力在增强，比重和贡献均呈回升态势；投资比重和贡献较高，仍是经济增长的主要动力；净流出比重回落，对经济增长的贡献为负，经济增长主要依靠内需拉动。随着资源环境约束逐步强化，投资需求对经济增长的拉动作用趋于弱化，未来经济增长的动力在消费。

(三)三次产业对经济增长的影响分析

1. 产业结构变动情况

改革开放以前，河北省产业结构实现由"一三二"转变为"二一三"格局。建国初期，河北省经济以农业为主，1952年全省三次产业结构为62.3∶18.8∶18.9，农业在全省经济中占主导地位。随着第二产业的迅猛发展，1972年比重超过第一产业，三次产业结构为37.2∶40.7∶22.1，演变为"二一三"格局，第二产业成为推动经济发展的主要力量。改革开放后，第三产业发展步伐加快，1988年超过第一产业，三次产业结构为23.1∶46.1∶30.8，优化为"二三一"格局。2013年，河北三次产业结构为12.4:52.2:35.5，第一产业增加值比重比1978年回落16.2个百分点，二三产业比重分别提高1.7和14.5个百分点，朝着"三二一"最优格局演变。

2. 产业结构变动对经济增长的贡献

产业结构变动与经济增长密切相关，随着劳动和资本从生产率低的部门向生产率较高的部门转移，产业结构不断优化调整，进而促进经济快速增

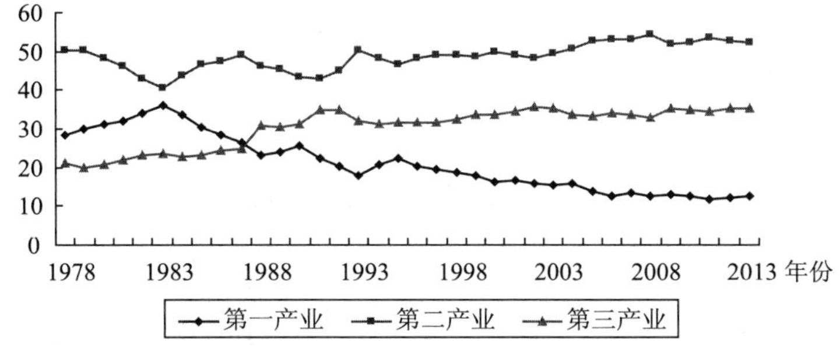

图 5　1978 年以来河北三次产业比重(%)

长。全社会劳动生产率与经济增长高度相关,通过将结构效应从劳动生产率增长中分解出来,测算产业结构变动对劳动生产率增长的影响,一定程度上可以反映产业结构变动对经济增长的贡献。

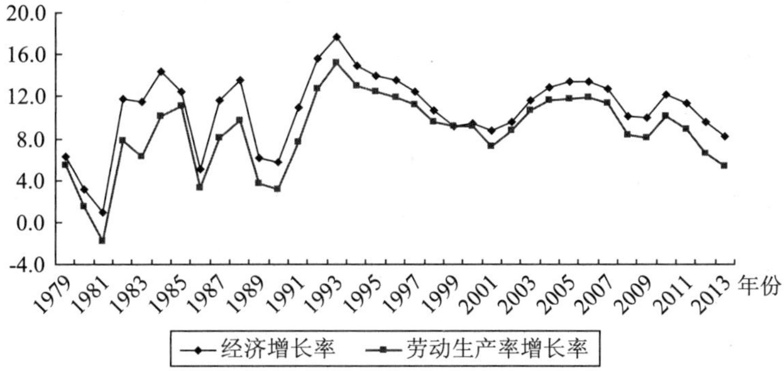

图 6　1979 年以来河北经济增长率和全社会劳动生产率增长率(%)

采用"转换份额分析法"测算产业结构变动影响。假定经济在 t 期总产出和总劳动投入分别为 Y_t 和 L_t,劳动生产率为 y_t;产业 i 在 t 期的产出和劳动投入分别为 Y_{it} 和 L_{it},劳动生产率为 y_{it},劳动投入占总劳动投入的比重为 β_{it},则全社会劳动生产率可用各产业的劳动生产率来表示:

$$y_t = \frac{Y_t}{L_t} = \sum_{i=1}^{3} \frac{Y_{it}L_{it}}{L_{it}L_t} = \sum_{i=1}^{3} y_{it}\beta_{it}$$

(其中 t 表示时间,i 表示产业,$i=1,2,3$)

根据增长率概念,t 期劳动生产率相对于基期的增长率为:

$$\frac{y_t - y_0}{y_0} = \frac{\sum_{i=1}^{3} y_{i0}(\beta_{it} - \beta_{i0}) + \sum_{i=1}^{3} (y_{it} - y_{i0})(\beta_{it} - \beta_{i0}) + \sum_{i=1}^{3} (y_{it} - y_{i0})\beta_{i0}}{y_0}$$

设

$$A=\frac{\sum_{i=1}^{3} y_{i0}(\beta_{it}-\beta_{i0})}{y_0}, B=\frac{\sum_{i=1}^{3} (y_{it}-y_{i0})(\beta_{it}-\beta_{i0})+}{y_0}, C=\frac{\sum_{i=1}^{3} (y_{it}-y_{i0})\beta_{i0}}{y_0}$$

则 $\frac{y_t-y_0}{y_0}=A+B+C$,将全社会劳动生产率的增长率分解为 A、B、C 三项之和:A 称为静态结构变动效应,表示劳动要素在各产业间重新配置时,结构变动对劳动生产率增长的影响,即劳动要素从效率低的产业向高产业转移对劳动生产率增长的影响。B 称为动态结构变动效应,表示劳动要素从劳动生产率增长较慢的产业流向增长较快的产业对劳动生产率增长的影响。C 称为生产率增长效应,表示产业内部技术进步对劳动生产率增长的影响。

运用1978—2013年全省生产总值、三次产业增加值和就业人员数据,将生产总值和各产业增加值换算成1978年不变价,计算改革开放以来河北产业结构变动的静态效应、动态效应和生产率增长效应。

表2 产业结构变动效应对劳动生产率的贡献(%)

1979—2013年	产业合计	静态结构效应	动态结构效应	生产率增长效应
效应合计	100	5.7	53.1	41.2
第一产业	2.7	−0.8	−4.5	8.1
第二产业	63.9	3.9	35.8	24.3
第三产业	33.4	2.7	21.8	8.8

结果显示:结构效应(静态与动态效应之和)对劳动生产率增长的贡献为58.8%,生产率增长效应为41.2%,表明河北产业结构变动对劳动生产率增长的影响大于生产率增长。

分产业观察,第一产业对劳动生产率增长的贡献为2.7%,静态结构效应和动态结构效应均为负数,表明就业人员逐步转移到第二三产业,就业人员比重呈下降趋势,在生产率增长效应的带动下,保持了对劳动生产率增长的正向贡献。第二产业对劳动生产率增长的贡献为63.9%,是推动经济增长的主要力量,动态结构效应贡献率为35.8%,表明第二产业内部结构调整对劳动生产率增长的贡献较大;生产率增长效应为24.3%,远高于一三产业。第三产业对劳动生产率增长的贡献为33.4%,是促进经济增长的第二力量。结构效应为24.5%,是生产率增长效应的2.8倍,表明第三产业对劳动生产率增长的贡献主要体现在结构效应，生产率增长效应贡献偏弱。因此，应在保持第二产业结构调整方向的基础上，着力提高一、三产业内部技术进步水平，大力发展现代农业和现代服务业，实现产业结构和就业结构联动发展。

按照主导效应不同，改革开放以来，河北产业结构变动对经济增长的贡献大致分为三个时期。

一是静态结构效应主导期(1979—1989 年)：家庭联产承包责任制解放了农村生产力，大量农业劳动者向二三产业转移。1989 年，第一产业就业人员比重为 60.9%，比 1978 年回落 16 个百分点。这一时期，静态结构变动对劳动生产率的增长起主要作用，1978—1989 年，静态结构效应对全社会劳动生产率增长的贡献为 50.1%，高于生产率增长效应 9.1 个百分点；三次产业结构变动对劳动生产率增长的贡献分别为 10.2%、50.6%和 39.2%。

二是生产率增长效应主导期(1990—2006 年)：社会主义市场经济体制改革目标的确立，对经济增长起到了关键的推动作用，特别是经济建设转移到依靠科技进步和提高劳动者素质，为劳动生产率增长注入巨大动力。1990—2006 年，河北全社会劳动生产率年均增长 10.2%，高于"静态结构效应主导期"4.9 个百分点，这一时期，生产率增长效应对劳动生产率的增长起主要作用。2006 年，生产率增长效应对劳动生产率增长的贡献为 45.8%，高于动态结构效应 0.2 个百分点；三次产业结构变动对劳动生产率增长的贡献分别为 4.1%、62.1%和 33.8%。

三是动态结构效应主导期(2007—2013 年)：2007 年，中央经济工作会议对经济工作的要求调整为"又好又快"，更加重视质量和效益的提高，更加重视结构调整和增长方式转变，特别是近年来调结构、转方式力度不断加大，这一时期，动态结构效应对劳动生产率的增长起主要作用。2013 年，动态结构效应对劳动生产率增长的贡献为 53.1%，高于生产率增长效应 11.9

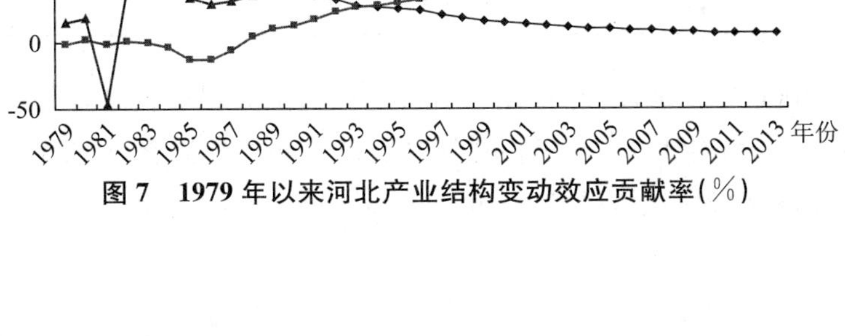

图 7　1979 年以来河北产业结构变动效应贡献率(%)

个百分点;三次产业结构变动对劳动生产率增长的贡献分别为 2.7%、63.9%和 33.4%。

三、河北未来经济增长的动力预测

当前,我国仍处于重要战略机遇期,工业化、城镇化、农业现代化、信息化将会释放出巨大的投资和消费需求。消费结构由传统以吃穿的生存型消费,向以住、行、教育、旅游等发展型和享受型消费升级,未来消费对经济增长的拉动作用将显著增强。全国经济从高速增长转为中高速增长,经济结构不断优化升级,从要素、投资驱动向创新驱动转变,增长速度虽然放缓,但经济增量大幅增加,增长的稳定性增强,内需仍将保持扩张态势。但劳动力供给下降、资本投入放缓等结构性问题突出,在需求不足影响下,实体经济表现出产能过剩的问题比较突出,去产能化、去库存化的任务依然艰巨。

为客观判断“十三五”时期全省经济增长变化,我们使用 ARIMA 和生产函数两种方法分别对生产总值增长率进行预测。

1. ARIMA 预测法。ARIMA(p,d,q)模型即差分自回归移动平均模型,p 为自回归项数,q 为移动平均项数,d 为为使时间序列平稳所做的差分次数。基本思想是,利用指标历史数据的规律性,通过检验方法,达到对未来值的最优预测效果。此方法是一类常用的、精度较高的时序短期预测方法。根据 ARIMA(p,d,q)模型的定义,参数 p,d,q 由自相关函数(acf)及偏自相关函数(pacf)来判定,对 2000—2013 年全省可比价增加值进行 acf、pacf 处理,得到 ARIMA(1,1,1)为最优预测模型,判定准则 AIC 值为−75.338,达到最低。

表 3　全省经济增长率的 ARIMA 模型预测结果

年　份	2014	2015	2016	2017	2018	2019	2020
预测值	7.58	7.04	6.58	6.17	5.82	5.50	5.21
区间高值	8.34	8.55	8.83	9.01	9.34	9.59	9.77
区间低值	6.69	6.43	6.12	5.80	5.34	5.00	4.80

由于 2000 年以来,河北省经济增长趋势的位势相对较高,因此 ARIMA 预测结果在 2014 年和 2015 年相对偏高。从预测值数据看,河北省经济增长率的下降趋势较为明显,由 2014 年的 7.6%较快地回落至 2020 年 5.2%的

增长水平,“十三五”期间河北省经济增长率年均增长6%,区间维持在5%—7.5%之间。

2. 生产函数预测法

生产函数预测使用传统模型,仅考虑资本存量和劳动投入。基于生产函数理论,对结果的预测使用线性回归、回归树、mboosting、bagging、随机森林、神经网络、支持向量机SVR等7种方法,运用2000年以来全省生产总值、资本存量、劳动投入三项指标数据进行对数处理,资本存量和劳动投入“十三五”时期年均增速采用“十二五”时期增速和2000—2013年年均增速两组数据,依据标准化均方误差(NMSE)最小、精度最高的原则,对“十三五”时期全省生产总值进行预测。用5折交叉验证方法判断预测结果的可靠性,结果显示,随机森林模型的标准化均方误差(NMSE)最小,对数据预测精度最高。

采用随机森林模型,得到:如果资本存量和劳动投入“十三五”时期年均增速采用“十二五”时期增速,“十三五”时期全省生产总值年均增速为7.1%;如果采用2000—2013年年均增速,“十三五”时期全省生产总值年均增速为6.5%。

综合以上两种预测方法,考虑到河北省当前面临的国内外形势,我们预测全省“十三五”时期经济年均增长区间为6.0%—7.5%。

四、对策建议

“十三五”时期是全面建成小康社会的决战期,也是深化改革的关键期,更是河北由大转强的机遇期。因此,应牢牢把握京津冀协同发展主旋律,突出结构调整、转型升级发展重点,大力培育经济增长新动力,为建设全面小康的河北、富裕殷实的河北、山清水秀的河北奠定坚实基础。

第一,调整产业结构,提高经济运行质量和效益。大力发展现代农业,推动农产品生产、加工、销售一体化经营。坚持“无中生有、有中生新”,加快工业传统产业升级改造,加快培育高新技术产业,大力发展生产性服务业,提高制造业竞争力。做优做强旅游业,提高服务业在国民经济中的比重。加强节能技术的研发和产业化投入,积极推广工业节能技术运用,控制能源消费总量,提高能源使用效率,实现绿色低碳发展。

第二,培育发展动力,实现由要素驱动向科技创新转变。产业动力方面,加快推进科技与经济的融合,支持企业加强研发平台建设,提升研发和配套能力,延伸产业链。建立健全吸引创新人才的体制机制,综合运用财政、税收等政策,引导资金、人才、技术等创新资源向企业集聚,发挥好企业创新主体作用。做强科技成果转化基地,畅通高校、科研院所技术转化渠道,加快科技成果的转化。需求动力方面,加大节能环保、新材料、生物技术、信息技术、高端装备制造等战略性新兴产业投入力度,抢占发展制高点;培育养老、旅游、健身等消费热点,着力扩大消费需求。

第三,强化政策引导,推进新型城镇化发展。在工业化中后阶段,城市经济对提升服务业经济比重、提高经济运行质量、促进经济持续健康发展的作用显著。应主动融入京津冀城市群协同发展,加大基础设施建设力度,优化产业布局,提升城市公共服务水平,加强城市管理和社会治理能力,加快提升城镇化水平,形成产城良性互动格局。改革完善产业政策和户籍制度,突出人的城镇化,实现产业聚人、政策留人,促进市民化有序进行。

第四,抢抓历史机遇,搞好园区和项目建设。紧紧抓住京津冀协同发展进入实质性运作阶段、沿海地区发展上升为国家战略的重大机遇,主动对接、合理布局,抓好与京津签署合作协议的落实,有重点的谋划和引进一批大项目,做到项目进园区、产业聚园区,发挥好园区的载体作用,在政策、资金、土地等要素方面给与支持。把园区建设和新型城镇化结合起来,实现人口和产业集聚发展。

第五,树立法制思维,坚持扩大就业和改善民生。健全公共服务、应急管理等保障体系,抓好食品药品、安全生产等重点领域法制化工作。实施积极的就业政策,发挥好中小企业、民营经济对就业的促进作用。加强扶贫开发力度,把贫困人口脱贫作为全面建成小康社会的主要标志。着力调整收入分配结构,增强居民收入预期,提高居民消费能力,确保实现居民收入增长与经济发展同步、劳动报酬增长与劳动生产率提高同步。

完成单位:河北统计局
课题组成员:彭永明　靳占恒　张永利

第十一章　经济增长动力特征(五):以广西为例

摘要:改革开放30多年来,广西经济保持了年均10.3%的高速增长,支撑这一时期经济增长的动力表现为:需求动力主要依靠投资拉动,供给动力主要由劳动力、资本、自然资源等要素规模扩张带动,产业动力由一产和工业带动,区域动力主要依靠北部湾经济区带动。进入"十二五"以来,国内外环境发生了重大变化,广西经济发展动力机制也出现了新的变化:一是需求动力由投资带动逐步向消费和投资带动转变,二是供给动力由要素规模扩张带动向质量提升、科技创新带动转变,三是产业动力由一产和工业带动向主要靠工业带动转变,四是区域动力由北部湾经济区单核带动向北部湾经济区和西江经济带双核驱动转变。"十三五"时期,在新常态下,内需增长、结构调整、科技创新、"双核"驱动、新型城镇化将成为广西新的动力来源。

一、广西经济发展阶段分析

改革开放以来,广西经济大体历经了起伏—上升—平缓上升—调整中平缓回落4个区间。

(一)起伏区间(1978—1989年):这一区间的时间跨度为11年,GDP年均增长7.1%,经济波动幅度较大。1982年增长12.5%达到最高值,次年跌至3.3%的最低值之后,于1989年的3.6%开始出现拐点,从此稳步进入上升区间。

该区间属于"拨乱反正"的改革开放前期,百业待举,各项经济体制改革举措的效果尚未充分显现,宏观经济受改革举措影响较大,故起伏波动的幅度也相应较大。

(二)上升区间(1990—2000年):1990年广西GDP增速为7.0%,至1992、1993连续两年达到18.3%顶峰值后平缓回落,于2000年达到7.9%的拐点。

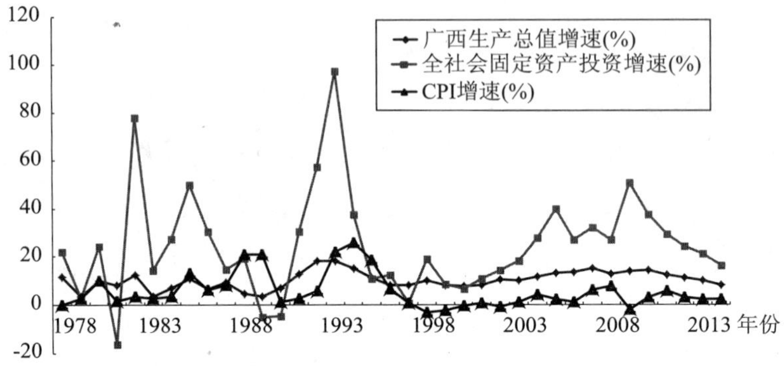

图 1　1978 年以来广西 GDP、投资和 CPI 波动图

该区间属于市场经济体制形成时期,市场经济对资源配置的导向作用逐步显现,经济增长的波动逐渐减小、稳定性逐渐增强,投资急剧增长,经济活力欣欣向荣,保持了 11 年的 7%以上增速。其间经历了 1997 年亚洲金融危机的负面影响后,经济增长开始回落。

(三)平缓上升区间(2001—2008 年):自 2001 年开始,广西经济走上新一轮上升通道,2007 年 GDP 增速达到区间峰值 15.1%。这 8 年间,生产总值增长、消费价格指数 CPI 变动和全社会固定资产投资增长趋势基本一致,投资的波动幅度大于 GDP 的波动幅度。2008 年,GDP 增速达到新的拐点 12.8%。

该区间属于市场经济体制基本形成时期,基本未出现大的经济增长波动,一路稳定走高。其间经历了 2008 年国际金融危机的负面影响,2008 年当年经济比上年回落达 2.3 个百分点,但仍保持了两位数的增长。

(四)调整中平缓回落区间(2009—2013 年):这 5 年,经济连续保持了两位数增长,年均增速达 12.4%。虽在 2009 年后出现过短期上升(2010 年达到区间峰值 14.2%),但总体呈现出经济波动较小、物价维持在较低区间、在调整中平缓回落的态势,2013 年回落到 10.2%。

该区间属于市场经济体制基本完善时期,得益于 2009 年国家实施的“四万亿元投资”、扩大内需等一系列政策,经济逐步恢复。但 2010 年以来,在国际政治经济局势日趋严峻复杂、全国经济增速放缓、国内外需求疲软、微观经济主体生产经营困难加大的宏观背景下,广西经济出现平稳回落态势。

2014 年前三季度,广西生产总值 9792.20 亿元,按可比价格计算,同比增长 8.3%,已跌出 2 位数的增长区间。

二、广西经济发展动力分析

(一)从需求方面看,投资和消费是拉动经济增长的主要动力,出口为负拉动

1978—1989年经济增长主要靠消费拉动。1978—1989年,广西支出法GDP由75.85亿元增加到383.44亿元,年均增长7.5%,其中最终消费由58.5亿元增加到293.1亿元,年均增长7.7%;资本形成总额由28.6亿元增加到111.5亿元,年均增长5.0%;最终消费年均增速高于资本形成总额增速2.7个百分点。最终消费对经济增长的贡献率达82.0%,拉动经济增长6.3个百分点;资本形成总额的贡献率为26.8%,拉动经济增长2.1个百分点;最终消费对经济增长的拉动高于资本形成总额4.2个百分点。

1990—2011年,消费对经济增长拉动力逐渐减弱,投资逐渐增强。20世纪90年代初以来,特别是小平同志南巡讲话以来,投资力度逐步增强,1993年投资增速达到顶峰。1992、1993年GDP均比上年增长18.3%,达历史高位。1993年投资比上年增长97.2%,创历史高峰。1990—2011年,全社会固定资产投资年均增长25.2%,社会消费品零售额年均增长15.3%,投资增速高于消费增长9.9个百分点;支出法GDP由449.06亿元增加到11720.87亿元,年均增长11.8%,其中最终消费由342.90亿元增加到5601.59亿元,年均增长9.9%;资本形成总额由107.40亿元增加到10036.05亿元,年均增长19.6%;资本形成总额年均增速高于最终消费年均增速9.7个百分点。1990—2011年,最终消费对经济增长的贡献率为52.4%,拉动经济增长6.2个百分点;资本形成总额的贡献率为130.3%,拉动经济增长15.4个百分点,高于消费9.2个百分点。

近年来,投资对经济增长的拉动明显减弱,经济增长呈现消费和投资共同拉动的趋势。2012年以来,投资增速明显放缓,投资对经济增长的拉动减弱。2012—2013年,固定资产投资年均增长22.9%,低于1990—2011年年均增速2.3个百分点;社会消费品零售总额年均增长14.6%,低于1990—2011年年均增速0.7个百分点;投资年均增速高于消费年均增速8.3个百分点,比1991—2011年缩小1.6个百分点。进入2014年,投资增速继续走低,一季度、上半年、前三季度同比分别增长18.0%、16.0%和16.4%,增速创近十年来新低。2012—2013年,支出法GDP年均增长10.7%,最终消费

对经济增长的贡献率为61.4%,拉动GDP增长6.6个百分点,资本形成总额对经济增长的贡献率为53.1%,拉动GDP增长5.7个百分点,低于消费0.9个百分点。

货物和服务净出口一直为负数。30多来,广西对外贸易均处于顺差状态,且呈逐步扩大之势,说明广西的外贸出口增势良好。

表1　广西1978—2013年外贸进出口总额

单位:万美元

年份	进出口总额	出口总额	进口总额	差额(顺差为+、逆差为一)
1978	26931	24885	2046	22839
1980	37823	36579	1244	35335
1985	52310	37205	15105	22100
1990	89797	72944	16853	56091
1995	321111	224585	96526	128059
2000	203789	149319	54470	94849
2005	518289	287741	230548	57193
2010	1770609	960988	809621	151367
2011	2333084	1245859	1087224	158635
2012	2947369	1546841	1400527	146314
2013	3283690	1869499	1414191	455308

注:自1999年起(含1999年)采用海关统计数据。

但与此同时,广西按支出法计算的货物和服务净出口一直为负,且呈逐年扩大之势。1978—2013年,广西货物和服务净出口由—9.45亿元扩大到—3159.14亿元,1978—1989年负拉动GDP增长0.7个百分点,1990—2011年负拉动GDP增长9.8个百分点,2012—2013年负拉动GDP增长1.6个百分点。

(二)从供给方面看,要素规模扩张难以为继,要素质量提升将成为新动力

1978—2011年,广西经济发展主要依靠劳动力、资本、自然资源、土地等要素扩张

一是劳动力资源充足。1978—2011年,广西总人口由3402万人增加到5199万人,年均增加52.9万人;劳动力资源由1873万人增加到3777万人,年均增加56万人;就业人口总量由1456万人增加到2936万人,年均增加

43.5 万人。

二是资本投入大幅增加。1978—2011 年的 34 年间,广西共吸收外商直接投资 132.2 亿美元;累计固定资产投资总额 4.29 万亿元,年均增长 23.4%;金融机构各项贷款年均增长 17.9%。

三是城市建设用地面积不断增加。1986 年为 185.8 平方公里,2011 年为 1473.08 平米公里,2013 年增加到 1709.47 平方公里,是 1986 年的 9.2 倍。

四是能源消费不断增加。1978—2011 年,广西能源消费量由 781 万吨标煤提高到 8591.36 万吨标煤,年均增长 7.3%。

进入"十二五"后,经济发展由主要依靠要素扩张逐步向依靠改革创新、人力资本和技术进步等要素质量提升的增长方式转变。

劳动力资源逐步减少。2011 年,广西劳动力资源 3777 万人,从业人员 2936 万人,均达到历史峰值。2012 年劳动力资源为 3349 万人,从业人员 2768 万人,分别比上年减少 428 万人、168 万人;2013 年劳动力资源为 3349 万人,从业人员 2782 万人,分别比 2011 年减少 404 万人和 154 万人。

人工成本及各种要素价格逐年上涨。1978—2013 年,广西城镇单位在岗职工平均工资年均增长 13.4%;物价年均上涨 5.5%;煤炭价格从几十元,逐渐攀高到 300 元、500 元,甚至 800 元;土地成交价格由 2005 年的 456 元/平方米上涨到 2013 年的 2634 元/平方米,8 年间增长了 5.8 倍。与此同时,其他原材料价格、企业融资成本也在不断上升。

随着各种要素和资源价格的连续上涨,企业生产成本不断走高,企业盈利空间逐步缩小,传统依靠要素规模扩张推动经济增长的模式已难以为继。人力资本、改革创新和技术进步等要素质量提升将成为未来经济增长的主要动力。

劳动者素质不断提高。2010 年第六次全国人口普查数据显示,广西全部就业人口的平均受教育年限为 8.81 年,比 2000 年提高了 0.86 年。就业人口中具有大学及以上受教育水平的占 2.68%,具有大专受教育水平的占 4.68%,高中的占 11.37%,初中的占 50.56%,小学的占 28.62%。与 2000 年相比,10 年间广西就业人口中小学文化程度的比重下降 11.7 个百分点,初中文化程度的比重提高 10.1 个百分点,大专及以上文化程度的比重提高 4.12 个百分点。分产业看,第一、二、三产业就业人口平均受教育年限分别为 7.81 年、9.77 年、11.43 年,分别比 2000 年提高 0.58 年、0.12 年、0.60

年。2013 年,广西高等学校、中专和技校在校生数分别是 2000 年的 5.5、5.2 和 2.5 倍,每万人拥有大学生数为 194.2 人,是 2000 年的 4.2 倍。

科技对经济增长的拉动日益明显。2001—2013 年,广西 R&D 经费投入年均增长 34.6%,科技活动人数年均增长 8.6%,R&D 经费投入强度由 2000 年的 0.4%提高到 0.75%。1991 年,广西专利授权 347 项,技术市场成交 643 项,成交额 0.42 亿元,到 2011 年,分别达到 4402 项,778 项,5.64 亿元。万元 GDP 能耗由 1985 年的 5.57 吨标煤下降到 2013 年的 0.68 标煤,科技进步对经济增长的拉动日益明显。

(三)从产业角度看,由主要依靠第一产业带动向主要由第二产业带动转变

从三次产业的构成看,由一二三型向二三一型转变。1978—1992 年,广西的经济结构以第一产业为主,比重占 40%左右,经济结构总体呈现一二三型。随着经济的发展,第一产业比重不断下降,第二产业比重相对稳定,第三产业比重不断上升。1993—2005 年,第一产业比重总体上在 20%—30%之间波动,二三产业比重则交替上升。2006—2013 年,第一产业比重继续下降,到 2009 年下降到 20%以下;第二产业比重则快速上升,三次产业结构呈现稳定的二三一型。2006—2013 年,广西 GDP 年均增长 12.9%,而工业增加值年均增长 17.3%,高于 GDP 增速 6.4 个百分点。三次产业结构由 2006 年的 21.8∶39.6∶38.7 调整到 2013 年的 16.3∶47.7∶36.0。

表 2 1978—2013 年广西三次产业占 GDP 比重

单位:%

年 份	第一产业	第二产业	第三产业
1978	40.9	34.0	25.1
1992	36.0	29.0	35.0
1993	28.7	36.8	34.5
2006	21.8	39.6	38.7
2009	18.8	43.6	37.6
2010	17.5	47.1	35.4
2011	17.5	48.4	34.1
2012	16.7	47.9	35.4
2013	16.3	47.7	36.0

从三次产业的贡献率看,在 1978－1987 年,广西第一产业对 GDP 的拉动大,三次产业对经济增长的平均贡献率分别为 41.9%、33.8%和 24.5%。1988－2013 年,第一产业贡献率逐步下降,第二产业贡献率稳步提高,其中,工业的贡献率节节攀升,第三产业贡献率先升后降。2013 年,三次产业对经济增长的平均贡献率分别为 14.6%、48.7%和 36.7%,其中,工业的贡献率为 40.7%。

(四)区域动力由依靠单核驱动转为双核驱动

"双核"是指北部湾经济区和西江经济带。改革开放以来,特别是《广西北部湾经济区发展规划》上升为国家战略以来,北部湾经济区(包括南宁、北海、钦州、防城港 4 市)凭借其区位、基础设施和"首府效应"优势,成为广西经济发展的重要引擎。2007－2013 年 GDP 年均增长 14.9%,比全区高 2.1 个百分点。西江经济带(包括南宁、柳州、梧州、贵港、百色、来宾、崇左 7 市)因大部分市为后发展地区,经济增长较慢,2007－2013 年 GDP 年均增长 13.2%,高于全区 0.4 个百分点,低于北部湾经济区 1.7 个百分点。

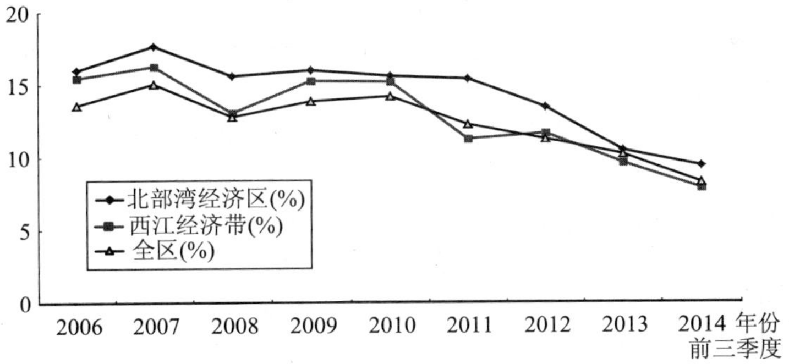

图 2　2006 年以来北部湾经济区、西江经济带 GDP 增速与全区对比

2014 年 7 月,国家正式批准实施《珠江－西江经济带发展规划》。10 月 30 日,广西出台了《珠江－西江经济带发展规划广西实施意见》、《实施"双核驱动"战略重大项目建设工作方案》以及深化北部湾经济区改革系列文件,推动"双核驱动"战略全面深入实施。实施"双核驱动"战略是广西区党委、政府着眼新形势新使命提出的重大战略举措,旨在深入落实并主动服务国家的战略,倾力打造两大核心增长极,使之成为支撑和引领广西加快发展的战略引擎。

2014 年前三季度,北部湾经济区经济增长 9.4%,比全区高 1.1 个百分点,对全区GDP的贡献率为39.4%;西江经济带增长7.9%,比北部湾经济区低1.5个百分点,对全区GDP的贡献率为56.3%。西江经济带经济总量占全区比重达59.3%,比北部湾经济区高24.1个百分点。

表3 2006—2013年北部湾经济区和西江经济带占全区比重

单位:%

指 标	2006年	2007年	2008年	2009年	2010年	2011年	2012年	2013年
一、常住人口								
北部湾经济区	25.90	26.02	26.17	26.19	26.35	26.43	26.45	26.49
西江经济带	54.05	54.06	54.13	54.10	25.65	54.29	54.26	54.26
二、土地面积								
北部湾经济区	17.88	17.88	17.88	17.89	17.89	17.91	17.91	17.89
西江经济带	55.09	55.09	55.09	55.09	55.09	55.09	55.08	55.06
三、地区生产总值								
北部湾经济区	29.88	30.30	30.71	32.13	31.80	32.17	32.75	33.51
西江经济带	57.32	56.94	56.41	58.29	58.63	58.07	58.58	58.78
四、财政收入								
北部湾经济区	30.10	31.28	32.27	34.39	35.93	38.16	39.43	39.11
西江经济带	59.66	59.72	60.51	61.09	61.95	58.48	58.00	58.52
五、全社会固定资产投资								
北部湾经济区	32.15	32.49	34.16	34.95	35.59	36.14	35.72	35.66
西江经济带	58.54	56.30	56.11	57.74	58.49	58.78	61.52	60.21
六、社会消费品零售总额								
北部湾经济区	37.22	37.22	37.26	37.37	37.38	37.51	37.88	38.72
西江经济带	—	—	—	—	—	61.75	62.20	63.33
七、进出口总额								
北部湾经济区	40.31	44.02	45.73	46.74	43.45	48.48	50.52	45.53
西江经济带	—	—	—	—	—	51.43	55.94	61.78
八、出口总额								
北部湾经济区	37.09	35.77	38.70	41.52	36.82	37.02	35.76	31.29
西江经济带	—	—	—	—	—	66.03	71.99	75.10

三、"十三五"广西面临的宏观环境

从国际环境看,世界多极化、经济全球化深入发展,世界经济政治格局出现新变化。发达国家实施"再工业化",吸引中高端制造业回流,低收入国家凭借成本优势,加速吸引劳动密集型产业。新一轮科技革命和产业变革正在孕育,新兴产业蓄势待发,争夺产业与技术制高点的竞争更趋激烈。同时,世界经济仍将受到诸多不确定不稳定因素影响,发达国家消费需求仍将维持低速增长,美国 QE 退出政策及债务上限问题将对世界经济产生重大影响,欧洲在全面复苏的进程中仍然是任重道远,日本的财政刺激计划面临着新的挑战;而一些在前期表现还不错的新兴经济体出现了资金外流、通货膨胀、经济速度回落,面临劳动力、土地、资源、能源等要素成本的大幅攀升,竞争力在削弱。除此之外,国际贸易环境有进一步复杂的趋势,如美国加快推进"跨太平洋伙伴关系协议"(TPP)和"跨大西洋贸易与投资伙伴关系协定"(TTIP),一旦达成协议,将对全球投资贸易格局产生重大影响。地缘政治环境也在发生变化,亚太地区不稳定因素增多,西亚、北非地区陷入长期动荡,政治形势对世界经济发展的影响愈加明显。

从国内环境看,中国经济在经历了三十多年的 10%左右的高速增长以后,将会放缓,进入一个中高速的增长阶段,需求结构、产业结构、经济增长动力,正在发生着具有转折意义的变化。"十三五"时期是我国经济转型的重要战略节点,我国经济将步入由数量型增长向质量型增长的新阶段,工业内部结构调整将进一步加快,新产业、新业态、新产品继续保持较快的增长速度,深化改革释放新的增长潜力,新型工业化、信息化、城镇化、农业现代化进程不断加快。在宏观政策预调微调的协调配合下,中国经济有望继续保持稳定增长,整体经济面处于向好趋势,非公经济加速发展、居民收入水平增加将成为未来一段时期的亮点之一,但劳动年龄人口减少,资源环境约束性增强,产能过剩使中国经济面临严峻的去产能问题,加上内需不振、缺乏技术创新能力和体制激励动力,产业升级缺乏新的带动力量等因素影响,我国经济仍将承受结构调整的阵痛。

从广西环境看,"十三五"广西将和全国一样,进入全面小康的攻坚期、社会矛盾的多发期、转型发展的加速期和改革开放的突破期,广西的发展将迎来新一轮发展机遇,尤其是打造"21 世纪海上丝绸之路"和建设面向中南西南开放开发新的"战略支点",必将进一步提升全区的发展地位和开放合作水平。"十三五"广西将进入工业化和新型城镇化融合发展、加快推进的时期,经济总量在持续扩张的同时,经济发展呈加快转型升级趋势,发展模式处于深刻变革之中。随着与东盟开放合作格局形成,尤其是中国—东盟自由贸易区升级版的打造,广西对外开放进一步深化,广西将成为我国对东盟开放合作的前沿和窗口。两广经济合作日益加强，桂港合作纵深发展，区域经济一体化进程加快推进。与此同时，制约广西经济保持平稳较快增长的因素不容忽视，长期困难和短期问题相互交织，经济运行的阶段性调整和结构性矛盾相互影响，不确定性因素较多，如经济总量较小，基础仍较薄弱，产业结构落后，工业发展粗放，经济增长过于依赖投资拉动，转变发展方式困难、技术创新能力不强等问题，将在较长的一段时期内存在。

四、“十三五”广西经济增长动力预测与分析

在新常态下，内需增长、结构调整、科技创新、“双核”驱动、新型城镇化将成为广西新的动力来源。我们选取能够反映“十三五”时期广西经济增长动力的相关指标，通过自回归差分移动平均模型预测，对新常态下广西经济增长动力进行预测和分析。

1. 指标选取和数据收集

根据“十三五”时期广西经济增长动力的转换分析，我们选取了反映内部需求、结构调整、科技创新、区域协调发展、新型城镇化的核心指标，对新常态下广西经济增长动力进行量化分析，指标选取如下：

表 4　模型指标选取

增长动力	核心指标	单位
内部需求	全社会消费品零售总额增长率	%
	固定资产投资增长率	%
结构调整	第二产业占 GDP 比重	
	第三产业占 GDP 比重	%
	最终消费占 GDP 比重	%
	税收占 GDP 比重	%
科技创新	R&D 经费投入占 GDP 比重	%
	全社会劳动生产率	元/人
区域协调发展	双核地区 GDP 占全区比重	%
新型城镇化	城镇化率	%
	城镇化质量系数	%

注：城镇化质量系数$=\dfrac{\text{非农业户籍人口数}/\text{全部户籍人口数}}{\text{城镇常住人口数}/\text{全部常住人口数}}\times 100\%$

根据模型选取的变量，结合数据可获得性，我们搜集了 11 个反映广西经济增长以及增长动力的核心指标。数据来源于《广西统计年鉴》相关年份。

表 5　模型指标相关数据

年份	全社会消费品零售总额增长率（%）	第二产业占GDP比重（%）	第三产业占GDP比重（%）	最终消费占GDP比重（%）	税收占GDP比重（%）
2000	8.6	35.2	38.00	69.6	
2001	8.9	33.8	40.90	70.0	
2002	9.6	33.6	42.60	67.3	
2003	12.2	34.9	41.80	65.9	
2004	13.5	36.5	39.70	61.1	
2005	15.0	37.9	39.20	61.8	
2006	15.3	39.6	38.70	58.6	
2007	19.3	41.6	37.00	57.4	4.85
2008	24.0	43.3	36.00	55.3	4.94
2009	16.5	43.6	37.60	56.4	5.38
2010	18.7	47.1	35.40	51.6	5.58
2011	18.0	48.4	34.10	47.8	5.50
2012	15.6	47.9	35.40	50.1	5.85
2013	13.6	47.7	36.00	51.5	6.09

年份	R&D经费投入占GDP比重（%）	全社会劳动生产率（元/人）	双核地区GDP占全区比重（%）	城镇化率（%）	城镇化质量系数（%）
2000		8187.68		28.15	
2001		8182.95		28.20	
2002		8155.50		28.30	
2003		8236.02		29.06	
2004		8892.54		31.70	
2005	0.368	8941.05	68.60	33.62	54.95
2006	0.376	9156.08	69.26	34.64	57.54
2007	0.383	9643.92	69.02	36.24	52.07
2008	0.477	10235.61	69.52	38.16	50.03
2009	0.710	9792.35	70.77	39.20	48.53
2010	0.657	10384.50	71.40	40.11	47.27
2011	0.691	11154.90	72.20	41.80	46.01
2012	0.745	11413.64	72.63	43.53	45.03
2013	0.749	11744.83	72.79	44.81	42.54

2. 模型输出结果及解读

对广西反映内需增长、结构调整、科技创新、区域协调发展、新型城镇化等动力的核心指标进行平稳性检验，并建立自回归差分移动平均模型，根据赤池消息准则和施瓦茨准则和差分平稳性检验进行选择，通过运算处理及结果判断选取拟合程度最佳的模型进行预测分析，对未来广西经济增长动力演变进行分析(过程略)，结果汇总如下：

表 6　模型各指标预测结果

年份	全社会消费品零售总额增长率(%)	第二产业占GDP比重(%)	第三产业占GDP比重(%)	最终消费占GDP比重(%)	税收占GDP比重(%)
2014	12.32	47.94	36.54	48.8	6.40
2015	12.77	47.57	36.46	48.0	6.70
2016	13.05	46.98	36.92	47.3	7.07
2017	13.22	46.90	37.64	46.7	7.41
2018	13.33	48.56	38.50	46.1	7.79
2019	13.40	49.24	39.52	45.6	8.20
2020	13.44	49.50	40.69	45.2	8.62
年份	R&D经费投入占GDP比重(%)	全社会劳动生产率(元/人)	双核地区GDP占全区比重(%)	城镇化率(%)	城镇化系数(%)
2014	0.776	12092.65	73.32	46.62	40.98
2015	0.808	12447.49	73.86	48.87	38.97
2016	0.841	12797.23	74.39	51.03	37.88
2017	0.876	13144.19	74.93	53.12	36.33
2018	0.911	13494.06	75.46	55.30	34.77
2019	0.947	13845.11	75.99	57.57	33.22
2020	0.982	14194.55	76.52	59.93	31.66

从模型输出结果，结合上述指标“十一五”以来走势变动情况，广西“十三五”经济增长动力预测变动结果为：

一是投资和消费为经济增长的主要推动力。改革开放特别是“十五”以来广西经济增长对投资的依赖非常突出，资本形成总额增速多年来维持在10%—30%之间，自 2007 年以来占 GDP 比重均超过 50%。从模型回归结果看，“十三五”广西固定资产投资增速虽然有所回落，但仍将保持较快增长，增长区间可能维持在 15%—17%之间；社会消费品零售总额增速可能维持在 12%—14%。未来几年广西产业转型升级和公共投资领域仍蕴藏着广阔投资空间，居民收入增长和消费结构升级也将带来一定消费增长空间，投资和消费仍是广西经济增长的主要推动力。

二是科技创新成为推动经济增长的新动力。创新是一个民族进步的灵魂,是一个国家兴旺发达不竭的动力,唯有创新,才能崛起。新常态下,广西要保持经济持续健康发展,必须依靠创新驱动。从模型预测结果看,"十三五"时期广西科研投入的强度将不断提高,预计2020年广西R&D经费投入占GDP比重为1%左右,比2013年提高0.25个百分点左右。在科技创新驱动下,全社会劳动生产率到2020年预计达14194.55元/人,比2013年增长20.9%。

三是结构调整持续为经济增长提供动力。从模型预测结果看,"十三五"时期广西结构仍在不断调整,第一产业增加值比重逐步下降,预计2020年为9.8%左右,比2013年下降6.5个百分点;第二、三产业增加值占比保持稳步提升态势,预计到2020年二、三产业增加值比重比2013年分别提高1.8、4.7个百分点。从税收收入占GDP比重来看,预计未来几年广西税收收入占GDP比重将持续提高,到2020年达8.6%左右,比2013年提高约2.5个百分点左右。

四是"双核"驱动对经济增长贡献提升。实施"双核驱动"发展战略,是在北部湾经济区发展提速的同时推进西江经济带建设,刺激两个区域同步跨越式发展,制造驱动全区经济社会发展的动力核。近几年来,"双核"地区经济总量占全区比重不断提高,从预测结果看,未来几年随着"双核驱动"战略的进一步实施,北部湾和西江经济带的发展优势得到更加充分发挥,其地区生产总值占全区GDP的比重将呈现稳步提升态势,预计2020年达到76.5%,比2013年提高3.7个百分点。

五是城镇化充分发挥经济增长新引擎作用。城镇化是现代化的必由之路,是推动经济提质增效升级的重要抓手,是促进城乡区域协调发展的重要途径,是广西与全国同步全面建成小康社会、加快建成我国西南中南地区开放发展新的战略支点的重要支撑。《广西壮族自治区新型城镇化规划(2014—2020年)》提出以下发展目标:到2020年广西常住人口城镇化率达到54%,户籍人口城镇化率达到34.5%,实现新增城镇人口700万左右,促进600万左右农业转移人口和其他常住人口落户城镇。未来几年是广西加快新型城镇化发展的关键时期,城乡一体化发展将成为经济增长的新引擎。

完成单位:广西统计局

执 笔 人:周 旻 赖晓东 何杨丽

沈环宇 黄浩洲 韦冬艺

第十二章 经济增长动力贡献测算(一):以广东为例

摘要:本文对改革开放30多年来广东省经济增长的动力变迁进行了分析,并通过索洛模型测算了各因素对经济增长的贡献;然后根据经济发展阶段变化,从供给和需求两个角度对“十三五”期间广东省经济增长的动力变化进行了展望;最后给出了促进“十三五”广东经济持续健康发展的建议。本文研究认为,改革开放30多年来,广东省经济增长动力变迁呈现出三个明显的规律:第一,纯资本和劳动力投入对经济增长的贡献在逐步弱化,而包括技术创新、体制制度创新、人力素质提升、结构优化等因素在内的技术进步的拉动作用在日益增强;第二,高储蓄高投入确保了广东经济30多年的持续较快增长,这一点与发达国家在高速发展时期所走过的发展道路基本一致;第三,尽管改革开放以来广东省居民消费在地区生产总值中的份额总体上下降,但其在经济发展中始终扮演着最重要的角色,广东经济持续增长最关键的因素是居民消费,而非固定资产投资。展望“十三五”,广东省经济增长动力将继续发生变化。从生产要素投入的角度看,未来广东经济增长动力主要依靠技术进步,资金和劳动力投入的拉动作用逐步减弱;从需求的角度看,投资高速增长越来越难以持续,净出口的作用将继续较为有限,经济增长将主要依靠新型消费和新型城镇化发展。因此,“十三五”时期,确保广东经济持续健康发展,必须转变思路,以新思路创造新动力,向改革创新要动力,向结构调整要动力,向转型升级要动力,向质量提升要动力;要进一步改革体制机制,进一步加大科技创新力度,进一步培育新的消费热点,进一步稳妥推进新型城镇化建设。

广东经济在历经改革开放30多年的高速增长之后,当前广东经济正步入转型发展的新阶段,从过去的高速增长逐步转变为中高速增长。同时,经济发展面临诸多新的矛盾和问题,依靠劳动力和资本等要素投入规模扩张、投资和出口拉动的传统增长模式已难以为继,转变经济发展方式、调整经济结构的任务十分艰巨。这些情况表明,当前广东经济增长动力结构正在发生深刻变化。只有充分认识和分析这种变化,才能看清未来经济发展的方向,为“十三五”广东经济发展提供决策依据。

一、改革开放以来广东经济增长的动力特征

(一)要素投入角度

1. 简化模型。基于新古典经济增长理论出发,将经济增长综合因素分析的基本方程表述为:

$$Y=A+\alpha K+\beta L$$

式中,Y 表示 GDP 增速,A 表示技术进步增长率,K 表示资本投入增长率,L 表示劳动力投入增长率,α 表示资本投入产出弹性系数,β 表示劳动力投入产出弹性系数。GDP 增速、劳动力增速数据可直接从年鉴获得数据,资本投入需要采用估算的办法获得。由于资本投入主要依赖于历年固定资产投资,而后者又在很大程度上取决于资金投入,因此作为一种近似,考虑以资金投入增速作为资本投入的增速,据此就可以计算出资本投入、劳动力投入和技术进步对经济增长的贡献份额(结果见表 1)。

表 1　各要素对广东经济增长的贡献份额

年　份	GDP 增速 (%)	资本投入增速 (%)	人力投入增速 (%)	资金投入产出弹性 α	劳动投入产出弹性 β	资本投入贡献率 (%)	劳动投入贡献率 (%)	技术进步贡献率 (%)
1979	8.5	13.0	1.3	0.40	0.60	60.3	9.1	30.7
1980	16.6	28.9	2.7	0.39	0.61	68.8	9.9	21.3
1981	9.0	30.0	2.4	0.40	0.60	132.3	15.9	−48.2
1982	12.0	22.8	4.0	0.39	0.61	74.2	20.4	5.4
1983	7.3	9.4	1.9	0.40	0.60	51.2	15.8	33.0
1984	15.6	29.2	2.6	0.40	0.60	75.3	10.1	14.6
1985	18.0	17.3	3.5	0.41	0.59	38.9	11.7	49.4
1986	12.7	25.5	3.0	0.41	0.59	82.7	13.7	3.6
1987	19.6	13.9	3.5	0.43	0.57	30.2	10.3	59.5
1988	15.8	20.7	2.9	0.43	0.57	55.9	10.4	33.6

续表

年　份	GDP增速（%）	资本投入增速（%）	人力投入增速（%）	资金投入产出弹性α	劳动投入产出弹性β	资本投入贡献率（%）	劳动投入贡献率（%）	技术进步贡献率（%）
1989	7.2	13.1	1.6	0.44	0.56	80.6	12.0	7.4
1990	11.6	33.6	2.5	0.45	0.55	128.8	12.1	－40.9
1991	17.7	16.2	4.5	0.46	0.54	41.6	13.9	44.4
1992	22.1	51.5	3.3	0.47	0.53	110.3	7.9	－18.2
1993	23.0	36.8	2.0	0.47	0.53	75.9	4.5	19.6
1994	19.7	31.2	1.7	0.47	0.53	74.2	4.6	21.1
1995	15.6	24.1	1.7	0.48	0.52	74.5	5.5	20.0
1996	11.3	13.1	2.5	0.48	0.52	55.1	11.8	33.2
1997	11.2	11.9	1.7	0.48	0.52	51.0	7.7	41.2
1998	10.8	19.0	2.2	0.43	0.57	75.7	11.7	12.6
1999	10.1	11.6	0.3	0.45	0.55	51.5	1.8	46.7
2000	11.5	5.9	5.1	0.48	0.52	24.7	23.1	52.2
2001	10.5	12.6	1.7	0.49	0.51	59.0	8.4	32.6
2002	12.4	12.4	1.9	0.47	0.53	47.1	7.9	45.0
2003	14.8	15.8	6.3	0.50	0.50	53.2	21.4	25.4
2004	14.8	13.7	6.5	0.52	0.48	48.4	21.0	30.6
2005	14.1	17.9	7.3	0.53	0.47	67.2	24.3	8.5
2006	14.8	15.5	4.5	0.55	0.45	57.0	13.9	29.1
2007	14.9	15.2	2.9	0.55	0.45	56.3	8.7	35.0
2008	10.4	16.7	2.8	0.55	0.45	87.7	12.2	0.1
2009	9.7	26.4	2.4	0.55	0.45	149.1	11.3	－60.5
2010	12.4	12.5	3.2	0.56	0.44	55.9	11.5	32.6
2011	10.0	8.3	1.5	0.54	0.46	45.2	7.0	47.8
2012	8.2	15.9	0.1	0.52	0.48	101.7	0.5	－2.2
2013	8.5	15.4	2.5	0.53	0.47	95.4	13.9	－9.3

从估算结果可以看出，1979－2013年，资本投入对广东经济增长的平均贡献份额为69.6%，各年份的贡献率主要在50%－80%之间；劳动投入对经济增长的平均贡献份额为11.6%，各年份的贡献率主要在0－25%之间；技术进步对经济增长的平均贡献份额为18.8%，各年份的贡献率主要在20%－50%之间。索洛方程的计算结果与直接观察数据的结论是一致的，那就是资本投入是过去30多年广东经济增长的主要动力源泉。但资本、劳动、技术进步贡献率三条曲线呈现不规则的波动，无法得出一个趋势性的结论。

需要指出的是，根据索洛方程计算的结果只是一种近似，而且技术进步是一个综合性因素，既包含了纯技术进步因素，也包括了制度变动、结构变化等所带来的生产率提高，甚至在资本投入和劳动力投入中也蕴含了技术进步的因素。因此，有必要进一步对技术进步相关因素进行分析。

2. 对全要素生产率的分析。按照索洛方程，技术进步的贡献也称为全要素生产率。全要素生产率包含了技术创新、结构变动、体制机制创新、人力资本提高等因素所带来的经济增长。按照经济发展的一般规律性，这些因素对经济增长的作用不断增强，对经济增长的贡献不断提升，通过这些因素的共同作用，整体经济的效率持续提高，推动经济不断增长。

首先，技术创新带来生产率的提高，是推动经济增长的重要源泉之一。从单个产品、单个企业分析，比较容易测算技术创新对生产的拉动作用，若要测算整个社会的情况则缺乏必要的手段和数据，但这并不妨碍我们接受技术创新可以促进生产率提高的论断。衡量技术投入和技术创新的一个重要指标是 R&D 占 GDP 的比例，从这个指标看，近 10 多年来广东技术创新投入力度明显在增强，该指标从 2000 年的 1.0%提升到 2013 年的 2.32%。2006 年广东 8962 家工业企业的创新调查显示，工业企业技术创新活动产出效果显著，当年新产品销售收入占主营业务收入的 13.4%，新产品出口额占新产品销售收入的 39.9%。

其次，经济结构调整也会促进生产率的提升。产业结构调整必然引起生产要素从生产率较低的部门流向较高的部门，从而提升全社会生产效率。产业结构调整既是一个自发的过程，也是一个政府有意识调控的过程。改革开放 30 多年来，广东三次产业结构变动趋势是，第一产业比重不断下降，第二产业总体呈先升后降趋势，第三产业比重不断提升。2013 年，三次产业比重为 4.9∶47.3∶47.8。从劳动生产率看，第一产业劳动生产率最低，二、三产业劳动生产率一直较为接近，但 2003 年以后第三产业劳动生产率一直超过第二产业。2013 年，广东三次产业劳动生产率之比为 1∶5.3∶6.4，第三产业劳动生产率是第二产业的 1.2 倍。因此，广东产业结构向第三产业调整有利于促进整体经济增速的提高。

第三，劳动力素质的提升提高劳动生产率，也是经济增长的重要源泉之一。改革开放以来，广东实施基础教育体制改革、办学体制改革、教育投入体制改革等系列教育改革，并不断加大教育投入，同时兼顾户籍人口和外来人口教育，教育资源日益充足，劳动者受教育水平不断提高，人力资本对经济增长的累积效应不断增强。广东高等学校在校生人数从 1978 年的 3.07

表 2 1978—2013 年广东三次产业结构及劳动生产率

年份	GDP 结构(%)			劳动生产率(元)		
	一产	二产	三产	一产	二产	三产
1978	29.8	46.6	23.6	330	2768	1536
1979	31.8	43.8	24.4	402	2405	1928
1980	33.2	41.1	25.7	496	2533	2216
1981	32.5	41.4	26.1	555	2936	2411
1982	34.8	39.8	25.4	686	3027	2463
1983	32.9	41.3	25.8	701	3319	2497
1984	31.7	40.9	27.4	865	3765	2738
1985	29.8	39.8	30.4	1044	3740	3740
1986	28.2	38.3	33.5	1160	4012	4060
1987	27.4	39.0	33.6	1446	4691	4723
1988	26.5	39.8	33.7	1907	6186	6039
1989	25.5	40.1	34.4	2155	7410	7193
1990	24.7	39.5	35.8	2328	7259	9038
1991	22.0	41.3	36.7	2528	8391	10197
1992	19.0	45.0	36.0	2922	10735	11785
1993	16.1	49.1	34.8	3693	15285	14966
1994	15.0	48.8	36.2	4683	19212	19877
1995	14.6	48.9	36.5	5867	24189	24680
1996	13.7	48.4	37.9	6313	27155	27521
1997	12.6	47.6	39.8	6473	30432	31767
1998	11.7	47.7	40.6	6399	33475	34194
1999	10.9	47.1	42.0	6409	36891	37316
2000	9.2	46.5	44.3	6189	44844	37129
2001	8.2	45.7	46.1	6229	48642	41401
2002	7.5	45.5	47.0	6453	51071	46697
2003	6.8	47.9	45.3	6632	48760	58793
2004	6.5	49.2	44.3	7518	53712	62815
2005	6.3	50.4	43.3	8872	59268	65284
2006	5.8	50.6	43.6	9611	66106	71594
2007	5.3	50.4	44.3	10676	75979	82418
2008	5.4	50.3	44.3	12337	85523	91132
2009	5.1	49.2	45.7	13278	84726	95895
2010	5.0	50.0	45.0	15935	92530	106319
2011	5.0	49.7	45.3	18672	104681	120073
2012	5.0	48.5	46.5	20074	110376	130134
2013	4.8	47.4	47.8	21690	114794	138145

万人增加到2013年的170.99万人,增加了54.7倍,年均增长12.2%;平均受教育年限从2000年的8.5年提升到2013年的10.2年;1990年广东小学程度的人口比例为46.6%,2000年以初中以上学历为主,2010年大学专科以上占8.2%,小学比例下降到23.0%。

第四,体制机制的改革创新激发了各类市场主体的积极性,增强了经济发展内生动力。以1992年10月召开的党的十四大为标志,广东进入了建立市场经济体制的改革时期,包括建立现代企业制度、实施分税制、改革金融体制、改革科技体制、改革投融资体制。目前,广东省已基本建立了社会主义市场经济体制框架,改变了单一的企业组织模式,促进了股份制企业、民营企业的发展,经济增长的内生动力不断增强,抵抗市场风险的能力不断提高。30多年的发展历程证明:改革是最大的红利,改革红利将继续成为未来经济中高速增长的基本支撑。

(二)需求角度

1. 消费对经济增长的拉动作用最强。分阶段看,1979—1993年,广东最终消费对GDP增长的贡献率平均为62.7%,其中,最高年份1983年为124.4%,最低年份1988年为—2.8%;1994—2008年的贡献率平均为46.3%,有所下降,其中最高年份2002年为68.5%,最低年份1997年为21.8%;国际金融危机以后国内消费拉动作用再次趋于提升,2009—2012年的贡献率平均为55.5%。总体上看,改革开放以来的各个阶段,消费对经济增长的平均贡献都是最大的(见表3)。

表3　改革开放以来三大需求对广东经济增长的贡献

项　目	1979—1993年平均贡献率(%)	1994—2008年平均贡献率(%)	2009—2012年平均贡献率(%)
最终消费	62.7	46.3	55.5
资本形成	31.4	33.3	54.8
货物和服务净流出	5.9	20.3	—10.3

2. 投资对经济增长拉动作用波动较大,但总体呈提升态势。分阶段看,1979—1993年,广东投资对GDP增长的平均贡献率为31.4%,最高年份1985年为80.6%,最低年份1989年为—35.6%;1994—2008年,平均贡献率为33.3%,最高年份1996年为52.0%,最低年份1997年为6.9%;2009

—2012年,平均贡献率为54.8%,最高年份2009年80.4%,最低年份2012年43.7%。改革开放以来,广东经济发展的粗放特征比较明显,经济发展对投资的需求比较旺盛,同时50%左右的储蓄率足以支撑这种资金需求,因此投资对经济增长的拉动作用较为明显。国际金融危机爆发后,国内四万亿刺激政策主要分布在基础产业、基础设施和房地产等领域,这是近几年投资对经济增长的拉动作用上升的主要原因,但从未来看是不可持续的。

3. 净出口对广东经济增长的拉动作用比较弱,波动也比较大,近年甚至出现负拉动。分阶段看,1979—1993年广东净出口对GDP增长的平均贡献率为5.9%,其中最高年份1988年为42.8%,最低年份1992年为—21.1%;1994—2008年平均贡献率为20.3%,其中最高年份1997年为71.3%,最低年份2003年为—13.8%;2009—2012年平均贡献率为—10.3%,其中最低是2009—45.2%,最高是2012年1.9%,主要是受国际金融危机冲击,广东出口形势明显不如之前。从1979年以来的情况看,净出口对广东经济增长的拉动作用比较有限。表面上看,这与广东经济外向型特征明显存在一定矛盾,但考虑到加工贸易占比较大,大量出口的同时也在大量进口,因而净出口对经济增长的贡献并没有想象的那么高。当然,外向型经济快速发展有利于促进投资和消费增长,也对经济产生一定的促进作用。

表4 1979—2012年广东三大需求占比及经济增长贡献度

年份	最终消费支出(%)		资本形成总额(%)		货物和服务净出口(%)	
	占比	贡献率	占比	贡献率	占比	贡献率
1979	68.3	95.7	25.9	—13.8	5.8	18.2
1980	69.8	71.3	27.5	33.5	2.7	—4.8
1981	66.0	50.5	31.7	56.4	2.3	—6.9
1982	66.8	72.7	32.2	40.6	1.0	—13.2
1983	68.6	124.4	30.9	—12.9	0.5	—11.5
1984	64.6	56.5	33.6	42.2	1.7	1.3
1985	61.0	32.0	41.9	80.6	—2.9	—12.6
1986	63.9	83.6	39.4	15.5	—3.3	0.8
1987	63.3	38.6	38.3	34.9	—1.6	26.4
1988	59.0	—2.8	40.9	60.1	0.0	42.8
1989	63.6	110.8	35.1	—35.6	1.4	24.8
1990	60.9	60.9	32.6	9.5	6.5	29.6

续表

年份	最终消费支出(%)		资本形成总额(%)		货物和服务净出口(%)	
	占比	贡献率	占比	贡献率	占比	贡献率
1991	58.5	39.9	33.0	35.1	8.5	25.0
1992	55.7	56.0	40.5	65.2	3.8	−21.1
1993	53.4	50.2	44.9	60.1	1.7	−10.3
1979—1993年平均	62.9	62.7	35.2	31.4	1.9	5.9
1994	56.3	53.8	41.8	36.1	1.9	10.1
1995	56.7	50.2	40.4	40.2	2.9	9.6
1996	56.5	45.3	40.7	52.0	2.8	2.7
1997	54.6	21.8	38.3	6.9	7.1	71.3
1998	53.7	39.8	39.0	43.7	7.2	16.5
1999	55.0	55.5	38.0	21.2	7.1	23.2
2000	53.2	33.8	35.9	25.5	10.9	40.7
2001	52.0	46.2	36.5	48.5	11.6	5.3
2002	54.0	68.5	35.3	22.8	10.8	8.8
2003	54.6	63.6	37.3	50.2	8.1	−13.8
2004	53.9	50.5	38.2	37.2	7.9	12.3
2005	50.8	43.0	36.5	30.2	12.7	26.8
2006	47.5	31.5	35.0	28.5	17.5	40.0
2007	46.7	45.5	33.7	22.8	19.6	31.7
2008	46.7	45.9	33.3	34.4	19.9	19.6
1994—2008年平均	52.8	46.3	37.3	33.3	9.9	20.3
2009	48.6	64.8	37.9	80.4	13.6	−45.2
2010	48.9	53.5	38.5	46.2	12.7	0.2
2011	49.0	49.2	39.5	48.9	11.5	1.8
2012	51.3	54.4	40.1	43.7	8.6	1.9
2009—2012年平均	49.4	55.5	39.0	54.8	11.6	−10.3

总体来看,改革开放30多年,尽管消费占GDP比重总体上呈下降态势,但始终是三大需求中份额最大的部分,对经济增长的拉动作用也最强。与

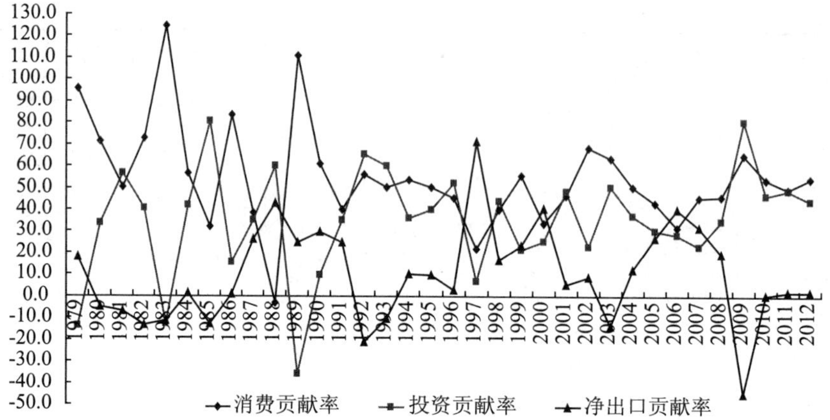

图 1　1979—2012 年广东三大需求对 GDP 增长的贡献度

此同时，资本积累增加和利用外资规模日益扩大使得资本形成占 GDP 的比重持续上升，外向型经济快速发展也使得净出口占 GDP 的比重在一段时期内快速提升，两者均对经济增长发挥了重要的推动作用。然而，过多依赖外资和出口的发展模式也加剧了经济的波动性，使得广东经济增长极易受国外经济形势的影响，这种缺陷在 2008 年金融危机之后暴露无遗。

根据上述分析，可以概括出改革开放 30 多年来广东经济增长动力变迁的若干规律：第一，纯资本和劳动力投入对经济增长的贡献在逐步弱化，而包括技术创新、体制机制创新、人力素质提升、结构优化等因素在内的技术进步的拉动作用在日益增强。第二，高储蓄高投入支撑了广东经济 30 多年的持续快速增长，这与发达国家走过的发展道路基本一致。第三，国内消费在经济发展中始终扮演着最重要的角色，经济持续增长最关键的因素还是居民消费，而非投资。

二、"十三五"广东经济增长动力分析

2013 年，广东人均 GDP 达到 9453 美元，三次产业比重为 4.9∶47.3∶47.8，城市化率为 67.8%，人均预期寿命为 76.8 岁。按照钱纳里的工业化阶段标准判断，广东目前正处于由"工业化中期"向"工业化后期"转变的阶段，并开始进入以信息化带动工业化，以国际化促进市场化，以城市化为载体，加快经济社会转型，着力向全面建成小康社会、基本实现现代化的新阶段迈进。在此过程中，广东省经济增长动力也将发生明显变化。

(一)从生产要素投入的角度看,未来广东经济增长动力主要依靠技术进步,资金和劳动力投入的拉动作用将逐步减弱

——资金投入仍将发挥重要作用,但投入速度放缓,对经济增长的贡献份额将降至50%左右。改革开放30多年,资金投入对广东经济增长的贡献大约为70%。但未来5—10年,广东资金投入增速将有所放缓。一是资金总量已经较大,两位数增长越来越难;二是消化前期刺激政策也意味着贷款增速的放缓。2006—2013年,广东省金融机构各项贷款年均增长15.9%的一个重要因素,是应对国际金融危机冲击,我国实施了极为宽松的货币政策,如2009年广东省新增各项贷款2.2万亿,增长94.9%。近年来,随着前期刺激政策的退出,贷款速度已经有所放缓,2010－2013年分别增长16.4%、13.2%、14.4%、12.8%。从全社会融资规模看,2011—2013年年均仅增长4.7%。初步预计,"十三五"期间,广东各项银行贷款增速将低于10%,全社会融资规模增速也将在5%以内,明显低于过去30多年增速。

——劳动力投入速度将放缓,对经济增长的贡献份额预计降至5%左右。过去30多年,广东因为有大量的外来劳动力流入而使人口结构变得年轻,经济增长获得了丰厚的人口红利,但随着人口老龄化和外来劳动力流入的逐步减少,人口红利正在逐步消失,依靠劳动力投入已难以实现经济的快速增长。根据测算,2016—2020年广东户籍人口中15—64岁人口年均仅增长0.04%。另一反面,根据第六次人口普查数据测算,2016—2020年外省籍劳动力大概年均增长1%左右。再加上全国劳动年龄人口增速下降、其他省份经济发展对劳动力的竞争影响,未来流入广东的劳动力将会逐步减少。因此,预计广东2016—2020年劳动力年均增速约1%,明显低于1979—2013年年均2.9%的速度,对经济增长的拉动作用也将低于改革开放30多年劳动力投入平均约10%的贡献。

——技术进步的积极作用不断增强,对经济增长的贡献将达到45%以上。随着广东经济迈入工业化发展的中后期阶段后,技术进步因素将逐步成为经济增长的主要动力源泉。具体分析,"十三五"期间广东技术进步的贡献提升将主要体现在以下几个方面:一是技术改造和创新带来生产率提高。"十三五"期间,按照全面建成小康社会的规划,广东将进一步加大科技投入,R&D占GDP比例将提升到2018年的2.7%,广东企业自主创新能力将大大提升,对经济增长的贡献更加突出。二是经济结构优化调整将提高劳动生产率,促进经济增长。根据前面分析,如果通过结构调整,三次产业就业结构调整为15.0∶40.0∶45.0,则整体劳动生产率可以提高10%。同样的,随着粤东西北发展速度加快,劳动生产率提高,也将提高全省整体的劳动生产率。三是改革特别是政府治理模式结构的重大改变将有利于释放市场活力。按照党的十八届三中全会精神,“十三五“期间广东将全面深化改革,着力转变政府职能,通过建立政府部门权力清单,放开竞争性环节投资准入等举措,重新界定、理顺政府和市场的关系,推动政府治理模式由计划型、管制型、审批型向服务型、效率型、阳光型转变,提升政府行政效率,促进各种要素资源的优化配置,为微观经济增添活力。四是人口素质提升带来的“人才红利”将为经济持续增长注入新的动力。根据蔡昉等人的研究,制造业职工受教育年限每提高1年,劳动生产率可以提高17%,如果企业职工全部由高中学历组成上升为全部由大专学历组成,则劳动生产率可以提高66%。根据第六次全国人口普查资料,广东每10万人中具有大学学历的人数为8214人,低于全国平均水平的8930人,这既是短板,也是未来广东人力资源质量提升的可挖潜因素。

(二)从需求的角度看,投资高速增长不可持续,净出口的作用较为有限,经济增长将主要依赖新型消费和新型城镇化建设

——投资高速增长越来越难以为继。尽管持续的投资是保持经济增长的必要条件,但一方面由于规模已经较大,另一方面经济阶段发生转变,投资继续保持快速增长的难度增加,未来广东经济高投资依赖的增长模式将越来越难以为继。根据预测,“十三五”期间,广东省每年的投资总额将在3—4.5万亿元之间,投资额十分巨大,仅依靠政府重点项目远远不够,如2014年全省安排的重点项目投资4500亿元,仅占全部投资的17%左右。换言之,投资主要依靠民间投资、境外投资等方式,在经济发展阶段转变的背景下,这些投资增速将趋于回落,因而“十三五”时期广东投资增速也将低于“十二五”,对经济增长的拉动作用将下降。

——货物和服务净出口对经济增长的拉动作用有限。尽管随着广东“走出去战略”的实施、对外电子商务等的快速发展,广东服务净出口有望继续增加,占比也将趋于上升(2013年广东服务贸易进出口额约占货物和服务贸易进出口总额的10%),从而弥补货物净出口增长的放缓或绝对下降,但综合来看,“十三五”期间广东对外贸易“大进大出”的格局不会发生根本性的变化,货物和服务净出口对经济增长的贡献也将继续维持较低的水平。

——消费结构升级将有力地促进经济发展。随着广东居民人均 GDP 达到 1 万美元左右,居民消费结构升级步伐将趋于加快,加上云计算、大数据等高端信息技术的催化,新型消费潜力巨大。虽然城镇居民商品消费需求已得到较好满足,但用于教育、旅游、医疗、保健、休闲娱乐、信息服务等方面的支出将大幅增加,加上政府和社会对公共服务的购买支出也将较快增长,服务消费将持续较快,占居民消费支出的比重将明显提升。与此同时,农村经济进一步发展,农村居民对汽车等耐用消费品的需求将快速增长。因此,"十三五"时期,广东消费率将保持近几年的上升势头,对经济增长的拉动作用趋于增强。

——新型城镇化可以有效地扩大需求,成为广东经济增长的重要源泉之一。城市化影响经济增长的机制主要是城市通过其聚集效应,促进交易规模扩大,降低交易成本降低,提升交易效率;同时,通过扩散效应,带动周围地区的经济发展,使得城市的空间不断向外拓展,城市的规模不断扩大。根据《广东城镇化与经济增长关系研究》,广东城镇化率每提高 1 个百分点,可以拉动 GDP 增长 3 个百分点,未来 10 年广东城镇化率每年大约提高 0.8—1.0 个百分点,将拉动经济增长 2—3 个百分点,城镇化将成为广东经济增长的重要源泉之一。

三、促进"十三五"广东经济持续健康发展的建议

"十三五"期间,广东仍将面临着经济增速换挡、结构调整阵痛、前期刺激政策消化等困难,破解这些困难,唯有转变思路,以新思路创造新动力,向改革创新要动力,向结构调整要动力,向转型升级要动力,向质量提升要动力。

第一,进一步改革体制机制。发挥广东先行先试、敢为人先的优良传统,再创体制制度改革新优势,通过改革释放体制机制红利,推动经济增长。新一轮的改革,要抓住处理好政府和市场关系这个核心,优化资源配置,加快行政审批制度改革,推进商事制度改革,深化投融资体制改革。

第二,加大科技创新力度。实施创新驱动战略,一方面要发挥企业的主动性积极性,让企业真正成为技术创新的决策、投入、利益获取和风险承担主体,唯有如此,创新才有动力和效率;另一方面要发挥政府的帮扶引导作用,大力支持企业进行技术改造,突破一批重大科技专项,推进一批产学研

合作重点项目,建设一批重大研发基地,完善一批小微民营科技企业公共服务平台和孵化器,探索金融、科技、产业深度融合路径,引导社会资本参与技术创新。科技创新的关键在于人才,要通过政策扶持、资金投入、制度安排等措施大力开发本省劳动力资源,提升劳动力素质。

第三,培育新的消费热点。通过培育网购等网络新业态促进消费,打造一批行业性、综合性电商平台,积极抢占电商发展新空间。要刺激信息消费,实施宽带广东工程和光网城市工程,推进无线宽带发展,积极拓展4G应用范围和领域,发展家庭视听一体化系统,推进智能交通、智能电网、智慧商务等物联网示范应用。要进一步规范旅游市场,提升服务水平,强化安全保障措施,促进居民将旅游作为常态消费方式。制定相关政策措施,加快发展养老服务业、健康服务业等消费新业态。同时,要建立健全各种保障机制制度,优化收入分配制度,增加居民收入,让百姓有钱敢花,促进经济发展的良性循环。

第四,稳妥推进新型城镇化建设。按照十八大提出的“城镇化质量明显提高”、“工业化和城镇化良性互动、城镇化和农业现代化相互协调”的总要求稳妥推进广东城镇化。一是以稳为基调,不急于求成。城镇化是一个与经济社会发展相协调的过程,要制定科学的城镇化发展规划,规划多极多层次的城镇体系,提高城镇综合承载能力,构建大中小城市和小城镇协调发展的城镇化格局。二是以人为本建设高质量的城镇。城镇的发展以人为载体、为人服务,要按照人与自然和谐共存的建设理念,遵循城市发展客观规律,构建城市经济、社会、文化、生态、环境相互协调有序的城市有机系统。三是统筹推进城镇化建设。既要集聚人口、发展经济、优化产业结构,也要加强教育、加快创新、加强社会保障、提高生活质量、改善居住环境,努力实现城市化、工业化和农业现代化的同步发展,统筹城乡一体化建设。四是以市场为导向推进城镇化。政府主要起规划和引导作用,资源和要素的流动主要依靠市场机制去实现。

完成单位:广东统计局

课题组成员:王文森　严　洁　谢洪芳

第十三章　经济增长动力贡献测算(二):以湖南为例

摘要:改革开放以来,湖南经济取得了较快的增长。从供给角度看,主要动力来源于生产要素投入,表现在资本、人力资源和科技创新等方面。采用C—D生产函数和索洛模型,测算湖南省资金投入量、劳动投入量和技术进步与经济增长的关系,发现资本对经济增长贡献率居主导地位,广义技术进步(技术、制度、管理)对经济增长的贡献呈现上升趋势,劳动投入的贡献最小。从需求角度看,投资是经济增长的直接动力,表现在投资增长与经济增长具有趋同性,对经济增长的贡献加大,投资结构调整促进产业结构优化升级。消费是经济增长的稳定器,表现在消费需求显著扩大,是拉动经济增长的主要力量,也是缓解经济剧烈波动的稳定力量。引入状态空间模型,用卡尔曼滤波的方法测度三大需求对湖南经济增长的贡献和影响,发现湖南投资对经济增长的贡献率呈稳步上升趋势,消费对经济增长的贡献率总体呈下滑的趋势,出口对经济增长的贡献较小。未来一段时期,湖南传统的发展路径和动力已经发生深刻变化,经济发展将呈现增速回调、加快转型、"四化融合"等阶段性特征。本研究提出,要以增强创新驱动为抓手,夯实经济持续较快增长的动力基础;以扩大内需为基点,稳定经济持续较快增长的主动力;以构造现代产业体系为目标,完善经济持续较快增长的动力体系;以推进城镇化进程为机遇,挖掘经济持续较快增长的潜动力;以深化改革开放为核心,增强经济持续较快增长的动力引擎。

"十三五"时期,湖南将进入经济社会发展新阶段。这一时期,潜在经济增长率下滑,依靠廉价生产要素投入和大规模投资拉动的传统增长模式已难以为继,转变经济发展方式、调整经济结构的任务十分艰巨。全面回顾和研究改革开放以来经济增长的动力机制,深刻把握未来经济社会发展阶段性特征及动力源泉,这对于科学制定湖南"十三五"规划,加快全面建成小康社会具有重要意义。

一、改革开放以来湖南经济增长动力

1978—2013 年,湖南省经济实现了平稳快速增长。GDP 由 147 亿元增加到 24501.67 亿元,增长 27.8 倍;人均 GDP 由 286 元增加到 36763 元,增长 20.8 倍。

从供给的角度看,改革开放以来,湖南经济的主要增长动力主要表现在资本、人力和科技投入三个方面。

一是宽松的资金面为资本的快速积累提供了支持,为经济快速增长奠定了良好的物质基础。金融财政支持力度加大。湖南省金融机构人民币贷款余额由 1978 年末的 64.46 亿元增加到 2013 年末的 17774.99 亿元。人民币存款余额由 1978 年末的 38.64 亿元增加到 2013 年末的 26756.64 亿元。公共财政收入由 1978 年的 27.98 亿元增加到 2013 年的 3307.3 亿元,公共财政支出由 1978 年的 24.46 亿元增加到 4635.5 亿元。招商引资注入为经济增加活力。湖南实际利用外商直接投资规模由 1983 年的 26 万美元扩大到 2013 年的 87 亿美元,累计实际利用外商直接投资 538.36 亿美元,年均增长 33.5%。2002—2013 年,累计实际引进境内省外资金 154870 亿元。

二是劳动力供给充足,对经济社会发展起到有效支撑。2010 年底湖南劳动适龄人口 4770.49 万人①,比第三次人口普查(1982 年)劳动适龄人口(3299.43 万)增加 1471.06 万人。就业较为充分,从业人员占全部人口的比重由 1978 年的 44.1%上升到 56.5%。改革开放以来,城镇登记失业率一直保持在 4.5%以下。同时,劳动力受教育水平提高。2013 年,湖南普通本专科在校学生 110.08 万人,比 1978 年增加 106.51 万人;每万人口在校大学生人数为 210.6 人,比 1978 年增加 203.6 人。

三是科技投入不断增加,科技创新对经济的拉动力增强。科技投入明显增加。2013 年,各级财政科技拨款 55.46 亿元,是 1990 年的 50.4 倍。R&D 投入强度明显上升。2013 年,全社会 R&D 投入总量 327.03 亿元,比 1996 年增加 40.9 倍;R&D 投入强度为 1.33%,比 1996 年提高 1.02 个百分点。科技人才规模扩大。科技活动人员大幅增加。2013 年,全省各类专业技术人员 101.21 万人,比 1988 年增加 20.98 万人。从事 R&D 活动人员折

---

① 根据第六次人口普查(2010 年)数据。

合全时人员为10.34万人。高新技术产业快速发展。高新技术产业快速发展,成为经济增长的新亮点。2013年,全省高新技术产业增加值3989.27亿元,对GDP增长的贡献率达到28.6%。高新技术产业增加值占GDP的比重16.3%,占全部工业增加值的比重39.9%,分别比1999年提高12.9个和10.4个百分点。

从需求的角度看,湖南的经济增长动力主要来自于投资和消费。

投资是经济增长的直接动力。湖南固定资产投资由1978年的20.15亿元增加到2013年的18381.44亿元,年均增长21.5%。投资对经济增长的贡献加大。湖南投资率由1978年的28.9%上升到2013年的57.1%,提高28.2个百分点,年均提高0.8个百分点。2000—2013年,资本形成总额对经济增长的贡献率由23.1%提高到63%①,对经济增长的年均贡献率达54.3%。投资结构调整促进产业结构优化升级。2013年,湖南固定资产投资中三次产业投资结构由2000年的0.8∶24∶75.2调整为3.5∶44∶52.5,同期,湖南三次产业结构由22.1∶36.4∶41.5调整为12.7∶47∶40.3。

消费对经济增长发挥稳定作用。改革开放以来,湖南消费需求显著扩大,最终消费为由1978年的100.83亿元增加到2013年的11281.02亿元,年均增长7.7%。消费对经济增长的拉动力显著增强,2013年,湖南最终消费率为46%,对经济增长贡献率为39.6%②,拉动经济增长4个百分点。2000—2013年,最终消费对经济增长平均贡献率为47.2%,平均每年拉动经济增长5.5个百分点。消费需求是缓解经济剧烈波动的稳定力量。1978—2013年,湖南最终消费拉动经济增长的速度基本稳定在5个百分点左右,在经济发展过程发挥了稳定器的重要作用。

二、经济增长动力的定量测度

影响经济增长的因素多种多样,长期来看,各生产要素贡献水平和社会总需求是最重要因素。资本、劳动力和技术进步对于经济增长贡献水平的变化,决定着一个地区经济增长的长期趋势。三大需求作为经济增长的"三驾马车",其总量和增速变化直接影响到未来经济增长的态势。

---

① 此处资本形成总额对经济增长的贡献率数据来源《湖南统计年鉴》。

② 此处最终消费对经济增长的贡献率数据来源《湖南统计年鉴》。

(一)供给与经济增长关系的定量分析

采用C—D生产函数和索洛模型,测算资金投入量、劳动投入量和技术进步与经济增长的关系。

1. 模型构建

一是C—D生产函数的一般形式为 $Y=AK^{\alpha}L^{\beta}$,其中 Y 表示总产出;K 表示资本投入量;L 表示劳动投入量;α 和 β 分别表示资本和劳动力的弹性系数。

二是索洛增长速度方程表达式为 $y=a+\alpha k+\beta l+\varepsilon$,其中,$y$、$k$、$l$ 分别表示总产出、资本形成总额、劳动力投入量的年增长率,a 表示科技进步速度,α 和 β 分别表示资本使用量和劳动力投入量产出弹性,ε 是随机扰动项。

三是要素对经济增长的贡献率测算公式为:资本投入贡献率$=\frac{\alpha k}{y}$,劳动力投入贡献率$=\frac{\beta l}{y}$,科技进步贡献率$=\frac{a}{y}$。通过资本产出弹性,劳动力产出弹性,将产出增长率同全要素生产增长率、资本投入增长率和劳动力投入增长率联系起来,并且由此可知产出增长率是资本投入增长率和劳动力投入增长率的线性函数。

2. 模型推导

将C—D生产函数 $Y=AK^{\alpha}L^{\beta}$,取对数 $\ln Y_t=\ln A_t+\alpha\ln K_t+\beta\ln L_t$。假设规模报酬不变,即 $\alpha+\beta=1$,将 $\ln Y_t=\ln A_t+\alpha\ln K_t+(1-\alpha)\ln L_t$ 变形为 $\ln Y_t-\ln L=\ln A_t+\alpha(\ln K_t-\ln L_t)$,利用相关数据估计出 α 值,进而便可得到值。有了 α、β 值后,对索洛增长速度方程变形为 $\frac{a}{y}+\frac{\alpha k}{y}+\frac{\beta l}{y}=1$,其中,$\frac{a}{y}$,$\frac{\alpha k}{y}$ 和 $\frac{\beta l}{y}$ 分别为广义技术进步、资本形成和劳动投入对经济增长贡献率。在具体计算过程中,可反推广义技术进步的贡献率,即 $\frac{a}{y}=1-\frac{\alpha k}{y}-\frac{\beta l}{y}$。

3. 数据处理

采用经过平减指数缩减(1978年为基期)的全社会总产出、资本形成总额以及就业人数(都取自然对数),对变形后的生产函数进行估计,先得出 α 值。湖南各年度的 y、k、l 增长率指标,分别用经过缩减全社会总产出、资本形成总额和就业人数的本期变动量,除以上期值得来。

4. 生产函数估计

从上述推算过程可知,经过变形后,方程由原来的1个因变量和2个自变量,变为1个因变量和1个自变量,待估参数为α。对新组合的因变量($\ln Y_t-\ln L$)和($\ln K_t-\ln L_t$),在Eviews中进行检验发现,两个变量都不是平稳序列,但是都是一阶单整序列,同时对二者的简单最小二乘回归后的残差项进行检验,发现残差项为平稳序列,这说明二者存在协整,可以建立协整方程和ECM模型。采用最小二乘进行估计(参数估计可能有偏,但影响不大)。经过多次修正后的生产函数方程如下:

$$\ln Y-\ln L=0.5380(\ln K-\ln L)+[AR(1)=0.9860]$$
$$(2.03,\ p=0.050)\quad (23.44,\ p=0.000)$$
$$R-squared=0.99\qquad D-W=1.810$$

模型可决系数$R^2=0.99$,表明回归模型对样本数据点的拟合优度比较高;D. W.值也在合理区间,表明投入要素之间不存在多重共线性。因此,所建立的回归方程通过检验,拟合效果较优。于是$\alpha=0.538$,$\beta=0.462$,再结合y、k、l增速数据,便可计算出1979—2013年湖南三大要素对经济增长的贡献率。

表1 湖南生产要素对经济增长的贡献率

年 份	对经济增长贡献率(%)		
	资本形成	劳动投入	广义技术进步
“六五”时期	64.9	14.3	20.8
“七五”时期	74.3	18.6	7.2
“八五”时期	71.4	12.3	16.2
“九五”时期	55.2	2.1	42.7
“十五”时期	64.2	5.5	30.3
“十一五”时期	56.9	2.6	40.4
2011年	49.4	2.5	48.1
2012年	52.7	2.7	44.6
2013年	45.3	2.3	52.4

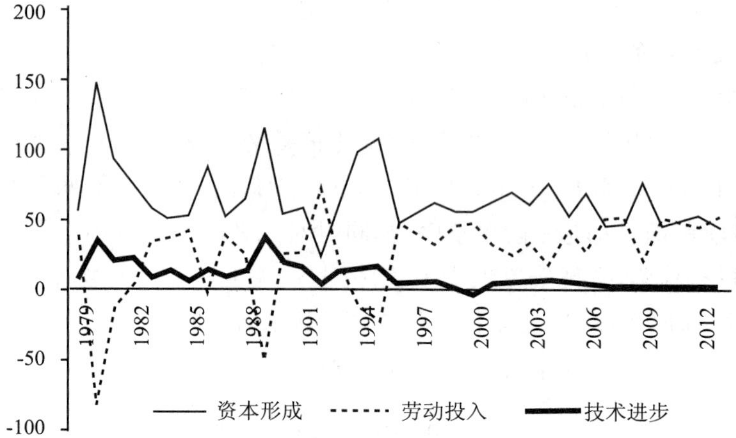

图 1　1979—2013 年湖南生产要素对经济增长贡献动态曲线

(二)需求与经济增长的定量分析

为探求三大需求对经济增长的动态影响,引入状态空间模型,用卡尔曼滤波的方法测度三大需求对经济增长的贡献和影响。

1. 变量选取

选取地区生产总值、全社会固定资产投资总额、社会消费品零售总额、出口总额 4 个变量,构建三大需求对经济增长贡献的实证模型,采用湖南 1978—2013 年的序列数据。

2. 数据处理

GDP 数据采用 1978 年为基期的可比价 GDP。为了扣除价格因素影响,固定资产投资用 GDP 缩减指数进行缩减,社会消费品零售总额数据用商品零售价格指数缩减,替换为以 1978 年为基期的可比价数据。出口额以历年平均汇率换算成人民币,并且用 GDP 缩减指数缩减。

3. 单位根检验

对 GDP 及全社会固定资产投资(TIFA)、社会消费品零售总额(TRSCG)、出口(Ex)数据序列进行单位根检验,结果表明均不平稳,表现为 I(1)过程;各变量具同阶协整,故满足协整检验的前提条件,进一步检验变量之间是否存在协整关系。

单位根检验

变量	ADF检验值	P值	各显著水平下的临界值			结果
			1%	5%	10%	
GDP	0.8468	0.9949	−3.6115	−2.9710	−2.6199	不平稳
D(GDP)	−2.6774	0.0154	−3.7241	−2.9862	−2.6326	平稳
TIFA	3.6920	1.0000	−3.7241	−2.9862	−2.6326	不平稳
D(TIFA)	−3.9801	0.0002	−3.6793	−2.9678	−2.6239	平稳
TRSCG	3.0782	1.0000	−3.6617	−2.9604	−2.6192	不平稳
D(TRSCG)	−3.3253	0.0072	−3.6793	−2.9678	−2.6290	平稳
Ex	2.3186	0.9991	−3.6999	−2.9763	−2.6274	不平稳
D(Ex)	−2.6760	0.0135	−3.7115	−2.9810	−2.6290	平稳

4. Johansen 协整检验

Johansen 协整检验结果显示，特征根迹统计量在 5%的显著水平拒绝“无协整关系”原假设，因此 GDP 与社会固定资产投资(TIFA)、社会消费品零售总额(TRSCG)、出口(Ex)之间存在长期稳定的协整关系。

Johansen 协整检验结果

原假设	特征值	迹统计量	5%临界值	Prob.
无协整关系*	0.7685	100.8210	47.9561	0.0000
至多 1 个*	0.7370	57.3558	29.6871	0.0000
至多 2 个	0.3330	18.4316	15.7927	0.0253
至多 3 个	0.1590	5.6966	3.8315	0.0554

5. 建立模型

基于上述协整关系的检验，引入状态空间模型，并跟据变动参数计算三大需求对湖南经济增长的贡献。建立三大需求的状态空间模型：

观测方程：$GDP_t = \beta_0 + \beta_{1t} TIFA_t + \beta_{2t} TRSCG_t + \beta_{3t} Ex_t + \varepsilon_t$

状态方程：$\beta_{1t} = \beta_{1t-1}$，$\beta_{2t} = \beta_{2t-1}$，$\beta_{3t} = \beta_{3t-1}$

其中，β_{1t}、β_{2t} 和 β_{3t} 分别反映投资、消费、出口随时间变动的不可观测参数，其变化体现消费、固定资产投资、出口对 GDP 影响的变动过程，ε_t 为随机误差项，β_0 为常数项。

6. 参数估计及模型检验

利用 Eviews6.0,运用卡尔曼滤波求解,方程估计结果如下:$GDP_t = -15.671 + 1.566TIFA_t + 2.136TRSCG_t + 0.265Ex_t + \varepsilon_t$

参数估计及其检验量结果

	参数最终状态值	标准差	Z 统计量	P 值
C(1)	−15.67122	3.36E−12	−4.65E+12	0.0000
δ_{1t}	1.566781	9.96E−08	2055396.	0.0000
δ_{2t}	2.136092	2.61E−07	8206744.	0.0000
δ_{3t}	0.264514	1.11E−06	1418190.	0.0000
Log likelihood	−9.10E+11		Akaike info criterion	5.52E+10
Parameters	1		Schwarz criterion	5.52E+10
Diffuse priors	3		Hannan−Quinn criter.	5.52E+10

拟合优度及 DW 检验

Model	R	R Square	AdjustedR Square	Std. Error of the Estimate	Durbin−Watson
1	0.9999	0.9998	1.000	88.37441	1.865

从估计结果看,Z 统计量及其 P 值数据显示,各系数显著性水平远远小于 0.05,方程系数均通过检验;$R^2=0.9998$,模型拟合优度好;DW 为 1.8,在 2 附近,表示模型不存在自相关性。

7. 贡献率测算

根据以下推导公式,测度改革开放以来三大需求对经济增长的贡献率。

投资对 GDP 的贡献 $=\dfrac{\beta_{1t}\Delta TIFA_t}{\Delta GDP_t}=\dfrac{V_{TIFA_t}}{V_{GDP_t}}\times\beta_{1t}\times\dfrac{TIFA_{t-1}}{GDP_{t-1}}$,

消费对 GDP 的贡献 $=\dfrac{\beta_{2t}\Delta TRSCG_t}{\Delta GDP_t}=\dfrac{V_{TRSCG_t}}{V_{GDP_t}}\times\beta_{2t}\times\dfrac{TRSCG_{t-1}}{GDP_{t-1}}$,

出口对 GDP 的贡献 $=\dfrac{\beta_{3t}\Delta Ex_t}{\Delta GDP_t}=\dfrac{V_{Ex_t}}{V_{GDP_t}}\times\beta_{3t}\times\dfrac{Ex_{t-1}}{GDP_{t-1}}$

表 2　湖南三大需求对经济增长的贡献率及拉动

年　　份	贡献率(%)		
	消费	投资	出口
“六五”时期	87.5	23.9	－11.4
“七五”时期	67.0	23.1	9.9
“八五”时期	69.2	38.5	－7.7
“九五”时期	66.8	23.5	9.7
“十五”时期	50.6	50.6	－1.3
“十一五”时期	43.9	59.1	－3.0
2011 年	42.1	60.8	－2.9
2012 年	43.4	59.7	－3.1
2013 年	43.8	59	－2.8

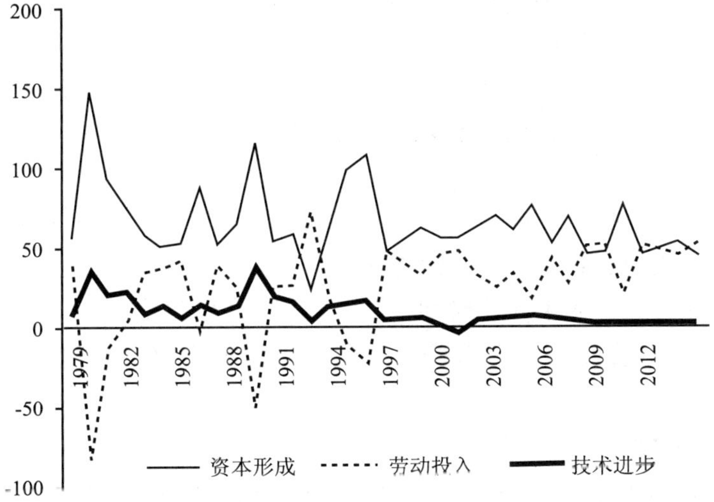

图 2　1979—2013 年湖南三大需求对经济增长贡献动态趋势

(三)结论

从供给与经济增长关系的定量分析看，一是资本对经济增长贡献率居主导地位。改革开放以来，湖南资本对经济增长的贡献最大，对经济增长的贡献率平均为 63.4%，充分表明资本的快速增长与积累，是经济快速增长的重要推动力。二是广义技术进步(技术、制度、管理)对经济增长的贡献呈现上升趋势。广义技术进步对经济增长的贡献率平均为 24.7%，充分表明随着科技创新步伐加快以及市场经济改革的深入推进，转方式、调结构对经济增长发挥了重要作用。三是劳动投入的贡献最小。改革开放以来，劳动投入对经济增长的贡献率平均为11.9%。劳动投入的贡献总体呈现下降趋势，表明依赖低成本劳动力优势的“人口红利”逐步削弱，人口老龄化社会对劳动力要素供给产生重大影响。

从需求与经济增长的关系上看，湖南投资对经济增长的贡献率呈稳步上升趋势，消费对经济增长的贡献率总体呈下滑的趋势，而出口对经济增长的贡献较小。分阶段看，1979—2000年，三大需求对经济增长的贡献率波动比较剧烈，贡献率从大到小的顺序为消费、投资及出口，经济增长主要靠消费拉动；2000—2013年，三大需求对经济增长的贡献率波动明显减缓，投资对经济增长的贡献率逐步占据主导地位，消费和出口的贡献率不断下降，经济增长由从消费占主导向投资和消费共同拉动转变。具体看，最终消费对经济增长贡献率波动幅度较投资的波动幅度平稳，表明消费是稳定推动经济长期增长的核心要素。

三、“十三五”湖南经济发展阶段性特征及动力预判

长期以来，湖南经济在供给上依靠大量廉价劳动力、土地供给和巨大的资源环境消耗，在需求上主要依靠投资，特别是基础设施建设和工业产能累积带动经济增长。未来一段时期，传统的发展路径和动力已经发生深刻变化，湖南经济社会发展将呈现增速回调、加快转型、协调发展等阶段性特征。

（一）经济增长进入“换挡期”

从近几年湖南经济运行特征分析，转型升级越发紧迫、人口红利逐步减弱、投资率持续下降、消费需求增长困难、产能过剩等问题将在“十三五”时期更加突出。“十三五”时期，湖南经济增长进入“换挡期”，即由前期的高增长区间转变为次高增长区间。次高增长区间，一般指GDP增速在7%—10%之间，比高增长区间低一个层次，但又不是过低增长的增长区间，在本质上仍属于高增长。随着经济总量变大，以及发展方式的不可持续性，高速增长的势头将会趋缓。在经济增长约束条件变得更加苛刻时，湖南经济由高速增长转为次高速将成为一种必然现象。潜在经济增长率下降苗头显现。湖南经济增长放缓也出现了一系列端倪。首先，GDP增速逐步回落。

经济增速经过“十五”和“十一五”高速增长后(“十五”GDP 年均增长 10.4%、“十一五”GDP 年均增长 14.0%),已进入调整阶段。“十二五”前三年 GDP 增速分别为 12.8%、11.3%和 10.1%,增速延续了近三年的下行态势,由 2011 年一季度的 13.9%缓慢回落到 2014 年一季度的 9.2%。其次,一些先行指标也反映经济增长正处于转换阶段。如基础设施建设投资和房地产投资增速明显回落,工业品出厂价格指数、制造业采购经理指数、非制造业商务活动指数逐步回落等。“十三五”时期甚至更长时间,湖南经济增速保持在 8%—10%的水平。这个阶段,要在稳增长的基础上更加重视经济发展的质量和效益,如果能够顺利渡过“换挡期”,湖南将会迎来一个更加美好的新增长阶段。

(二)经济发展进入转型升级关键期

转型升级是使经济在结构优化基础上,增强经济发展长期动力的根本途径。“十三五”时期,加快调整经济结构,全面提升湖南经济整体素质和抗风险能力尤为关键。一是产业结构加快升级。“十三五”时期,湖南工业化将进入中后期阶段。近年来,湖南大力推进转方式调结构,从“十二五”前三年三次产业结构变动情况看,产业结构加快升级的特征已开始显露。2013 年,湖南第一产业比重为 12.7%,较 2010 年的 14.5%下降 1.8 个百分点;第二产业比重为 47%,较 2010 年的 45.8%上升 1.2 个百分点;第三产业比重为 40.3%,较 2010 年的 39.7%上升 0.6 个百分点。然而,湖南产业结构对第二产业依赖程度过高,第三产业比重偏小,并且三次产业内部结构失衡,如第一产业中高科技农业占比、工业中战略性新兴产业占比、第三产业中现代服务业占比均偏低。二是消费对经济增长的贡献将出现回升。当前,湖南投资拉动经济增长方式明显,而消费对经济的贡献则处于弱势。随着经济增长方式的加快转变,“十三五”时期,投资由前期的高速增长转变为合理增长,消费对经济增长的贡献率将出现回升态势。据测算,湖南城镇化率每提高 1 个百分点,就会吸纳 70 多万人农村人口转移到城市,由于湖南城镇人口消费是农村消费的 3.6 倍左右,拉动最终消费增长潜力大。三是经济发展由投资推动向创新推动过渡。根据湖南经济发展实际判断,“十三五”时期经济增长将处在投资推动向创新推动过渡阶段。当前,湖南产业结构层次偏低、产品附加值不高、综合竞争力不强等,在很大程度上都与创新要素不充分有关。“十三五”时期,要获得更强的增长引擎,增强竞争优势,实现可持续发展,关键就要摆脱对投资、资源等的过度依赖,而转向主要依靠高新技术、高素质人力资本和知识产权等创新要素驱动的轨道上来。

(三)经济发展进入“四化”融合发展期

工业化、城镇化、信息化和农业现代化在互动中实现同步,在互动中实现协调,才能实现经济跨越式发展。“十三五”时期,湖南“四化”融合发展将进入新阶段。一是信息化和工业化深度融合。新型工业化与信息化的紧密结合,是工业化中后期的一个显著特点。从“十三五”时期湖南工业发展趋势来看,面临资源、环境压力加大,迫切需要发挥和利用信息技术的作用,丰富工业化的内涵,提高传统工业的技术水平,降低资源能源消耗,转变工业发展模式,实现信息化与工业化的融合发展,加快推进新型工业化步伐。二是工业化和城镇化良性互动。在经济社会发展的一定阶段,城镇化的发展与工业化进程存在着互为联系、相互促进的关系。国际经验表明,城镇化与工业化之间呈现明显的正相关性。一方面,工业化是城镇化的基本动力。工业化主要是通过产业和就业转换效应、人口集聚效应和财富积累效应带动城镇化发展。另一方面,城镇化是工业化的重要促进力量。城镇化能够通过成本节约效应、市场扩展效应推动工业化向广度和深度发展。当前,湖南已经进入城镇化和工业化快速发展阶段,从一般规律看,在这个时期城镇化和工业化互动特征较为明显。依据钱纳里—赛尔昆模型,工业化中后期,人均 GDP 在 6000 美元时,城镇化率应达到 63.4%。2013 年,湖南人均 GDP 接近 6000 美元,城镇化率只有 47.96%,比测算值低 15.4 个百分点,湖南城镇化滞后工业化,还有很大发展潜力。三是城乡一体化协调发展。城乡一体化是城镇化与农业现代化协同发展的重要体现。当前,湖南城乡结构不优主要表现为农业产业化、现代化水平低,农村基础设施建设明显滞后于城市基础设施建设,城乡居民收入差距进一步扩大,城乡社会事业、公共服务和社会保障发展不平衡。国内外经验表明,城镇化是推进城乡结构调整的根本出路。凡是城镇化水平高的地方,农村发展水平和农业现代化水平高,城乡一体化水平也高。湖南城镇化率在未来较长一段时期将保持每年提高 1 个百分点左右的增速,在“十二五”时末有望超过 50%,城市社会将逐步占据主导地位,这将为城乡结构转换创造十分有利的条件。因此,“十三五”时期,湖南要抓住城镇化快速发展的契机,加快改变当前农村发展缓慢,基础设施贫乏、基本公共服务落后的城乡二元结构问题,进一步缩小城乡差距。

四、促进湖南经济平稳较快增长的政策建议

目前,湖南经济发展正处于一个转折点,经济增长减速,经济发展面临较大的困难和压力,为确保湖南经济继续保持较快增长,必须重点从以下几个方面发力。

(一)以增强创新驱动为抓手,夯实经济持续较快增长的动力基础

一是加快形成创新机制体制。推进企业主导、市场导向的技术创新,建立企业主导产业技术研发创新的体制机制,引导资金、人才、技术等创新要素向企业集聚,支持有条件的企业加强研发平台建设,加大对中小企业、微型企业技术创新的扶持力度,加快建立高校、科研院所技术成果向企业转移机制,推进传统制造向以研发为基础的制造转型。二是加大创新投入。要加大对重大科技基础设施和战略性新兴产业关键共性技术投入,引导企业逐步提高企业研发投入占销售收入的比重。鼓励金融机构探索设立科技支行,发展私人风险投资,鼓励开展知识产权质押贷款和科技保险,完善有效服务科技创新的专业化融资体系。三是加快成果转化。进一步完善科技中介服务体系和产学研合作体系建设,鼓励企业,投资机构和高校、科研院所组建合作实体,推进科技成果转化。大力培育创新型领军企业,集中力量打造一批规模超千亿、具有国际竞争力、引领产业发展的创新型领军企业。

(二)以扩大内需为基点,稳定经济持续较快增长的主动力

一是保持投资需求的合理较快增长。增加与城镇化、区域发展等相关的利长远、增后劲的农业、水利、交通、能源、环保、市政等基础设施和民生工程项目储备。加大招商引资力度,鼓励社会资本参与非竞争领域投资,强化项目资金保障。突出抓好重大项目特别是产业项目建设,加大战略性新兴产业投资力度。二是持续扩大居民消费。要不断完善消费设施,优化消费环境,加大消费信贷支持力度。深入实施"宽带中国"战略,加快发展移动通信,鼓励电子商务创新发展,积极培育网络购物等新型消费业态。多层次培育信息、医疗、养老、文化、汽车、家政等新的消费热点,增强消费的拉动作用。三是维持政府消费的合理增长。着力扩大政府支出中用于教育、卫生、

医疗、社会保障等民生领域的比重,拓展基础性研发、环保和公共基础设施等支出领域。

(三)以构造现代产业体系为目标,完善经济持续较快增长的动力体系

积极寻找新的产业支撑点,加快推动产业向高端引领、创新驱动、绿色发展转变,构建以服务经济为主体,现代服务业、战略性新兴产业和先进制造业融合发展的现代产业体系,增强经济发展竞争力。一是加快推动现代服务业发展。要坚持市场化、产业化、社会化方向,努力消除限制服务业发展的体制障碍,优先发展现代物流业、金融服务业、信息服务业等生产性服务业,促进现代服务业与现代制造业良性互动发展。加快发展现代传媒、新闻出版、动漫、文化娱乐、文化旅游等五大产业。二是大力推进新型工业化。以技术高端化、产业集群化、资源集约化推动制造业结构调整,着力提升产业链长的汽车、石化、工程机械等优势产业的核心竞争力,对规模尚小的电子信息、新材料、新能源等产业要加大扶持力度。三是做大做强工业园区。要推动工业向园区集中、资金向园区投入、政策向园区倾斜、人才向园区聚集。加快园区配套基础建设,构建园区发展平台,着力引进一批特色产业,推动园区“滚动发展”。以招商项目引入增量,以技改项目提升质量,狠抓项目推进,加大现有企业培育力度,不断增强工业园区经济实力。

(四)以推进城镇化进程为机遇,挖掘经济持续较快增长的潜动力

一是构建现代城镇体系。按照主体功能区规划要求,将大中城市基础设施和公共服务不断向周边中小城市延伸。支持中小城市在基础设施建设、公共服务体系构建、产业布局等方面,积极与大城市实现对接。强化全省性中心城市的辐射带动作用,做大省域次中心城市和市州中心城市,努力破解制约县城和中心镇发展的制度瓶颈问题,构建以特大城市为依托,大中小城市和小城镇协调发展的新型城镇体系。二是加强城镇设施建设。要加强城镇公共交通基础设施建设,加快城市道路、桥梁建设改造,加大供水、污水、雨水、燃气、供热、通信等市政地下管网,排水防涝和防洪设施,电网的维护、改造力度,提高污水和垃圾处理能力,扩大城市公园、绿地面积,走集约、智能、绿色、低碳的城镇建设道路。三是推进城乡一体发展。制定适合湖南省情的城镇户籍政策,加强农业转移劳动力市民化保障体系,确保随迁子女平等教育权利,促进就业创业,逐步实现社会保障、医疗卫生、住房保障等公共服务的均等化。统筹推进城乡规划、产业发展、基础设施、公共服务和环境治理,改善农村生产生活条件,增强农村发展活力,促进城乡共同繁荣。

完成单位:湖南统计局
课题组组长:张世平
课题组成员:张　正　朱继无　李跃辉
周颖江　邓海龙　陈　思

第十四章　经济增长动力贡献测算(三):以新疆兵团为例

摘要:本文从需求拉动和要素供给两个方面,分析了投资、消费和出口三大需求以及资本、劳动力和技术进步等要素对兵团经济增长的影响。分析结果表明:从需求角度看,投资对兵团经济增长拉动作用显著但效率低下,消费的贡献不明显,出口作用较大;从要素角度看,劳动投入贡献明显,科技进步作用不大,产业结构升级对经济增长有较大贡献和潜力。针对“十三五”时期兵团发展具备的有利环境和条件,本文提出:要进一步解放思想,抓住机遇;全面推进各领域改革,释放制度红利;优化投资结构,提高经济增长效率;以转型升级为导向,构筑后发优势。

进入21世纪特别是第一次中央新疆工作座谈会以来,兵团经济社会发展驶入了快车道。2001—2013年,兵团经济年均增长13.3%,高于同期全疆、全国增长速度。2013年,兵团生产总值比2009年增长84.7%,年均增长16.6%,达到1499.89亿元,占全疆经济总量的17.4%,比2009年占全疆比重提高了3.1个百分点。三次产业结构由2009年的33.5∶33.8∶32.7调整为29.0∶41.8∶29.2,实现了由传统农业经济向现代工商经济的转变和历史性跨越。

表1　兵团经济总量与新疆及全国比较

年　份	生产总值(亿元)			生产总值增长速度(%)		
	兵团	新疆	全国	兵团	新疆	全国
2001	190	1492	109655	6.1	8.6	8.3
2002	214	1613	120333	13.8	8.2	9.1
2003	258	1887	135823	13.0	11.2	10.0
2004	289	2209	159878	12.5	11.4	10.1
2005	331	2604	184937	11.3	10.9	11.3

续表

年　份	生产总值(亿元)			生产总值增长速度(%)		
	兵团	新疆	全国	兵团	新疆	全国
2006	376	3045	216314	12.6	11.0	12.7
2007	441	3523	265810	12.2	12.2	14.2
2008	523	4183	314045	12.5	11.0	9.6
2009	611	4277	340903	13.6	8.1	9.2
2010	771	5437	401513	13.9	10.6	10.4
2011	966	6610	473104	16.0	12.0	9.3
2012	1197	7505	519470	18.4	12.0	7.7
2013	1500	8510	568845	18.1	11.1	7.7
2001—2013年均增速				13.3	10.6	10.0

一、需求拉动对兵团经济增长的作用分析

(一)投资对兵团经济增长具有显著的作用,但投资效率不高

"十五"以来,兵团投资持续快速增长,投资规模不断扩大,成为推动兵团经济增长的主要动力。"十二五"前三年兵团固定资产投资累计达到3232.75亿元,是"十一五"时期投资总额的2.4倍。投资增速"十一五"时期为23.4%,"十二五"前三年年均增长达50.8%。投资占生产总值的比重"十一五"时期为47.3%,"十二五"前三年平均水平高达95.1%。在投资的强劲带动下,兵团生产总值呈快速增长态势。"十一五"时期兵团经济年均增长11.2%,5年增加额为400个亿,"十二五"前三年年均增速达到17.5%,三年就跨越了500个亿,兵团生产总值2012年突破1000亿大关后,2013年达到1500亿。

尽管投资对兵团经济增长发挥显著作用,但投资效能逐步减弱。从投资效果系数、投资弹性系数看,总体上呈下降回落态势。投资效果系数,"十一五"时期平均为0.25,"十二五"前三年大幅回落到0.16。投资弹性系数,"十一五"时期,投资每增长一个百分点平均拉动GDP增长0.52个百分点,"十二五"前三年平均拉动GDP增长0.35个百分点。这些情况表明与资本投入量增速相比,物质资本中的技术含量相对下降,资本要素效率降低,投资边际效应递减,反映了兵团经济发展外延粗放的模式没有得到有效改善。

今后尤其是“十三五”时期,要推动兵团经济持续快速增长,提高投资效率,必须在保持一定投资规模水平的同时,增加物质资本的技术含量,提高投资要素效率。

表 2 “十一五”以来兵团投资与经济增长关系

年　份	GDP(2000 年价)(亿元)	全社会固定资产投资(2000 年价)(亿元)	GDP 发展速度(%)	固定资产投资发展速度(%)	投资率(%)	投资效果系数	投资弹性系数
“十一五”	2164.71	1024.37	111.2	123.4	47.3	0.25	0.52
2006	335.57	131.22	112.7	111.5	39.1	0.26	1.11
2007	376.38	155.76	114.2	123.9	41.4	0.26	0.59
2008	423.36	174.30	109.6	124.4	41.2	0.27	0.39
2009	481.15	240.05	109.2	135.0	49.9	0.24	0.26
2010	548.26	323.04	110.3	140.8	58.9	0.21	0.25
“十二五”	2272.32	2159.94	117.5	150.8	95.1	0.16	0.35
2011	634.05	459.91	116.0	152.5	72.5	0.19	0.31
2012	751.03	695.16	118.4	152.1	92.6	0.17	0.35
2013	887.23	1004.87	118.1	145.3	113.3	0.14	0.40

注:投资效果系数,即投资 GDP 系数,是反映一定时期内单位固定资产投资所增加的 GDP,等于 GDP 增加额/当年固定资产投资额;投资弹性系数是地区生产总值增长速度与投资增长速度之比,即投资增长一个百分点带动经济增长的百分点数。

(二)消费对兵团经济增长作用并不明显,且扩大消费潜力有限

由于兵团体制和单位分布的特殊性,兵团国民经济统计和核算是按照系统和辖区相结合的原则,难以直接取得生产总值支出法构成中的居民消费和政府消费以及货物服务净流出。本文以社会消费品零售总额替代消费,以住户调查中的城镇居民和团场农牧工家庭人均生活消费支出推算出兵团居民消费(即:城镇居民人均消费性支出 * 非农业人口+团场农牧工家庭人均生活消费支出 * 农业人口)。从消费占 GDP 的比重来看,无论是社会消费品零售总额还是居民消费支出,占 GDP 比重总体上均呈下降趋势。社会消费品零售总额占 GDP 比重由“十一五”时期 29.1%下降到“十二五”前三年平均水平 25.2%,居民消费支出占 GDP 比重由“十一五”时期 34.5%下降到“十二五”前三年平均水平 31.9%。

表3　"十一五"以来兵团社会消费品零售总额及居民消费支出占GDP比重

年　份	社会消费品零售总额占GDP比重	居民消费支出占GDP比重
"十一五"	29.1	34.5
2006	29.6	37.5
2007	29.5	37.2
2008	30.6	34.9
2009	29.4	31.2
2010	26.3	31.9
"十二五"	25.2	31.9
2011	25.1	34.5
2012	24.7	33.0
2013	25.7	28.2

从消费潜力看,城乡居民收入增长滞后于经济增长,短期内扩大消费需求拉动经济增长的空间有限。团场农牧工家庭人均纯收入增速自2010年以来也滞后于经济增长速度,这意味着兵团居民或职工分享经济增长的福利有限。收入增长有限,劳动者报酬占GDP比重偏低,影响居民扩大消费。

(三)出口对兵团经济增长有重要作用,但作用发挥程度减弱

兵团对外贸易规模持续扩大,但对经济增长的贡献度和拉动作用近年来呈减弱趋势。兵团进出口总额由"十一五"时期281.34亿美元,扩大到"十二五"前三年288.78亿美元。

表4　"十一五"以来兵团进出口总额及对外贸易依存度

年　份	进出口总额(亿美元)	出口总额(亿美元)	进口总额(亿美元)	外贸依存度(%)	出口依存度(%)	进口依存度(%)
"十一五"	281.34	258.13	23.21	77.7	71.1	6.6
2006	35.05	29.57	5.48	74.3	62.7	11.6
2007	55.60	51.93	3.68	95.8	89.5	6.3
2008	88.20	84.24	3.96	117.1	111.8	5.3
2009	46.60	42.60	4.00	52.1	47.7	4.5
2010	55.89	49.80	6.09	49.1	43.7	5.3
"十二五"	288.78	252.08	36.69	49.9	43.4	6.5
2011	76.37	64.96	11.41	51.1	43.4	7.6
2012	96.50	83.43	13.07	50.9	44.0	6.9
2013	115.91	103.70	12.21	47.9	42.8	5.0

表 5 “十一五”以来对外贸易对经济增长的贡献度和拉动百分点

年份	GDP 增量（亿元）	净出口增量（亿元）	对外贸易对经济增长贡献度（%）	GDP 增速（%）	对外贸易对经济增长拉动百分点
“十一五”			18.6	12.5	2.6
2006	34.28	16.47	48.1	12.7	6.1
2007	40.81	21.12	51.8	14.2	7.3
2008	46.98	23.03	49.0	9.6	4.7
2009	57.79	−35.50	−61.4	9.2	−5.7
2010	67.11	3.90	5.8	10.3	0.6
“十二五”			9.3	17.5	1.7
2011	85.80	6.03	7.0	16.0	1.1
2012	116.98	11.88	10.2	18.4	1.9
2013	136.20	14.78	10.9	18.1	2.0

注:GDP 增量按 2000 年可比价计算,净出口先将美元按当年汇率折算成人民币后,再扣除汇率变动因素,以 2000 年汇率为基期计算。

对外贸易对经济增长的贡献度和拉动百分点“十一五”时期相对较高(平均分别为 18.6%、2.6 个百分点),“十二五”中前期(平均分别为 9.3%、1.7 个百分点)低于“十一五”时期。2010 年以来对外贸易对经济增长的贡献度和拉动百分点呈逐步提高态势。

二、要素供给对兵团经济增长的作用分析

(一)生产函数模型的测算

为具体度量劳动投入、科技进步对兵团经济增长的贡献,本文采用柯布—道格拉斯生产函数模型,即:$Y=AK^{\alpha}L^{\beta}$,Y 为总产出,K 为资本投入,L 为劳动投入,A 为技术进步参数,α 为资本的产出弹性系数,β 为劳动的产出弹性系数。

首先选取数据,本文主要测定 1990 年以来兵团经济增长的全要素生产率,数据样本为 1990—2013 年,所有数据来自《新疆生产建设兵团统计年鉴》。根据选择的模型选取的主要指标有:

1. 总产出:以生产总值衡量。为了消除价格因素的影响使各年数据具有可比性,以 1990 年为基期对各年生产总值数据进行调整计算,得到各年的

1990 年不变价生产总值。

2. 资本投入:以资本存量衡量。资本存量采用永续盘存法估算出从基期到报告期的资本形成存量。$K_t = I_t/P_t + (1-\delta)K_{t-1}$,其中:$K_t$ 表示第 t 年年末实际资本存量,I_t 表示第 t 年资本形成总额,P_t 表示固定资本投资价格指数,δ 表示重置率,K_{t-1} 表示上一年末实际资本存量。

(1)资本形成总额的确定:由于兵团没有支出法生产总值核算数据,无法直接获取资本形成总额,本文根据新疆自治区的固定资产投资和资本形成总额的比率关系推算出兵团各年的资本形成总额数据,并以 1990 年为基期对各年资本形成总额数据进行调整计算,得到各年的 1990 年不变价资本形成总额。

(2)重置率 δ 的确定:采用固定资产综合折旧率来代替重置率。已有研究资料表明,随着技术进步加快,资本折旧率会呈现提高的发展趋势。从兵团统计年鉴收入法生产总值数据来看,1990—2000 年固定资产折旧额占生产总值的比重在 6.7%—11.7%之间,2000—2013 年固定资产折旧额占生产总值的比重在 12.1%—13.5%之间,基本呈逐年提高的趋势。经过综合考量,结合兵团实际,我们设定折旧率平均值为 11.1%。

(3)基期资本存量 K_0 的确定:采用常用的计算方法 $K_0 = I_0/(g+\delta)$,其中,I_0 为基期的投资,g 为样本期内真实投资的年平均增长率。确定了基期资本存量后,可以利用永续盘存法逐年推算各年的资本形成存量。

3. 劳动投入:以全社会从业人员数衡量。为确保数据的稳定性,保持基期和报告期数据不变,其余年份根据当年及前后相邻两年数据取平均值。

将生产函数形式进行对数变换为 $\ln Y_t = \ln A + \alpha \ln K_t + \beta \ln L_t$,同时假定从 1990 年到 2013 年,兵团整体经济生产规模报酬不变,即 $\alpha + \beta = 1$,则上式变为 $\ln(Y_t/L_t) = \ln A + \alpha \ln(K_t/L_t)$。

采用使用加权最小二乘法消除异方差,得到回归模型:

$$\ln(Y/L) = -0.508618 + 0.869901\ln(K/L)$$

$R^2 = 0.969304$　$\bar{R}^2 = 0.967909$　$DW = 1.500573$　$F = 4645.796$

经 White 检验,该模型已经消除了异方差,并且回归得到的 DW 统计量 $d_u = 1.45 < DW = 1.500573 < 4 - d_u$,这表明该模型已经消除了序列相关性。该模型的各个估计参数 t 统计量全部都显著,模型整体的 F 统计量也显著,模型整体的拟合效果非常理想。因此可得兵团对数形式的生产函数:

$\ln Y_t = -0.5086 + 0.8699\ln K_t + 0.1301\ln L_t$

根据索洛增速方程,可计算1990—2012年兵团资本、劳动和全要素生产率的贡献情况。

表6 1990—2012年兵团资本、劳动、全要素生产率的贡献率

年 份	TFP贡献率(%)	资本贡献率(%)	劳动贡献率(%)
1990	−140.92	235.59	5.33
“八五”	−190.69	292.21	−1.52
1991	−380.94	480.87	0.07
1992	−189.20	291.39	−2.19
1993	−27.91	130.03	−2.12
1994	−9.90	109.57	0.33
1995	−345.50	449.18	−3.67
“九五”	−2.65	106.34	−3.69
1996	19.20	84.24	−3.44
1997	16.02	88.39	−4.41
1998	22.31	84.97	−7.28
1999	25.33	77.29	−2.62
2000	−96.13	196.81	−0.68
“十五”	25.84	73.05	1.11
2001	25.78	72.55	1.67
2002	12.97	85.53	1.50
2003	19.88	78.94	1.18
2004	31.53	68.00	0.47
2005	39.04	60.22	0.74
“十一五”	9.17	88.52	2.31
2006	27.55	71.15	1.29
2007	32.85	65.48	1.67
2008	23.03	74.89	2.08
2009	−14.97	112.00	2.96
2010	−22.62	119.09	3.52
“十二五”	−58.20	154.05	4.15
2011	−51.73	147.70	4.02
2012	−64.67	160.40	4.27

"十一五"时期,资本投入对兵团经济贡献最大,其次是TFP,劳动投入贡献率最小。"十二五"以来,资本投入贡献进一步增大,其次是劳动投入,TFP贡献率最小。纵观"八五"以来,TFP贡献率只在"十五"到"十一五"时期为正,劳动投入贡献率自"十五"以来总体呈上升趋势,资本投入占主导地位。

(二)劳动投入对经济增长贡献明显,但人力资本可持续发展后劲不足

从实证分析来看,在资本、劳动和全要素生产率对经济增长的贡献作用中,2009年以来劳动投入的贡献率总体排第二,并且对经济增长的贡献率不断提高。"十五"到"十一五"期间,兵团就业人数除2006年较上年略微减少以外,基本上呈稳步增长之势,"十二五"以来呈加快增长态势。就业人数由2001年93.31万人增加到2013年125.34万人,平均增速由"十五"时期1.31%、"十一五"1.45%,提高到"十二五"前三年5.69%。在就业人数扩大的同时,劳动投入对兵团经济增长的贡献率总体不断提高。"十五"时期劳动投入平均贡献率为1.11%、"十一五"为2.31%,"十二五"前三年达到4.15%。

表7　"十五"以来兵团劳动投入及对经济增长的贡献

	就业人数(万人)	劳动投入增速(%)	劳动投入贡献率(%)	经济增长率(%)
"十五"		1.31	1.11	9.8
2001	93.31	0.79	1.67	8.3
2002	95.51	2.36	1.50	9.1
2003	97.55	2.14	1.18	10.0
2004	97.59	0.05	0.47	10.1
2005	98.81	1.24	0.74	11.3
"十一五"		1.45	2.31	11.2
2006	98.75	−0.06	1.29	12.7
2007	99.51	0.77	1.67	14.2
2008	102.40	2.90	2.08	9.6
2009	103.57	1.14	2.96	9.2
2010	106.18	2.52	3.52	10.3
"十二五"		5.69	4.15	17.5
2011	112.32	5.79	4.02	16.0
2012	117.22	4.36	4.27	18.4
2013	125.34	6.93		18.1

劳动投入对兵团经济增长贡献作用提高的同时,也存在人力资本可持续发展不足的问题。主要表现在,一是人口增速较低,人口年均增速由“十五”时期1.1%下降到“十一五”0.3%,“十二五”前三年也仅为1.2%。兵团人口出生率、死亡率和自然增长率从1978年的16.56‰、3.14‰、13.42‰的“高出生、低死亡、高自然增长”的态势转变为2013年5.72‰、4.94‰、0.79‰的“低出生、低死亡、低自然增长”状态;二是人口老年化趋势加重,第六次人口普查数据显示,2010年兵团65岁及以上人口比重达到11.3%,比2000年提高了5.4个百分点,高于全国2.4个百分点,10年间老龄化程度将近翻了一番;三是中高层次人才匮乏,人口教育水平以初中及以下为主,整体文化素质偏低。2010年,兵团6岁及以上人口受教育程度,初中占40.1%、小学占27.0%,、高中占15.5%,大专及以上占11.8%、文盲率占4.73%。兵团人力资本发展不足问题也制约了对经济增长的贡献。

(三)技术进步对兵团经济增长贡献不明显,科技事业发展滞后

从全要素生产率来看,资本、劳动投入和技术进步对兵团经济增长的贡献度中,2009年以来技术进步最低,说明技术进步对兵团经济的增长还未起到实际的贡献作用。兵团科技进步对兵团经济增长作用越来越微弱,反映了兵团科技进步的滞后和不足。主要表现在:一是科技投入不足,2012年兵团R&D经费支出占GDP比重仅为0.93%,离全面建成小康社会2.5%目标值实现程度相差62.8%;二是科研与应用脱节,科研方向与经济社会发展的需求结合不紧,科研成果转化率低;三是科研力量分布不均衡,从地域来看是北疆强、南疆弱,从行业来看是农业强、其它行业弱;四是技术创新市场导向机制不健全,企业的创新主体地位没有真正确立。

三、支撑兵团“十三五”经济发展的环境和条件分析

通过从需求和供给两个方面分析影响兵团经济增长的影响,可以看到,无论从需求层面、还是从供给层面,“十三五”时期兵团发展具备较大的发展潜力。而且从未来看,“十三五”时期兵团经济具备较为有利的发展环境和条件。

(一)中央边疆治理方略下的兵团地位的确认和提升,将提供有利的政策环境

近年来,随着社会各方面对兵团的地位和作用有了新的认识和提高,党中央召开具有里程碑意义的第二次中央新疆工作座谈会,专题研究部署新疆工作,并强调了兵团的地位和作用。同时,中央还专门出台了支持新疆和兵团发展的具体意见,提出针对新疆发展中的特殊困难和问题,国家给予特殊的帮助和支持。明确要求支持兵团发展壮大,支持兵团南疆发展,支持兵团充分发挥大规模农业生产优势,建设优质特色农牧产品生产和加工基地,建成高水平的全国节水灌溉示范基地、农业机械化推广基地和现代农业示范基地。支持兵团参与资源开发利用、参股中央企业、发展优势产业。支持兵团加强特色城镇建设,改进和完善综合财力补助和专项转移支付的机制。这些财政、投资、金融、人才、科技、产业、扶贫开发、区域发展、对口支援等政策将有利于兵团今后发展。

(二)对外开放格局下的丝绸之路经济带建设,将拓宽兵团发展空间并带动产业转型升级

2013 年 9 月,国家主席习近平在哈萨克斯坦纳扎尔巴耶夫大学发表演讲时强调,中国希望同中亚国家深入合作,加强道路联通、贸易畅通和民心相通,共同建设丝绸之路经济带。兵团所处新疆既是古丝绸之路的重要组成部分,也是现代丝绸之路经济带构建中最具地缘优势、区位优势和人文优势的核心地带,是丝绸之路经济带中最重要的战略枢纽。兵团参与丝绸之路经济带建设,可以在深入推进"走出去"战略上大有潜力和作为。一是加强农业开发、工程建设、资源利用、经济技术合作等方面工作,构建较为完备的经济带产业群,形成明显的经济优势,深化同丝绸之路经济带沿线国家全方位合作,拓展新的开放合作空间。二是优化贸易结构,充分发挥东联西出桥梁、对外开放窗口和产业承接基地的作用。引进对口支援省市优势产业,做好兵团农产品及精深加工出口基地、工业品出口基地、进口资源加工出口基地等基地建设,增强兵团自产品出口实力。三是打造好平台功能围绕丝绸之路经济带核心区建设积极推进各类平台建设,主要是搭建兵团参与区域经济合作平台,着力打造园区产业平台、招商引资平台、市场物流平台、口岸经济平台、科教文卫合作平台、走出去平台。以平台聚集要素、提供动力。四是建立全方位多层次的合作交流协作机制。充分利用上海合作组织等各类平台,加强兵团与中亚国家贸易、金融、经济技术、政府、非政府组织的联系沟通与合作,扩大多(双)边经贸合作,提升兵团对外开放水平。

(三)师市合一体制下的城镇化发展,将弥补兵团发展的先天不足并促使治理能力的提升

2010年,第一次中央新疆工作座谈会提出了“在战略地位重要、经济基础较好、发展潜力较大的兵团中心垦区增设县级市”的要求,并首次将城镇化置于“三化”之首。2014年,第二次中央新疆工作座谈会提出“支持兵团加强特色城镇建设,积极稳妥推进师市合一、团镇合一,使城镇成为聚集人口产业、加强民族团结、示范现代生活的重要载体和平台”。兵团积极贯彻中央要求,提出了“师建城市、团场建镇、整体规划、分步实施、成熟一个建设一个”的城镇化发展思路,并规划在2020年前拟建约16个城市。目前,兵团已建起7个“师市合一”管理模式的县级市,5个“团(场)镇合一”管理模式的建制镇,城镇化率达到62.3%。实践证明,师市合一的城市发展模式既有利于举全师之力、集全师之智、聚全师之财做强做大城市龙头,又有利于发挥城市市场化程度高的优势,进一步处理好特殊体制与市场机制之间的关系。可以预见,如果到2020兵团如期实现城镇化发展目标,那么“十三五”时期城镇化将是兵团增长的最大动力和源泉。

(四)全面深化改革背景下的体制机制变革,将释放改革的制度红利并增强市场竞争力

改革释放制度红利。十八届三中全会通过《中共中央关于全面深化改革若干重大问题的决定》,为全面深化兵团自身改革指明了方向。紧紧围绕使市场在配置资源中起决定性作用和更好发挥政府作用,加快兵团特殊管理体制与市场机制接轨。重点深化团场改革、国有资产管理体制改革、行政管理体制改革,加快推进政企分开、政资分开、政事分开、政社分开,着力培育、发展和壮大市场主体。以做实做大“中新建集团”为载体和突破口推动兵团政企、政资分开。通过把新设立的兵团控股公司作为兵团政企分离的经济功能、企业发展的载体,强化兵团总部经济职能,承接国家产业投资资源,成为国有股权与产权的市场化、专业化运营管理中心。对于国家给予兵团各类产业扶持资金,可由新设立的兵团控股公司作为承载主体,代表兵团总部统筹用于产业投资和整合发展。新的组织架构在尊重现有产权关系基础上,以投资和专业化管理带动产业整合与资源要素集中,以利益为纽带,打破现有地域师团界限,充分发挥兵团的管理、资源及产业优势。可形成兵团总部、师部等各级现金流、投资收益等商业回报体系,并反哺重点产业发展。全面深化改革背景下兵团体制机制创新,将为兵团未来经济发展提供动力支撑。

(五)对口援疆政策下的民生改善,将凝聚民心民力并营造良好发展环境

对口援疆工作是与国家治理新疆,促进新疆跨越式发展,实现新疆社会稳定和长治久安战略目标的有效衔接。第二次中央新疆工作座谈会强调举全国之力,深入推进对口援疆工作。根据中央的决策部署,新一轮援疆战略将把保障和改善民生放在支援的优先位置,着力帮助各族职工解决就业、教育、住房等基本民生问题,着力支持新疆特色优势产业发展。2014 年第四次对口援疆工作会议强调,突出对口援疆工作重点,首先,一定要千方百计把就业搞上去,第二,一定要坚定不移把教育搞上去,第三,一定要坚持不懈把人才建设搞上去。也反映了对口援疆工作的重点更加突出了民生建设,改善民生成为对口援疆的第一落脚点。

民生连着民心,民心凝聚着民力,加强民生工作直接改善职工的生产生活条件,有利于营造拴心留人的环境,增强职工凝聚力。有利于职工自我积累,提升就业和创业的能力。民生工作往往又是最基础最薄弱的环节,加强民生工作,有利于夯实发展基础和缓解瓶颈制约。更重要的是,做好民生工作,有利于缓解和化解社会矛盾,有利于促进民族团结和社会和谐,为经济发展提供了支撑和社会保障,促进经济与社会发展的良性互动。

四、政策建议

一是解放思想,增强机遇把握和转化能力。“十三五”兵团发展面临诸多机遇,如何把机遇切实转化经济增长的现实动力尤为重要和迫切。首先要深入研究和把握新形势新要求,不断解放思想、转变观念,坚持怎么符合实际就怎么干,怎么有利于发展就怎么干。其次要善于把握政策蕴含的机遇,找准政策的对接点,不断提高运用和落实政策的实际能力。

二是全面推进各领域改革,释放制度红利。发展的落后一定意义上是改革的滞后,改革本身就是一种制度供给。要以改革破除不合理不适应了

的体制机制性障碍,推进特殊体制与市场经济接轨,进一步解放和发展生产力,以改革突破思维定势,激发创造活力,扬长避短,赢得主动,让潜在的优势充分显现和发挥出来。

三是优化投资结构,提高经济增长效率。兵团高度依赖投资增长,而投资边际效益递减,科技进步又贡献微弱,反映了兵团发展方式粗放,消耗高、产出低,不可持续。“十三五”投资仍然是兵团经济增长的第一驱动力,一方面依然要千方百计扩大投资规模,尤其在打基础利长远的薄弱环节、瓶颈制约方面加大投资力度,另一方面要注重优化投资结构,提高投资效率。以提高投资效率为突破口,提高经济增长效率和质量。

四是以转型升级为导向,构筑后发优势。以中央对新疆和兵团的特殊支持政策为支点,打造产业转型升级的政策高地。以提高自主创新能力为核心,构筑产业转型升级的技术支撑。以提升人力资本质量为抓手,增强产业转型升级的人才保障。以提高现代服务业比重为突破口,实现三次产业的协调发展。

五是做好五项重点工作,实现关键领域重点突破。兵团南疆发展、丝绸之路经济带建设、师市合一和团镇合一模式下的城镇建设、中新建集团组建和对口援疆这五项工作,既是载体、抓手,也是着力点和突破口。做好这五项重点工作,力争在打造兵团南疆增长极,扩大对外开放、建城戍边、政企分开、资源整合和改善民生等方面实现重大突破,是“十三五”经济增长动力发挥的关键因素。

完成单位:新疆兵团统计局
课题组组长:孙法臣
课题组成员:孙学光　张　鹏　魏风英
张宜琳　曲荣成　张　震

第十五章　湖北经济发展新动力研究

摘要：如何成功实现经济高质量发展是湖北在经济发展新阶段面临的关键问题。湖北经济在当前阶段有三个特征：发展态势面临速度换挡，发展方式面临结构转换，发展要素面临转型升级。分析支撑湖北经济增长的动力得出：需求动力以高投资为主，消费牵引动力不足；供给动力以要素投入为主，而自主创新动力不足；产业动力以工业化为主，产业优化动力不足。区域动力以城镇引领为主，区域协调动力不足。因此，湖北必须适应新常态的环境和条件，充分发挥经济增长的新动力。即：内需释放形成的拉动力、自主创新培育的驱动力、产业升级塑造的支撑力和区域统筹散发的推进力。在政策层面，湖北应以激发社会创造活力为导向，着力增创改革红利，着力提振有效需求，着力实施创新驱动，着力加快产业转型升级，着力推进区域协调发展。

当前我国迎来了以中高速、优结构、新动力、多挑战为主要特征的新常态阶段，湖北也正处于经济发展的新阶段，如何成功实现经济转型升级是湖北在新阶段面临的关键问题。湖北必须抓住新常态经济发展的机遇，发挥经济增长各种要素的作用，积极培育持久的发展新动力。

一、湖北经济发展的阶段性特征

（一）发展态势面临速度换挡

改革开放以来，湖北经济已连续保持了30多年的快速增长，年均增速达到10.8%，比全国高1个百分点。但在经历多年高速增长后，支撑发展的要素条件也在发生深刻变化，潜在增长率有所下降。“十二五”期间湖北经济增长率逐年下降，从2010年的14.8%，下降到2011年的13.8%、2012年的11.3%、2013年的10.1%。但从湖北的省情特点看，湖北目前正处工业化和城镇化加速推进期，如能充分发掘内生增长的新动力，湖北省有条件继续保持高于全国、领先中部的发展态势。

(二)发展方式面临结构转换

湖北是工业大省，目前正处于工业化中期阶段，重化工业占比较高，且存在一定的产能过剩，而战略性新兴产业、高新技术产业和现代服务业发展不足。2012 年湖北六大高耗能行业规模以上工业企业的能源消耗总量占全部规模以上工业企业能源消费总量的比重 82.9%，2012 年全省万元 GDP 能耗、万元工业增加值能耗等指标高于全国平均水平，而湖北的绿色发展指数则低于全国平均水平。"十三五"时期，湖北进入结构调整的艰难时刻，调整产业结构，转换发展方式将是湖北经济工作的主要目标。

(三)发展要素面临转型升级

一直以来，湖北经济发展在很大程度上得益于人口红利，企业依赖低成本、低价格竞争，创新能力不足。2013 年研发投入占 GDP 比重仅为 1.81%，低于全国平均水平 0.27 个百分点。2012 年开始，湖北的人口结构已经迎来拐点，劳动力人口比例开始下降，老龄人口占比加速上升。人口红利的消退必然带来储蓄率的下降和劳动力成本的上升，进而影响到投资率的下降。2012 年以来，湖北的投资效果系数已经下滑到 0.2 左右，而 2004—2011 年一直处于 0.33 以上。现代经济的发展离不开技术、项目、资本、人才这四个方面的关键要素，湖北在经济发展新阶段必须合理配置各类关键要素，依靠要素转型升级带动经济可持续发展。

二、湖北经济增长的动力分析

改革开放 30 多年来，随着市场经济体制的逐步完善，湖北经济运行的效率不断提高，促进经济增长的各项因素在湖北得到运用、积累和放大，对经济增长形成了强劲的驱动力。

(一)经济增长的供给要素动力分析

从投入要素分析，资本、劳动力和技术进步、制度创新是经济增长的长期动力，各国经济实践也充分证明这些要素是经济增长的主要源泉。2000 年以来，这些投入要素为湖北省经济快速增长提供了充足的原动力，这些要素的投入情况反映在投资、从业人员、R&D 经费占 GDP 比重，非公有经济比重等指标中。

表 1　各投入要素的变动情况

年　份	GDP（亿元）	就业人数（万人）	固定资产投资额（亿元）	研发经费占 GDP 比重（%）
2000	3545.39	3384	1421.55	0.98
2013	24668.49	3692	20753.91	1.81
2000—2013 年均增长率（%）	10.7	0.7	20.3	—

在资本投入方面，高储蓄率为湖北投资高增长提供了雄厚的资本支持，2013 年全省投资总量达到 20753.91 亿元，是 2000 年的 14.6 倍，年均增长 20.3%。

在劳动力投入方面，多年来的人口红利带来了丰富的劳动力，第二、三产业劳动力快速增长。劳动力受教育程度和综合素质得到很大提升，产业部门对专业技术人员和技术工人需求上升。2013 年全社会实际就业人数 3692 万人，比 2000 年增加 308 万人，年均增长 0.7%。

从 R&D 经费投入与创新看，技术进步对经济增长的作用日益增强，R&D 经费投入占 GDP 的比重由 2000 年的 0.98% 提高到 2013 年的 1.81%，上升 0.83 个百分点。

以中国市场化程度指数作为反映制度因素的指标来测度制度创新水平，2010 年湖北市场化程度指数为 7.93，在全国排第 14 位，比 2000 年前进 5 位。

按照诺贝尔经济学奖获得者罗伯特 · 索洛的经济增长理论分析框架，采用柯布—道格拉斯生产函数 $Y(t)=A(t)K^{\alpha}(t)L^{\beta}(t)$，方程两边取自然对数，得到进行经济增长率计量核算的基础形式：$\ln Y(t)=\ln A(t)+\alpha\ln K(t)+\beta\ln L(t)$。选用 1978 年到 2013 年的 GDP(Y)、资本投入（K，以永续盘存法计算）和劳动力投入（L，用平均从业人员乘以平均工资）作为变量，利用 eviews 进行回归分析，得到生产函数的估计式为：

$$\ln Y=1.2395+0.4650nK+0.3295\ln L(R^2=0.9963)$$

正规化：$\alpha_k=\alpha/(\alpha+\beta)=0.5853$

$\alpha_L=\beta/(\alpha+\beta)=0.4147$。

以此,测算1990—2013年各生产要素对经济增长的贡献率,结果如下:

表2 1978—2013年湖北经济增长的要素贡献率(%)

	劳动贡献率	资本贡献率	全要素生产率
1978—2013	0.38	0.53	0.09
“六五”	0.41	0.53	0.06
“七五”	0.39	0.54	0.07
“八五”	0.37	0.55	0.08
“九五”	0.39	0.54	0.06
“十五”	0.41	0.52	0.07
“十一五”	0.34	0.54	0.11
“十二五”(2011—2013)	0.31	0.52	0.17

从发展历程看,湖北资本、劳动力和全要素对经济增长的贡献呈现出阶段性的演进规律。其一,随着结构调整和制度创新发展,全要素生产贡献率呈波浪式提高,一方面显示全要素对湖北经济快速健康增长起着重要的作用,也说明结构调整与改革创新是一个艰难曲折的过程。特别是“十一五”后,随着科技投入的不断增加,全要素生产率实现历史性突破,超过10%。其二,资本对经济增长贡献率较为稳定,保持在50%以上的水平,超过全要素生产率和劳动贡献率,表明资本投入是湖北经济稳定增长的基础支撑。其三,人口红利的释放,为湖北经济发展提供了强有力的支撑。随着结构调整的加快和技术进步作用的增强,大量适应现代化生产需要的劳动者供应的提升,也是经济发展必不可少的要素。但是随着人口老龄化的来临,劳动对经济增长的贡献率呈下降趋势。

(二)经济增长的需求要素动力分析

内需规模不断扩大对湖北经济增长发挥的巨大的拉动作用,而外需不足则对湖北经济增长形成了一定制约。2013年湖北资本形成总额14245.35亿元,最终消费额11161.21亿元,净出口额为92.8亿美元,分别是1992年的40.1倍和10.2倍和16.3倍。从三大最终需求占GDP比重看,总体呈投资上升、消费下降趋势,净出口的比重则始终在低水平徘徊。1992—2013年,投资率由32.6%上升到56.0%,消费率由63.3%下降到43.9%,净出口率保持在—4.0%至4.1%之间。

1. 投资需求是拉动经济增长的主要因素。1992—2013年,平均投资率

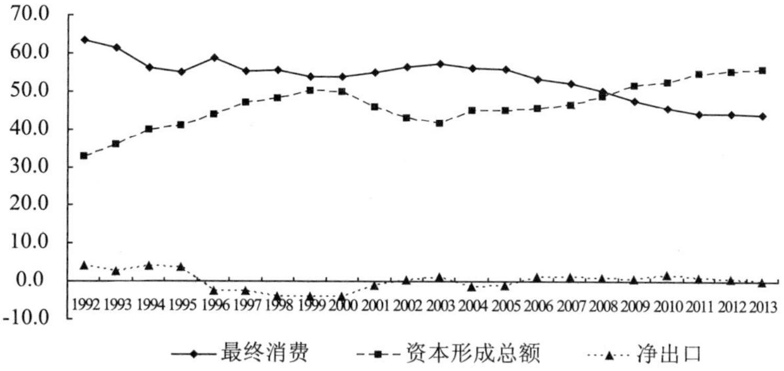

图 1　三大需求占 GDP 比重(%)

为 46.4%,对经济增长的年平均贡献率达 55.1%。通过回归分析发现,湖北省投资与总产出高度线性正相关(y=1.8014k+728.7954),表明当前投资的不断扩大,为全省经济的快速增长创造了有利条件。近年来,湖北省投资率、投资贡献率均在不断扩大,超过了消费对经济增长的拉动,成为湖北省经济增长的主动力。

2. 消费需求是促进经济增长的重要力量。消费需求是最终需求,对投资需求的持续增长和国民经济的稳定发展起着决定性的作用。投资需求具有"名为当期需求、实为下期供给"的两重性,只是一种相对意义的"最终需求",能否保持投资需求的持续快速增长最终取决于消费需求的增长。1992—2013 年,湖北省平均消费率达 53.5%,对经济增长的年平均贡献率为 47.5%。

3. 净出口需求成为经济增长的"短板"。湖北省对外依存度偏低,净出口需求对湖北省经济增长的作用较小。湖北省是一个社会产品供需"两头在外"的内陆地区,大量的消费品、投资品从外地流入,并没有真正创造属于本地的增加值,而是拉动了生产地的增加值,在经济发展过程中不仅没有起到拉力作用,反而对经济增长进行负向拉动。1992—2013 年,湖北省净出口对经济增长的年平均贡献率为—2.5%。

(三)经济增长的产业结构动力分析

从动态的角度看,经济增长的快慢与产业结构水平高度相关,产业结构在一定程度上决定经济增长方式,任何一个时期经济的增长都是受一定产业结构的制约。纵观湖北改革开放 30 年来的经济发展历程,一、二、三产业结构从多方面对经济增长产生了影响。从产业结构角度来看经济增长曲

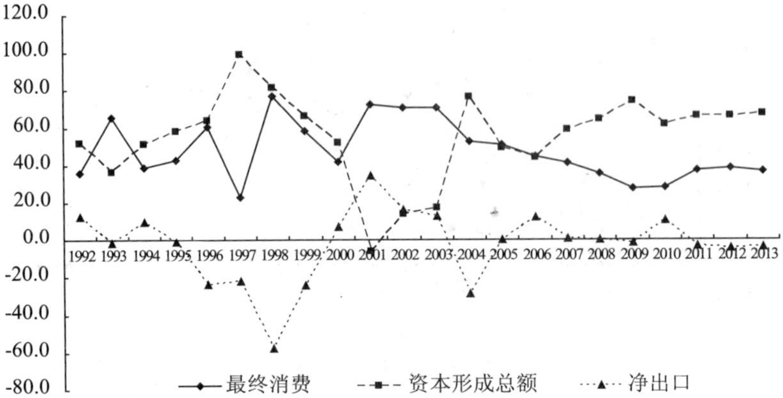

图 2 三大需求对 GDP 增长贡献率(%)

线,湖北从农业经济走向工业经济的历程一目了然,大致可以将其分为三个时期:“农业主导型”时期、“结构转型”时期和“新型工业化主导型”时期。2000 年至今,湖北产业结构曲线与二产业比重曲线基本一致,新型工业化主导作用增强。从三次产业的贡献率角度分析,二、三产业对经济的拉动作用大于一产业,并且二产业的拉动作用强于三产业。

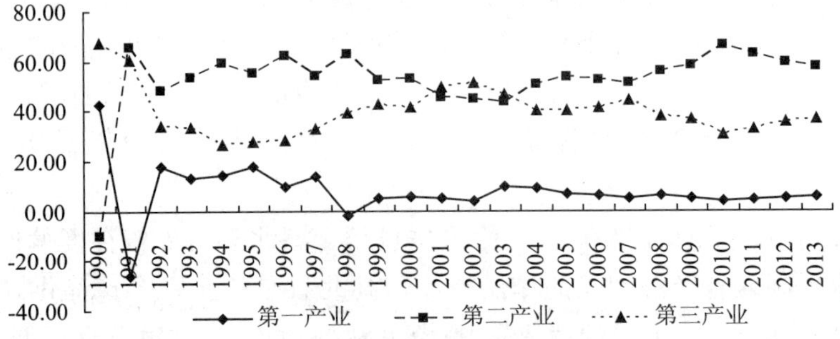

图 3 三次产业贡献率(%)

正因为不同产业对经济增长的贡献有大有小,不同的产业结构可能会带来不同的总产出,为定量考察产业结构变化对经济增长的影响,引入统计分析中的因素分析方法来分析产业结构变动对经济增长的贡献率。计算过程如下:

$$g=\sum_{i=1}^{3}w_i g_i$$

g 表示国民生产总值的增长率;w_i 为第 i 产业增加值占 GDP 的比重;g_i 为第 i 产业增加值的增长率。GDP 增长率的大小取决于两个因素,一是各产业增长率，二是各产业增加值的比重。假定各产业增长率一定，增加值比重较高的产业对GDP的拉动作用就越大，因此可以借鉴因素分析方法测定产业结构变动对经济增长的贡献率，以各产业的报告期增长率，乘以基期的增加值比重来求得GDP增长率，与报告期实际GDP增长率相减就是产业结构变动对经济增长的贡献率。计算结果表明，产业结构对经济增长有较大的影响作用。

表3　产业结构贡献率(%)

(按可比价格，以1979年为基期)

年份	实际增长率	测算增长率	贡献率	年份	实际增长率	测算增长率	贡献率
1980	6.4	6.4	0.0	1997	11.9	10.8	1.1
1981	6.5	6.9	−0.4	1998	8.6	6.6	2.0
1982	11.9	12.2	−0.2	1999	7.8	6.1	1.6
1983	5.9	6.0	−0.1	2000	8.6	6.9	1.7
1984	20.9	20.7	0.2	2001	8.9	7.1	1.8
1985	16.2	15.8	0.4	2002	9.2	7.0	2.2
1986	5.5	5.3	0.2	2003	9.7	8.5	1.2
1987	8.4	7.9	0.6	2004	11.2	10.2	1.0
1988	7.8	6.1	1.6	2005	12.1	10.0	2.1
1989	4.5	4.6	−0.1	2006	13.2	11.1	2.1
1990	5.0	5.3	−0.3	2007	14.6	11.7	2.9
1991	6.6	5.4	1.3	2008	13.4	11.5	1.9
1992	14.1	13.2	0.8	2009	13.5	11.3	2.2
1993	13.0	12.0	1.0	2010	14.8	12.3	2.5
1994	13.7	12.9	0.8	2011	13.8	11.3	2.5
1995	13.2	12.6	0.6	2012	11.3	9.3	2.0
1996	11.6	10.3	1.3	2013	10.1	8.4	1.7

(四)经济增长的城镇引领动力分析

城镇化推进和重点城市建设带来的聚集效应和扩散效应，能够推进农业产业化进程，为工业化的发展提供良好的环境，促进第三产业规模不断壮大,还能引领区域的整体发展、协调发展,进而促进经济的增长。从城镇化的影响效应看,1979—2013 年湖北省的城镇化水平与人均 GDP 的相关系数高达 0.85,城镇化水平与人均 GDP 的对数曲线相关系数达 0.98,城镇化水平的提高对经济增长有显著的促进作用。从重点城市建设的影响看,省会城市和大城市快速发展,对湖北经济发挥了较强的带动作用。2013 年,武汉生产总值达到 9051.27 亿元,在全国同类城市中地位继续提高,襄阳、宜昌的地区生产总值增速分别达到 11.5%和 11.4%,远超全省平均水平。在省会城市和大城市的带动下,黄冈、荆州、孝感、荆门、黄石等一批城市生产总值突破千亿元,十堰、鄂州、咸宁、随州、恩施、仙桃、潜江、天门、神农架赶超态势强劲,湖北全省的经济增速继续在全国位居前列。

综上所述,30 多年来,我国经济以改革开放为开端,基本上形成四条推动经济增长路径,即:以高投资为主的增长,消费牵引动力不足;以要素投入为主的增长,而自主创新动力不足。以工业化为主的增长,产业优化动力不足。以城镇引领为主的增长,区域协调动力不足。四条路径虽然在过去一段时期有力推动了湖北经济的快速增长,但经济增长过程中的问题也日益凸显,传统增长动力面临越来越多的挑战,增长方式转变迫在眉睫。

三、湖北发展新动力展望

当前湖北人均 GDP 达到 6900 美元,正处于 3000—10000 美元的“中等收入水平”阶段,“十三五”时期是湖北经济转型发展的关键时期。要真正加快建成中部崛起的重要战略支点、在结构调整和发展方式转变上走在全国前列,湖北必须适应新常态的环境和条件,充分发挥经济增长的新动力。

(一)内需释放形成的拉动力

当前湖北已进入城镇化快速发展的新时期,新型城镇化的推进必将释放出巨大的市场需求能量,消费牵引动力不足的局面有望实现扭转,投资也仍将对经济增长发挥较强的拉动作用。

从消费看,2013 年湖北城镇居民家庭人均消费性支出达到 15750 元,农民家庭人均生活消费支出仅为 6280 元,二者相差 1.5 倍。随着农村人口逐步向城镇转移,居民收入水平将迅速提高,必然创造更多的消费需求。同时,新型城镇化带来的社会保障水平提高和消费环境的改善,也会促进消费结构优化升级。发展型、享受型消费将会不断提升，生存型消费将会减少；服务型消费将会不断提升，而物质性消费将会减少。

从投资看，新型城镇化进程将会带来基础设施投资规模迅速扩大和投资环境明显改善。近几年完成的港口群建设、断头路打通以及公路、铁路、航空和航运运输无缝对接都将为投资合作提供巨大的便利条件，制造业，建筑业和服务业投资都会随之快速增长。钢铁、水泥、机械等行业都将获得新的需求，现有过剩产能的问题有望逐步缓解。

（二）自主创新培育的驱动力

科教人才资源丰富是湖北核心战略优势，多年来湖北省部级以上科技成果和专利居全国前列。这些高质量的科技资源必然充分释放科技创新潜力，不断凸显创新驱动的倍增效应，是湖北加快发展的“加速器”。“十三五”时期湖北科研投入的强度仍将不断提高，科技对经济增长的贡献率仍有提升空间。2020 年，湖北 R&D 经费投入占 GDP 比重将达到 2.5%以上，比 2013 年将提高 0.7 个百分点左右。全省大中型工业企业平均研发投入占主营业务收入的比例达到 2.0%。全省高新技术企业达到 3600 家、创新型（试点）企业达到 600 家、知识产权优势企业达到 80 家，形成一批综合竞争力居全国前列的百亿级高新技术企业。从发明专利授权量增速情况看，未来几年湖北发明专利授权量仍将保持较快增速，年均增速预测在 20%以上。劳动力资源丰富，劳动者素质不断提高。当前湖北省 16—64 岁劳动适龄人口占全部人口的比重达到 75.3%，未来五年预计仍将维持在 75%左右的水平，每年提供的劳动力保持在 3500 万人以上，劳动力资源数量优势仍存在。目前全省高中阶段升学率达到 95.7%，高等教育入学率达到 42.1%，这意味着未来五年湖北新进入市场的劳动力中，绝大多数接受过大专以上教育，劳动者素质将进一步提高，形成新的人口红利。

（三）产业升级塑造的支撑力

产业结构优化升级是拉动经济增长的重要方式，改变目前湖北“重、低、散”产业结构，“十三五”时期湖北结构调整将取得明显进展，对经济增长的支撑力将逐步显现。据相关资料测算，“十二五”以来，湖北第二、三产业对经济增长的贡献率达 95%，每增长 1 个百分点，分别拉动 GDP 增长 0.58 和 0.37 个百分点；第三产业占比重每上升 1 个百分点，其增速则可提高 2—3

个百分点,进而拉动 GDP 近 1 个百分点。(见表 4)

表 4 三次产业结构变化趋势预测

	计量单位	2013 年	2017 年预计			2020 年预计		
	%		8.0	8.5	9.0	8.0	8.5	9.0
地区生产总值	%	100.0	100.0	100.0	100.0	100.0	100.0	100.0
#第一产业	%	12.6	10.8	10.6	10.4	9.8	9.5	9.2
第二产业	%	49.3	47.7	47.4	47.1	45.7	45.5	45.3
第三产业	%	38.1	41.5	42.0	42.5	44.5	45.0	45.5

湖北是工业大省,制造业是湖北的优势。中央对湖北的定位既是战略支点,也是先进制造业基地和高新技术产业基地。多年的发展形成了汽车、钢铁、石化、装备制造、光电子信息、医药、建材和轻工纺织等优势产业,占全省工业比重近 90%,对工业增长的贡献率达到 90%。基本特征是以发展重化工业为主,像光电子信息等高科技产业比重不高,其中多个行业已成为产能过剩行业,如钢铁、汽车、建材、纺织等。未来湖北工业将形成三个转型方向:一是从低附加值产业转向高附加值产业。通过加强自主创新,引导创新要素向支柱产业集聚,推动传统产业新型化,促进产业链向高端延伸,推动汽车、石化、装备制造、电子信息、食品等支柱产业向更高层次迈进。制造业中产业价值链将从单一、低附加值的制造环节向研发、咨询、流通、销售延伸。二是从高耗能高污染产业转向绿色环保产业。通过加快淘汰落后产能,大力发展节能环保产业。未来湖北低耗能产业占工业固定资产比重由目前 57.5%降到 45%以下。三是制造业与生产性服务业的融合。湖北是我国重要的研发基地,发展研发服务外包是湖北与周边省份错位发展的重点之一。经过几年培育,湖北生物医药研发服务外包业可成为继软件外包产业之后的又一重要领域。装备制造业是湖北最重要的战略性新兴产业,将形成从研发、原料供应、物流服务到金融服务大规模、长链条的巨大外包市场。

从第三产业增加值占 GDP 比重看,未来几年湖北第三产业占 GDP 比重将保持稳步提升态势,2020 年将超过 45%。特别是金融、保险、信息传输、科技咨询、文化出版等现代服务业具有较高的生产效率和效益,其劳动生产率也远远高于一般工业,因此服务业总量、速度的提高将直接加快经济增长。

(四)区域统筹散发的推进力

区域非均衡发展战略是推进经济加快发展的强力机制，改革开放之初，中央通过实施深圳经济特区、浦东开发区等战略举措，一方面造就了带动国民经济整体增长的经济核心区和增长极，给国家带来30多年的高速增长，另一方面加快了东部地区经济实力和整体素质的迅速提升，并通过一系列传递、扩散机制和示范效应，也带动了中西部地区的开放和发展。

当前在湖北新一轮的发展中，将从二个层面形成新的发展动力，一是以“一主两副”、“两圈两带”等“圈”“带”增长极，以武汉东湖国家自主创新示范区、经济开发区等为核心的战略平台和重要载体，产生要素集聚、辐射、带动作用，有利于提升竞争力、提升环境质量。二是新型城镇化的带动。未来几年是湖北加快新型城镇化发展的关键时期，城乡一体化加快发展将成为经济增长的新引擎。2013年湖北常住人口城镇化率为54.5%，户籍人口城镇化仅为36%，新型城镇化特别是人的城镇化发展空间巨大，也必将释放出巨大的市场需求能量。根据相关调查资料估算，一个湖北农村居民转变为市民，将增加12万元左右的投资和消费需求，城镇化率每提高1个百分点将拉动经济增长3个百分点。以目前的趋势推测，湖北城镇化水平在未来一段时期将持续提升，2020年将接近60%的水平，大约能拉动经济总量增长15%以上。

四、促进新动力发展的政策建议

“十三五”时期，我国仍处于发展的重要战略机遇期，但其内涵和条件发生了深刻变化。面对发展新常态，湖北应以激发社会创造活力为导向，着力增创改革红利，着力提振有效需求，着力实施创新驱动，着力加快产业转型升级，着力推进区域协调发展，培育湖北经济稳定增长的新引擎。

(一)着力增创改革红利

要推动牵一发而动全身的重点改革，争当全国改革攻坚的排头兵。关键是要把改革的红利转化为“发展新动能”、“民生新福祉”。一是进一步加大简政放权力度，引入“负面清单”管理，切实消除目前在一些领域仍或多或少存在的“玻璃门”和“弹簧门”现象。二是深化国企改革,加快发展混合所有制经济。建立健全现代企业制度,规范法人治理结构。着力优化国有企业股权结构,全面推进股权多元化。三是深化投融资改革,推进政府购买服务、公私合作模式和特许经营制度。

(二)着力提振有效需求

积极发挥投资的关键作用。湖北仍处于工业化中期阶段,投资仍是拉动经济增长的重要抓手。一是围绕增加公共产品有效供给和改善民生,补上投资短板。要抓住新常态下基础设施建设、生态环境保护、社会事业发展蕴藏的投资机遇,优化制造业投资结构,扩大医疗、养老、教育、文化体育等关系民生领域投资需求。二是尽快培育湖北第三产业新的投资增长点,把投资重点放在高附加值的金融保险证券、现代物流、文化产业上。三是提高工业投资效益。着力避免盲目投资、重复建设,重点支持高附加值精深加工工业投资、高新技术产业投资和战略性新兴产业投资。

扩大居民消费,拓展新的增长领域。一是提高收入水平。要通过改革收入分配制度,增加中低收入群体收入,完善社会保障制度,促进基本公共服务均等化,提高消费预期。二是培育和扩大消费新热点。当前居民消费处于结构升级的重要阶段,发展享受型消费具有巨大潜力。要从不同收入群体消费结构变化中发现消费新热点,一方面提升交通通讯、住房等传统消费,另一方面拓宽电子信息、文化教育、健身娱乐、休闲旅游等新兴服务消费。

(三)着力实施创新驱动

一是建立科技创新体系。湖北要通过整合科技规划和创新资源,统筹协调政府对基础性、战略性、前沿性科学研究和共性技术研究的支持机制,研究出台科研政策与产业、金融政策的配套协同方案,建立以企业为主体、市场为导向、产学研相结合的技术创新体系,引导和激发企业的自主创新行为。二是建设好创新平台。充分发挥好高新投的平台作用,推进东湖国家自主创新示范区、武汉综合性国家高技术产业基地、武汉科技和金融结合试点城市等创新平台建设,着力打造创新驱动的示范区,发挥其先行先试的带动作用。三是加大创新型企业家、创新型人才的培养,为突破目前的人力资本不足的约束,在充分激发各种人才的创新活力之外,也应形成有效的人才引进机制。例如改革、完善武汉东湖自主创新示范区股权激励机制，吸引更多的创新创业的领军型人才和专业化风险投入驻武汉，使武汉真正成为“华中硅谷”。

（四）着力加快产业转型升级

湖北产业转型升级，核心在于提高产业竞争力，既要遵循产业演进路径和规律，又要找准结构优化的切入点，体现转型升级的目标导向。在调整思路上实现五个结合，即，扩大总量与优化结构“两手并重”，信息化与工业化“两化融合”，传统产业与高新技术产业“两业并举”，先进制造业与现代服务业“两轮驱动”，实体经济与虚拟经济“两经并进”。

在发展方向上，突出5个提升。即，提升千亿产业。2013年湖北主营业务收入超千亿元的行业达到13个，要加快实施“支柱产业倍增计划”和“千亿元产业提升计划”，将支柱产业进一步做大做强做优。提升传统产业。湖北省工业中主体还是传统产业，这是湖北省最基本的工业力量。要坚持以信息化带动工业化，以先进适用技术改造传统产业，促进传统产业转型升级。提升新兴产业。高新技术产业和战略性新兴产业是赢得未来的关键，是战略制高点。要按照国家和省关于支持战略性新兴产业的规划，加快推进新一代信息技术、高端装备制造、新材料、生物科技、节能环保、新能源、新能源汽车等战略性新兴产业发展。提升现代服务业。工业与生产性服务业融合不够是湖北服务业发展的短板，为此，一要大力发展市场主体，借全面深化改革进一步落实创业扶持政策，大力实施“市场主体增量行动”“回归创业工程”，激发服务业做大做强。二要大力发展交通通讯、电子商务、金融、旅游、科技服务、文化等生产性服务业，提升其产业竞争力。提升现代农业。湖北是全国重要优质农产品主产区，要坚持一手抓粮食综合生产能力提升，一手抓农产品加工转化，加快构建现代农业经营体系，形成合理的农业生产布局，扩大无公害农产品、有机农产品和绿色食品的生产，着力打造全国绿色农产品加工基地。

（五）着力推进区域协调发展

以加快“建成支点、走在前列”为核心的战略体系是湖北贯彻落实十八大精神的行动指南，是落实国家区域发展总体战略、实施发展规划纲要的具体体现。关键是落实两个重点。一是强化武汉的战略核心。要围绕“复兴大武汉、建成国家中心城市”目标，着力打造全国有影响的创新中心、制造业中心、金融贸易中心和物流中心，发挥对国家发展、城市功能、全球网络和科技创新的引领、示范、优化等重要作用。二是发挥宜昌、襄阳两个省域副中心带动力、辐射力和影响力作用，围绕“两百平方公里、两百万人口”的目标做大城市规模，重点是以长江经济带和汉江生态经济带为主要范围，重点进行“Y字型”的生产力布局，形成“两圈两带”发展的主轴。三是其他市州围绕各自战略，发挥优势，形成抓手，打造区域特色经济中心。四是大力发展县域经济。一方面要解决县域经济发展中能源和金融服务短板，另一方面，大力建设在全国有特色品牌和实力的百强县市。

完 成 单 位:湖北统计局
课题组组长:吴中志
课题组成员:李团中　邓有成　付春晖　王　道　张　萍
执　笔　人:付春晖　王　道　张　萍

第十六章　河南经济增长新动力培育研究

摘要：河南经济在经历30多年的高速增长之后，进入个位数增长阶段，已引起社会关注。目前河南正处于爬坡过坎、转型攻坚的关键时期，能否在未来特别是即将到来的“十三五”时期继续保持较快增长，是亟须回答的问题。本文首先对河南经济增长的传统动力进行分析，认为传统生产要素粗放投入型的经济增长模式难以为继、能源原材料工业拉动型的经济增长模式难以持续、投资主导型经济的增长模式难以持续。从供给和需求两方面考虑，“十三五”时期河南经济增长需要新动力。需要加快推进产业结构战略性调整，提升劳动生产率；需要调整要素投入结构，提高资源配置效率；需要深入推进新型城镇化，进一步释放内需潜力；需要释放改革红利，增强经济发展的动力与活力。通过探索新动力，本文提出适应新常态，努力保持经济持续健康发展的几条对策，期望能为制定河南“十三五”经济社会发展规划提供理论借鉴。

在经历30多年的高速增长之后，河南经济增速持续走低。GDP增速从2007年的14.6%回落到2012年的10.1%，并于2013年一季度起连续7个季度个位数增长，2014年前三季度进一步回落至8.5%。经济增速的持续回落表明，当前的经济走势不仅仅是外部冲击导致的周期性波动，更主要是传统增长动力日渐乏力造成的结果。河南经济进入转型发展新阶段，中高速增长将成为2015年乃至“十三五”时期经济发展的新常态。那么传统增长动力为什么会渐行乏力、新的接续支撑力量在哪里，如何激发经济增长的新动力从而更好地适应新常态、保持经济持续健康发展，就成为一个有意义的研究课题。

一、传统增长动力日渐乏力

经济增长理论认为经济增长动力主要来自于供给和需求两个方面，供给方面主要包括生产要素供给以及产业结构,需求方面主要包括投资、消费和净出口,经济增长就是在这两方面的共同推动下实现的。但随着河南经济持续多年的快速增长,国内外环境和内部条件都发生了较大变化,经济增长动力出现转换,新的接续支撑力量作用发挥尚不明显,而过去支撑经济高速发展的传统增长动力均有所减弱,标志着目前河南经济已经进入转型发展新阶段。

(一)传统生产要素粗放投入型的经济增长模式难以为继

长期以来河南推进经济增长,主要依靠的是劳动力、土地、资源等生产要素的大量投入。但随着工业化、城镇化的快速推进,支撑河南多年快速发展的资源环境等传统生产要素供求关系发生较大变化。

"人口红利"逐步消失,劳动力供应结构性短缺。河南省总人口由2008年的9918万人增加到2013年的10601万人,但这一段时期劳动年龄人口却减少了599万人,占全部人口的比重由72.3%降至69.8%;总抚养系数从38.3%上升至43.2%(见表1)。随着劳动力数量减少,"人口红利"逐步消失。劳动力供应由"全面过剩"转向"结构性短缺",新生代农民工受教育程度高符合企业用工需求,同时他们职业期望值高、物质和精神享受要求高、工作耐受力低;一二代农民工吃苦耐劳,但他们受教育程度低,年龄偏大,难以达到企业用工需求,企业招工难、用工贵问题较为突出。

表1 2008年以来河南省人口变化情况(%)

	劳动年龄人口(万人)	总人口(万人)	总抚养系数(%)	劳动年龄人口比重(%)
2008年	7171	9918	38.3	72.3
2009年	7166	9967	39.1	71.9
2010年	6644	10437	41.6	70.6
2011年	6595	10489	42.4	70.2
2012年	6587	10543	42.8	70.0
2013年	6572	10601	43.2	69.8

土地供应缺口较大。未来5年河南各项建设年均需新增用地约80万亩,而国家安排的新增建设用地计划指标年均仅为20万亩,与实际需求相比每年"缺口"达60万亩左右。由于土地紧张,一些工业项目不能落地,扩大再生产受到影响。

资源环境硬约束增强。河南人均资源能源拥有量偏低，对能源资源的消耗却十分巨大，一些地方生态环境承载能力已接近极限。2013 年，河南省 GDP 占全国的 5.7%，消耗的能源却占全国的 6.6%；雾霾发生率由 20 世纪 80 年代末的 15%左右增加到现今的 50%以上，并呈现出越来越严重的趋势，资源环境的硬性约束越来越大。总之，再靠过去那种大量投入传统生产要素来推动经济增长的模式在 2015 年及“十三五”时期已经难以为继。

(二)能源原材料工业拉动型的经济增长模式难以持续

20 世纪 90 年代以来，工业尤其是能源原材料工业①一直是支撑河南经济增长的重要力量。金融危机后，河南经济整体呈现下行趋势，工业增速下滑是主因。近些年，虽持续推进工业结构战略性调整，但结构不合理问题依然突出，能源原材料工业比重偏大，近年来虽有所下降但 2013 年仍占规模以上工业的 47.0%，明显高于全国平均水平；且比较优势逐步减弱，多数产品处于产业链前端和价值链低端等。在调结构与压缩过剩产能的结构性重塑过程中，能源原材料工业增速下滑较为明显，对经济的拉动力明显减弱。据测算，2009－2013 年，能源原材料行业的拉动点数由 7.3 降至 4.8，下降了 2.5 个百分点。与此同时，河南近年来着力培养的新的增长点支撑力量依然薄弱，无法抵消能源原材料行业的下拉影响。近年来大力扶持的电子信息产业②虽保持了高速增长，2010－2013 年年均增速高达 131.5%，高于全省规模以上工业 115.3 个百分点；但总量偏小，2013 年仅占全省规模以上工业增加值的 2.9%，对工业经济的拉动尚不明显，2013 年仅拉动全省工业增长 0.9 个百分点，仅比 2009 年多拉动 0.9 个百分点(见表 2)。

服务业发展滞后，拉动效应依然较弱。在河南经济转型升级、爬坡过坎关键时期、工业增速回落的情况下，服务业理应对全省经济波动产生稳定作用。但河南服务业以传统服务业为主，发展水平滞后，2013 年占 GDP 的比重为 32.0%，居全国末位，低于全部工业 17.6 个百分点；增长较为缓慢，

---

① 主要包括煤炭开采和洗选业、石油和天然气开采业、黑色金属矿采选业、有色金属矿采选业、非金属矿采选业、石油加工炼焦及核燃料加工业、化学原料及化学制品制造业、橡胶制品业、非金属矿物制品业、黑色金属冶炼及压延加工业、有色金属冶炼及压延加工业、电力热力的生产和供应业。

② 根据《河南省人民政府关于加快推进产业结构战略性调整的指导意见》(豫政【2013】65 号)文件精神，专指计算机、通信和其他电子设备制造业。

2009－2013 年年均增长 11.0%,低于全部工业 1.5 个百分点;2013 年仅拉动全省经济增长 2.6 个百分点,仅相当于全部工业的 48.6%,比 2009 年还少拉动 0.7 个百分点。

表 2 能源原材料行业及电子信息产业对工业增长的拉动点对比

	能源原材料工业	电子信息产业
2009 年	7.3	0.0
2010 年	7.4	0.2
2011 年	6.7	1.6
2012 年	5.4	1.5
2013 年	4.8	0.9

(三)投资主导型经济的增长模式难以持续

自 2006 年以来河南的经济增长模式一直为投资主导型,当年资本形成率首次超过最终消费率,达 51.1%;2012 年进一步上升至 74.5%。今后河南的经济增长仍会高度依赖投资,但投资继续保持快速增长、支撑经济稳定增长的难度加大,继续扩大规模、增加投资的外延式发展已难以为继。全省固定资产投资增速从 2005 年达到顶峰 42.8%至 2013 年增长 23.2%,整体呈波动下滑态势(见图 1)。企业盈利空间逐步收窄导致的工业投资增速回落是影响全省投资增速回落的主要原因。受国内外市场有效需求不足以及河南自身结构矛盾等因素的叠加影响,全省部分工业行业出现产能过剩。在有限的市场容量下,伴随着行业竞争的不断加剧,工业品价格持续低迷,企业盈利空间不断压缩,利润总额增速从 2010 年的 64.5%回落至 2013 年的 12.8%。经济效益的持续低位运行阻碍了企业进一步扩大再生产的需求。自 2011 年 12 月起,工业投资增速持续低于固定资产投资增速。2013 年,全省工业投资拉动固定资产投资增长 10.5 个百分点,比 2005 年少拉动 13.5 个百分点。

此外,宏观经济持续深度调整加剧了由于传统增长动力乏力带来的经济增速放缓。国际金融危机对全球经济造成了巨大冲击,发达国家过度负债消费、过度依赖虚拟经济的增长模式和发展中国家过度储蓄、过度依赖资源消耗的经济增长方式均难以为继,世界经济陷入深度调整。据国际货币基金组织测算,全球经济增速从 2010 年的 5.2%持续放缓至 2013 年的 3.2%,减缓幅度超过预期。全球经济深度调整意味着支撑我国快速增长的

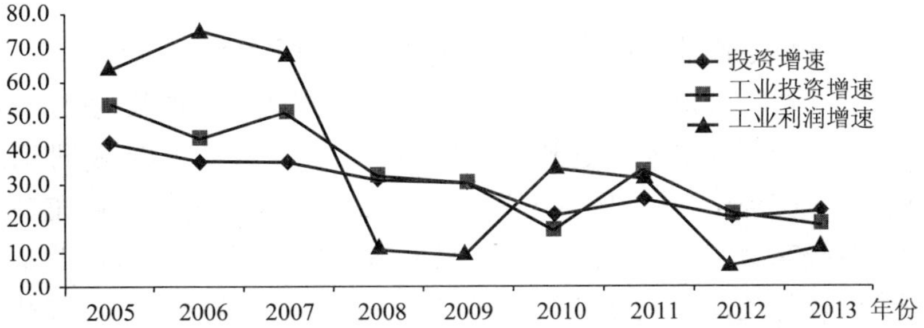

图1　2005年以来全省固定资产投资、工业投资及工业利润增速(%)

外部环境发生了重大改变。目前,发达国家的再工业化政策促使部分制造业企业回归,并对我国出口导向型产业的环保要求愈来愈高。这使得我国以机电产品为主的出口模式受到一定冲击,全国出口增速由2010年的31.3%回落至2013年的7.9%,东部沿海地区外向型经济受到较大冲击,一方面对能源原材料产品的需求有所下滑,另一方面产业转移速度加快。相对于东部沿海地区,河南产业处于产业链的前端和价值链的低端,技术含量低;相对于西部省份,河南能源原材料类产品成本高、竞争力弱。也即产业结构比不上中东部地区,在资源禀赋上比不上西部地区,主导产业综合竞争力不强,尚未形成以企业创新为基础的竞争优势,在遇上国际国内经济深度调整时,增速放缓自然较为明显。

二、培育河南经济增长新动力的战略方向

近年来河南经济增速的放缓,并非短期的波动调整,而是经济处于增长阶段根本性转换时期的表现。因为当前河南经济面临着经济增速由高速向中高速的转换,面临着产业结构由中低端向中高端转换,面临着资源配置由市场起基础性作用向起决定性作用转换,面临着经济福祉由非均衡型向包容共享型转换,面临着驱动模式由要素驱动向创新驱动转换。这就是河南经济的新常态。新常态时期,河南已经无法延续拼投资、拼资源、拼环境的办法和高投入、高能耗、高污染的路子来维持高增速,必须依靠新的增长动力来实现经济持续健康发展。那么新的增长动力是什么?从经济增长理论和发达国家的经验教训来看,动力主要源于产业结构高端化、要素投入高级化、需求拉动内生化、主要源于改革创新。

(一)加快推进产业结构战略性调整,提升劳动生产率

现代经济增长理论认为,提高劳动生产率是现代经济增长的唯一源泉。发展中国家和地区一般实施赶超型发展路径来提高劳动生产率,即通过结构变化来改善劳动生产率,从而获取赶超速度。根据恩格尔定律,随着居民收入水平的提高,物质消费比重下降,服务消费比重不断上升,因此消费结构的现代化趋势是高品质化和服务化,这就会导致产业结构的高级化。从发展程度看,河南省人均生产总值自 2011 年起已超过 4000 美元,2013 年为 5592 美元,按世行标准已达上中等收入国家水平;从城镇化发展水平看,河南省城镇化率自 2011 年起首次超过 40%并持续上升,正处于快速发展时期,消费升级已经强烈地发出提升消费品质和加大消费服务供给的信号,从库兹涅茨规律看,产业结构从工业向服务业转变是必然的,目前河南产业结构重心已开始转移,工业占比自 2008 年的 51.8%下降至 2013 年的 49.6%,而服务业占比则从 28.3%上升至 32.0%。但由于服务业中高成长性服务业①或多或少存在垄断或处于行政化管制,大量社会资源难以进入,2013 年实现增加值仅相当于传统服务业的 62.0%。而占比较高的传统服务业多属于劳动密集型行业,劳动生产率明显偏低,拉低了整个服务业的劳动生产率,在产业结构服务化进程中降低了全社会劳动生产率增长率,从而降低了经济增长速度(见图 2)。

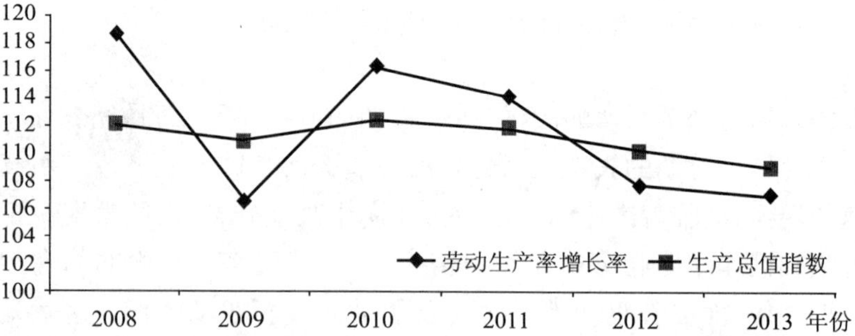

图 2　2008 年以来河南省劳动生产率增长率与生产总值指数(%)

所以,寄希望于在 2015 年乃至"十三五"时期通过加大投资来保持经济

① 根据《河南省人民政府关于建设高成长服务业大省的若干意见》(豫政〔2014〕42 号)精神,本文将信息服务、金融、科技和教育、商务服务、居民服务和其他服务定为高成长性服务业。当然,具体行业划分标准仍待研究。

增长，已经不符合经济发展的内在规律。要重塑经济发展的动力，就必须持续提高全省经济的劳动生产率，让具有较高劳动生产率的企业和部门持续扩张。因此，在工业领域大力发展高成长性制造业，加快培育战略性新兴产业，打造传统支柱产业新的竞争优势[①]；在服务业领域大力发展高成长性服务业，培育发展新兴服务业，改造提升传统服务业，通过加快推进产业结构战略性调整来提高劳动生产率，则可以有效提升经济增速。

（二）调整要素投入结构，提高资源配置效率

新常态时期，经济增长的要素结构中，人力、资源粗放投入会明显下降，技术进步和创新驱动应成为决定性力量。使用索洛余值法，对河南省各要素的贡献率进行测定，设定公式：

$y = \mathrm{a} + \alpha k + \beta l$

其中，y 为产出增长速度，a 为技术进步速度，k 为资本投入量的增长速度，l 为劳动投入量的增长速度，α 为资本投入弹性系数，β 为劳动投入的弹性系数。用 E_{a}、E_{α}、E_{β} 分别表示技术进步、劳动增长和资本增长对总产出的贡献率，根据上述方程得：

$$E_{\mathrm{a}} = \frac{a}{y} \times 100\%$$

$$E_{\alpha} = \frac{\alpha k}{y} \times 100\%$$

$$E_{\beta} = \frac{\beta l}{y} \times 100\%$$

本文采用国民生产总值 GDP 作为产出量 y，采用永续存盘法估算出固定资本形成存量 k，采用每年年末从业人员数作为劳动投入量 l。选用 Eviews6.0 对模型进行计算，结果显示 2013 年河南省劳动投入贡献率为 14.1%，资本投入贡献率为 44.7%，技术进步贡献率为 41.2%。这说明劳动力和技术进步对经济增长的贡献依然不如资本的贡献。要使河南经济持续健康发展，必须调整要素投入结构。从劳动力投入来看，目前人员素质偏低

① 根据《河南省人民政府关于加快推进产业结构战略性调整的指导意见》（豫政〔2013〕65 号）精神，高成长性制造业包含电子信息、装备制造、汽车及零部件、食品、现代家居、服装服饰等行业；战略性新兴产业包含生物医药、节能环保、新材料、新能源产业；传统支柱产业包含冶金工业、建材工业、化学工业、轻纺工业和能源工业。

仍是当经济发展的"瓶颈",特别是在一些对劳动力素质要求较高的新兴产业,问题更加突出,因此出现了企业用工需求结构与劳动力供给结构不匹配的结构性"用工荒",所以应提高劳动者素质,培养和引进高层次技术人才以保障河南经济发展的需要。从技术进步看,技术进步对河南经济增长的贡献较小。实际上无论是工业中的传统优势产业改造升级、高新技术产业的培育,还是农业的长远发展,都离不开科技创新和技术进步。因此,通过促进技术进步,可以促进河南经济的发展。

(三)深入推进新型城镇化,进一步释放内需潜力

河南今后在推进新型城镇化进程中将强化城镇产业支撑,促进农村劳动力转移就业;有序推进农业转移人口市民化,推动城镇基本公共服务向常住人口全覆盖。这将极大释放河南省内需增长潜力。从投资需求看,为解决农业转移人口"落得住"的问题,需要在基础设施、保障性安居工程建设等多个领域扩大投资。仅以基础设施投资为例,为完成到 2020 年城镇化率达到 56%的目标,从 2014 年起到"十三五"末,需要在基础设施上投资 38168.55 亿元,相当于 2013 年全省基础设施投资金额的 8.7 倍。从消费需求看,农业转移人口市民化后,生活方式和生活水平将与原有的城镇居民看齐,这将在衣食住行、教育、医疗、社保、就业、娱乐等领域带来新的消费需求。仅以消费支出为例,2020 年城镇化率要达到 56%的目标则有 395 万人能转化为新增城镇人口,若新增城镇人口能实现生活水平及生活方式的市民化,则全省城乡居民消费总支出可达 18391.45 亿元,相当于 2013 年的 2.0 倍。

(四)释放改革红利,增强经济发展的动力与活力

制度也是生产力,好的体制机制能够充分调动市场主体积极性、激发市场活力,优化资源配置、提高资源使用效率。按照中央统一部署,河南以简政放权为核心不断深化改革措施、释放改革红利,市场活力和创业动力明显增强。2014 年以来省级共取消、下放 123 项行政审批和非行政许可审批事项;大力推进工商登记制度改革,出台简化住所(经营场所)登记手续的规定和做好注册资本登记制度改革实施工作的意见,变实缴制为认缴制,市场活力得到有效激发,3 月 1 日至 10 月 31 日,全省新登记各类企业共 12.0 万户,同比增长 99.9%,新登记企业资本总额达 6944.4 亿元,同比增长

177.7%；积极推进投资体制改革，取消8类项目核准事项，向市县下放11类项目核准权限，鼓励和引导社会资本进入基础设施和社会事业领域，前三季度全省民间投资增长23.8%，高于全省投资增速4.1个百分点，民间投资占全省投资的比重为84.4%，同比提高2.8个百分点。

上述因素既是当前推动河南经济发展的主要力量，也是2015年乃至“十三五”时期支撑河南经济发展的潜力所在，正是由于以上这些因素的有力支撑，使得河南经济在全国及大多数省份主要经济指标增速回落的背景下，仍然保持了总体平稳的发展态势，主要经济指标增速仍明显高于全国平均水平，回落幅度小于全国及多数省份、在全国位次均前移。2014年前三季度，全省GDP增长8.5%，高于全国1.1个百分点，居全国第16位，分别比去年同期和去年全年前移8位和5位；规模以上工业、固定资产投资、社会消费品零售总额增速分别高于全国2.5、3.6和0.8个百分点，分别比去年同期前移6、4、2位，分别比去年全年前移6、5、4位。

三、适应新常态，努力保持经济持续健康发展

构筑新的经济增长模式需要一个长期的过程，由于传统增长动力有所减弱，新的接续支撑力量尚在形成之中，加上基数逐年增大的影响，2015年乃至“十三五”时期河南经济将难现过去两位数的高速增长势头，预计持续8%左右的中高速增长将成为经济发展的新常态。在新的经济形势下，加快推进改革、加强扶持政策，深化结构调整，积极承接产业转移，进一步激发内力、广借外力，尽快形成推动河南经济发展的新合力，促进经济持续健康发展。

（一）加快推进改革，为经济松绑减压

改革是促进经济社会发展的不竭动力，是提升工业化、城镇化水平的治本之策，是破解发展难题，解决深层次问题根本手段。当前，河南正处于爬坡过坎、转型攻坚的关键时刻，进入矛盾凸显期，动力结构转换期，排除发展障碍，释放发展潜力需要进一步深化改革。一是在简政放权上下真功。尽可能减少政府对微观经济活动的干预，为企业松绑减压，激发企业活力，释放发展潜力。二是在放宽市场准入上动真格。坚决破除各种有形或无形的壁垒和障碍，使民营企业与其他所有制企业在市场准入、土地审批、财税政

策、信贷支持等方面享受平等待遇。推动城乡基础设施建设、金融、铁路等经济领域和教育、医疗、养老等社会事业领域对民营资本开放,进一步激发社会投资热情。三是在加快城镇化相关体制改革上用真力。破除城乡要素流动的体制障碍,为新型城镇化提供完善的体制机制支撑。加快户籍制度改革,逐步把附着在户籍上的利益剥离,进一步放宽农业转移人口落户条件。加快社会保障制度改革,健全覆盖城乡的社会保障制度。深化农村配套改革,保障进城落户农民原有收益分配权益。四是在创新要素保障机制上出真招。重点推进土地、资金、能源和环境容量三个保障机制创新。健全优先支持重点项目、重点企业和发展载体建设用地保障机制,建立多元化、市场化的资金筹措机制,创新能源和环境容量保障机制,探索实施排污权有偿使用和交易。

(二)完善扶持政策,为发展加油助力

经济政策是国家或政府为了增进经济福利,达到充分就业、价格稳定、经济增长等目标而制定的解决经济问题的指导原则和措施,是政府宏观调控的重要手段,是积极有为、主动作为的重要抓手。当前我们在用好用活国家政策的同时,更要千方百计制定好省里的各项经济政策,发挥好对经济发展的导向和支撑作用。特别是要用好财政、金融、土地、环保等四大政策。积极发挥财政资金“四两拨千斤”的引导作用,确保资金真正用到重要领域和关键环节,最大限度发挥资金效益;进一步优化金融资源配置,更好地服务于实体经济发展;提升节约集约用地水平,加大存量建设用地盘活力度,集约高效利用新增建设用地;实行资源有偿使用制度和生态补偿制度,完善对重点生态功能区的生态补偿机制。

(三)加快结构调整,增强内生动力

当前,世界范围内新一轮技术革命和产业格局调整正在加快推进,信息化全面渗透经济社会各领域,现代物流、电子商务等新型业态迅猛发展,产业形态复合化、产业体系集群化、资源化循环利用趋势愈加明显。因此,河南必须依托粮食生产核心区、中原经济区和郑州航空港经济综合实验区三大战略规划,以提升产业竞争力为目标,做大服务业、做强工业、做优农业,突出发展引领带动能力强的高成长性产业,积极培育战略性新兴产业,改造提升传统支柱产业,着力构筑人力资源、交通物流、专业配套、科技创新、载体体系新优势，推动产业布局由分散向集聚、产业层次由低端到高端、增长动力由要素驱动向创新驱动、发展模式由粗放外延向绿色低碳转变，加快构建结构优化、技术先进、清洁安全、附加值高、吸纳就业能力强的现代产业发展新体系。同时，要注重提高劳动力素质，变人口红利为人才红利。要继续加大人力资源开发力度，努力把人口优势转化为人力资源优势。不但要大力培养高层次创新型人才，更要努力培养大批高素质技能型人才。

（四）加强战略支撑建设，积极承接产业转移

完善的战略支撑体系既是着眼长远打造战略竞争优势、增强发展后劲、赢得未来的重要依托，也是立足当前扩大投资、稳定增长、改善民生的现实选择。发展适度超前的基础设施是后发国家或地区实现高速增长的重要措施和必备条件。实现中原崛起河南振兴也必须坚持基础设施先行的原则，大力加强交通、能源、水利等基础设施建设，构建功能完善，协调配套、高效快捷、适度超前的现代基础设施体系。尤其是要加强交通物流设施建设，只有具备发达的交通网络，河南承东启西、边通南北的区位条件才能真正转变为区位优势，才能在加强东西互动、促进区域经济发展中发挥重要作用，经济发展的活力也才能全面激发。要围绕提升交通枢纽地位，构筑便捷的交通网络，建设全国现代交通物流中心的目标要求，打造大能力运输通道和现代物流网络建设，提高通达能力，从而为扩大开放招商、积极承接产业转移提供必要条件。

完 成 单 位：河南统计局
课题组成员：朱启明　李　鑫　张亚丽　王俊杰

第十七章 “十三五”新疆经济增长新动力研究

摘要:改革开放以来,新疆经济发展大致经历了以下三个阶段,1978—1999年,经济社会全面发展,经济增速高于全国平均水平;经济增长主要依靠第一产业拉动,工业化进入初期阶段,城镇化出现“波折”。2000—2009年,纵向对比成绩喜人,横向比较差距扩大,在全国位次后移,尤其在西部领先优势尽失。第二产业对经济增长的贡献最大,经济增长主要依靠工业拉动,工业化进入由初期向中期转换阶段,城镇化水平进入稳步提高阶段。2010—2013年,经济运行进入新一轮上升周期,进位赶超的势头强劲,经济增长主要依靠第二产业拉动,工业支柱作用显著增强,新型工业化进程明显加快,城镇化水平进入新的发展阶段。从增长动力看,新疆经济增长效率较低,增长主要依靠投入支持,带有明显的粗放性,主要体现在:结构升级、有效供给增加的进展缓慢,经济增长缺乏足够的结构支持力度,消费需求的拉动作用减弱,投资需求持续旺盛,但投资效率呈下降趋势。测算结果显示,新疆要实现2015年人均GDP达到全国平均水平的目标,难度很大;要实现2020年人均GDP达到全国平均水平的目标,经过努力则有可能实现。“十三五”时期新疆要全面把握机遇,科学应对各种挑战,优化三次产业结构,加快发展特色产业,发挥好投资的关键性作用和消费的基础性作用,确保新疆“十三五”时期经济稳定持续健康发展。

改革开放以来,在区党委、政府的正确领导下,全疆各族干部群众狠抓政策贯彻落实,坚持改革创新,经济社会保持快速健康发展,为新疆全面建成小康社会打下了坚实的基础。近年来,在世界经济复苏仍不明朗和我国经济进入“新常态”的大环境下,新疆经济增速呈现高位回落的趋势,2013年GDP增长11.0%,低于以往多数年份。新疆作为一个工业化任务尚未完成、城镇化潜力十分巨大的少数民族地区,“十三五”期间经济能否实现持续快速增长?保持什么样的增长速度才能确保实现中央新疆工作座谈会和

“两个一百年”奋斗目标？“十三五”期间经济增长的动力又在哪里？本文通过对新疆经济发展历程、动力变动情况等进行分析，并对 2015 年和 2020 年目标进行测算，提出了“十三五”期间新疆经济发展的新动力。

一、经济发展历程及状况

改革开放以来，新疆经济发展大致经历了以下三个阶段：

第一阶段：1978－1999 年(改革开放初至西部大开发前)，经济社会全面发展，经济增速高于全国平均水平；经济增长主要依靠第一产业拉动，其次是第三产业，工业化进入初期阶段，城镇化出现“波折”。

1978 年，新疆 GDP 只有 39 亿元。1985 年 GDP 突破百亿元，1999 年达到 1163.17 亿元，按可比价计算，比 1978 年增长 7.1 倍，年均增长 10.5%，高于全国 0.8 个百分点；人均 GDP 由 1978 年的 313 元提高到 1999 年的 6443 元，增长 4.5 倍，年均增长 8.5%，高于全国 0.2 个百分点。三次产业构成次序由 1978 年的“二、一、三”型调整到 1999 年的“三、二、一”型。1978 年，新疆三次产业结构为 35.8:47.0:17.2；1991 年第三产业比重首次超过第一产业；1992 年，第二产业的比重超过第一产业且呈逐渐上升趋势，成为主导产业，初步完成了工业化前的准备阶段；1997 年，工业增加值比重又超过第一产业，标志着新疆正式进入工业化初期阶段。

城镇化出现波折。1990 年之前，在工业经济较快发展的同时，城镇化进程相应加快，城镇化率由改革开放初的不到 20%提高到 1990 年的 44.9%。这一阶段是新疆设市最多的时期，也是城镇化进程发展最快的时期。自 1991 年开始，国家提高了设市标准，由于新疆人口数量和经济规模难以达到标准，城镇化率由 1991 年的比全国城镇化水平高 18.1 个百分点到 1999 年比全国平均水平低 2.4 个百分点。

三次产业对经济增长贡献的顺序发生转移。1978－1990 年，第一产业对经济增长的年平均贡献率为最大，1991 年起则变为第三产业。从三次产业及主要行业贡献率看，1978－1990 年，一、二、三产业对经济增长的年平均贡献率为 37.4%、27.9%和 34.7%。在第一产业中，种植业对 GDP 增长的贡献最高，为 27.8%。这期间，第一产业对经济增长的年平均贡献率为最大，第一产业又主要依靠的是种植业。1991 年起，第一产业开始进入稳步增长阶段，对经济增长的贡献逐步下降；第二产业增速开始加快，对经济增长的贡献稳步提高;第三产业在批发零售贸易、餐饮业迅速增长的带动下,对经济增长的贡献率取代第一产业,成为贡献最大的产业。

第二阶段:2000—2009年(西部大开发至第一次中央新疆工作座谈会前),纵向对比成绩喜人,横向比较差距扩大,在全国位次后移,尤其在西部领先优势尽失。第二产业对经济增长的贡献最大,经济增长主要依靠工业拉动,工业化进入由初期向中期转换阶段,城镇化水平进入稳步提高阶段。

西部大开发战略实施的前十年,新疆经济总量先后跨过2000、3000和4000亿元三个台阶,2009年达到4277.05亿元,比1999年增长1.6倍,年均增长10.1%。人均GDP达到19942元,接近3000美元,比1999年增长1.1倍,年均增长8.3%。三次产业结构由1999年的23.1∶36.1∶40.8优化为2009年的17.8∶45.1∶37.1,呈现第一产业比重下降,第二产业比重显著提高,一、二、三次产业协调发展的格局。城镇化水平进入稳步提高阶段。这一阶段,新疆先后设立了五家渠等3个农垦城市,全区城市数量达到22个,城镇化率由33.8%提高到39.9%。

第二产业对经济增长的贡献显著提高。三次产业的年平均贡献率分别为20.9%、42.2%和36.9%,与上一阶段相比,第一产业年平均贡献率下降16.5个百分点,为20.9%,其中种植业下降11.1个百分点,畜牧业下降4.6个百分点;第二产业则上升14.3个百分点,其中工业上升3.6个百分点。在工业中,采掘业和电力、煤气及水的生产供应业的贡献率分别为11.5%和2.5%;第三产业稳步上升2.2个百分点。

西部大开发的十年,新疆经济发展与西部的优势尽失,失去了一个黄金发展的十年。与前一阶段相比,新疆经济增长速度明显偏慢,也低于全国平均水平,总体上未能赶上西部大开发的发展步伐。一方面,GDP年均增速不仅比前一阶段低0.4个百分点,也低于全国平均水平0.2个百分点。另一方面,随着内蒙古、重庆等西部部分省区的崛起,新疆与全国的差距有所扩大,在西部也逐渐失去了领先优势,人均GDP由全国第13位下滑至第21位,由西部第1位下滑至第5位。

第三阶段:2010—2013年(中央新疆工作座谈会以来),经济运行进入新一轮上升周期,进位赶超的势头强劲,经济增长主要依靠第二产业拉动,工业支柱作用显著增强,新型工业化进程明显加快,城镇化水平进入新的发展阶段。中央新疆工作座谈会的政策红利和成果以及十九省市援疆活力显现。

中央新疆工作座谈会召开以来，新疆经济加速前行，经济增速在全国的位次不断跃升。GDP 增速 2010 年居全国第 29 位，2011 年第 21 位，2012 年第 11 位，2013 年第 6 位。2010 年以来，GDP 年均增长 11.4%，比第一阶段快 0.9 个百分点，比第二阶段快 1.3 个百分点。经济总量分别跨越 5000、6000、7000 和 8000 亿元四个大台阶。人均 GDP 年均增长 10.1%，比第一阶段快 1.6 个百分点，比第二阶段快 1.8 个百分点。这一阶段是新疆经济发展进入改革开放以来经济增长速度最快、发展质量最好的时期。

城镇化水平进入新的发展阶段。随着二、三产业快速发展，吸纳农村富余劳动力的能力不断增强，城镇化水平进入又好又快发展时期。城镇化率由 2010 年的 42.8%提高到 2013 年的 44.5%。同时，城镇的交通、通信、供水、供电等“硬环境”基础设施建设不断完善，城镇环境绿化、文教、卫生、商业网点及社会保障体系等“软环境”建设不断改善，城镇功能逐步增强，城镇在区域经济增长中的增长极作用日益显现，城镇化质量不断提高。

表 1　“三个时期”经济增长状况

年　份		GDP（亿元）	人均 GDP（元）	农林牧渔业增加值（亿元）	工　业增加值（亿元）	第三产业增加值（亿元）
绝对值	1978（改革开放）	39.00	313	13.97	14.48	6.75
	1999（西部大开发）	1163.17	6443	268.51	315.86	474.18
	2009（中央新疆工作座谈会）	4277.05	19942	759.74	1555.84	1587.72
	2013	8510	37847	1480.00	3200.00	3080.00
平均增速（%）	1979　1999	10.5	8.5	8.4	9.2	14.9
	2000—2009	10.1	8.3	5.7	11.3	11.4
	2010—2013	11.4	10.1	5.9	12.7	12.1

工业对经济增长的贡献最大。三次产业结构调整为 17.3∶46.4∶36.1，与 2009 年相比，第一、第三产业比重分别下降 0.5 和 1.0 个百分点；第二产业比重上升 1.3 个百分点，其中工业比重由 36.4%提高到 37.6%，提高 1.2 个百分点。工业年均增长 12.7%，高出同期全国平均增速 2.7 个百分点，高于第一阶段 3.5 个百分点，高于第二阶段 1.4 个百分点，是改革开放以

来增长速度最快的时期。国民经济呈现第一产业比重趋降、第二产业比重明显上升、特别是工业的支柱作用显著增强的新局面。三次产业对经济增长的贡献率分别为11.3%、60.2%和28.5%,其中工业的贡献率达46.9%。与第二阶段相比,第一产业、第三产业分别下降9.6和8.4个百分点,第二产业提高18个百分点,其中工业提高14.5个百分点。

二、经济增长动力特征分析

改革开放以来,新疆经济增长效率较低,增长主要依靠投入支持,带有明显的粗放性。2013年新疆的劳动生产率(GDP/从业人员平均人数)达7.76万元,高出全国水平0.37万元;但如果剔除石油产业,劳动生产率为6.92元,则低于全国平均水平0.47万元。2012年每万元GDP能耗(吨标准煤)为2.36吨标准煤,比2000年上升22.95%,比全国水平高1.67吨标准煤。2013年新疆研究与发展经费支出占GDP的0.51%,与全国平均水平相比明显不足;科技投入仅为全国的四分之一。

(一)结构升级、有效供给增加的进展缓慢,经济增长缺乏足够的结构支持力度

从结构偏离度看,2000—2013年间,第一产业结构偏离度在—33%左右,保持着较高的负偏离,且波动较小,该趋势表明第一产业劳动生产率较低,劳动力过剩,应该进一步加大农村劳动力向其他产业转移,并大力推进农业现代化建设。第二产业的结构偏离度均为正值,在25—30%之间,但偏离度较大,说明第二产业劳动生产率较高,仍有较大的空间来吸纳富余劳动力资源。从趋势看,二产的偏离度逐年上升,意味着产业结构与就业结构处于非均衡的状态。第三产业的结构偏离度大多数年份为正值,并逐年下降,趋向于零,表明该产业的产业结构和就业结构之间协调性较高,吸纳了大量的劳动力,同时随着第三产业的不断发展,其吸纳就业的能力将得到进一步增强,第三产业仍将是劳动力转移的重要渠道。从产业的总偏离度来看,偏离度由2000年的73.2%下降到2013年的60.18%,呈下降趋势,但偏离度值仍较大,说明新疆产业结构与就业结构仍处于非均衡的状态,产业结构调整任重而道远。

表 2 2000—2011 年新疆产业结构偏离度(%)

年 份	总偏离度	第一产业	第二产业	第三产业
2000	73.16	−36.58	25.62	10.96
2001	74.68	−37.34	25.05	12.29
2002	73.92	−36.96	23.74	13.22
2003	66.34	−33.17	24.83	8.34
2004	67.94	−33.97	28.17	5.80
2005	63.88	−31.94	29.19	2.75
2006	67.52	−33.76	34.19	−0.43
2007	65.00	−32.50	32.55	−0.05
2008	66.42	−33.21	35.34	−2.13
2009	63.10	−31.55	30.40	1.15
2010	62.03	−29.17	32.86	−3.69
2011	66.34	−31.46	33.17	−1.71
2012	62.26	−31.13	30.79	0.34
2013	60.18	−28.77	30.09	−1.32

注:结构偏离度是三次产业结构偏离度的绝对值之和,偏离度为三次产业的产值比重与就业人员比重的差值。结构偏离度的绝对值越大,表明结构越失衡;越小,则表明结构越均衡;结构偏离度为“0”时,表明结构处于理想的完全均衡状态。结构偏离度为正值,说明增加值比重高于从业人数比重,该产业劳动生产率较高,存在扩大就业空间;为负值时,从业人数比重高于增加值比重,说明该产业富余劳动力亟待转移。

从就业弹性看,第一产业难以形成较强的就业吸纳能力。1978 年以来,第一产业就业弹性系数均保持正值水平,在“八五”时期首次达到 0.147。随着工业和市场经济的发展,第一产业就业增速减缓,“九五”时期开始就业弹性系数下降。“十一五”时期又再次到达 0.227 的最高值。第一产业增加值增长与就业增长虽呈同方向变化,但弹性系数较低,表明该产业在对劳动力吸纳能力较弱。

第二产业保持着较强的就业吸纳能力。第二产业的发展除“九五”和“十五”时期对劳动力就业产生挤出效应,即就业的负增长造成了就业弹性系数为负值外,其余阶段均为正值,表明经济增长对第二产业就业具有拉动作用,且弹性系数总体维持在 0.3—0.4 之间,说明二产有着较强的就业吸纳能力。

第三产业较为有效拉动了就业增长。自改革开放以来,第三产业就业弹性系数均保持正值,说明经济增长对第三产业就业具有拉动作用,尤其在“十一五”期间,就业弹性系数高达 0.50,三产对就业的拉动作用增强,容纳就业潜力巨大。

表 3　新疆各阶段三次产业就业弹性系数

时　期	第一产业			第二产业			第三产业		
	增加值增速%	就业增速%	就业弹性系数	增加值增速%	就业增速%	就业弹性系数	增加值增速%	就业增速%	就业弹性系数
1979—1980	7.89	0.07	0.009	8.31	3.28	0.395	18.70	7.14	0.382
“六五”时期	12.98	0.49	0.038	9.17	3.60	0.392	17.57	8.03	0.457
“七五”时期	7.90	0.20	0.025	8.24	3.89	0.473	14.72	5.04	0.342
“八五”时期	6.71	0.99	0.147	14.22	3.30	0.232	15.04	3.65	0.243
“九五”时期	5.76	0.40	0.069	6.82	−2.20	−0.323	10.33	4.74	0.459
“十五”时期	5.63	0.15	0.027	11.06	−0.90	−0.081	11.13	4.01	0.360
“十一五”时期	5.63	1.28	0.227	11.84	3.84	0.324	11.40	5.75	0.504

从三次产业贡献率看,改革开放初期三次产业的贡献率分别为 33.8%、39.5%和 26.7%,到 2013 年变化为 11.3%、60.2%和 28.5%,第一产业贡献率下降 22.5 个百分点,第二、三产业贡献率分别上升 20.7 和 1.8 个百分点。在第二产业中,工业占主导地位,贡献率达 46.9%,表明新疆经济的快速增长仍然主要是由工业增长推动,而第三产业贡献率低于全国平均水平。同时,工业虽然是经济增长的主要推动力量,但内部结构并不合理,石油工业占规模以上工业增加值的 45%左右。偏重型的工业结构使新疆工业过分依赖自然资源,受国际国内市场波动的影响大;而地方工业比重明显偏低,对经济的拉动作用有限。第三产业发展不足的矛盾依然突出。改革开放以来,第三产业加快发展,年均增长 13.7%,高于整个经济增长速度,也高于一、二产业的增速,但占 GDP 的比重为 36.2%,明显低于全国 46.1%的水平。2013 年新疆第三产业的劳动生产率为 7.49 万元/人,比全国水平低 1.36 万元/人,第三产业发展不足制约了整个经济的又好又快发展。

(二)消费需求的拉动作用减弱,投资需求持续旺盛,但投资效率呈下降趋势

近十年来,新疆的消费率呈缓慢下行态势,1990 年消费率为 63.8%,1999 年降到 59.4%,2013 年又降到 51.2%,消费贡献率累计下降 12.6 个百

分点，消费需求明显不足，对经济的拉动力继续减弱。

投资对经济增长的拉动作用呈明显上升趋势。2013 年投资贡献率为 86.0%，比 1999 年提高 39.0 个百分点。投资率也呈逐年上升态势。1999 年投资率为 50.0%，2010 年达到 62.0%，比全国高 13.4 个百分点，2013 年继续提高到 69.0%，高于消费率 14.8 个百分点，比 1999 年高 21.0 个百分点，投资主导经济增长的特征较为明显。同时应该看到，新疆的投资效率却呈下降趋势。改革开放初期，新疆每 1 亿元投资带来 GDP 增量 3 亿元左右，1999 年降到 2.2 亿元，2013 年降到 1.04 亿元，低于全国平均水平（1.5 亿元），说明新疆每单位投资带来的 GDP 增量低于全国平均水平。

虽然新疆的投资完成额增速并不低，但对本地相关产业的形成和带动作用却微乎其微。由于新疆在投资过程中需要的大量原材料、机器设备，除了水泥、沙石等一些低级产品由本地区提供外，其他几乎都来自内地省区。如庞大的西气东输工程、石油大开发以及大量的水利建设等工程形成的巨大投资市场需求并未造就出新疆的强势产业，也未见优势产品脱颖而出。从事投资工程建设的绝大部分人员来自内地，对本地就业人口增长的带动作用较小，形成的收入也被民工带回内地，对本地居民收入的增长作用不大。另外，新疆投资主要集中在基础设施上，对产业投资较少，也是造成新疆投资对产业带动作用小的一大原因。

三、“十三五”主要发展目标及动力测算

中央新疆工作座谈会明确提出“到 2015 年，新疆人均地区生产总值达到全国平均水平，城乡居民收入和人均基本公共服务能力达到西部地区平均水平，到 2020 年确保实现全面建设小康社会”的奋斗目标。党的十八大提出“两个一百年”的奋斗目标，到中国共产党成立 100 年时（2021 年）全面建成小康社会的目标；到新中国成立 100 年时（2049 年）实现中华民族伟大复兴的梦想。要如期实现上述目标，其差距有多大，任务有多重（考虑到“十三五末”和 2021 年比较接近，新中国成立 100 年时无量化指标，我们仅对 2015 年和 2020 年进行测算），经测算分析如下：

（一）GDP 及人均 GDP 年均增长速度的预测

按照现行的统计方法，即 GDP 和人均 GDP 绝对量按现行价格计算，增

长速度按不变价计算。若要预测 2015 年和 2020 年新疆人均 GDP 水平,首先假定新疆价格变动与全国价格变动的速率和目前保持一致。参考国家“十二五”规划提出的 GDP 年均增长 7%和全国及新疆人口增长情况(我区人口自然增长率约比全国高 5 个千分点左右)等数据,我们以全国 2013 年现价人均 GDP 为基期,按照全国人均 GDP 年均增长 7%、7.5%、8%三种假定值,分别测算 2015 年和 2020 年新疆 GDP 和人均 GDP 达到全国平均水平所要实现的年均增长速度。

1. 当全国人均 GDP 年均增长 7.0%时,新疆要实现 2015 年人均 GDP 达到全国平均水平的目标,人均 GDP 必须增长 13.6%,GDP 必须增长 14.0%;新疆要实现 2020 年人均 GDP 达到全国平均水平的目标,人均 GDP 必须增长 8.8%,GDP 必须增长 9.2%。

2. 当全国人均 GDP 年均增长 7.5%时,新疆要实现 2015 年人均 GDP 达到全国平均水平的目标,人均 GDP 必须增长 14.1%,GDP 必须增长 14.5%;新疆要实现 2020 年人均 GDP 达到全国平均水平的目标,人均 GDP 必须增长 9.4%,GDP 必须增长 9.8%。

3、当全国人均 GDP 年均增长 8.0%时,新疆要实现 2015 年人均 GDP 达到全国平均水平的目标,人均 GDP 必须增长 14.7%,GDP 必须增长 15.3%;新疆要实现 2020 年人均 GDP 达到全国平均水平的目标,人均 GDP 必须增长 9.9%,GDP 必须增长 10.3%。

测算结果显示:新疆要实现 2015 年人均 GDP 达到全国平均水平的目标,从 2010—2013 年新疆 GDP 和人均 GDP 年均分别增 11.1%和 10.4%和全国近两年 GDP 和人均年均增长 7.7%和 7.4%的情况看,难度很大;新疆要实现 2020 年人均 GDP 达到全国平均水平的目标,经过努力则有可能实现。

(二)工业化进程预测

从 2013 年全国各省(市、区)新型工业化进程评价和监测试算结果看,新疆工业化综合指数(或实现程度)为 59.2%,在全国 31 个省市中排名第 30 位,仅高于西藏(见表 4)。2013 年比 2005 年,全国新型工业化水平综合指数提高 45.2 点,年均提高 5.65 点;新疆提高 25.1 点,年均仅提高 3.14 点,低于全国 2.51 点。按目前的进程,预计 2015 年新疆新型工业化实现程度达到 65 点,仅接近全国 2009 年水平(即比全国落后 6 年),2020 年新疆新型工业化实现程度达到81点，未达到全国2012年的水平（即比全国落后地8年以上），2015年与全国同步实现工业化的任务十分艰巨，新疆只能加快发展才有可能实现预期目标。

表4 全国及各省（市、区）新型工业化水平综合指数

地 区	2005年		2013年	
	指数	排名	指数	排名
全 国	43.5		88.5	
北 京	78.5	1	95.2	1
天 津	68.3	3	94.1	2
河 北	36.4	20	72	21
山 西	34.4	21	79.1	14
内蒙古	33.7	25	71.6	22
辽 宁	45.2	9	76.4	16
吉 林	41.7	14	72.3	20
黑龙江	43	12	78.6	15
上 海	77.2	2	94	3
江 苏	56.1	6	90.3	6
浙 江	56.8	5	91.3	5
安 徽	38.6	16	85	11
福 建	49.6	7	89.2	8
江 西	38.4	17	73.7	19
山 东	49.3	8	91.4	4
河 南	37.1	19	80.7	13
湖 北	41.9	13	86.5	10
湖 南	39.5	15	88.8	9
广 东	61.6	4	89.8	7
广 西	34.1	22	71.3	23
海 南	32.3	28	68.1	25
重 庆	44.9	10	84.6	12
四 川	38.2	18	74.3	18
贵 州	33.9	24	67.4	26
云 南	32.9	27	66.1	27
陕 西	43.9	11	76.2	17
甘 肃	30.3	30	65.4	28
青 海	32.9	26	60.2	29
宁 夏	32.1	29	68.8	24
新 疆	34	23	59.1	30

(三)城镇化进程预测

根据《新疆城镇体系规划(2012—2030)》(审议稿)中描述了新疆城镇化水平发展的脉络,到2015年新疆城镇化水平为48%左右;到2020年城镇化水平为58%左右;到2030年城镇化水平达到66—68%。2013年新疆城镇化率是44.5%,与2015年规划目标相差3.5个百分点,与2020年相差13.5个百分点,与2030年目标相差21.5个百分点,这意味着在第一规划期内每年的城镇化率提高幅度最低不能少于1.75个百分点,第二个规划期内每年的城镇化率提高幅度最低不能少于1.93个百分点,第三个规划期内每年的城镇化率提高幅度最低不能少于1.34个百分点。以新疆在近3年中城镇化率年均提高1.3个百分点预测,这个目标并非遥不可及,但完成也确实很困难。

四、新时期新疆经济发展新动力的选择

“十三五”时期是确保全面建成小康社会宏伟目标顺利实现的关键时期,是转变发展方式和深化改革的攻坚时期,也是新疆推进社会稳定和长治久安的重要时期。全区要全面把握机遇,科学应对各种挑战,优化三次产业结构,加快发展特色产业,发挥好投资的关键性作用和消费的基础性作用,确保新疆“十三五”时期经济稳定持续健康发展。

(一)大力发展农业,不断提高农业现代化水平

1. 大力发展特色农业。随着我国居民生活质量水平的不断提高,消费结构的升级,对食品消费提出新的、更高的要求,不仅仅是讲究“吃”的质量,更讲究无公害绿色健康食品的消费。尤其是对特色农产品的消费将会不断扩大,这将有利于进一步激发特色农产品的生产,培育特色农业资源向产业化发展正逢其时,有着广阔的市场前景,代表着新疆未来产业发展的方向,是形成新经济增长动力的主要产业落脚点之一。

2. 在种植业中,除棉花外,重点发展红色产业。首先,新疆丰富的水土光热资源,尤其是独特的地理气候条件和生态环境,使番茄、红花、枸杞、红枣、红葡萄等为代表的红色农产品复含的维生素、红色素及其它多种营养成分都要比一般地区高,有着突出的优势。其中红花、枸杞的食用保健价值和

药用价值也非常高，倍受海内外消费者的青睐。其次，新疆的农产品已具备了较好的发展基础，达到了一定规模。尤其是特色农产品如棉花、番茄、红花、枸杞的种植面积和产量均居全国第一，种植技术和管理经验已日趋成熟，许多技术处于国内领先水平，有着广阔的发展前景。

3. 在畜牧业上，重点发展以牛、羊及特种养殖为主的现代畜牧业。新疆现有草原 8.6 亿亩，占全国草原面积的 22%，是我国第二大牧区，天然优质牧场达 7.2 亿亩，且无污染，这为发展绿色畜牧业创造了非常好的条件。生产的牛羊肉(因碱性土壤)味道纯正鲜美，品质好深受国内外消费者喜爱，有着广阔的市场发展空间。其次，畜牧业作为基础产业，可延伸的产业链较长，向前可带动草、饲、养、繁的发展，向后延伸形成肉、奶、皮、毛、绒、药等深加工产业的发展。

4. 在林果业上，重点发展特色林果业。新疆农民素有栽培和种植果树的传统，在长期的实践中，积累了丰富的经验，涌现出一批林果种植专业户，培育了一批有地方特色的优良果品，如库尔勒香梨、和田核桃、阿图什无花果、哈密大枣、吐鲁番葡萄、喀什的巴旦杏和石榴及精河的枸杞等。大力发展特色林果业，使其成为新的经济增长动力。

5. 发展渔业，重点是冷水鱼养殖。新疆境内河流湖泊以冷水水域为居多，且冷水性鱼类资源丰富，如赛里木湖、喀纳斯湖、额尔齐斯河两侧以及天山和阿尔泰山的雪山融水等，蕴藏着发展冷水鱼养殖的巨大潜力。从目前国内鱼类消费市场看，冷水鱼味道鲜美，其价格优势非常明显，往往要高出普通鱼类价格的几倍甚至几十倍。由此可见，新疆渔业资源的可开发和利用的价值很高，前景也十分广阔，且潜力与商机无限，如在生产和市场销售上若以农业产业化大型龙头企业为依托，在疆内建立全国性冷水鱼牛产基地，对外开拓全国市场，在不久的将来渔业产业必将成为新疆经济新的增长点。

(二)大力发展工业，不断提高新型工业化水平

1. 发展以特色农副产品为原料的精深加工工业。以果蔬制品、水果制品、肉制品、乳制品为主的食品、酿造加工工业；以棉、毛、麻、化纤及混纺纺织品为主的纺织工业；以皮革、毛皮及其制品为主的毛皮加工工业以及以松木家具为主的家具制造业。将这些行业确定为工业产业增长动力，可充分利用丰富的农牧区原料资源，发展市场前景好的绿色产业，将资源优势迅速转化为产业优势及经济优势。

2. 发展具有地方民族特色的医药和保健品工业。首先,新疆有着丰富的药用资源,具有药用价值的植物、动物、矿物类资源 2200 余种。二是已基本形成了具有新疆特色的医药工业体系。新疆已经形成了生产化学原料药及其制剂、中成药、民族药、生物药品、中药饮片、医药保健品、卫生材料、医疗器械和医药包装材料等门类的医药工业体系。三是丰富的维吾尔医药文化遗产得到挖掘和开发,维吾尔药系列正在形成,这为民族药的发展创造了非常好的条件。四是有一定的技术基础,一批科技含量较高的产品已逐步占领市场。因此,新疆医药、保健品工业,若能抓住机遇,凭借良好的基础和得天独厚的资源优势,今后必将有一个较大的发展。

3. 发展以盐化工、煤炭、建材、有色金属和稀有金属为主的采矿业及原材料精深加工和新型材料的加工及制造工业。新疆重要的优势矿产资源是形成未来经济增长动力的希望所在,应充分利用优势资源换取资金、技术和人才,重点放在引进、消化吸收国内外先进适用的高新技术上,促进矿业发展根本性转变,实现矿产业向深加工过渡,延伸产业链,最终实现产业转型。尤其是要加快以有色和稀有金属矿为主的采矿业的发展,因为这是我国产业结构中的薄弱环节,新疆就更有可能和希望成为我国未来在这一领域的接替区,建立起全国的产业基地。

4. 发展石油化工业,关键是寄希望于国家投资和混合经济进展情况,并将产业重心向产业链的下游延伸。石油、天然气的开发及石油化工工业的快速发展,有力地支持了新疆 GDP 的快速增长。在新疆,石油工业尤其是石油下游产品的开发利用以及为油气开采加工企业服务的产业均有很大潜力可挖,是未来产业增长动力的重要组成部分。目前的关键问题还在于如何打破垄断控制,发展混合经济,采取倾斜性政策大力支持新疆石油工业向下游行业投资和发展,解决地方石油加工能力闲置,石油下游产品的开发利用不足的状况,只有这样才能给新疆带来更多的实际经济利益,才能对经济增长带来较强的拉动力。

(三)大力发展第三产业,不断提高新型城镇化水平

1. 发展旅游业。新疆旅游业的发展,应将发展自然景观和发展民族传统风俗文化结合起来,加以积极开发和利用。因此,新疆旅游业的发展定位要突出地方特色和民族特色,应重点开发“丝绸之路”旅游,民族风情休闲度

假旅游，草原、沙漠、森林、高山湖泊等探险旅游，以登山、滑雪、赛马、汽车、摩托车、自行车、狩猎等为主要内容的体育旅游，以民俗、宗教、考古、科学等为主的考察旅游。同时，应积极扩大具有地方特色和民族风格的旅游商品、纪念品的开发和生产。

2. 发展边境贸易。新疆是现代欧亚大陆桥中国西部的“桥头堡”，使新疆成为沟通东西部，连接中亚、西亚、南亚乃至欧洲的重要开放通道，具有形成全国乃至国际区域性商贸集散地和物流中心得天独厚的先决条件，并且与毗邻的中亚诸国在出口的结构性上有很强的互补性，是一个潜在的巨大市场。据测算，货物由新疆发出，从中亚陆路运到阿联酋等国，要比走东部海港运距可减少 1/3，成本大大降低。充分利用这一比较优势，大力发展对外贸易，不仅有利于新疆全力实施大经贸战略，激活新疆对外贸易，逐步改变出口商品结构，形成由单纯的过货和初级产品贸易为主向过货加工和工业制成品贸易为主的转变，扩大货物和服务的生产和贸易，在周边地区建立加工贸易区，把口岸建成多功能的国际货物集散地，形成经济增长点。

3. 强化产业支撑，进一步增强城镇发展动力。加强要素聚集与辐射，壮大城镇经济。要抓住我国经济总体转型、扩大内需的有利时机，以区位优势和资源优势为依托，积极争取在新一轮产业分工中，全面提高城镇经济发展的规模效应和聚集效应，努力扩大中心城镇经济总量；调整优化产业结构，培育发展城镇的主导产业、支柱产业、骨干龙头企业和产业集群，用区域发展政策指导城镇空间布局、产业分工和资源配置；在继续大力发展商贸流通、餐饮服务、金融保险、现代物流、交通运输、信息咨询等服务业的同时，培育扶持电子信息科技、文化产业、旅游、中介服务、社区服务等劳动密集型产业的发展，依托城镇，发展面向农村的服务业。

(四)加大固定资产投资力度，提升消费的拉动力

1. 加大固定资产投资力度，增强经济快速发展动力。“十三五”期间，保持新疆经济的持续健康发展，就必须在加大投资力度方面做足文章。一是要进一步优化和创新投资环境，吸引更多投资。既要不断优化投资“硬环境”，又要不断创新投资“软环境”，争取国家、外资、民间投资多管齐下，使固定资产投资在一定时期内保持持续高增长。二是要优化调整投资结构，使之与产业结构调整目标紧密结合。要加大对农产品加工业的招商引资和投资力度，引导投资投向能够促进农业增效、农民增收的产业中去；加大对资

源性产品加工业和制造业的招商引资和投资力度,引导投资投向既能延长产业链,又能提升价值链的产业中去;加大与民生密切相关的第三产业的招商引资和投资力度,引导投资投向能够促进第三产业发展、带动农村劳动力转移、增加就业机会的产业中去。

2. 挖掘内需潜力,增强消费对经济增长的拉动力。“十三五”期间,促消费将是确保经济增长的最大动力。在国内外市场需求不足,投资不可能大幅增长的情况下,新疆应多管齐下促消费,增强消费能力,改善消费预期,完善消费政策,大力培育消费热点,充分发挥消费对经济增长的拉动作用。一是认真抓好消费促进工作。抓紧制定和完善扩大消费的政策措施,推进消费结构升级和消费规模持续扩大,努力提高城乡居民收入,增强消费能力。二是培育新的消费热点。在进一步巩固汽车、家电、金银珠宝、通信等传统消费的基础上,积极发展文化旅游、医疗健康、信息消费等新的消费热点,鼓励社会资本举办特色医疗、教育培训等服务性消费机构。三是提升便利消费。推进社区商业中心、中小超市和便利店建设,打造“一刻钟便民消费圈”。完善农产品零售终端网络,新建一批农贸市场、社区连锁菜店和标准化菜市场。四是保障安全消费。推动乌鲁木齐市肉菜流通追溯系统尽早投入运行。继续实施“放心肉”工程,对定点屠宰企业实施标准化星级管理。做好酒类流通、成品油流通等行业管理。五是加强市场监测和应急保供。加强产销对接、跨区调运、储备吞吐和进出口调剂,及时平抑市场波动,保障市场供应。重点培育扶持一批肉类、蔬菜保供骨干企业,在大中型城市建设蔬菜副食品便民直销店,推动直销店建设向县城和乡镇延伸。

完成单位:新疆统计局
课题组组长:王忠山
课题组成员:郭小元　吴　伟　孟晓娴
执　笔　人:吴　伟

第十八章 “十三五”宁夏经济增长新动力构建

摘要：本文在对宁夏经济增长面临的新形势和步入新阶段后的新特点进行全面分析的基础上，深入探讨了宁夏“十三五”经济增长新动力模式转换可能遇到的思想观念滞后、体制机制障碍、发展阶段制约和创新人才缺乏等瓶颈以及转换增长模式要以增长目标由以GDP为中心向经济增长、结构优化、民生改善、社会发展多目标转变、动力机制要从政府主导向改革开放、发挥两只手作用转变、发展要素要从投资驱动向投资、创新双轮驱动转变、发展载体要由产业驱动向区域协调发展、新型城镇化、民生改善与产业融合发展转变的四项基本要求。最后，根据上述分析，提出了构建宁夏“十三五”经济增长新动力的对策建议。

党的十八大鲜明提出“在中国共产党成立一百年(2021年)时全面建成小康社会、在新中国成立一百年(2049年)时建成富强民主文明和谐的社会主义现代化国家”。实现“两个一百年”的奋斗目标和中华民族伟大复兴的中国梦，加快建设开放宁夏、富裕宁夏、和谐宁夏、美丽宁夏，必须坚持以经济建设为中心，坚持发展是第一要务，不断推动经济持续健康发展。2000年以来，宁夏经济步入了又好又快的发展轨道，GDP连续13年保持两位数增长，总量于2008年突破1000亿大关，2011年突破2000亿大关，预计今年突破3000亿大关，标志着经济发展水平、发展实力、地区财富跃升至一个新阶段。然而，经济发展进入新阶段后，原有支撑经济增长的因素，有一些不能适应新环境、新形势、新要求，也不能有效化解各种新矛盾、新制约。站在新的发展平台、面对新的发展环境、处在新的发展阶段上，因势利导，寻找“十三五”新的经济增长动力，是摆在我们面前重要而紧迫的课题。本文试就如何适应新形势，加大创新力度，突破发展瓶颈，重塑新的经济增长动力，实现遵循经济规律的科学发展、遵循自然规律的可持续发展、遵循社会规律的包容性发展的目标取向作初步探讨。

一、“十三五”宁夏经济增长面临新形势

当前,世界经济正处于深度调整期,我国进入经济增长速度换挡期、结构调整阵痛期、前期刺激政策消化期三期叠加的重要时期,经济发展步入新常态。面对新常态,但调整和转型势在必行。适应新常态,确保经济长期健康持续发展,必须寻找新的增长动力。

1. 全球经济再平衡、“外需”比例明显收缩,“内需”市场竞争将更趋激烈,适应这一新形势,新增长动力应具备明显的竞争优势。“十三五”适逢全球经济进入深度调整期。由于2008年世界金融危机前美元低利率政策延长和推高全球经济的繁荣期与增长率,全球制造业出现严重的产能过剩。2008年世界金融危机,实质上就是发达国家过度消费、发展中国家过度生产带来的需求一供给结构长期失衡矛盾的总爆发。危机过后,无论是发达国家还是新兴国家,都在对发展模式、贸易格局及贸易规模进行显著调整。特别是欧美国家普遍发生了从以往的“去工业化”、过度“虚拟化”的发展模式,转向重启“工业化”的变化。国内外一些专家学者研究,我们即将迎来第四次工业革命。从20世纪80年代以来的20多年间,发达国家(OECD)工业产出占全球的份额已从78%降到66.4%(2006年),现在他们要扭转这一趋势,以加速经济向“内”生转变、经济支撑向“实”体回归。虽然从长期看,欧美缓慢的经济增长加上生产成本的居高不下将无可避免地使工业继续向新兴国家转移。但是,发达国家迫于内部政治、经济压力,贸易保护必然会在未来一个时期进一步强化。这无疑会抑制发展中国家、新兴经济体工业化水平进一步上升的势头,导致我国经济“外需”比例收缩。尽管这一变化对外向度较低的宁夏直接影响不大,但将通过加剧国内市场竞争,间接影响宁夏经济。适应这一新变化,“十三五”新的经济增长动力要求我们把提高产业、产品的竞争力放到更加突出的位置。

2. 我国进入经济增长速度换挡期、结构调整阵痛期、前期刺激政策消化期三期叠加时期,经济增长将非常困难,适应这一新形势,新增长动力应具备后发优势。当前中国经济正处于增长速度换挡期、结构调整阵痛期、前期刺激政策消化期叠加的阶段,加上世界经济还处于深度调整之中,使我国经济发展的内外环境更趋复杂。多年来宏观经济运行中的内外需结构不平衡、产业结构不合理、要素投入结构不合理、收入和利益分配结构失衡不仅

使资源错配，也是中国高投入、高消耗、高增长、低效益的“库兹尼茨增长”的主因。我国要顺利渡过这“三期”，必须从优化需求结构、优化产业结构、优化要素投入结构、优化收入与利益分配结构、积极调整能源结构五大方面入手，实现中国经济的战略性调整。当前我们的国家盈利模式正面临着深度转型的重大挑战，长期支撑中国经济高速增长的要素红利、人口红利以及全球化红利的势能都在衰减，主要依靠低成本刺激的出口超高速增长逐渐回归常态增长，以大量增加资源资金投入维持的粗放型增长模式已走到尽头。未来“十三五”时期，中国经济要在外部环境变数多、资源环境约束增强、生产要素成本提高的情况下，实现高质量、高效益的经济增长，还需付出很大努力。为此，国家在“十二五”期间将设 24 项主要指标，包括 12 个预期性指标和 12 个约束性指标，助力调整经济结构、转变经济发展方式。这些指标主要集中在经济结构、科技教育、资源环境、改善民生等方面，此外在效率指标方面，主要是选取了劳动生产率和单位资本产出和单位能源产值等指标，以及反映要素效率的地方适龄人口入学率指标，以期改变经济增长过度依赖物质资源消耗的状况，通过技术进步改善管理和提高劳动者素质来推动经济的增长。

3. 跨越危机、抢占经济科技制高点，将带来发展方式深刻转变，适应这一新形势，新增长动力应具备明显的先导优势。全球金融危机后，美欧日等发达国家或地区纷纷做出跨越危机的先导性战略安排，都把争夺经济科技制高点作为战略重点，把增加科技创新投资、发展高技术及产业作为带动经济社会发展的战略突破口，把新能源、绿色经济、低碳经济、信息产业、大数据产业的发展提升到国家战略高度大力扶持。这些发展的新潮流和新趋势，必将引发新一轮的全球产业调整、转移和升级，带来发展方式的深刻调整，这对各国、各地区来说都是一大挑战。从目前支撑我区经济增长的相对优势看，一是随着我国经济发展阶段的提升，农村剩余劳动力由过去的几乎无限供给向有限剩余转变，低成本劳动力优势已经开始逐步减弱。二是随着我国资源价格改革的不断深入和环保力度的不断加大，资源环境的低成本优势也在逐步减弱。三是随着我国发展水平的不断提升，通过模仿、学习、借鉴国外先进技术和经验的空间越来越小。在这种情况下，寻找的新增长动力应具备明显的先导优势，不仅要能为经济健康持续增长提供持久动力，而且还要能成功应对资源环境方面的严峻挑战，增强高附加价值产业的国际竞争力，提升我区产业在国际、国内产业链上的位置，提高劳动生产率。

4. 投资增长外延化、效益递减,投资效果有待提高,适应这一新形势,新增长动力应具备明显的效应优势。近年来,在宁夏经济快速增长中,投资一直扮演着重要角色。从 2000 年开始,全区全社会投资进入了快车道。2000—2013 年,投资年平均增速 25.4%,经济增长年平均增速 11.6%。可以说,这一时期是宁夏发展最快的阶段。自 2000 年,全区投资总量突破 100 亿元大关,紧接着 2002 年又突破 200 亿元;从 2003 年起,宁夏投资总量每年都以 100 多亿元的新增量不断攀升;特别是 2012 年,比 2011 年增加 455 亿元;2013 年又比 2012 年增加 572 亿元,2012 年、2013 年两年的新增投资量基本与 2009 年投资总量持平。但在投资强劲支撑经济扩张的同时,投资结构与效益并不理想,新建、扩建投资比重接近八成,外延型投资特征没有根本改变。2013 年,宁夏完成固定资产投资(以下简称投资)2577.79 亿元(不包括农户、跨地区项目),首次超过全区地区生产总值(以下简称 GDP)12.73 亿元(2013 年全区地区生产总值 2565.06 亿元)。2013 年,全区固定资产投资中用于设备工器具购置的投资为 604 亿元,占 22.5%,用于设备更新的投资仅占 1.9%。内涵型投资比重明显偏小,延缓了工业经济增长方式的转变。再从边际资本产出率(ICOR)看,近年来,投资对 GDP 的贡献率呈下降趋势。在这种情况下,新增长源应具备明显的效应优势,既要有利于经济发展方式的根本转变,又要能很好地发挥应有的乘数效应。

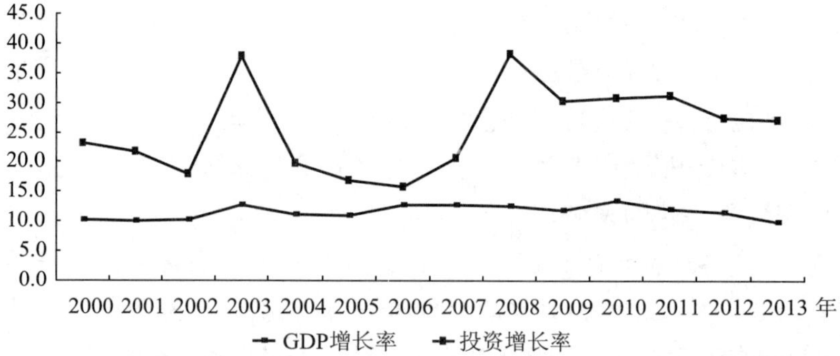

图 1　2000—2013 年宁夏固定资产投资与 GDP 增长率变化趋势图(%)

5. 工业发展既有快的要求、又需质的提升,面临转型与升级的双重任务,适应这一新形势,新增长动力应具备明显的复合优势。近年来,随着“工业强区”战略的实施,宁夏工业持续快速增长,总量强势扩张,在经济发展中的地位和作用不断提升。2013 年,全部工业完成增加值 944.50 亿元,占全区生产总值的 36.82%;规模以上工业企业 935 户,资产总额 5588 亿元,从业人员32万人,完成工业增加值907.22亿元,实现利润139.11亿元,完成税收168.07亿元。工业对经济增长的贡献为49.3%,高于全国9.4个百分点。尽管从经济产出的构成看,宁夏工业已经占有较高比重,但从人口和劳动力结构看,农业比重高、农业劳动力向非农产业尤其是工业转移的过程远未完成。2013年,全区就业人口分布在第一产业164.9万人,第二产业60.7万人,第三产业124.4万人。一产就业比重过大,就业结构不合理。2013年,全区三次产业就业人员比重为47.2∶17.3∶35.5,而三次产业结构比重为8.7∶49.3∶42.0。根据发达国家产业结构变动趋势,三次产业的劳动就业份额与GDP份额应大体相当。从宁夏实际看,这一变动规律尚无明显体现。在相当长的时期内,增加工业投资和扩大工业规模仍然具有客观必然性。但从宁夏工业发展的现状看,工业结构不优,“两高一资”(高耗能、高污染、资源型)产业比重大,初级产品多,产业链短,市场竞争力不强。“两高一资”是宁夏工业的主要特征。制造业比重偏低、高新技术行业和新兴产业偏弱、自主创新能力不强,缺乏核心技术和品牌,总体上处于国际产业分工体系的低端,低成本竞争优势在不断被削弱。2013年,全区规模以上工业增加值中,重工业占86.9%,其中电力、黑色有色金属、水泥、石油炼焦等六大高耗能、高污染行业占比达到55.4%。资源、环境硬约束日益明显,对工业的支撑不可持续。产业布局、园区定位趋同,园区、产业、企业和产品优化升级机制不完善。这种产业结构不仅会产生加工工业与基础工业、基础设施的结构矛盾,加大资源和环境的承载压力,缩小发展空间;而且受宏观调控的影响较大,易随国家宏观调控政策的调整产生较大波动。宁夏的石嘴山市就是一个例子。今年一季度经济增长仅为1.8%,比2013年底的10.0%回落8.2个百分点。在这种情况下,寻找的新增长源应具备明显的复合优势,既要能发挥强劲的牵动作用,又要能推动工业化向创新型、融合型、生态型转变。

6. 新型城镇化与新型工业化相互适应、双向互动,理应成为“三期叠加”时期经济社会发展的重要引擎,适应这一新形势,新增长动力应具备明显的联动优势。工业化与城镇化是推动经济社会持续健康发展的动力双轮。产业升级和工业化过程的持续推进,必将为中国城镇化提供长期、坚实的依托,从而避免重蹈拉美国家覆辙,即缺少产业经济支撑的虚假城镇化。在此背景下,中国城镇化的潜力取决于农民市民化的需求。国家统计局组织开展的大国城镇化研究课题得出一结论:劳动力投入对经济增长的贡献率不断提高,说明要加快相关领域改革,推进以人为本的城镇化,加快农民工市民化进程,形成巨大的经济增长新动力,促进结构调整和持续增长。2013 年宁夏城镇化率为 52%,还有近一半的人口居住在农村,新型城镇化的发展空间非常大,发展水平还非常滞后。当前全球增长模式深度调整,外部需求扩张在短期内难以恢复到危机前水平,我国扩大国内需求和增强经济发展内生动力的压力明显增大,加快推进新型城镇化是创造内需的最有效途径。一方面,城镇化会增加生产性投资,增加公益性投资和房地产投资;另一方面,城镇化进程加快会带来更多的消费需求,促进服务业的发展;更重要的是,城镇化将改变现有城乡二元结构及其隐含的各种社会问题。基于这一新形势,新增长动力应具备明显的联动优势,既能促进新型城镇化,与新型工业化加快推进相适应;又能拓展内在需求和经济发展空间,增强经济增长的可持续性;同时,促进城乡区域协调发展、和谐发展。

二、“十三五”宁夏经济增长步入新阶段

近年来,宁夏经济发展呈现增长速度稳中加快、转型升级势头良好、运行质量好中提升、发展动力强中趋活的良好局面,目前正进入持续健康发展的战略新阶段,这为“十三五”塑造新增长动力奠定了良好基础。

1. 从经济规模看,GDP 总量扩张明显,投资总额快速增加,财政实力持续增强,这为塑造新增长动力奠定了势能基础。经济总量快速扩大。初步核算,2013 年全区实现地区生产总值 2565.1 亿元,是 2008 年的 2.1 倍,按可比价格计算,比上年增长 9.8%,高于全国平均水平 2.1 个百分点,位居全国第 18 位和西部地区第 11 位。2008—2013 年,全区 GDP 年均增长 11.7%,高于全国平均水平 2.9 个百分点。

投资持续快速增长。2008 年,全区全社会固定资产投资总额 858.84 亿元,2009 年突破 1000 亿元,达 1119.1 亿元,2012 年突破 2000 亿元,达 2109.5 亿元。2013 年,全区全社会固定资产投资总额 2681.14 亿元,是 2008 年的 3.1 倍,年均增长 29.4%,高于全国 4.7 个百分点。

财政实力持续增强。全区公共财政预算总收入由 2008 年的 178.6 亿元增加到 2013 年的 931.5 亿元,增长 4.2 倍,年均增长 39.1%。可用财力显著增加。地方财政收入由 2008 年的 95 亿元增加到 2013 年的 308 亿元,是 2008 年的 3.2 倍,比 2008 年翻 1.68 番,年均增长 26.5%。地方财政支出由

325 亿元增加到 931 亿元，是 2008 年的 2.9 倍，年均增长 23.4%，比 2008 年翻 1.54 番。重点支出保障有力，公共服务、改善民生等支出显著增加。

综合发展水平大幅提升。人均生产总值由 2008 年 1.9 万元、2011 年过 3 万元，增加到 2013 年的 39420 元。人均财政收入由 2008 年 1547 元提高到 4736 元，增长 2.1 倍，翻 1.6 番。经济社会快速发展，这一过程将形成巨大的势能，助推新增长动力加速拓展规模空间。

2. 从经济结构看，发展方式加快转变，结构调整成效明显，这为塑造新增长动力奠定了空间基础。

结构优化与转型升级成效显著。推进经济结构优化和产业转型升级是提升发展质量的重要举措。2013 年，全区农业、工业、服务业、文化产业、投资等经济结构均有明显改善。产业结构优化升级。地区生产总值中三次产业比例由 2008 年的 9.8：50.7：39.5 调整为 2013 年的 8.7：49.3：42.0，其中第二产业比重下降 1.4 个百分点，第三产业比重上升 2.5 个百分点。从农业上看，特色优势产业发展进一步加快。全区特色优势产业产值占农业总产值比重为 85.2%，比 2012 年提高了 0.9 个百分点，比 2017 年 88%的预期发展目标低 2.8 个百分点。从工业上看，工业内部结构正发生积极变化。全区规模以上工业轻重工业比由 2012 年的 12.0：88.0 调整为 13.1：86.9，轻工业比重上升 1.1 个百分点，比 2017 年 20%的预期发展目标低 6.9 个百分点；非高耗能工业占全部规模以上工业增加值比重由 2012 年的 43.4%上升为 44.6%；高技术制造业增加值占工业增加值的比重为 1.8%。从服务业方面看，第三产业平稳发展。服务业增加值占 GDP 的比重为 42.0%，与 2012 年持平，比 2017 年 44%的预期发展目标低 2 个百分点。从文化及相关产业看，发展进一步加快。全区文化及相关产业占 GDP 比重为 2.34%，比 2012 年提高 0.13 个百分点，比 2017 年 3%的发展目标低 0.66 个百分点。从投资上看，投资结构进一步优化。服务业投资占全部投资的 49.8%，比 2012 年提高 2.9 个百分点；民间投资占全区固定资产投资的比重为 53.8%，比 2012 年提高 0.2 个百分点。

经济运行质量效益稳步提升。不断提高经济发展的质量和效益，是推进经济结构调整和转型升级的根本目的。在质量方面，2013 年，地方公共财政收入占 GDP 的比重为 12.0%，比 2012 年提高 0.7 个百分点；税收占 GDP 的比重为 10.1%，比 2012 年提高 2 个百分点；城镇化质量系数为 0.8，与 2012 年持平；GDP 与固定资产投资之比为 95.7%。在效益方面，2013 年，工业成本费用利润率为4.4%,比2012年提高0.6个百分点;工业企业总资产贡献率为8.1%;农业灌溉渠系水利用系数为0.46,比2012年提高0.01点,比2017年0.5的预期发展目标低0.04个点;全社会劳动生产率为73730元/人,比2012年提高5278元。

资源环境逐步向好。2013年,宁夏以壮士断腕的勇气和决心,强力推进节能降耗工作,资源环境逐步向好。节能降耗成效显著。全区万元GDP综合能耗2.09吨标准煤,比2012年下降0.07吨标准煤,比2017年万元GDP综合能耗1.73吨标准煤的预期发展目标高0.36吨标准煤;单位GDP能耗下降3.22%;万元GDP水耗138立方米,比2012年下降3立方米。污染物排放总量得到有效控制。全区化学需氧量、二氧化硫、氨氮和氮氧化物排放总量比2012年分别削减2.7%、4.2%、2.1%、3.9%;排放强度为8.65、15.19、0.67和17.05千克/万元,比2012年分别下降1.09、2.18、0.08和2.40千克/万元。环境质量持续改善。城市污水处理率为89.0%,比2012年提高0.8个百分点;工业固体废物综合利用率73.1%,比2012年提高4.5个百分点,比2017年75%的预期发展目标低1.9个百分点;农业用水总量占社会用水比重保持相对稳定,为90.2%,比2012年微增0.1个百分点。

3. 从发展机遇看,丝绸之路经济带、中阿博览会、两区建设,为宁夏经济社会发展提了新的重要机遇,这为塑造新增长动力奠定了平台基础。作为丝绸之路经济带的重要组成部分,宁夏正发挥宁夏内陆开放型经济试验区先行先试的政策优势,围绕加强政策沟通、道路联通、贸易畅通、货币流通、民心相通的要求,依托中阿博览会合作平台,加强与国家战略对接,勇于担当,主动作为,把宁夏打造为丝绸之路经济带的战略支点。中阿经贸论坛升格为中阿博览会,每两年举办一次,为向西开放创造了更加有利的条件。国家批准设立了宁夏内陆开放型经济试验区和银川综合保税区,全面提升了宁夏在国家发展大局和对外开放格局中的战略地位。这些机遇将搭建多个平台,助推新增长动力激发新动力、塑造新模式、增创新优势,使全区经济社会发展获得多点支撑、多重保障。

三、“十三五”宁夏经济增长新动力模式转换

“十三五”是宁夏经济调整和转型的关键时期,这不仅是因为国内外经济大环境的深刻变化,而且过去多年来支撑经济增长的内在因素也将发生

新变化，面临的挑战日趋复杂和严峻。新的经济增长动力既要化解过去高增长时期积累的矛盾和问题，也要为“三期叠加”宁夏经济迈上新台阶，实现更长期、更健康、更可持续的发展创造条件。

(一)新发展瓶颈制约

总体上说，“十三五”时期中国经济保持健康持续发展的基本条件和长期向好的基本趋势不会发生根本改变，但随着经济结构、社会结构及分配结构的深刻变化及新形势、新阶段的发展要求，也面临一些新的制约因素。

一是思想观念滞后。宁夏与发达地区的差距，从根本上看还是思想观念的差距。突出表现在对科学发展、可持续发展认识不足，习惯于走抓增长、重增速的传统发展套路，全面协调可持续发展的思路不宽。深入分析，思想观念滞后是主因。解放思想是加快发展的“金钥匙”，是推动一切工作的“总开关”，在“十三五”经济发展和产业转型的关键时期，解放思想尤显迫切而重要。

二是体制机制障碍。体制机制决定一个地区发展进步的活力、创造力和竞争力。比较而言，宁夏经济市场化程度和市场经济的活力与东部、中部有明显差距，政府主导型经济特征明显。以能够反映市场体系发育程度的非公有制经济为例，2012 年宁夏非公有制经济增加值占全区经济总量的比重为 48.3%，对经济增长的贡献率为 42.5%。因此，适应新阶段、新形势的发展要求，积极推进重点领域和关键环节改革，加快形成充满活力、富有效率、更加开放、有利于科学发展的体制机制势在必行。

三是发展阶段制约。当前，宁夏已进入工业化中期的初级阶段，“十三五”将是工业化加速推进的重要阶段，也是工业转型升级的关键期和攻坚期，将面临加快发展与转型升级及资源环境约束的多重压力，追求速度加快与效益提升处于两难选择，实现好与快的统一面临硬性约束。宁夏传统工业和高耗能工业比重大，能耗总体水平偏高。2013 年，全区万元 GDP 能耗是全国平均水平的 2.8 倍，居全国末位。单位资源的产出效率低。由于宁夏产业结构偏重、高耗能行业比重偏高，这无疑加大了今后节能减排的压力。因此，如何在保持合理发展速度的前提下，优化结构、提高效益、减少碳排放，防止出现大的起落是对宁夏工业发展的严峻考验。

四是创新人才缺乏。表现为人才总量不足，特别是开拓型的高层次人才和高科技人才严重缺乏，既能创新又能创业的专业技术带头人才更是凤毛麟角。2013年,全区科学技术支出10.68亿元,仅占公共财政预算支出的1.1%,远低于中央财政科技支出3.6%的比重;研究与试验发展(R&D)经费支出占GDP比重为0.82%,比全国2.09%的比重低1.27个百分点。研究生毕业人数1232人,占普通高等学校毕业总人数的5.3%,与先进地区相比仍有明显差距。科研投入比重偏低、人才短缺,制约着科学技术的进步,难以满足全区经济规模扩大和经济转型升级对人才和技术的需求。

(二)新增长动力模式转换

“十三五”时期宁夏经济发展也将步入新常态,总的是要坚持遵循经济规律的科学发展、遵循自然规律的可持续发展、遵循社会规律的包容性发展“三遵循三发展”的鲜明导向,以结构调整为关键环节,以科技创新为主要驱动,以节能减排为倒逼机制,以创新政策为有力保障,突破资源、人才、技术和体制机制等制约,着力提高科技进步贡献率、整体经济竞争力和可持续发展能力。具体地说:

1. 增长目标由以GDP为中心向经济增长、结构优化、民生改善、社会发展多目标转变。十八届三中全会指出,纠正单纯以经济增长速度评定政绩的偏向,加大资源消耗、环境损害、生态效益、产能过剩、科技创新、安全生产、新增债务等指标的权重,更加重视劳动就业、居民收入、社会保障、人民健康状况。

2. 动力机制从政府主导向改革开放、发挥两只手作用转变。宁夏作为中国欠发达地区、少数民族地区,市场经济不够发达,要从深化行政审批制度入手,充分发挥市场在配置资源中的决定性作用,利用负面清单制度培育市场主体。同时要依托中央西部大开发和丝绸之路战略,加快宁夏对外开放。

3. 发展要素从投资驱动向投资、创新双轮驱动转变。发达地区实践证明,只有创新驱动成为主导因素,投资拉动才能持续成为主要动力。要努力使宁夏经济增长的动力由主要依靠资本和劳动力投入的增长转移到主要依靠科技进步的增长,着力提高科技进步对经济增长的贡献水平。

4. 发展载体由产业驱动向区域协调发展、新型城镇化、民生改善与产业融合发展转变。充分发挥宁夏内陆开放型经济试验区的独特作用,在推进中阿合作平台的基础上,把宁夏打造成国家重要的能源化工基地,重要的清真食品和穆斯林用品产业集聚区和承接产业转移示范区。目前宁夏的城镇化率刚超过50%,未来几十年宁夏最大的发展潜力就在新型城镇化。通过人口的集聚和城镇人口规模的扩大,将带动宁夏房地产业建设、基础设施建设、市政工程建设,直接扩大对第二产业中的冶金、建材、建筑、装备制造、电子信息等行业的需求。同时还将扩大对房地产、现代物流、设计规划、咨询服务、金融保险等第三产业的需求。推动服务产业的发展,从而推动产业转型升级。进而加快民生改善进程,进一步通过社会保障机制、调整收入分配政策和扩大再就业等途径,切实保障低收入阶层的生活,缩小贫富差距,扩大中等收入比重,促进社会公平,激发发展动力和活力,实现以人为本的包容性发展。

5. 结构动力由产业价值链低端向高端转变。目前,宁夏经济发展方式粗放型特征仍然十分明显,高消耗、高污染、结构水平低的状况未能根本改变。2013年,全区万元GDP能耗是全国平均水平的2.8倍,居全国末位。单位资源的产出效率低。2013年,每吨标准煤所创造的GDP为4783元,只有全国(每吨标准煤所创造的GDP为13584元)的35%。应按照结构调整、转型升级的要求,加快形成高效集约、要素组合优势充分发挥的发展格局,形成科技含量高、经济效益好、资源消耗低、环境污染少、人力资源优势得到充分发挥、生态环境保护好的产业结构、增长方式和消费模式,使全区总体上进入经济、人口、资源和环境协调可持续的发展阶段,让人与自然和谐,实现可持续发展。

四、“十三五”宁夏经济增长新动力构建

综合分析国内外经济社会发展环境的变化趋势,以及宁夏经济发展的基础、障碍及经济增长新动力的目标取向,我们提出构筑“十三五”经济增长的对策举措。

(一)深化体制改革与对外开放,释放发展活力

当前要抢抓全面深化改革历史机遇,加大改革开放力度,不断释放发展新活力。

1. 加快简政放权,推进政府职能转变。一是进一步理顺政府和市场的关系,试点推行负面清单制度和注册便利化,通过简政放权激发企业和市场活力,更好发挥市场在资源配置中的决定性作用;深化机关作风效能建设,

优化发展软环境。二是深入推进资源要素配置机制改革。建立和完善集约节约用地制度,建立单位国内生产总值和固定资产投资规模增长消耗新增建设用地考核机制,加强土地批后监管,防止变相占地。完善水资源使用权配置机制,改革水权转换制度,开展水市场交易试点。积极推进工业、农业和居民用水价格改革,建立科学合理的成本水价机制。完善煤炭资源有偿使用制度,建立以现代煤化工为导向的煤炭资源就地转化机制。

2. 构建内陆开放经济新格局,培育经济合作竞争新优势。一是推动中阿务实合作。探索建立与丝绸之路经济带沿线省区及欧亚国家交流合作机制,努力打造丝绸之路经济带经贸合作新平台、文化交流新载体、能源合作新基地、国际交通新网络。完善中阿博览会办会机制,设立博览会秘书处,建立国内外合作项目对接和服务保障机制,推动中阿博览会经贸交流常态化。二是着力打造四大平台。建设中阿空中丝绸之路。深入推进银川滨河新区与银川综合保税区、河东机场、空港物流园区整体规划、一体化发展;建设中阿互联网经济试验区。积极发挥我国在信息产业方面的比较优势,发展面向阿拉伯国家的互联网经济,有利于带动中阿贸易的快速增长,形成中阿合作新的增长点。建设中阿金融合作试验区。建立中阿产业投资基金、引进阿拉伯国家的金融机构、建设中阿国际贸易结算中心、推动宁夏地方银行“走出去”、完善宁夏金融生态等多个方面入手,打造中阿金融合作试验区。构筑中阿博览会战略平台。进一步完善中阿博览会办会体制机制,协调海合会秘书处担任大会共同主办单位,建立国内外合作项目对接和保障机制,全面提升市场化、国际化、专业化水平,形成推动中阿博览会经贸交流常态化的合力。

(二)扩大有效投资,增强发展后劲

宁夏作为欠发达地区和少数民族地区,投资既能拉动当期经济发展,同时又形成未来的供给能力,对未来的经济增长和经济结构产生重要影响,仍是新阶段工作的重点之一。

1. 以结构调整为契机,保持投资合理增长。投资、消费、净出口是拉动经济增长的三驾马车。而对于宁夏来说,在这三驾马车中却是投资一马当先,消费拉动作用较弱,净出口总量偏小,几乎起不了多大拉动作用。据宁夏统计局课题《宁夏国民经济与三大需求协调发展研究》:2012 年,全区投资率达 89.1%,投资贡献率达 139%,投资拉动率达 14.2%,分别高于消费率

38.5个百分点，消费贡献率70.5个百分点，消费拉动率7.2个百分点。从"十一五"以来，三大需求对经济增长的贡献和拉动来看，投资仍是宁夏经济增长的主要动力。2013年，全区全社会固定资产投资更是首次超过地区生产总值，GDP与固定资产投资之比跌破100%，达到95.7%，比2012年下降15.3个百分点。

2006—2012年三大需求的测度指标(%)

年份	消费率	消费贡献率	消费拉动率	投资率	投资贡献率	投资拉动率	净出口率	净出口贡献率	净出口拉动率
2006	63.4	52.3	8.2	81.1	73.4	11.4	−44.5	−25.7	−4.0
2007	58.6	40.4	8.5	74.9	51.6	10.9	−33.5	8.0	1.7
2008	54.2	40.2	9.5	80.4	98.3	23.2	−34.7	−38.5	−9.1
2009	48.5	2.1	0.2	96.7	227.8	25.2	−45.2	−129.9	−14.3
2010	48.8	50.2	10.0	92.5	75.6	15.1	−41.3	−25.9	−5.1
2011	48.5	47.3	9.3	83.5	46.4	9.1	−32.0	6.3	1.2
2012	50.6	68.5	7.0	89.1	139.0	14.2	−39.7	−107.5	−11.0

2. 以制造业梯度转移和产业承接为契机，加大对高端制造业的投资。21世纪以来，我国的制造业从东南沿海地区向中西部内陆地区规模化转移。受国际金融危机影响，宁夏制造业产业转移速度进一步加快。宁夏在制造业继续西移的进程中，投资应着眼于产业结构的优化升级和经济发展方式的转变，要更具效率与针对性，要加大研发创新和高端制造业投资的比重，逐步建立起宁夏自己的高端制造业，并形成完善的产业价值链。

3. 以加快推进新型城镇化为契机，加强对沿黄城市带同城化和宁南大县城和中心集镇基础设施建设的投资。定量分析结果显示，在12个被影响的经济增长指标中，受新型城镇化影响的指标有8个排在前4位(排第1位2个，第2位1个，第3位1个，第4位4个)，对城乡居民收入、环境保护、劳动生产率的影响系数明显高于其他因素。目前，我国的城镇化进程进入一个新的发展阶段，市政、民生方面的投资还有较大空间，包括轨道交通、绿化安防、供气供水和污水处理等。这种投资有别于过去"钢筋加水泥"的简单堆积，呈现精细化的特点。宁夏要抓住国家新型城镇化发展的机遇，开展以"智慧"为代表的高质量建设，如城市建筑的节能改造及新建节能建筑，对城市道路管网和垃圾污水处理等市政建设的完善，智能交通、智能医疗和智能网络城市的建设等。

4. 以市场化改革为契机，优化投资主体，最大限度地利用民间投资。加快投资体制机制改革，充分发挥各种金融主体的积极性运用多元化的融资渠道和各种高效的金融工具，鼓励和引导民间投资进入法律未明确禁止准入的行业和领域，重点引导、支持民间资本进入可以实行市场化动作的基础设施、市政工程及其他公共服务领域，使之更好地为促进经济发展和结构优化服务。

(二)培育消费能力，扩大内需潜力

2012 年宁夏的消费率为 50.6%，比 2006 年还低 12.8 个百分点。消费率明显偏低，对经济社会生活产生了诸多不利影响。消费需求作为最终需求是拉动经济增长的第一动力，要从扩大居民收入、改善民生入手，培育消费潜力。

1. 调整分配格局，健全增收机制，切实提高居民消费能力。居民收入是居民消费的决定因素，只有在收入水平不断提高的前提下，居民的消费潜力才有条件释放。要扩大消费需求促进消费率回升，首要的是改革收入分配制度，提高劳动者报酬在 GDP 中的比重，注重将更大的"蛋糕"份额分给广大劳动者。在初次分配领域，要健全扩大就业和提高劳动报酬的发展环境和制度条件，保障职工工资正常增长和支付，逐步提高最低工资标准，建立健全中低收入居民收入稳定增长机制，提高居民收入水平和消费能力。在再分配领域，要增加政府支出用于改善民生和社会事业的比重，扩大社会保障制度覆盖面，逐步完善基本公共服务体系，促进形成的居民消费预期。尤其要着力提高城乡中低收入居民收入，待提高低收入人群的受教育水平，增加人力资本积累，增强经济可持续增长的动力。

2. 培育信息等消费新热点，支撑消费需求的快速增长，形成新的经济增长点。近年来，信息消费持续快速增长。居民用于购买信息产品和电信服务的支出显著增加，家庭信息化程度进一步提高，信息消费逐渐成为日益活跃的消费热点。截至 2013 年底，宁夏固定互联网宽带接入用户 71.14 万户，移动互联网用户 466.5 万户，互联网普及率达到 43.7%。据阿里巴巴集团资料，2013 年，宁夏共有 237 万人注册使用淘宝网，有 10050 个淘宝卖家。网上购物、在线支付成为不少居民热衷的购物方式，网络消费呈现高速增长的势头，成为正在兴起的新热点。宁夏正处于居民消费升级和信息化、工业

化、城镇化、农业现代化加快融合发展的阶段，信息消费具有良好的发展基础和巨大的发展潜力。加快促进信息消费，能够有效拉动需求，催生新的经济增长点，促进消费升级、产业转型和民生改善，是一项既利当前又利长远、既稳增长又调结构的重要举措。

3. 推动居民消费升级。宁夏城镇化进程正在进入一个新的发展阶段，人口结构的变化及新型城镇化道路将使国内消费需求的市场容量得到持续快速扩张，将成为未来宁夏国民经济增长的主要拉力。新型城镇化带来的将是大众消费的普遍市场化，会通过示范效应等大大加快消费结构的升级。随着城镇化进程的加速，有效需求会直接拉动服务经济部门的增长，大大增加不同类型的消费方式和商品，医疗保健、智能家电、婴童产品和娱乐体验等或将引领新一轮消费周期的兴起。另一方面以放开住房限购为契机，促进住房消费。积极鼓励居民购买住房，加快商品住房去库存；加大金融支持力度，落实首套房贷优惠；调整公积金使用机制，加大首套房及改善性购房需求支持力度。

(三)加大科技投入，强化创新驱动

新阶段要把“创新驱动”战略摆在发展全局的核心位置，以科技创新构筑发展新优势、新动力。

1. 加快科技机制体制创新，推动全社会加大研发经费投入。建立多元化、多渠道的研发投入体系，大力发展创业投资、科技小额贷款、科技担保公司等投融资机构，鼓励科技型企业涉足资本市场，多渠道吸引社会资本加大研发投入力度。

2. 加大政策支持力度，培育企业成为科技创新的主体。鼓励企业成立研发机构，对于获得国家、省、市级认定的企业研发中心和技术中心，给予一定奖励；鼓励企业加大自主研发投入力度，实施一批重大科技攻关项目，攻克一批具有全局性、带动性的关键技术，提升科技的支撑能力。

3. 深化产学研合作，加快培育创新人才。深化与区内外高校和科研单位的产学研合作，引进和共建一批与宁夏产业发展紧密结合的研究院、研发中心，提升对研发项目的承载能力。大力引进和培育创新型人才，加快培养一批懂经营、懂管理，有创新精神，能适应国际竞争的复合型人才，建立有效的人才激励机制，消除人才流动的体制性障碍，解除人才的后顾之忧。

(四)夯实产业基础注重提质增效

工业经济是宁夏国民经济增长的主要支柱。要全面落实区委区政府《产业转型升级和结构调整实施方案》,做优做强工业,做特做精农业,做活做大服务业,平稳迈过调整转型的坎,构建具有宁夏特色的现代产业体系。

1. 建设六大基地,做优做强工业。要着力打造一批产值过千亿的产业集群和产业园区,促进主导产业高端化、特色产业品牌化、新兴产业规模化。一是做强能源化工三大主导产业。以建设国内最先进的现代煤化工基地和全区产业升级的样板为目标,加快实施煤制油、煤制烯烃及下游产业项目,形成新型煤化工完整产业链。二是壮大三大特色产业。以银川经济技术开发区为重点,加快形成从部件生产到主机成型的先进装备制造业集群。以中国(吴忠)清真食品及穆斯林用品产业园为抓手,打造国家清真食品及穆斯林用品产业基地。以国家级生态纺织示范园和灵武羊绒产业园为依托,打造中国羊绒纺织之都和西部生态纺织产业转移示范区。三是培育三大新兴产业。依托宁夏(中卫)中关村科技产业园和银川 IBI 育成中心等,引进奇虎 360、阿里巴巴等大数据中心项目,发展物联网、云计算等,加快建设西部云计算及电子信息产业基地。依托石嘴山高新技术产业开发区等,推进东方钽业、天元锰业等项目,形成有色金属、碳基材料为主的新材料产业带。在风能、光能富集地区,建设一批规模化新能源电站,建成国家新能源综合示范区。

2. 加快产业融合,推动服务业升级。一是重点发展现代农业。以农民增收为核心,以“一特三高”(特色产业、高品质、高端市场、高效益)为引领,加快形成辐射周边、西部领先的现代农业示范区。突出绿色、精品、高端,重点发展葡萄、草畜、瓜菜园艺等产业。推进产加销深度融合,培育一批农民合作社和家庭农场,壮大一批龙头企业、流通主体,努力打造宁夏农业“升级版”。二是重点发展现代服务业。创新发展生产性服务业,完善金融服务体系,建设全国重要的区域性物流中心。依托十大物流园区,围绕优势特色产业,引进更多物流投资者,形成企业集群。大力发展生活性服务业,推进特色文化旅游融合发展,开发精品线路,丰富旅游产品,加大形象宣传,做好银川、中卫、固原三大组团,建设面向阿拉伯国家及穆斯林地区的国际文化旅游目的地。构建区域性商贸服务中心。抓好银川国家服务业综合改革试点。大力发展电子商务,把加快发展大数据产业作为建设中阿互联网经济试验区重要支撑点，建设信息资源聚集地，打造大数据产业发展应用新高地，推动大数据产业成为宁夏经济社会发展的新引擎。

（五）加快发展县域经济，推进区域协调发展

县域经济是宁夏发展的基石。县域兴则全区兴，县域强则全区强。县域强则底部实，底部实则支撑稳。要充分发挥宁夏22个县（市、区）的特色和优势，着力在招商引资、园区建设、城市建设、优化环境、提供服务上下功夫，加快县域经济发展，塑造经济增长动力的支撑力，夯实全区经济发展的基础。

加快城乡一体化步伐，把沿黄城市带及黄河金岸、宁南区域中心城市和大县城作为宁夏新型城镇化的主战场，打造银川、吴忠、宁东组成的大银川都市区，发展石嘴山、固原、中卫等副中心城市，带动全区大中小城镇协调发展。

综上所述，“十三五”尽管宁夏经济发展的内外环境将面临深刻变化，但长期蓄积的经济能量和转型升级、改革开放动力能够确保经济持续快速增长，尤其是将涌现一批新的增长动力，如体制机制的创新、两区建设的深入推进、“补缺”式投资的增长、新型城镇化和新型工业化进程的加速推进、科技创新的积极贡献、县域经济的加快发展等，将对宁夏经济持续快速发展起到重要的支撑作用，也将引领未来新兴产业发展方向，更能促使产业结构升级换代，推进经济发展方式转变，抢占新一轮发展制高点。

完 成 单 位：宁夏统计局
课题组组长：梅廷彦
课题组成员：徐秀梅 蔡川生 董金成 王丹玥
季 翔 殷荣玉 焦 霙
执 笔 人：董金成

第十九章 吉林经济增长路径选择研究

摘要:振兴东北老工业基地战略的实施,为吉林加快发展带来难得机遇。报告首先回顾了2003年以来吉林经济增长的主要特点:一是经济规模快速扩张,经济总量跃上万亿元台阶,经济增速保持在两位数较快区间;二是结构调整初见成效,工业主导型经济进一步确立,投资拉动经济增长作用明显;三是发展质量逐步提升,财政收入快速增长,居民收入稳步增加;四是发展活力不断增强,民营经济占据半壁江山,民间投资主体地位进一步巩固,全民创业氛围进一步形成。随后,深入分析了吉林经济发展存在的主要问题:一是投资产出效率有待提高,二是居民增收力度有待加大,三是服务业发展有待加快,四是创新驱动作用有待增强。最后,明确了吉林在新一轮振兴机遇中的方向选择:一是提高机械化水平,注重发展多种经营,确保农业稳定增长;二是加大研发投入,优化产业结构,提高工业有效产出;三是提高劳动生产率,促进服务消费需求释放,推动服务业加快发展。

振兴东北老工业基地战略实施以来,吉林经济保持快速增长,大步挺进“万亿俱乐部”,工业经济振兴取得积极成效。当前,吉林经济正步入转型发展的关键时期,一些长期存在的结构性矛盾日益凸显,成为制约全省经济持续快速发展的瓶颈。新一轮振兴东北老工业基地战略的实施,为吉林加快发展带来难得机遇,将为转型期吉林经济增长注入新的动力。

一、老工业基地振兴以来吉林经济增长特点

(一)经济规模快速扩张

一是经济总量跃上万亿元台阶。2003年,吉林GDP为2662亿元;到2007年,用4年时间实现翻一番,达到5285亿元;到2011年,又用4年时间突破万亿元大关;2013年达到12981.5亿元,比2003年增加10320亿元,占全国各省区市的比重由1.9%上升到2.1%。二是经济增速保持在两位数较

快区间。2004—2013年，吉林GDP年均增长13%，为改革开放以来增长最快的10年。纵向看，从2003年振兴之初到2007年GDP翻一番，4年年均增长13.1%；从2007年5000亿元到2011年突破万亿元，4年年均增长14.6%，发展步伐不断加快。横向看，从5000亿元到万亿元的跨越，黑龙江用了5年时间，辽宁用了6年时间，吉林分别快于邻近两省1年和2年。

(二)结构调整初见成效

一是工业主导型经济进一步确立。振兴东北老工业基地战略实施以来，吉林不断加大工业投入力度，强化土地、资本、劳动力等要素保障，着力提高投资质量和产出效益，推动工业经济迅速壮大。吉林三次产业结构由2003年的18.3∶41.3∶40.4调整为2013年的11.6∶52.8∶35.6，第二产业比重提高11.5个百分点。10年间，工业经济年均增长16.4%，高于GDP平均增幅3.1个百分点，分别快于农业和服务业11.1个和3.6个百分点；工业占GDP的比重由2003年的35%上升到2013年的46.5%，与第二产业比重同步提高11.5个百分点。**从突出亮点看，规模以上工业实现三个跨越。**一是工业总产值由振兴之初的2662亿元跃升至两万亿元台阶，二是工业利润由160亿元增加到千亿元水平，三是最主要的工业产品汽车产量由64万辆扩大到200万辆，占全国的比重达到10.6%。**从支撑因素看，三大支柱产业贡献突出。**2003年，汽车制造、食品工业和石化工业产出分别占工业产出的40.1%、9.7%和18.1%，合计为67.9%，汽车龙头带动作用明显；2013年，三个产业比重分别为27.5%、18.9%和11.5%，合计为57.9%，工业经济均衡发展态势初步显现。其中，依托农业大省比较优势，广泛利用长白山丰富的野生绿色资源，食品工业实现长足发展。**从质量效益看，产出效率明显提高。**2013年，规模以上工业企业资产总额15677.96亿元，实现销售收入22184.99亿元，产出率为141.5%，比2003年提高69.7个百分点；工业企业全员劳动生产率为40.51万元/人，与2003年相比，年均提高17.6%。

二是投资拉动经济增长作用明显。落实振兴老工业基地各项政策措施，吉林紧紧抓住投资这一关键环节，不断加大投资力度，以项目建设带动总量扩张取得积极成效。2003—2013年，吉林消费率由64.6%回落到39.4%，投资率则由42.4%上升到69.6%，其中2008年和2009年曾达到79.6%的峰值，充分体现投资对经济增长的主拉动作用。**从投资规模看，**2003年全省固定资产投资969亿元，占GDP的比例为36.4%；到2007年，投资总量突破 4000 亿元,比 2003 年翻了两番,占 GDP 的比例达到 75%;2013 年,投资总量达到 10110 亿元,占 GDP 的比例进一步提高到 77.9%。**从企业资产看,**规模以上工业企业资产总额由 2003 年的 3674.95 亿元增加到 2013 年的 15677.96 亿元,企业户均资产由 1.61 亿元增加到 29.16 亿元,增长 17.1 倍。

(三)发展质量逐步提升

一是财政收入快速增长。2013 年,吉林财政收入达到 2086.6 亿元,比 2003 年扩大 6.2 倍,而同时期 GDP 只扩大 3.9 倍;按当年价格计算,财政收入年均增长 21.8%,明显高于 GDP 年均增幅;财政收入占 GDP 的比重为 16.1%,比 2003 年提高 5.2 个百分点。从收入来源看,实体经济税收贡献有所提升。2013 年,企业所得税为 121.9 亿元,比 2003 年增长 9.3 倍,占财政收入的比重由 4.1%提高到 5.8%。

二是居民收入稳步增加。从农村看,农村居民人均纯收入由 2003 年的 2530 元增加到 2013 年的 9621.2 元;工资性收入比重上升 2 个百分点,转移性收入比重上升 6.1 个百分点,经营性收入比重下降 7.4 个百分点。**从城镇看,**城镇居民人均可支配收入由 2003 年的 7005 元增加到 2013 年的 22275 元;在岗职工平均工资年均增长 14.2%,经营净收入年均增长 15.7%,分别快于城镇居民人均可支配收入 1.9 个和 3.4 个百分点。

(四)发展活力不断增强

一是民营经济占据半壁江山。2013 年,民营经济增加值达到 6607.6 亿元,占 GDP 的比重为 50.9%,比 2006 年提高 16.8 个百分点。**从行业看,**民营工业增加值由 2006 年的 348.6 亿元增加到 2013 年的 3077.7 亿元,占 GDP 的比重由 8.2%提高到 23.7%,对全省工业增长的贡献率由 40.3%上升到 63.0%。**从企业看,**2013 年销售收入 10 亿元的民营工业企业达到 108 个,而 2006 年只有 7 个;民营工业企业户均资产规模为 1.4 亿元,比 2006 年扩大 1.8 倍。**二是民间投资主体地位进一步巩固。**2013 年民间投资 6899.4 亿元,比 2006 年增长 3.1 倍,占全部固定资产投资的比重由 60.5%上升到 70.9%,提高 10.4 个百分点。**三是全民创业氛围进一步形成。**2006 年,城镇个体工商户 80.2 万个,创造经济价值 1575.3 亿元,平均每户年收入 19.6 万元;2013 年,个体户发展到 146.1 万个,创造经济价值 6979.3 亿元,平均每户年收入 47.8 万元。

二、振兴过程中吉林经济发展存在的主要问题

(一)投资产出效率有待提高

10 年间，吉林投资规模快速扩张，但产出效率相对偏低。**从产出规模看**，2003 年，吉林投资相当于天津的 92.6%，GDP 是天津的 1.1 倍；到 2008 年，吉林投资达到天津的 1.6 倍，而 GDP 与天津相当；2013 年，吉林投资回落至天津的 1.1 倍，而 GDP 仅相当于天津的 90%。**从投资弹性看**，2008 年吉林投资弹性为 0.40，而天津为 0.39；2013 年，吉林仍为 0.40，天津则上升到 0.71。据此简单计算，吉林每增加 1 亿元投资，形成的 GDP 增量仅相当于天津的一半左右。**从影响因素看**，投入产出结构不够合理。每年净流入吉林的货物和服务价值占支出法 GDP 的 34.7%，其中投资需求量较大的通用设备、专用设备产品流入比例超过 80%，而通讯设备、计算机及其它电子设备产品流入比例更是在 85%以上。由于生产能力相对不足，需要购买国外或省外产品，导致投入与产出规模不相匹配。

(二)居民增收力度有待加大

10 年来，吉林人均 GDP 对全国的领先优势逐步扩大，而城镇居民人均可支配收入与全国的差距也在逐步扩大，呈现相反的发展态势，居民增收未能实现与经济增长同步。

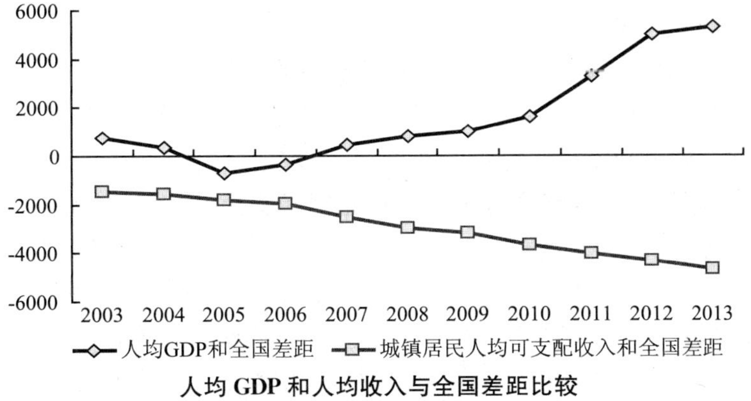

人均 GDP 和人均收入与全国差距比较

从宏观层面看，劳动者报酬在初次分配中的比重逐年下降。2003—

2013年,劳动者报酬占GDP的比重由65.1%下降到35.4%,而政府和企业收入所占比重则有所上升。

表1 2003—2013年收入法GDP构成

年 份	劳动者报酬	生产税净额	固定资产折旧	营业盈余
2003年	65.1	7.4	16.2	11.3
2004年	45.2	14.9	16.2	23.8
2005年	44.7	14.4	17.1	23.8
2006年	43.3	14.1	17.9	24.7
2007年	41.1	13.9	17.2	27.9
2008年	40.5	14.9	16.9	27.7
2009年	40.2	15.0	16.7	28.2
2010年	38.9	15.4	16.9	28.7
2011年	38.7	15.5	17.3	28.6
2012年	38.4	15.6	16.7	29.3
2013年	35.4	16.7	16.5	31.4

从中观层面看,产业发展层次相对偏低。表2中选择了12个重点工业行业,两个省市12行业总产值占全部工业行业的比重均超过70%,吉林为71.1%,上海为70.9%。将平均工资水平作为衡量某行业结构层次的标准,可以看出:作为传统行业色彩较重的农副食品加工业,吉林行业产值比重比上海高12.8个百分点,而工资水平仅为上海市的66%;高技术行业特征明显的医药制造业,吉林行业产值比重比上海高3.7个百分点,而工资水平仅为上海市的26%;吉林支柱产业汽车制造业比重比上海市高出13.6个百分点,工资水平也成为这12个重点行业的最高值,但依然仅为上海市的71%。由此可见,产业结构中的层次低,反映在产业工人的工资结构上,必然是能够体现高工资的要素少。

从微观层面看,城镇中低收入群体相对较大。2013年吉林城镇居民最低生活保障人数为85万人,占城镇人口的比重为5.7%,高出全国水平2.8个百分点,比辽宁高2.5个百分点,比广东高5.2个百分点。吉林是农业大省,森林资源丰富,农垦工人和林业工人众多,但两个行业职工工资水平分别仅为全省的44.7%和53.9%,经济结构和生态发展的要求,使曾经的高收入群体向中低收入群体转变。

表 2　2012 年吉林与上海重点工业行业平均工资及总产值情况

	吉林省		上海市		比较	
	平均工资	总产值占比	平均工资	总产值占比	平均工资	总产值占比
农副食品加工业	27904	13.9	42520	1.1	0.66	12.8
食品制造业	24526	1.9	58106	1.9	0.42	0
石油加工、炼焦和核燃料加工业	26044	1	92941	5	0.28	－4
化学原料和化学制品制造业	51995	7.7	89422	8	0.58	－0.3
医药制造业	24418	5.3	93014	1.6	0.26	3.7
通用设备制造业	28850	1.8	74249	7.7	0.39	－5.9
专用设备制造业	28794	2.5	76303	3.4	0.38	－0.9
汽车制造业	58892	27.1	83118	13.5	0.71	13.6
铁路和其他运输设备制造业	56716	1.4	82600	2.4	0.69	－1
电气机械和器材制造业	30031	1.5	54965	6.7	0.55	－5.2
计算机和其他电子设备制造业	29450	0.3	54746	18	0.54	－17.7
非金属矿物制品业	26616	6.7	60377	1.6	0.44	5.1

(三)服务业发展有待加快

一是服务业企业规模偏小、生产效率不高。2013 年，吉林规模以上服务业企业户均营业收入为 5409 万元，仅相当于规模以上工业企业的 12.9%；第三产业劳动生产率与第二产业的差距由 2003 年的 3.23 万元/人，扩大到 2013 年的 12.72 万元/人。**二是物流业发育不足。从需求看，**吉林是制造业大省，每年物资流入流出量高达 1 万亿元，特别是近几年扩大投资，产生巨大的建筑工程量，大量水泥钢材需要从外部流入。据测算，本省自给 40%，其他 60%需要调入，投资中 80%的设备外购，另外能源的缺口也在 50%以上，例如煤炭消费 1 亿吨左右，外调 0.61 亿吨。**从供给看，**吉林 GDP 占全国的比重为 2%，而物流量仅占全国的 1.2%；公路里程占全国的比重为 4.2%，而公路货运量仅占全国的 1.9%。数据表明，吉林高流入流出很多是靠外省运力完成的，物流业发展的相对落后，直接影响服务业增加值增长。**三是旅游业规模不大。**2013 年，吉林接待入境旅游人数 127.35 万人次，占全国的比重仅为 0.99%，相当于辽宁的 25.3%和黑龙江的 83.2%。旅游外汇收入 5.71 亿美元，占全国的 1.1%；人均在吉林消费 444 美元，而全国则高达

1965 美元。**四是传统服务业比重大、附加值低。**现代服务业与传统服务业的比例约为 4:6 或 3:7,增加值率比例则是 60—80%:10—20%。如批零贸易增加值率仅为 13.1%,而信息传输为 60%,2011 年批零贸易实现 6000 亿元的销售收入,其新创造的价值仅有 860 亿元。

(四)创新驱动作用有待增强

一是研发投入强度偏低。2013 年,吉林 R&D 经费支出占 GDP 比重为 0.91%,比上年回落 0.01 个百分点,表明自主创新能力不强。**二是人力资本投入不足。**全省科技活动人员 13.89 万人,比上年减少 0.69 万人,下降 4.7%;R&D 人员全时当量 4.46 万人年,比上年下降 10.7%,甚至低于 2009 年水平。**三是技术引进力度减弱。**工业企业引进国外技术经费支出 0.82 亿元,比上年下降 63.5%;购买国内技术经费支出 0.61 亿元,下降 35.8%;技术改造经费支出 49.13 亿元,下降 17.9%。

三、吉林在新一轮振兴机遇中的路径选择

(一)确保农业稳定增长

一是提高机械化水平,促进农业生产效率提升。科技在吉林农业发展中的作用日益突出,从机械化水平看,2013 年,吉林单位耕地面积使用机械总动力为 5.04 千瓦/公顷,比 2003 年提高 2.43 千瓦/公顷;从单产看,2013 年,吉林粮食单产为 7.41 吨/公顷,比 2003 年提高 1.78 吨/公顷。机械化水平的提高和单产效率的提高,成为了 2013 年吉林粮食产量 3551 万吨比 2003 年提高 1291 万吨的有力保障。

二是注重发展多种经营,增强对市场的适应能力。2013 年,吉林粮食产量再创历史新高,比 2012 年提高 208 万吨,但种植业价格却比 2012 下降 1.1%,同时第一产业增加值仅增长 4%,低于 2012 年 1.3 个百分点。这表明吉林以“大苞米”为主要特征的农业生产经营结构缺乏应对市场需求的能力。稳定农业增长率,既要稳产增产,更要增强农业生产的多样性,积极破解粮食一多价格就降,农民丰产不丰收的难题。

(二)提高工业有效产出

一是加大研发投入提高有效产出。2009 年吉林工业总产值突破 1 万亿

时，R&D经费支出占GDP的比重高达1.12%，10年间仅低于国家投入较大的振兴起始年2004年；工业增加值率达到30.5%，明显高于其他年份。2012年工业总产值达到2万亿元时，R&D占GDP比重为0.92%，比2009年低0.2个百分点，研发投入不足直接影响工业经济在规模扩大过程中形成更多的有效产出，当年工业增加值率为28%，比2009年低2.5个百分点。

二是优化产业结构提高有效产出。 振兴以来，食品工业的收入与资产比重由2003年的8.7%和6.9%上升到2013年的18.0%和10.7%，成为吉林工业经济第二支柱产业，但食品工业的销售收入利润率(4.1%)仅为汽车工业的44.1%、医药工业的50.6%。应利用东北老工业基地再振兴的战略机遇培育更多的支柱产业，特别是加快发展医药工业等附加值较高的产业，进一步提高工业有效产出。

(三)推动服务业加快发展

一是着力提高服务业劳动生产率。 振兴十年来，吉林第三产业增加值占GDP的比重由40.4%下降到35.9%，二三产业劳动生产率的差距由3.23万元/人扩大到12.72万元/人，主要原因在于第三产业资源配置能力不足。因此，要从提高服务业劳动生产率入手，加大政策扶持力度，引导资源要素向服务业转移，逐步提高服务业比重。

二是积极促进服务消费需求释放。 十年来，吉林人均零售额始终保持17%—18%左右的较快增长，但文化、娱乐等服务消费不足。而服务消费相对于物质消费附加值更高，增加值率更高，物质消费的典型行业——批零贸易业的增加值率仅为13%左右，信息传输业增加值率则高达60%。因而在着力扩大消费需求的同时，应积极引导消费结构升级，促进服务消费需求进一步释放，从而推动服务业加快发展。

完成单位：吉林统计局
课题组成员：孟红英　陈　雪　潘　豫
执笔人：孟红英　陈　雪　潘　豫

第三部分　结构优化:打造增长新引擎

第二十章　产业结构转型升级方向与对策:以海南为例

摘要:加快产业结构优化和产业升级,是海南省实现绿色崛起的必由之路,也是加快国际旅游岛建设的根本途径。本文以产业结构发展理论为基础,根据新型工业化要求,对海南省产业结构调整与转型升级问题进行深入研究。海南建省以来的三次产业结构演进经历了加速调整、探索调整、结构优化和转型升级四个阶段,确立、巩固了"三二一"的产业格局,具有工业化中期阶段特征明显、服务业占主导地位、重化工业份额高的现阶段产业结构特征。扩大第三产业比重会推动经济良性增长,其中科学研究综合技术服务业、房地产业和商业饮食业等是拉动海南经济增长的最有效因素。海南产业结构的主要问题是:一是总体产业结构仍欠合理,在工业化中期阶段但第二产业比重偏低,而现代服务业基础相当薄弱;二是农业在国民经济中依然处于主导地位,现代农业发展缓慢;三是工业发展缓慢,对经济贡献率不高;四是第三产业发展质量不高,新型服务业比重不到四分之一,金融、文化、技术服务等领域发展相对滞后。按照"加快建成国际旅游岛、实现绿色崛起"的总体要求,海南省产业结构优化与升级的方向是:一是大力发展生产性服务业,实现服务业的转型升级;二是推进新型工业化,壮大工业总量;三是着力发展现代农业,提升农业效益。由此,海南产业结构与升级应善于抓重点带全局。一是精心组织制定产业发展规划,加强对产业发展的宏观指导;加快推进全面深化改革,建立和完善有利于产业结构调整的体制机制;增强调控政策的协调性、针对性和及时性。二是充分利用现有产业基础、港口条件和重点工业园区以及开发区,大力优化产业布局;加大基础设施和投资环境建设,进一步拓宽民间投资的领域和范围,优化投资结构。三是构建和完善以企业为主体、以市场为导向、产学研相结合的自主创新和区域技术创新体系,积极促进科技与金融及市场的融合。四是进一步健全产权、资本、土地、技术等要素市场;加强对外交流合作。五是充分开发南海资源,做大做强海洋油气资源勘探、开采和加工业,扩大南海渔业生产规模,开放南海旅游业务。

海南省是我国最大经济特区,独特的省情决定了独特的发展道路。自1988年成立以来,海南经济得到了持续、快速、健康的发展,产业结构逐步优化,经济发展质量不断提升,综合实力日益增强。当前海南开启了加快建成国际旅游岛、实现绿色崛起的新征程,新常态下,经济发展从增长态势、结构调整到发展动力都发生了深刻变化,面对“提质升级增效”的新要求,海南产业结构的现状如何、对经济发展的影响怎样、转型升级的途径何在,需要我们做出深入的分析。

一、海南省产业结构演进与特征

国际旅游岛战略实施以来,海南特色优势产业发展以及产业结构优化得到大力推进,综合实力快速提升。2013年,海南全省生产总值3146.46亿元,年均增长11.7%。人均生产总值达到5703美元,三次产业结构比例也由2009年的27.9∶26.8∶45.3调整为23.4∶27.7∶48.9。以现代服务业为主导、新型工业、现代农业为两翼的特色产业体系初步形成,产业结构的演进呈现出与一般规律不同的特征。

(一)海南省三次产业结构的演进

特区成立以来,海南的产业结构经历了加速调整、探索调整、结构优化和转型升级四个阶段,确立、巩固了“三二一”的产业格局,产业内部结构逐步向高端化演进。

1. 建省前(1987年之前)

建省初期,海南经济结构仍然是以农业为主的传统产业结构,经济规模小,产业结构层次低,工业和服务业发展滞后,区域经济发展不平衡,产业发展不协调。1987年,全省GDP总量仅为57.28亿元,三次产业的比例结构呈现“一、三、二”的模式,属于典型的农业经济省份。

2. 加速调整期(1987—1992年)

这一期间三次产业结构从“一、三、二”迅速调整为“三、一、二”。海南建省办经济特区,中央赋予经济特区系列优惠政策,经济结构调整取得重大进展,全省经济总量迅速增大,经济实力明显增强。到1992年,全省GDP总量达到 184.92 亿元。经济结构发生根本性转变，三次产业比例结构由建省前 1987 年的 50.0∶19.0∶31.0 演变为 1992 年的 29.0∶20.7∶50.3，产业结构由 1987 年的“一、三、二”演变为 1992 年的“三、一、二”。第三产业增加值总量和其占 GDP 的比重首次超过第一产业，产业结构实现历史性的转型。这一时期第三产业中的房地产业、交通运输业和商业饮食业迅速发展，成为这一时期全省经济发展的主要推动因素。

3. 探索调整期（1993—1997 年）

这一期间海南经济增长回归理性区间，农业比重逐步提升，但三次产业结构比例仍不协调，农业和工业缺乏牢固的基础，海南尚未形成明确的产业发展战略，产业结构调整面临着新的挑战。海南在充分认识省情的基础上，开始了产业结构调整的方向探索，加速工业化进程，相应发展第三产业。经过结构调整，三次产业比例结构由 1992 年的 29.0∶20.7∶50.3 演变为 1997 年的 36.1∶20.2∶43.7。农业的基础地位得到加强，但“三、一、二”的产业结构模式得到巩固，热带农业资源和海岛旅游资源优势初步显现，三次产业结构比重趋于协调，为产业结构的进一步调整优化打下了坚实的基础。

4. 结构调整优化期（1998—2009 年）

这一期间海南经济运行进入新的增长平台。产业结构逐步优化，工业比重明显提升，经济增长技术含量明显增强。先期是克服 1997 年亚洲金融危机冲击的同时，积极调整经济结构。至 2002 年，全省经济逐步呈现恢复性的持续增长，1998—2002 年 GDP 年均增长 8.9%，三次产业比例结构由 1997 年的 36.1∶20.2∶43.7 演变为 2002 年的 34.7∶23.1∶42.2。由于海南经济发展始终面临愈加突出的“三低一小”（工业水平、城市化水平和城乡居民收入水平偏低，经济总量偏小）的制约，自 2003 年起，海南采取“大公司进入、大项目带动”的产业结构调整战略，进一步调整和优化经济结构，一批支撑海南长远发展的支柱产业逐步形成，全省经济步入新一轮快速增长区间。三次产业比例结构由 2002 年的 34.7∶23.2∶42.1 演变为 2009 的 27.9∶26.8∶45.3，形成了三次产业齐头并进、协调发展的良好局面。

5. 经济结构优化升级期（2010—2013 年）

这一期间海南 GDP 开始追求绿色增长，节能环保和新能源等新兴工业开始蓬勃发展。2010 年以后海南已经进入了改革的深水区，面临着国家实施经济产业结构优化升级的关键时刻，大力发展战略性新兴产业，着力稳增长、调结构、促改革、惠民生，全面推进国际旅游岛建设，产业转型升级步伐加快。三次产业结构由24.9∶28.2∶46.9调整为24.0∶27.7∶48.3。服务业提质升级取得新进展,工业经济稳中提质,海洋经济加速崛起。

(二)海南产业结构特征

1. 工业化中期阶段特征明显。根据有关发展中国家经济增长与经济结构演变的规律,结合美国经济学家钱纳里等运用多国模型对人均经济总量与经济发展阶段的关系研究结果,人均GDP在2400－4800美元之间,经济发展处于工业化中期阶段(1998年标准)。按现行汇率计算,2013年,海南省人均GDP为35317元,已接近6000美元,据此可以判断海南已进入工业化中期发展阶段。2013年,海南三次产业结构为23.4∶27.7∶48.9,根据赛尔奎因与钱纳里等的研究成果,当第一产业比重20%以上,第三产业比重高于第二产业且在GDP中占最大份额时,工业化进入中期第三阶段。另外,2013年,海南轻重工业分别实现增加值130.95亿元和378.62亿元,轻重工业之比为25.7∶74.3,重工业对经济增长的贡献率远大于轻工业。根据德国经济学家霍夫曼理论揭示的工业化过程中工业部门内部结构演变的一般趋势,当前海南工业化水平大致处于重工业化阶段推进的时期,即工业化中期阶段。从就业结构看,2013年海南就业比为43.2∶12.7∶44.1,第一产业过大,第二产业过小,按钱纳里模型处于工业化初期阶段。从城市化水平看,2013年海南城镇化率达到52.7%,乡村人口占47.3%,也处于工业化中期水平。结合2000年以来海南产业结构的演进轨迹,综合判断,海南经济尚处于工业化中期阶段。

2. 服务业占主导地位。海南是一个以发展服务业为主的省份,2013年服务业实现增加值1540.21亿元,占比重48.9%,对经济增长的贡献达到58.2%,是经济增长的主要推动力。批发业、房地产业和金融业发展快,贡献提高。凭借优越的生态环境和气候条件,以旅游业为龙头的现代服务业正加紧步伐快速发展,2013年接待旅游人次3672.71万,实现旅游收入428.56亿元,带动了交通运输业、住宿和餐饮业、商务服务业加快增长。

3. 重化工业份额高。虽然海南工业规模不大,工业占比不高,但重化工业占比达四分之三。在八大支柱产业中重化工业占7个,其中高耗能产业有6个。企业规模实力不断提升,骨干企业支撑作用增强。2013年,规模以上工业企业户均拥有资产5896.98万元,户均实现产值4.59亿元,户均创造利税6923.20万元。127家大中型工业企业,仅占制造业企业单位数的33%,

拥有资产1655.08亿元，实现产值1375.30亿元、利税208.94亿元，占规模以上工业比重分别为72.3%、77.3%、77.8%，大中型企业支撑作用十分明显。

表1　服务业及各行业增加值

	2013年(亿元)	比上年增长(%)
服务业	1540.21	12.1
其中：交通运输邮政仓储业	141.09	6.4
批发和零售业	373.33	21.6
住宿和餐饮业	110.33	8.7
金融业	151.64	16.0
房地产业	264.78	13.9
其他服务业	499.04	6.4
#信息传输、计算机服务及软件业	64.34	3.2

表2　规模以上八大工业支柱行业产值

	2013年(亿元)	比上年增长(%)
农副食品加工业	139.56	13.9
造纸和纸制品业	116.18	22.5
石油加工、炼焦及核燃料加工业	498.99	−16.6
化学原料和化学制品制造业	188.97	38.3
医药制造业	106.95	8.4
非金属矿物制品业	125.32	16.6
汽车制造业	103.88	−13.5
电力、热力的生产和供应业	185.25	5.1

4. 热带特色现代农业优势突出。海南作为全国唯一的热带岛屿省份，热带气候资源丰富，是“全国冬季菜篮子基地”、“热带水果基地”、“南繁育制种基地”、“渔业出口基地”和“天然橡胶基地”。2013年，海南全省冬季瓜菜种植面积27.2万公顷，瓜菜产量622万吨。种植业和渔业增加值分别占41.7%和27.2%。

(三)新兴产业快速发展

新兴产业是海南省发展迅速的产业部门，其在国民经济中的地位也越来越突出，对本省的经济增长，特别是在海南国际旅游岛建设中也起着举足轻重的作用(见表 3)。

表 3　2000—2011 年海南省新兴产业对 GDP 的贡献

年份	GDP（万元）	新兴产业年价总产值（万元）	固定资产投资（万元）	社会劳动者（人）
2000	5268200	223000	1934508	3351700
2005	9187500	351000	3794284	3795500
2007	12541700	389000	5092568	3974600
2008	15030600	483000	7090144	4083600
2009	16542100	547000	10023333	4245600
2010	20645000	857000	13314557	4396500
2011	25226600	1176000	16114087	4592200

数据来源：《海南统计年鉴 2012》，中国统计出版社。

为了进一步说明新兴产业对海南省经济发展的巨大推动作用，本报告采用多元线性回归的方法考察海南省新兴产业发展与经济发展的关系①。

相关数据采用 2012 年海南省 GDP、新兴产业增加值、固定资产投资和年末社会劳动者合计数。然后采用 Eviews 软件对所采集的数据进行多元回归分析，回归结果为：

$$GDP = 4.707699AD + 0.262488K + 9.557294L - 28881447$$

通过模型检验，方程的拟合优度很高 0.989697，这表明，整个方程有意义并且有着很高的解释度。

因此，从模型的估计结果中可以看出，在现阶段，社会劳动投入是带动经济增长最重要的因素，其弹性达到了 9.557294，即社会劳动每增长 1 个百分点，经济将相应地增长 9.557294 个百分点。其次是新兴产业，其弹性达到了 4.707699，即新兴产业每增长 1 个百分点，经济将相应地增长 4.707699 个百分点。而资本投入对经济的带动作用相对于前两者则要小许多，其弹性为 0.262488，即资本投入每增长 1 个百分点，经济将相应地增长 0.262488

① 多元线性回归在经济学中应用广泛，在回归分析中，如果有两个或两个以上的自变量，就称为多元回归。事实上，一种现象常常是与多个因素相联系的，由多个自变量的最优组合共同来预测或估计因变量，比只用一个自变量进行预测或估计更有效，更符合实际。因此多元线性回归比一元线性回归的实用意义更大。

个百分点,可见,海南省新兴产业的发展对经济增长有着十分明显的拉动作用,从目前海南省产业结构来看,农业占比仍然较大,新兴产业对经济增长的拉动作用还有较大的提升空间。

二、海南省产业结构调整演进中存在的主要问题

近年来,海南产业结构调整取得了一定成效,但按照“转方式、调结构”的新要求和加快建成“国际旅游岛”、实现绿色崛起的新目标,加快产业结构升级、促进发展方式转变任务仍然艰巨。

(一)产业结构仍欠合理

现阶段,海南虽然已进入工业化中期阶段,但第二产业的优势并不明显。与全国比较,2013 年,海南第二产业比重比全国平均水平低 16.2 个百分点。其中,工业增加值比重比全国平均水平低 19.5 个百分点,突出地反映了海南工业化水平较低的问题。但重化工业占比重达到 75%,比全国平均水平高出 4 个百分点。第一产业增加值比重比全国高 13.4 个百分点,第三产业比重比全国平均水平略高 2.8 个百分点,但现代服务业基础相当薄弱,现代化产业水平有待进一步提高。

(二)现代农业发展缓慢

海南省是一个传统的热带农业大省,第一产业一直在海南省国民经济中处于主导地位,但是,全省依靠科技进步以及综合开发利用不够,优质高效农产品和热带特色农产品发展还有待加快,农产品精深加工业还不发达。海南作为热带农作物基地,虽然反季节瓜菜生产、南繁育种、热带水果生产取得较大成绩,但出售的热带瓜果蔬菜等主要农产品以初级产品为主,保鲜、包装、贮运、销售体系发展相对滞后,各自为战、分散经营、耕作技术落后、信息渠道不畅等问题亟待解决。海南也是海洋大省,但海洋资源优势没有得到充分利用。主要是远洋、深海捕捞能力低,对海洋生物的开发利用远远不够。农民文化素质偏低,接受先进科学技术的能力较弱,使得农业科学技术推广普及应用率较低,导致农业劳动生产率低。

(三)工业发展质量不高

工业仍是经济发展的“短腿”。海南省工业发展尚存在诸多问题:一是

大规模大项目、高技术、资金密集型工业企业少,大量产品技术档次、含金量低,知名品牌少,整体市场竞争力弱;二是还尚未形成一条具有紧密联系、门类齐全的主导产业链,工业企业分布零散,行业间的生产联系和协作配套差,成本高,产品链和市场链薄弱;三是从工业内部结构来看,工业发展起点低、基础差,全省工业重型化趋势仍很突出,高耗能行业占比仍然较大。

(四)现代服务业发展滞后

缺少第一、第二产业特别是工业发展的有力支撑,海南省第三产业根基薄弱,对 GDP 的贡献率远远低于发达国家,也低于上中等收入发展中国家的水平。到 2013 年,内部结构中,居主导地位的仍然是传统的交通运输邮政业、房地产、批发零售业和住宿餐饮业,占第三产业的比重为 57.8%,而金融、保险、旅游、文化、教育、科研、信息咨询、计算机应用服务业等新型服务业虽有发展,但比重仍然偏小,仅占第三产业的 24.1%左右,关键性的金融、保险、文化、教育、科研、咨询、技术服务等领域发展相对滞后。

三、海南省产业结构转型升级方向选择

按照“加快建成国际旅游岛、实现绿色崛起”的总体要求,以提高产业核心竞争力为目标,创新产业结构调整的思路、政策和环境,全面深化改革,强化市场驱动和创新驱动,控制高耗能、高污染产业,加快发展战略性新兴产业和第三产业。争取到 2020 年实现全省三次产业 10:30:60 的结构调整目标,尽快弥补工业短腿劣势并促进服务业升级转型发展。

(一)大力发展生产性服务业,实现服务业转型升级

服务业是衡量经济发达与否的重要标志之一,也是海南产业发展优势。海南服务业要做好“三篇文章”,在发展新业态上实现新突破。一是品牌化文章。以旅游业为龙头,实现转型升级,巩固在全国地位。旅游业是海南立岛之本,发展之基。围绕建设国际旅游岛的目标,逐步实现由观光旅游为主向休闲度假为主转变、由低档次消费向中高档次消费转变、由不注重规划的粗放型开发向严格规划高水平开发转变。优先发展提升热带度假休闲旅游业,高水平开发主题公园,加快西沙旅游开发开放。扩大旅游业的对外开放,引进国际知名的旅行社、酒店集团参与海南旅游资源开发建设,提高旅

游业发展档次,更多地吸引国际游客。二是高端化文章。除坚持发展批发零售业、住宿餐饮业等传统服务业外,要立足海南旅游产业优势,加快发展金融保险、信息咨询、设计研发、新型物流等现代生产性服务业,大力发展文化、教育、科技产业,使海南的经济格局逐步从以服务经济为主向生产性服务业带动现代制造业为主转变。三是新型化文章。加快发展免税购物、医疗康体、演艺娱乐、邮轮游艇、高尔夫、会展赛事、电子商务等新业态。

(二)积极推进新型工业化[①],壮大工业经济总量

目前,海南处于工业化中期阶段,工业化任务远未完成,“十三五”时期面对经济新常态,海南必须继续大力推进新型工业化,在做大工业规模的基础上加快结构调整,实现工业对服务业的基础支撑。

1. 把战略性新兴产业作为未来的主导产业进行培育。海南要充分利用现有的资源和产业技术优势,加快发展节能环保产业、新一代信息技术产业、生物工程、高端装备制造、新能源、新材料、海洋产业等高新技术产业和战略性新兴产业。努力建成国内重要的太阳能光伏产业基地、高端特种玻璃产业基地和软件信息产业基地。同时,要加强信息化与工业化的融合,以信息化带动工业化。既要加快电子信息产业化,又要大力推动信息技术与传统产业嫁接,推动产业结构优化升级。具体来说,要结合“信息智能岛”建设,依托海南生态软件园等载体,建立和完善软件产业公共技术服务体系,在全岛建设完备、成熟、全面的信息化服务体系,实现“三网”融合,加快物联网、云计算和旅游、民生、电子商务等信息化应用,打造数字海南、数字城市,建设信息智能岛。培育壮大信息产品制造的骨干企业,大力推进信息技术在传统工业改造、旅游服务、商贸服务、现代金融、信息服务、现代物流、交通运输、海洋产业等领域的应用,着眼于提升技术含量,提高附加值。

2. 继续发展重化工业。重化工业是海南工业发展的基石,也是实现工业高加工度化的载体。一是重化工业在海南仍有较大发展空间,随着国际旅游岛建设加快和居民消费升级,相应地对汽车、住宅、建材、通信等行业的产品需求大幅增加,从而带动汽车制造、建材、化工等重化工业和电子及通讯设备制造业快速发展。二是海南有重工业发展优势。海南作为我国南海

① 海南省结合自身实际情况把新型工业主要产业分为生物技术和新医药、电子信息、新能源、新材料、海洋高新技术、节能环保、高端装备制造业(具体行业参照海南省统计年鉴 2013:国民经济核算 2—9)。

门户,拥有无可替代的海洋资源和热带资源,是我国南方重要的石化工业基地,汽车和石化在全国具有一定的规模和竞争实力。三是实现高加工度化。高加工度化是重化工业发展到一定阶段的趋势和必然规律,加工度提高,产品的技术含量和附加值大大提高,而消耗的能源、原材料减少,对环境污染大为减轻,经济和社会效益提升。因此,海南要加快实现重工业的高加工度化,减少环境污染,提高工业竞争力。

3. 大力发展农产品加工业。海南有丰富的热带农业资源和海洋资源,农产品加工优势突出。目前海南农产品加工骨干企业少,规模效益水平低,高附加值产品比重低。要着力发展农产品加工业特别是精深加工业,提高农产品附加值;发展农产品加工、储藏、保鲜、运销业。

(三)着力发展现代农业,促进农业提质增效

1. 加快发展养殖业,带动农业产业结构升级。发达国家畜牧业、渔业产值在农业总产值中的比重都在50%以上,目前海南还不到45%,借助海南丰厚的农业资源和渔业资源,市场空间和发展潜力非常大。必须大力发展包括畜牧养殖和水产养殖在内的养殖业及其后延关联产业,进一步健全和完善农业结构体系,不断增加高层次需求农产品的生产。

2. 大力发展热带种植业。在热带特色现代农业上,海南有着数不清的热带特色标签和头衔。要着力围绕冬季蔬菜、热带水果、天然橡胶等传统农业特色产品,全面提高农产品质量,促进品种结构和品质结构优化,提高农产品附加值。

四、加快海南产业结构调整与优化升级的对策建议

产业结构调整和优化升级是一项长期、艰巨的系统工程,要善于抓重点带全局,着力构建加快建设国际旅游岛、实现绿色崛起战略的现代产业体系。

(一)抓规划、促改革,优化转型升级体制机制

1. 要精心组织制定产业发展规划,加强对产业发展的宏观指导,根据产业发展的规律和国内外经济环境的新变化,立足于海南的比较优势,抢占产业发展制高点。

2. 加快推进全面深化改革,建立和完善有利于转变发展方式、促进结构调整的政绩考评体系;加快建立与主体功能区规划相配套、与国际旅游岛建设相适应的转移支付制度和生态补偿机制;深化投融资、财税、价格等领域的改革,建立和完善有利于产业结构调整的体制机制。

3. 增强调控政策的协调性、针对性和及时性。立足海南实际,按照产业结构调整顶层设计的要求,加强产业政策与规划、用地、用能、财税、价格、融资、环保等政策的配套协调,同向用力,减少政策内耗;建立健全重大规划、重大政策实施的监督评估机制及动态调整机制。

(二)抓布局、提档次,优化产业结构

1. 充分利用现有产业基础、港口条件和重点工业园区以及开发区,大力优化产业布局,支持海南新兴工业化产业示范基地建设。高起点、高水平发展临港工业,重化工业严格限定在洋浦、东方工业园区,其他工业项目集中布局在现有工业园区。

2. 加大基础设施和投资环境建设,优化投资结构。在资金投向上,要引导投资广泛应用信息技术等高新技术改造提升传统产业,大力发展循环经济、绿色经济,投资建设节能减排、节水降耗、生物医药、信息网络、新能源、新材料、环境保护、资源综合利用等具有发展潜力的新兴产业。要有效激活民间投资促进产业结构调整,进一步拓宽民间投资的领域和范围,将民间资本转化为投资增长的内生动力和活力。

(三)抓科技、求创新,提升产业核心竞争力

1. 建立以企业为主体、政府引导、市场化运作、产学研相结合,适应市场经济体制和符合科技自身发展规律的自主创新体系,产生更多的创新成果,并且及时将科技成果转化为现实生产力。

2. 整合社会科技资源,以重大产品和关键核心技术为主攻方向,组织实施电子与信息、生物技术与新医药、新能源、新材料、节能环保等行业领域科技创新工程。

3. 打造创新平台。要加大中试平台、金融服务等方面的改革和建设力度,积极促进科技与金融及市场的融合。建立政府、银行和企业协调机制,鼓励金融机构开发有利于促进海南新兴工业产业发展的金融产品,加大科技信贷投入,为高新技术企业、项目和产品提供优质金融服务。

(四)抓市场、强驱动,促进要素合理配置

1. 进一步健全市场体系,大力发展产权、资本、土地、技术等要素市场。加快建立反映资源稀缺和环境成本的资源性产品价格形成机制,打击价格垄断。进一步健全统一、公平的市场规则,坚决清除各种形式和名目的有悖于市场公平的非正当竞争手段和欺诈行为。

2. 加强对外交流合作,创建更加便利的出入境条件。支持国外有实力的大型旅游企业进入海南,逐步对外商投资旅行社开放经营中国公民出境旅游业务。落实好国务院出台的方便境外游客赴海南旅游的入境政策。适当扩大国务院已经批准的五个海港口岸水域开放范围,设立游艇停泊点和游艇活动区域。

(五)抓资源、立主权,全面发挥海洋经济优势

1. 加大南海油气开发,做大做强海洋油气资源勘探、开采和加工业。依靠南海开发基地所在地的区位优势和200万平方公里海洋面积的资源优势,大力开发南海资源,加快建设海洋强省。争取国家部委对海南油气开发的支持,引进全球知名的油气化大企业,依靠重大项目建设,把海南建设成油气资源勘探开发服务基地、国家原油和成品油储备基地和国家石油战略储备基地。

2. 扩大南海渔业生产规模。以三沙市海洋资源作为平台,发展海洋捕捞、深水网箱养殖、种苗培育等渔业产业。争取国家部委加大对海南渔业的资金补贴,提高大马力渔船造船和柴油补贴标准,扩大深水养殖网箱补贴数量,以增强海南渔业生产基础条件。

3. 积极开放南海旅游业务。建设西沙群岛旅游开发基地,发展西沙旅游项目,开发游轮旅游以解决住宿餐饮设施问题,将海南旅游空间边界从三亚向西沙群岛南移。

完 成 单 位:海南统计局
课题组成员:唐 泽 李仁君 陈文科
姚洁斯 李 乐
执 笔 人:姚洁斯 李 乐

第二十一章　破解结构性难题：以云南为例

摘要：近年来，云南省坚持推进农业产业化、新型工业化、城镇化和教育现代化“四轮驱动”战略，以推进园区经济、县域经济、民营经济发展“三大战役”为抓手积极推进产业转型发展，产业结构调整取得了积极进展，服务业比重稳中有升，第二、三产业吸纳就业的能力有所增强。但是也要看到，云南仍属于“二、三、一型”产业结构，产业发展中“一产不优、二产不快、三产不强”的格局没有根本改变，与全国“三、二、一型”的产业结构相比仍显滞后。当前，面对“四期”叠加的复杂形势，云南省产业结构亟待优化和改善。只有坚定不移地走集约发展、创新发展、融合发展、绿色发展和特色发展之路，着力推动产业结构调整和转型升级，提高发展的质量和效益，才能不断开创全省经济发展新局面。

一、云南产业结构调整取得的进展

近年来，云南积极应对国际金融危机和欧洲债务危机，为化解国际、国内经济下行的巨大压力，实施了一系列强有力的宏观调控措施，经济保持了平稳较快增长。2012 年，云南省地区生产总值突破万亿元大关，达 10309 亿元，2013 年进一步增加到 11721 亿元。2009—2013 年，云南生产总值年平均增速达 12.6％，比全国同期高出 3.7 个百分点。

在经济平稳较快增长的同时，云南省委、省政府坚持推进农业产业化、新型工业化、城镇化和教育现代化“四轮驱动”战略，以推进园区经济、县域经济、民营经济发展“三大战役”为抓手积极推进产业转型发展，充分发挥自然资源优势，不断培育壮大烟草、矿业、能源、旅游、生物五大支柱产业，产业结构调整取得了新进展，经济发展的内生动力不断增强。

一是三次产业结构不断优化，服务业比重稳中有升。2013 年，云南第

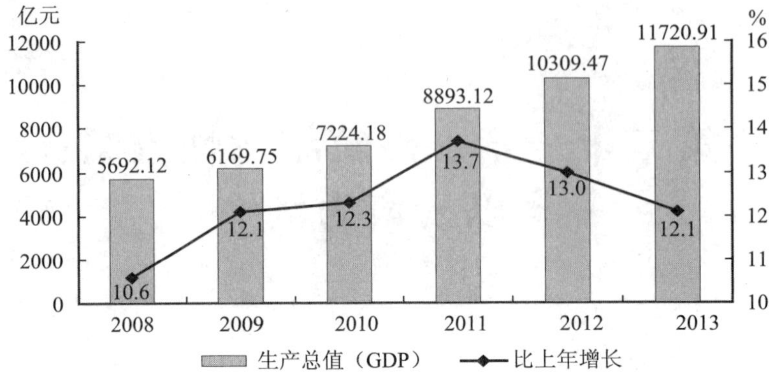

图1 2009—2013年云南生产总值规模及增幅

一、第二、第三产业增加值占国内生产总值的比重分别为16.2%、42.0%、41.8%。与2008年相比,第一产业比重下降1.8个百分点,第二产业比重下降1个百分点,第三产业比重提高2.8个百分点,年平均提高0.56个百分点。

表1 2008—2013年云南省产业增加值结构情况

单位:%

	2008年	2009年	2010年	2011年	2012年	2013年
生产总值(GDP)	100.00	100.00	100.00	100.00	100.00	100.00
第一产业	17.93	17.30	15.34	15.87	16.05	16.17
第二产业	43.09	41.86	44.62	42.51	42.87	42.04
第三产业	38.98	40.84	40.04	41.63	41.09	41.79

二是就业结构有所改善,第二、三产业就业人数比重不断提升。全省分三次产业的劳动就业人员的结构情况来看,第一产业的劳动就业人员的比重呈下降趋势,第二产业和第三产业的劳动就业人员的比重都呈上升趋势。2008—2012年,全省第一产业就业人员的比重下降6.83个百分点;第二、第三产业就业人员的比重分别上升2.17和4.66个百分点。

三是传统农业向现代农业加速转变。云南省深入实施高原特色农业“十百千”行动计划,加大财政、税收、信贷等支持力度,推进高原特色农业产业化发展。深度挖掘自然资源、生物资源和文化资源中的“丰富多样、生态环保、安全优质、四季飘香”的资源禀赋和独特优势,坚定不移地推进资源禀赋特色化、特色产品产业化、优势产业品牌化,提速传统农业现代化发展进程,全省农业综合生产能力显著提升。“油菜高产技术集成示范样板”实现168亩平均理论亩产360.80千克,创全国早熟油菜百亩连片最高纪录。花卉新品研发全国第一。截至2013年,全省获得自主知识产权证书的花卉新品种已达107个,已通过新品种初审的花卉新品种达316个。“云岭牛”告别肉牛改良靠引种历史。云南省自主培育的“云岭牛”通过国家畜禽遗传资源委员会审定,奠定了云南对东南亚南亚国家热区肉牛品种资源的优势地位,突破了只有日本“和牛”才能生产高档雪花牛肉的技术壁垒,向正式成为国家肉牛新品种迈出了关键一步。

表2 2008—2013年云南省年末就业人员产业结构

单位:%

	2008年	2009年	2010年	2011年	2012年
年末就业人员总数	100.00	100.00	100.00	100.00	100.00
第一产业就业人数	63.62	62.30	60.43	59.40	56.79
第二产业就业人数	11.32	11.97	12.60	13.10	13.49
第三产业(服务业)就业人数	25.07	25.74	26.97	27.50	29.73

四是工业内部结构不断优化。六大高耗能行业增加值比重有所下降。2013年,在全省规模以上工业企业中,六大高耗能行业增加值1288.97亿元,占规模以上工业增加值比重为37.2%,比2008年降低2.5个百分点。烟草等产业的支柱地位日益显出。经过多年的整合转型发展,全省烟草制品业已具相当规模,是全省工业经济效益的主要贡献者,烟草制品业增加值占全省生产总值(GDP)的比重仍维持在10%左右,且逐步确立了由推进器到稳定器的支撑作用,对全省工业经济平稳较快发展仍起着举足轻重的作用。2009—2013年,规模以上烟草制品业增加值年均增长12.3%,虽然比全省规模以上工业增加值年均增速低1.1个百分点,但实现利税年均增长14.4%,比全省规模以上工业实现利税年均增速高2.3个百分点;2013年烟草制品业实现利税占规模以上工业利税的比重为63.4%,比2008年上升6.1个百分点。

二、云南产业结构调整存在问题

近年来,云南产业结构调整取得了一些成效,但仍属于“二、三、一型”产业结构类型,产业发展中“一产不优、二产不快、三产不强”的格局没有根本改变,与全国“三、二、一型”的产业结构相比仍显滞后。从近年来云南产业结构变动情况来看,2009—2013年产业结构变动系数为1.86、2.76、2.11、0.54和0.82。可见,在云南经济循环波动的小周期中(2009—2013年),经济上升阶段(2009—2011年),产业结构变动幅度增大;经济下行阶段(2012—2013年),产业结构变动幅度减小。从劳动生产率来看,2012年云南劳动生产率为35927元/人,只相当于全国平均水平的53.0%,这说明云南产业层次水平仍偏低,产业结构亟待优化和改善。

(一)农业发展基础薄弱,内部结构亟待优化

2012年,农林牧渔业增加值的结构中农业、牧业的比重分别占到56.5%和30.2%,明显偏高;林业、渔业分别占到9.2%、2.4%,特别是农林牧渔服务业的比重仅占1.9%,明显偏低,这说明整个农业生产经营的规模化、现代化和产业化的水平偏低。

1. 农业规模化生产经营发展不够,农业的社会化服务发展滞后。首先,自然地理因素削弱了传统农作物产品的市场竞争力。云南高原地区自然灾害较多,抵御自然灾害的能力弱,发展生产难度大,基础设施建设落后,全省相对平缓的山区只占总面积10%。受地理等因素的制约,农产品从田间到市场的交通成本较高,造成市场竞争力不强。其次,农业生产组织化、社会化水平不够高。由于以家庭经营为主,经营规模较小,造成上市商品在市场上形不成批量,无价格谈判能力,不具竞争力,信息不灵,在生产、上市、投资方向等方面存在一定盲目性。第三,农产品品牌市场认知度较低,农业产业龙头企业少。我省获准实施地理标志产品保护的农产品不多,大部分特色产品还处于原料型和初加工型生产阶段,产业链条短,附加值低,一些农产品品牌营销力度不够大,没有充分发掘网络等渠道的传播优势,既有品牌建立专门销售门店的较少,在全国范围内有影响力和竞争力的农业产业化龙头企业和品牌不多。

2. 区域产业结构趋同性日益明显,部分地区盲目发展农产品加工。各地确定龙头经济和龙头企业时存在一定盲目性,大多是在对资源、市场、生产能力和加工能力底数不十分清楚情况下确定的,优势不明显。一些地方在产业结构调整过程中,没有很好地进行市场调查,没有充分利用本地的资源优势,盲目发展的问题比较突出。在农产品加工方面,也存在低水平重复建设问题。例如,普洱茶是云南的一个很有名气的产品,一度销售情况非常好,可是近几年全省先后上了近千家产品雷同的普洱茶厂,有的还是不具备规模效应的村办小厂、个体小厂。重复建设对普洱茶造成了极大的市场冲击,也影响了广大茶农的收入。

3. 农业的生产经营资金投入较少,现代农业科技应用水平和普及程度较低。受融资渠道较少、投入相对不足等因素的影响,农产品深加工转化率低,农产品加工值与农业产值的比例也低于全国平均水平。虽然每年增加投入,但是真正作为产业化扶持的不够多,龙头企业带动能力不足。另外,农业生产周期长、见效慢,大多数金融机构不愿将资金投放到农业产业上,导致农业龙头企业较难获得贷款。

4. 农业生产方式落后,新兴农业产业规模尚小。一是农产品附加值低,产业链短。从事农产品初级加工的比较多,从事精深加工的比较少,加工农产品的科技含量和附加值还不高。农产品加工技术与设备落后,产业规模小、集中度低。二是农业基础设施薄弱,抗灾能力差。一方面,云南省旱地坡地缺乏水利基础设施,60%的耕地只能"靠天吃饭",农户自身抗灾能力极其有限,易受旱灾。另一方面,云南省水利基础设施老化,建设滞后,排灌沟渠不畅,在雨季易受涝害。三是生产方式落后,农产品单产有待提升。特别是当前云南农业科技支撑能力弱,劳动者整体素质不高,农业生产发展质量和水平的农业科技贡献率只有49%,农业科技成果转化率不到30%。2014年,云南夏粮平均亩产144.6公斤,仅为全国平均亩产的43.8%,远低于四川(219.3公斤/亩)和广西(217.2公斤/亩),甚至与贵州省(176.3公斤/亩)也有一定距离。2012年,云南省甘蔗单产为4.16吨/亩,只有广西单产的90.9%,低于自然条件和生产模式与我国相近的泰国、印度单产4.60吨/亩左右的水平。四是部分新兴农业产业产值偏低,发展水平有待提升。云南花卉种植面积居全国第一位,鲜切花产量居全国第一位,但是全省花卉产值为93.7亿元,只有浙江花卉苗木产业产值的37%左右。

(二)工业内部产业层次低,自主创新能力不强

近年来,虽然工业结构调整取得了可喜的进展,但结构调整的一些深层次的矛盾和问题凸显,多数产品处在产业链和价值链的低端,产品附加值不高,加工深度和技术含量较低、资源利用深度不够,行业集中度低,核心竞争力不够强,对资源、环境压力日益加大,自主创新能力不够强,工业增长主要依靠增加资源消耗来支撑,加快全省工业结构调整,实现转型升级已成为迫在眉睫的任务。

1. 工业重型化速度加快,节能减排压力加大。云南规模以上工业内部结构总体呈现重化工业加快发展的趋势。重工业增加值自2006年首次超过轻工业增加值之后,比重逐年扩大。轻重工业增加值的比例由2008年的45.4:54.6转变为2013年的44.0:56.0,2009—2013年间年均分别增长14.0%和14.7%,重工业增加值年均增速比轻工业高出0.7个百分点。重化工业作为支柱产业在促进经济增长的同时,给我省环境保护、资源利用、节能减排等方面带来巨大压力。

2. 装备制造业发展水平还比较低,影响了工业发展层次的整体提高。装备制造业发展水平集中反映了一个国家或地区工业的发展水平和综合实力,是提升基础工业和传统工业运行质量的重要手段,也是工业结构向技术集约化阶段升级的重要标志。从增加值看,2013年云南装备制造业完成增加值占规模以上工业的比重仅3.7%。从效益指标看,2013年装备制造业实现主营业务收入519.09亿元,实现利润22.59亿元,利税总额37.77亿元,占规模以上工业的比重分别为5.3%、4.1%和2.0%。全省装备制造业发展水平还比较低,规模还比较小,影响了工业发展层次的提高。

3. 采矿业比重上升,可持续发展压力加大。云南作为资源大省,根据国家发展战略的引导,多年来优先选择发展资源依托型工业。2013年,采矿业占全省规模以上工业比重为14.0%,比2008年提高了3.6个百分点,共完成增加值487.46亿元,同比增长15.9%,高于全省平均增幅3.6个百分点,仅拉动全省工业增幅2.2个百分点。矿产资源型产业的发展占用了大量的资金与人力资源,拉动工业经济增长的贡献不大,不利于云南工业经济的可持续发展。

4. 自主创新能力不强,高技术制造业发展不足。近年来,云南省在一直努力做大做强高技术制造业,重点培育和引进了一批高技术领域的龙头企业,打造具有集聚效应的高技术园区,加快高新技术对传统产业的改造提升。但由于高技术制造业起步较晚、发展不足,还未形成规模效应。截至2013年,全省规模以上工业企业中,仅有131户企业生产有属于高技术制造业分类的产品,占企业总数的3.9%;高技术制造业共完成增加值103.78亿元,占规模以上工业的比重仅为3.0%。

5. 战略性新兴产业发展还面临着较大的挑战,主要表现为“四不足”。

一是产业规模发展尚显不足。2013 年云南省战略性新兴产业增加值占 GDP 的比重仅为 7.4%,与 2012 年比重 7.3%基本持平,而且在六大战略性新兴产业领域中,2012 年仅有生物产业、新材料、光电子(电子信息服务业为主)三个产业增加值超过 100 亿。2013 年生物产业、光电子两个产业增加值突破 200 亿,新材料、高端装备制造两个产业增加值超过 100 亿。二是产业内生增长动力仍显不足。从企业构成来看,由于缺乏领军企业,产业成长性不足,集聚度不高,以点带线、以线带面的联动效应不明显。从技术储备来看,市场导向的创新资源分配体系尚未建立,导致核心关键技术缺乏,主要依靠技术引进和单纯依靠产能扩张的发展方式。如:全省矿业产品创新能力和产品创新产出仅为全国平均水平的 1/2,矿业产品 80%集中在初级熔铸产品领域;装备制造业新产品产值率为 12.0%左右,不到全国平均水平的 1/2;有色金属采选与加工之比为 1:1.4,低于全国 1:2.7 的水平,资源转化率低于全国平均值 14 个百分点。三是多数产业向高端领域发展不足。总体来看,全省战略性新兴产业多数产业领域发展仍处于低端水平,市场前景较好的高端产业领域规模较小。其中,新材料产业更是表现出明显的资源依赖特征,仅基础原材料和金属压延初级加工等领域的营业收入就占了新材料产业的七成左右。四是市场潜能释放严重不足。一方面,云南省节能环保产业和新能源产业具有较好的资源条件和较强的市场发展空间,加强生态文明建设也产生了巨大的市场需求,但产业整体处于应用环节,生产制造环节明显较弱。据统计,2013 年,节能环保产业和新能源产业增加值占整个战略性新兴产业的比重分别为 8.6%和 7.8%,其中,生产制造领域占比都不足 20%。两个产业的发展呈现出产业规模与市场不相匹配,市场需求对于本省生产制造带动不足的矛盾。另一方面,云南省具有丰富的自然资源和人文资源基础,在远程医疗、生物技术服务等方面形成了一定的产业亮点,特别作为面向东南亚、南亚开放的重要"桥头堡",云南省高技术服务业的国际化发展具有了先行优势。但云南省战略性新兴产业中服务业发展相对滞后,总体规模较小,生物技术服务、新兴信息技术服务等具有广阔市场前景的产业领域的企业还未成长起来。

(三)服务业发展水平不高

由于受到全省经济发展水平及城乡居民收入水平较低的影响和制约,云南服务业发展能力较弱,服务业对全省经济增长的贡献与拉动较小,吸纳就业人员的容量较小,内部结构不合理,发展的地区差距大。

1. 服务业发展不充分。云南服务业较第二产业的发展能力弱,所占比重较低,处于发展不充分的状况,2009—2013年全省服务业年均增长速度低于GDP年均增长速度0.6个百分点。2013年,云南省服务业增加值占全省GDP的比重为41.8%,比全国低4.3个百分点,总量仅占全国的1.9%。同期,云南省人口是全国的3.4%,人均服务业增加值仅相当于全国的54%,服务业发展水平明显低于全国。

2. 服务业对地区经济增长的贡献率较小. 通过考察服务业对地区经济增长的贡献率(指各产业增加值增量与GDP增量之比)就会发现,进入21世纪以后,云南省服务业对经济增长的拉动作用要弱于全国平均水平。"十五"期末及"十一五"期间,服务业对地区经济增长的拉动作用有所回升,但云南回升幅度也低于全国平均水平。详见下表:

表3 2008—2013年云南服务业对GDP增长的贡献率

年份 指标	2008	2009	2010	2011	2012	2013
生产总值(GDP)	5692.12	6169.75	7224.18	8893.12	10309.47	11720.91
服务业增加值	2218.81	2519.62	2892.31	3701.79	4235.72	4897.75
服务业对GDP增长的贡献率	38.70	42.10	36.60	35.00	33.10	39.70

3. 服务业吸纳就业人员的力量较弱。根据配第—克拉克定律,随着全社会人均国民收入水平的提高,就业人口首先由第一产业向第二产业转移;当人均国民收入水平有了进一步提高时,就业人员便大量向第三产业转移。产业结构不断升级,就业结构也应与产业结构趋同。云南三次产业的就业结构依然是第一产业为主体,二、三产业辅助的格局。尽管近几年,云南省服务业对就业吸纳能力越来越强,但与全国平均水平相比,仍有不小差距。2008—2012年期间,云南省服务业吸纳就业的平均贡献率为108.5%,低于全国平均水平近130个百分点。详见表4。

4. 新兴服务业所占比重较小,生产性服务业发展水平较低。总体上看,以交通运输业、仓储业、邮电通信业、批发零售贸易业及住宿餐饮业为主的传统服务业仍然占较大比重,新兴服务业和现代服务业有所发展,但规模较小。2012年,云南第三产业增加值中,传统服务业及附加值较低的批发和零售业所占比重虽然有所下降,但仍高达24.5%,交通运输、仓储和邮政业所占比重为5.8%、住宿和餐饮业所占比重7.8%,而在新兴服务业中,除金融业和房地产业所占比重较高,分别为12.8%和5.7%外,其他行业所占比重均较低,如信息传输、计算机服务和软件业所占比重为4.6%,租赁和商务服务业占4.1%,科学研究和技术服务业仅占3.4%,其中,研究与试验发展为0.5%,专业技术服务业为1.9%,科技交流与推广服务业为0.7%。云南生产性服务业发展水平较低,尤其是研究开发、技术服务、信息、计算机和软件服务、现代物流等现代生产性服务业发展滞后,严重制约着企业创新和生产效率的提高。

表4　2008—2012年云南与全国服务业对就业贡献比较

单位:万人、%

指标＼年份	2008	2009	2010	2011	2012	2008—2012年平均贡献率
云南年末就业人数	2638.37	2684.8	2765.9	2857.24	2881.9	
第一产业就业人数	1678.42	1672.5	1671.3	1697.2	1636.57	
第二产业就业人数	298.57	321.30	348.60	674.30	388.65	
服务业就业人数	661.38	691.00	746.00	785.70	856.68	
云南服务业对就业贡献率	79.67	63.79	67.82	43.46	287.83	108.52
全国服务业对就业贡献率	281.07	291.67	171.48	301.59	143.66	237.89

5. 服务业发展的区域差距大。从全省各州(市)的发展情况来看,服务业发展的地区差距较大。滇中的昆明、曲靖、玉溪、楚雄四州市2013年服务业增加值占全省的55.3%;最高的昆明市为1703亿元,占全省的34.8%,最低的怒江州为43亿元,仅占全省的0.88%,昆明是怒江的39.5倍。

(四)科技创新对产业发展的支撑不足

1. 科技投入严重不足,科技投入占财政支出的比重逐年下降。2012年,云南省R&D经费投入强度(R&D经费支出占全省生产总值的比重)为0.67%,远低于全国1.98%的平均水平,排列全国31个省(市、区)第26位,列西部第8位。云南省财政科学技术支出占财政支出的比重为0.91%,较上年下降0.06个百分点,低于全国的比重3.54个百分点,呈逐年下降趋势,位列全国31个省(市、区)第26位,较上年下降3位,位列西部第8位,较上年下降1位(31个省市区比重最高的是上海为5.87%,西部比重最高的是广西为1.43%)。由于科技投入不足,云南省2012年综合科技进步水平指数为34.79%,比全国低25.51个百分点,列全国第29位。

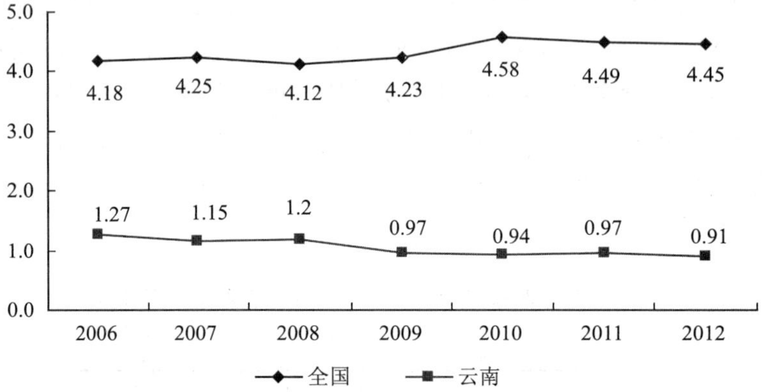

图2　2006—2012年云南财政科技投入占财政支出的比重

2. 企业研发投入不足,高技术产业基础相对薄弱。云南省的工业以资源型的采矿、重化工等传统行业为主,企业规模不大,研发投入强度低。2012年全省规模以上工业企业R&D投入38.4亿元,R&D投入强度为0.43%,比上年提高了0.04个百分点,但与全国平均水平0.77%相比,差距较大。全省有研发机构的企业250个,占规模以上工业企业的7.8%,比全国平均水平低3.5个百分点。有R&D活动企业304个,占规模以上工业企业的9.5%,比全国平均水平低4.2个百分点。云南规模以上工业企业新产品开发项目1512个、新产品开发经费340亿元、新产品销售收入447亿元,分别只占全国的0.47%、0.5%和0.4%,比重均明显低于云南规模以上工业主营业务收入占全国0.96%的比重。

3. 人才匮乏且地区分布极不平衡,人才素质亟待提升。2010年云南省文盲人口比例为6%,远高于全国4%的平均水平;大学以上文化程度的人口比例为5.8%,低于全国8.7%的平均水平。2012年云南R&D人员7.4万人,占总人口的1.0‰,远低于全国3.4‰的平均水平。云南省的R&D活动主要集中在昆明、红河、玉溪、曲靖四个州市,其他州市分布较少。从2012年R&D人员全时当量(人年)来看,昆明市为16353(人年),红河为2272(人年),曲靖为1796(人年),玉溪为1691(人年);排名前4名州市的R&D人员全时当量合计为22113(人年),占全省的79.5%,而排名靠后的迪庆州、怒江州R&D人员全时当量分别为66(人年)和50(人年),仅分别相当于昆明

R&D人员全时当量的0.4%和0.3%。企业创新人才严重不足已成为云南企业产品升级换代进展缓慢和产业结构战略性调整困难的重要原因之一。

三、打造云南经济"升级版"的对策建议

目前,云南省与全国一样正处在经济增长速度的换挡期、经济结构调整的阵痛期、前期经济刺激政策的消化期,也是云南扶贫攻坚的关键期,在这四期叠加的阶段,云南经济发展的内外部环境发生了深刻变化,面对国际复杂多变的经济形势和国内经济发展方式转变提出的紧迫要求,只有加快推动产业结构调整转型升级,坚定不移地走集约发展、创新发展、融合发展、绿色发展和特色发展之路,提高发展的质量和效益,才能实现云南经济社会又好又快发展。必须积极创造有利条件,着力解决突出矛盾和问题,促进产业结构整体优化升级,加快经济发展方式转变。

(一)全力打造高原特色农业,构建现代农业产业体系

一是围绕"丰富多样、生态环保、安全优质、四季飘香"的定位,调整农业产业结构,集中发展重点优势特色产业,优化区域和生产能力布局,加快烟、糖、茶、胶、核桃、水果、蔬菜、花卉、咖啡等特色产业发展,大力开发优质安全农产品,加快推进40个示范县与昆明—曲靖绿色经济示范带建设,加强高原特色农产品品牌打造和市场推介,推进特色农业产业化规模化发展,推进产业集聚,提高农业效益。二是积极推进30个省级生物产业示范基地建设,增强特色优势产业基地综合生产能力。统筹涉农资金、把特色优势基地建设和中低产田、中低产林改造项目结合起来。三是抓住农田水利基础设施建设这个重点,加强骨干水源工程建设,加快推进小型农田水利建设。四是培育农业产业化龙头企业。进一步完善信贷、土地、能源、税收、进出口等扶持政策体系,建议设立农业产业化专项贷款,加大信贷扶持力度,引导产业内企业的兼并、重组和联合,扶持一批起点高、规模大、带动力强、成长潜力大的重点龙头企业,打造一批有影响力、驰名中外的农业企业集团和农产品品牌。五是大力发展创意农业,以现代庄园农业为载体,进一步拓展农业功能和整合资源,把传统农业生产融为生产生活生态旅游为一体。六是加强农业科技支撑,构建高原特色农业科技创新体系。加强农业科技创新能力建设,努力提升科技转化率,搭建研发转化推广平台,聚集整合科技资源,形成

新合力,构建和完善新型农技推广服务网络和长效推广机制;建立农业科技成果产权展示交易平台,降低交易成本,加速农业科技成果向企业流动;转变农业科研观念,提高农业科研成果质量与市场竞争意识,让农民充分看到科技带来的效益,充分发挥科技种植示范点的磁力吸引效应。

(二)加快淘汰落后产能,破解能源“双控”的压力

通过结构调整淘汰落后和过剩产能,是云南工业转型升级的关键一环,也是工业提质增效的内在要求。一是充分发挥市场机制作用,综合运用法律、经济及必要的行政手段,加快形成有利于落后产能退出的市场环境和长效机制,扎实推进淘汰落后产能工作。围绕着采选、冶炼、水泥等重点行业,分类推进,把握节奏,优先淘汰高污染、高排放的落后产能。二是继续推进实施千家企业节能行动,强化企业的节能主体地位和作用,推进企业能源管理体系建设,推进企业能效对标达标管理。激励企业进行节能减排相关技术创新;推动企业能源结构调整,鼓励企业更多地选用清洁能源。三是严格环保准入标准,严格控制新增污染物排放量。要按照时限坚决完成火电、水泥、钢铁等行业脱硫脱硝设施改造,重点组织实施好100项重点节能示范项目,推进煤炭洁净化利用。四是加快推进资源有偿使用制度和生态补偿制度在云南的落实和配套政策措施的出台,积极探索建立能源节能量、碳排放权、排污权交易制度等市场化节能机制。以森林碳汇为切入点探索碳排放权交易,开展全省16个州市地区间的节能量交易试点,借鉴相关经验并结合云南实际,积极探索交易模式,创新节能减排新机制,破解能源总量控制对云南经济发展的影响。五是协同发展循环经济与低碳经济,促进以最小的资源消耗、最少的废物排放和最小的环境代价来换取最大的经济效益。要在有色、钢铁、化工等企业中积极研究探索循环经济模式。要建立科学和严格的循环经济管理体系,开展循环经济监测评价,逐步把资源和环境代价计入企业成本,真实反映、科学评价企业经济增长的质量和效益。

(三)改造提升传统优势产业,延长产业链提升附加值

一是要盘活存量,抓好技术改造和创新驱动,运用先进适用技术和高新技术改造提升传统产业,增强企业自主创新能力,充分发挥龙头企业的带动作用,采取有力措施促使其拓展产业链、提升价值链,如:农林牧渔业、矿产业和有色金属的压延加工业,逐步降低初级产品的外销比例,在产业链的延

长拓展中,通过提高产品的技术含量,最终提升产品的价值量。二是积极推行产业结构调整与转型升级中的高附加值发展战略,通过提高加工制造的精细化,努力提高单个产品及整个产业链的附加值,提高相关产业的劳动生产率。三是优化企业组织结构,进一步提高产业集中度,提高企业配套协作水平,提高先进产能比重。抓好重点工业园区建设,推动企业集中布局、产业集群发展、资源节约利用、功能集合构建,打造一批传统优势产业集群。四是充分发挥品牌建设的提升作用,引导和支持企业创立品牌,支持创建和提升区域品牌,增强企业市场竞争力。五是要进一步巩固优化烟草产业,振兴提升重化工业,集聚资源、集成政策、集中力量重点提升改造装备制造业、石化及水电铝深加工、生活消费品工业等产业。六是大力发展轻工业,调整发展重化工业,加快发展新兴产业,实现工业发展从过度依赖资源向市场主导转变,从过度依赖重化工业向注重轻工业转变,从资源消耗向创新驱动、低附加值向高附加值、耗能污染向环境友好转变,培育发展大生物产业、大能源产业、大制造产业、大旅游产业、大服务产业等“五大产业”。

(四)以战略性新兴产业为引领,加快工业结构调整和转型升级

一是立足云南目前经济社会发展的实际情况,合理选择突破方向,加快突破制约发展的关键技术、核心技术和系统集成技术。应考虑优先发展现代生物、新材料、高端装备制造产业,加快培育新能源、光电子、节能环保产业,力争在生物医药、新能源开发利用、高端装备、高效节能技术等领域率先取得重大突破。二是激发企业培育发展战略性新兴产业的动力与活力。在市场主导资源配置决定性作用下,更好地发挥政府引导作用,统筹产业专项资金使用,集中部门资源办大事。形成一批主业突出、具备核心竞争力、带动作用大的战略性新兴产业领军企业。以滇中产业聚焦区、昆明高新技术产业开发区等为重点,高起点配套布局具有辐射带动作用、产业链完善、具备创新驱动发展模式的产业集聚区。三是健全技术创新市场导向机制。战略性新兴产业的发展具有明显的创新驱动的特征。要抓紧建立企业主导产业技术创新的体制机制和科技有效支撑产业发展的机制,完善产、学、研、用协同创新的机制,加大产业紧缺人才培养力度,鼓励公共创新平台培养专业人才,引导人才资源向企业集聚。四是重视新兴市场和新兴业态的培育。加大市场培育力度,尽快形成“技术＋市场”双轮驱动产业发展的基础模式,带动新兴经济增长点的形成。按照“以新应用创造新需求,以新需求带动新产业”的思路,积极创造和培育创新产品和技术的市场需求,从健康医疗、远程教育、食品药品安全、公共安全、社区服务等方面,积极推进云南信息惠民工程建设。

(五)加快发展生产性服务业,推进服务业融合创新发展

现代制造业的推进离不开生产性服务业的支撑,而现代制造业的发展也为生产性服务业提供了巨大的市场空间。为了加快云南的工业结构转型,应当重点发展一批面向生产、面向企业服务的“生产性服务业”。以云南烟草制品业、电力热力生产和供应业、有色金属、煤炭开采和采选业等几大龙头产业为轴心,推动生产性服务向产前、产中、产后延伸,加快研发、检测、维修、工程设计、项目管理、技术培训、供应链管理、仓储、零部件配送、售后服务、项目外包、保险、物流、展销等服务业的发展,延伸产业链,培育现代制造业的中介服务产业集群,促进制造业和服务业深度融合。生产性服务业今后的重要发展方向,一是加强新材料、新产品、新工艺研发应用,鼓励设立工业设计企业和服务中心,发展研发设计交易市场。二是建设物流公共信息平台和货物配载中心,加快标准化设施应用,推进第三方物流与制造业联动发展。三是提高信息技术服务水平,促进工业生产流程再造和优化。四是推广制造施工设备、运输工具、生产线等融资租赁,创新抵押质押、发行债券等金融服务。发展战略规划、营销策划、知识产权等咨询服务。五是鼓励服务外包,加快发展第三方检验检测认证服务。大力培养生产性服务业急需的高端人才和创新团队。

(六)大力实施创新驱动发展战略,努力提高工业自主创新能力

一是深入实施新一轮创新型云南行动计划。深化科技体制改革,推动科技和经济紧密结合,加快构建以企业为主体、市场为导向、产学研相结合的技术创新体系。提高企业研发力度,加快科技创新平台,科研院所和重点学科、科技孵化器、科技中介机构等创新主体和载体建设。二是在每年财政预算中增加科技创新经费的投入,建立完善科技创新投融资机制,鼓励和引导各类社会资金投入科技创新。三是加大高层次创新人才的培养和引进力度。制订和实施更加灵活有效的政策,促进企业积极开展技术创新及转型升级。四是充分培育和发挥企业在自主创新中的主体地位。着重在技术创新体系建设、技术支撑、创新成果的规模化生产和应用等方面,帮助行业和企业突破技术创新的制约因素。推进产学研合作,实现企业、高等院校和科研机构的有效结合;鼓励以技术创新能力强的骨干企业为龙头,带动配套企业,促进相关产业链上各类企业技术创新能力的普遍提升;把科技成果转化摆在突出位置,积极实施标准战略,推进拥有自主知识产权的技术成果转化;在市场需求方面为自主创新创造环境,形成在满足性能要求条件下优先使用省内自主创新产品的市场机制和氛围。

完成单位:云南统计局
课题组组长:王　舸
课题组成员:杨艳昆　李朝阳　王　辉　赵　兵
马玉蓉　晏鸿雁　周　熙　杨　曦

第二十二章　夯实基础调结构:以青海为例

摘要:“十二五”规划实施以来,青海省经济实力不断提高,经济结构不断调整,经济发展的全面性、协调性和可持续性不断增强。从三年来的经济发展情况看,一是青海省经济实现了跨越式发展,工业化进程逐步加快,市场主体数量增加、规模扩大,特色优势产品从无到有、发展较快;二是青海省经济结构调整取得进展,第一产业中畜牧业比重有所提高,第二产业中十大优势行业稳定增长、高新技术及装备工业发展较快,第三产业中金融等新兴服务业发展较快。从发展环境看,国际经济环境总体好转,但国际经济发展的不确定因素仍然较多;全国经济进入“三期”叠加阶段,经济增速回归到中高速增长,区域经济发展更加协调;青海经济发展挑战与机遇并存,挑战在于青海省经济发展要兼顾总量扩大和结构调整,难度较大,机遇在于党中央、国务院相继实施了一系列有利于青海发展的重大战略举措。从发展动力看,“十三五”时期,青海省经济发展动力主要是,农业以夯实基础和发展特色为重点,工业以结构调整和提升质量为重点,服务业以传统服务业和新型服务业协同发展为重点,区域发展以统筹发展缩小差距为重点,需求要以扩大有效投资和提高投资效益为重点。

“十二五”规划实施以来,青海省各地区、各部门对经济结构调整和转变发展方式重要性的认识不断深化,青海省经济结构在持续快速增长中不断优化,经济发展的全面性、协调性和可持续性不断增强。

一、“十二五”以来青海省经济发展状况

(一)从总体看,青海省经济实现了跨越式发展

1. 经济总量较快增长,工业化进程逐步加快。“十二五”规划实施以来,

青海省地区生产总值保持了年均 12.2%的增长速度，其中，第一产业年均增长 5.1%，第二产业年均增长 14.6%，第三产业年均增长 10.2%。青海省三次产业结构由 2010 年的 10.0∶55.1∶34.9 调整为 2013 年的 9.9∶57.0∶33.1（全国三次产业结构由 2010 年的 10.1∶46.7∶43.2 调整为 2013 年的 10.0∶43.9∶46.1）。第二产业增长较快、比重上升，表明青海省工业化进程逐步加快。

青海三次产业结构、增速及拉动 GDP 百分点

指　标	三次产业结构(%)		增速(%)		年均增速(%)	拉动百分点	
	2010	2013	2010	2013		2010	2013
地区生产总值	100	100	15.3	10.8	12.2	15.3	10.8
第一产业	10.0	9.9	5.9	5.3	5.1	0.5	0.5
第二产业	55.1	57	19.3	12.3	14.6	10.1	7.1
工业	45.4	45.9	19.3	12.0	14.5	8.3	5.7
第三产业	34.9	33.1	12.1	9.8	10.2	4.7	3.2

2. 市场主体数量增加，规模扩大

（1）规模以上工业企业有所发展。2013 年，青海省共有规模以上工业企业 521 个，企业资产总计达到 4791.7 亿元，比 2010 年增加了 1738.1 亿元，企业平均资产从 2010 年 5.5 亿元上升到 2013 年 9.2 亿元。从所有制类型看，私营企业实力增强。2013 年，青海省私营企业数占规模以上工业企业比重为 28.5%，比 2010 年下降 3.2 个百分点。但私营企业工业总产值和主营业务收入比重均有提高。2013 年，私营企业工业总产值占规模以上工业比重为 28.5%，比 2010 年提高 15.3 个百分点；主营业务收入比重为 28.5%，比 2010 年提高 17.9 个百分点。

2010—2013 年规模以上工业企业所有制类型比重变化(%)

类　别	工业总产值比重		主营业务收入比重		企业单位数比重	
	2010	2013	2010	2013	2010	2013
国有及国有控股企业	58.1	48.1	60.8	48.1	24.3	48.1
私营企业	13.2	28.5	10.6	28.5	31.7	28.5

（2）限额以上商贸企业逐步壮大。2013 年，限额以上批零住餐业法人单

位共有376家,比2010年增加59家。2013年批零住餐业增加值占第三产业的比重为21.6%,比2010年提高0.8个百分点。从企业规模看,批发业销售额过亿的企业2013年达64家,比2010年增加28家;零售业销售额过亿的企业2013年达39家,比2010年增加13家;住宿业营业额过千万元2013年为16家,比2010年减少4家;餐饮业营业额过千万元2013年为14家,比2010年减少3家。

2010—2013年限上批零住餐企业法人单位数(个)

行　业	2010年	2011年	2012年	2013年
总　计	267	273	303	376
批发业	82	84	104	127
零售业	95	98	110	141
住宿业	56	58	55	71
餐饮业	34	33	34	37

3. 特色优势产品发展较快

(1)特色农畜产品产量快速增长。三年来,随着青海省大力推广农业科技以及良种应用,高原特色农畜产品商品率不断提高,产量不断增加。2013年,青海省枸杞产量4.04万吨,比2010年增加2.22万吨,年均增长30.4%;核桃产量622吨,比2010年增加247吨,年均增长18.4%。

2013年农业主要产品产量

产品名称	单位	2013年	比2010年增加	产品名称	单位	2013	比2010年增加
粮　食	万吨	102.37	0.34	肉类	万吨	31.98	4.48
油　料	万吨	32.57	−4.34	猪肉	万吨	9.9	0.72
蔬菜和食用菌	万吨	158.94	24.51	牛肉	万吨	10.28	1.82
枸　杞	万吨	4.04	2.22	羊肉	万吨	10.53	1.49
禽　蛋	吨	22622	7022	牛奶	万吨	27.6	1.4
水产品	吨	6000	4400	核桃	吨	622	247
羊　毛	吨	19392	1643	羊绒	吨	509	92

(2)重点工业产品产量增长。三年来,青海省不断加快发展新兴工业产业,大力发展和培育新能源、新材料等战略性新兴产业。着力培育高纯硅

铁、多(单)晶硅、铜箔、铝箔、太阳能光伏电池及组件、电解铝及深加工、钾肥综合利用等重点行业,主要工业产品产量保持增长。2013 年,青海省单晶硅产量 2016 吨,比 2010 年增加 1351 吨,年均增长 44.7%;多晶硅产量 6779 吨,比 2010 年增加 5271 吨,年均增长 65%。2013 年,青海省太阳能发电量为 14.7 亿千瓦时,铜箔产量 18900 吨,这两个指标在 2010 年为空白。

2013 年规模以上工业主要产品产量

产品名称	单位	2013 年	比 2010 年增加	产品名称	单位	2013 年	比 2010 年增加
乳制品	吨	166362	47411	饮料酒	千升	21128	9081
食用油	万吨	9	3	制帽	万顶	10065	8305
中成药	吨	2052	810	手工地毯挂毯	万立方米	1634	1406
单晶硅	吨	2016	1351	多晶硅	吨	6779	5271
铜箔	吨	18900		化成箔	万平方米	898	
黄金	千克	7648	2953	烧碱	万吨	18	16
原煤	万吨	3020	1157	发电量	亿千瓦时	566	109
铝材	万吨	36	22	太阳能发电量	亿千瓦时	14.7	
原盐	万吨	261	137	天然气	亿平方米	68	12
原油	万吨	215	29	钾肥(实物量)	万吨	673	140
纯碱	万吨	228	153	焦炭	万吨	252	122
铁合金	万吨	223	126	电解铝	万吨	224	77
水泥	万吨	1786	975	粗钢	万吨	148	11

(二)从结构看,青海省经济结构不断优化

1. 在第一产业中,种植业占比下降,畜牧业占比提高,渔业增长较快

"十二五"以来,青海省第一产业增加值由 2010 年的 134.9 亿元增加到 2013 年的 207.6 亿元,年均增长 5.1%。其中,种植业增加值占第一产业比重由 2010 年的 40.8%下降至 2013 年的 39.4%,畜牧业增加值占第一产业比重由 2010 年的 55.5%提高至 2013 年的 57%。三年来,青海省渔业增加值年均增速达到 130%。

2. 第二产业中,重点行业支撑作用较强,地区发展仍不平衡

"十二五"以来,青海省规模以上工业增加值由 2010 年的 571.76 亿元增

加到 2013 年的 1019.70 亿元,年均增长 15.5%。其中轻工业年均增长 23.4%,重工业年均增长 14.9%。

第一产业内部结构与增速表

指标	2013 年		2010 年		年均增速(%)
	绝对量	占比(%)	绝对量	占比(%)	
第一产业增加值(亿元)	207.59	100	134.92	100	5.1
种植业	81.85	39.4	55.1	40.8	5.9
畜牧业	118.27	57.0	74.86	55.5	4.1
林业	3.6	1.7	2.53	1.9	12.5
渔业	1.0	0.5	0.08	0.1	130
农林牧渔服务业	2.87	1.4	2.34	1.7	3.3

规模以上工业增加值增速及构成

指标	增速(%)			
	2010 年	2011 年	2012 年	2013 年
规模以上工业	20.6	19.0	15.0	12.6
轻工业	23.0	19.0	32.2	19.5
重工业	20.4	19.0	13.8	11.9
指标	比重(%)			
	2010 年	2011 年	2012 年	2013 年
规模以上工业	100	100	100	100
轻工业	7.9	6.7	8.1	9.6
重工业	92.1	93.3	91.9	90.4

(1)十大优势产业平稳增长

“十二五”以来,青海省工业以结构调整为主要途径,以循环经济为发展重点,加快推进“双百”项目的实施,加强资源综合开发利用,不断做大做强支柱、优势产业,工业十大特色优势产业不断发展壮大。2013 年十大优势产业增加值达到 562.79 亿元,占规模以上工业增加值的 55.2%,比重较 2011 年提高 2.4 个百分点。

工业十大特色优势产业增加值

指标名称	2011		2012		2013		三年增长	
	增加值（亿元）	增长（%）	增加值（亿元）	增长（%）	增加值（亿元）	增长（%）	累计（%）	年均（%）
工业十大特色优势产业	412.1	20.6	513.7	12.4	562.8	12.4	52.4	15.1
新能源产业	1.0	−5.5	3.0	136.6	6.5	44.7	223.5	47.9
新材料产业	40.8	11.0	53.5	31.8	61.8	16.7	70.7	19.5
盐湖化工产业	70.8	23.2	121.3	26.8	100.1	11.2	73.7	20.2
有色金属产业	120.9	23.5	136.0	−1.1	192.0	15.7	41.3	12.2
油气化工产业	61.9	34.7	64.3	−1.7	62.2	−2.0	29.8	9.1
煤化工产业	15.1	86.7	26.1	26.3	10.0	−1.5	132.3	32.4
装备制造业	8.0	−0.2	9.5	28.0	12.2	20.1	53.4	15.3
钢铁产业	56.2	9.3	47.0	21.1	54.7	12.2	48.5	14.1
轻工纺织业	11.0	7.0	15.1	37.5	22.5	25.3	84.3	22.6
生物产业	26.5	13.4	37.9	23.0	40.9	12.4	56.8	16.2

(2)高新技术及装备工业增长较快,资源性行业和高耗能行业比重下降

2013年,青海省高新技术产业和装备工业增加值分别增长22.9%和35.7%,增速高于青海省规模以上工业增速10.3和23.1个百分点,成为青海省工业经济增长新的亮点。

2013年,青海省工业七个资源性行业和六大高耗能主要行业共完成工业增加值890.73亿元,占规模以上工业增加值的比重为87.4%,比2010年(90.4 %)下降3个百分点。

(3)青海省工业发展地区间仍不平衡

青海省工业仍围绕西宁、海西两个地区为中心,以海东为新的增长点进行发展。从生产看,西宁、海西两个地区所占比重最大,海东、海北所占比重在逐年增加。从效益看,总产值、主营业务收入逐年减少的海西地区,反而在利润总额的比重上逐年增加,并在2013年达到80.4%。而在产值、收入方面比重占主要地位的西宁地区,其利润总额在2013年仅占10.0%,并仍有减少的趋势。青海省企业盈利过度依赖于海西州,而海西州的盈利过度依赖于个别超大型企业,青海省区域盈利结构不平衡。

高耗能及资源性行业增加值占规模以上工业比重(%)

指　　标	2010年	2011年	2012年	2013年
规模以上工业增加值	100.0	100.0	100.0	100.0
高耗能行业占比	66.2	63.0	62.0	59.1
石油加工、炼焦业	7.1	9.2	7.4	6.0
化学原料和化学制品制造业	13.5	14.3	15.7	13.4
非金属矿物制品业	3.5	3.4	3.0	3.2
黑色金属冶炼及压延加工业	8.8	7.2	5.2	5.4
有色金属冶炼及压延加工业	19.5	19.6	17.8	18.8
电力、热力的生产和供应业	13.8	9.3	12.9	12.3
资源性行业占比	24.2	28.4	28.4	28.3
煤炭开采和洗选业	2.7	12.2	13.3	11.5
石油和天然气开采业	15.9	13.0	10.3	9.8
黑色金属矿采选业	0.2	0.3	0.8	1.0
有色金属矿采选业	4.6	2.1	3.2	4.4
非金属矿采选业	0.8	0.7	0.7	1.1
开采辅助活动	—	—	—	0.5
其他采矿业	—	0.1	0.1	—

分地区工业经济比重(%)

地　区	工业总产值比重		主营业务收入比重		利润总额比重	
	2010年	2013年	2010年	2013年	2010年	2013年
西　宁	59.3	53.2	65.3	58.7	35.8	10
海　东	6.1	9.6	5.3	9.7	8.2	4.8
海　北	2.8	3.8	2.6	4.7	4.4	0.4
黄　南	0.3	0.3	0.3	0.4	0.7	0.4
海　南	0.9	0.8	0.6	1	1.6	1.2
果　洛	0.8	0.4	0.8	0.5	6.5	3
海　西	29.9	31.9	24.9	25	93.2	80.4

3. 第三产业中,新兴行业发展较快,传统行业仍占主导地位

“十二五”以来,青海省第三产业增加值由2010年的470.88亿元增加到2013年的695.45亿元,年均增长10.2%。第三产业就业人员占全部就业人员的比重由2010年的36.0%提高到2013年的39.7%。

(1)金融等新兴服务业发展较快

在第三产业中,金融业、居民服务业、文化体育和娱乐业、租赁和商务服务业等新兴服务业增长较快,年均增速均在11%以上。特别是金融业,2013年,金融业占第三产业比重为14.5%,比2010年提高2.9个百分点;拉动第三产业增长2.6个百分点,成为第三产业发展的最大动力。

第三产业分行业增速及拉动三产百分点

指　标	增速(%)		三年年均增速(%)	拉动百分点	
	2010年	2013年		2010年	2013年
第三产业	12.1	9.8	10.2	12.1	9.8
交通运输、仓储和邮政业	9.7	4.1	6.9	1.2	0.5
信息传输、计算机服务和软件业	23.3	3.1	9.0	2.4	0.3
批发和零售业	18.1	12.3	11.9	2.9	2.2
住宿和餐饮业	6.0	3.0	4.2	0.2	0.1
金融业	14.4	21.2	15.3	1.5	2.6
房地产业	5.2	6.5	6.0	0.3	0.3
租赁和商务服务业	9.3	10.8	12.6	0.4	0.4
科学研究、技术服务和地质勘查业	6.4	−3.4	2.2	0.2	−0.1
水利、环境和公共设施管理业	6.7	3.0	4.4	0.1	0.0
居民服务和其他服务业	9.2	72.5	30.6	0.1	0.7
教育	6.2	9.0	6.3	0.4	0.6
卫生、社会保障和社会福利业	6.3	6.0	5.3	0.3	0.2
文化、体育和娱乐业	9.2	19.5	15.5	0.2	0.5
公共管理和社会组织	10.7	7.7	12.0	1.9	1.5

(2)传统服务业仍占主导地位

2013年,公共管理和社会组织,批发和零售业,交通运输、仓储和邮政业,其他非营利性服务业(包括科学研究、技术服务和地质勘查业、教育、卫生、社会保障和社会福利业、水利环境和公共设施管理业),这四个行业的增加值在第三产业中的占比都超过了10%,对第三产业的发展依然起着举足轻重的作用。

第三产业内部结构(%)

指　　标	2010	2011	2012	2013	2013年比2010年增减百分点
第三产业	100.0	100.0	100.0	100.0	
交通运输、仓储和邮政业	13.0	12.5	11.5	10.7	−2.3
信息传输、计算机服务和软件业	9.2	9.1	8.7	8.0	−1.2
批发和零售业	17.3	17.3	17.5	18.2	0.9
住宿和餐饮业	3.5	3.5	3.4	3.4	−0.1
金融业	11.6	11.6	13.4	14.5	2.9
房地产业	5.4	5.4	5.0	4.9	−0.5
租赁和商务服务业	3.6	3.9	3.8	3.5	−0.1
科学研究、技术服务和地质勘查业	3.5	3.3	3.2	2.9	−0.6
水利、环境和公共设施管理业	0.8	0.8	0.8	0.7	−0.1
居民服务和其他服务业	0.9	1.0	1.0	1.4	0.5
教育	6.7	6.4	6.1	6.2	−0.5
卫生、社会保障和社会福利业	4.2	4.0	3.8	3.7	−0.5
文化、体育和娱乐业	2.4	2.6	2.6	2.6	0.2
公共管理和社会组织	17.9	18.6	19.2	19.3	1.4

二、今后一段时期青海省经济发展面临的内外部环境

从国际环境看,2014年以来,全球经济总体仍然呈现出整体弱复苏的态势,弱复苏可能成为常态。世界主要国家经济总体趋于好转,经济活动开始摆脱低迷,成为世界经济增长的主要拉动力,但全球经济中很多薄弱环节依然存在,比如公共债务、高成本信贷以及脆弱的银行,发展中国家和新兴经济体增长也有所放缓。总的看,国际经济环境总体好转,但是不确定因素依然较多,未来仍然面临诸多挑战。

从国内环境看,在经历了30多年的高速增长后,中国经济进入了经济增速换档期、结构调整阵痛期、前期刺激政策消化期的"三期"叠加期,经济将回归到中高速增长的常态化。从转型升级的进展看,今年以来,虽然全国经济增速回落,但经济运行的基本面是好的。同时,各项改革红利将逐步发挥

作用,全国各地区经济发展将更加协调。

从青海省看,当前经济运行中挑战与机遇并存,挑战在于转型发展步履艰难,机遇在于国家继续实施一批利于青海发展的重大战略举措,如三江源生态保护综合实验区和建设二期工程启动,丝绸之路经济带规划等。省委、省政府提出实现"两新"目标、推进"三区"建设等,努力实现积极打造青海经济、大美青海和民生改善三个"升级版"目标任务。从目前情况看,青海省经济运行处于稳步增长区间,转型发展、调结构成效逐步显现,支撑青海省经济增长的有利因素仍然较多,经济运行基本面总体稳定的趋势没有改变。

三、"十三五"青海经济增长动力

(一)农业增长动力——夯实基础发挥特色

1. 夯实农业发展基础。"十三五"期间,要继续加大对农业、农村、农民的投入,整合资金,着力建立农牧业增产、增效机制,积极推进农牧业生产方式转变,继续实施农村基础设施项目及新农村建设,不断改善农牧业生产环境,提高农牧区的综合生产能力及抗灾保产能力,保障青海省农牧业持续、稳定健康发展,积极推进种植业结构调整,稳定粮食播种面积,提高粮食综合生产能力,保障农牧区粮食安全,为经济增长提供了有力的基础支撑,为农业发展,农民增产、增收打下坚实的基础。

2. 做大、做强、做专、做精、做细特色农牧业。作为联合国教科文组织确定的"世界四大无公害超净区"之一,青海农产品最大的品牌价值是生态与绿色。"十三五"青海农牧产业的发展方向应该定位在生态农牧业、特色农牧业、有机农牧业和品牌农牧业上。未来几年要继续全力打造油菜、马铃薯、蚕豆、蔬菜、中藏药、特色果品、羊绒、饲料等特色农牧产业。继续打造柴达木沙棘枸杞、高原花卉、经济动物养殖。对于已经初具规模的特色农牧业,要做大、做强、做专、做精、做细,同时不断培育新的增长点,积极发展水产养殖业,发展蜂产业,利用天然无污染油菜等特色优势生物资源打造优质蜂蜜产业。

(二)工业增长动力——调结构提质量

1. 继续加大工业结构调整力度。**一是**改造提升传统优势产业,引进和开发新设备、新工艺、新产品,延伸产业链条,提升和扩大生产能力,不断发展优势特色轻工业,把传统产业链条做长、产品做优、规模做大、实力做强。**二是**培育战略性新兴产业,为培育战略性新兴产业储备充足的项目资源和人才资源,依托生产要素的比较优势,引进和培育发展战略性新兴产业,形成与传统支柱产业相配套、符合新型工业化要求的现代新兴工业产业体系。

2. 发展循环经济,提升工业发展质量。"十二五"期间,循环经济理念在青海省得到确立和发展,使资源性产业一举突破了"以过量消耗资源能源来实现经济数量型增长"的模式,开始走上了绿色和谐、可持续发展之路。为此,要继续围绕延伸产业链条、发展优势产业、打造核心企业、培育产业集群、建设产业基地,加快构建循环经济体系,不断增强青海省核心竞争力和可持续发展能力,把循环经济区建设成青海省经济发展的重要增长极,力争在"十三五"末初步建成具有资源循环利用体系、特色优势明显的主导产业体系和综合配套的基础设施支撑体系的循环经济。

(三)服务业发展动力——传统服务业和新型服务业协同发展

以高原旅游、商贸物流为重点,打造现代金融业,加快发展养老服务业、健康服务业,鼓励相关衍生和配套产业快速发展。"十三五"期间,青海省要运用现代经营方式、服务技术和新的服务理念,改造传统服务业,提升传统服务业的素质和水平,同时加快新兴服务业的发展。一是依托青海丰富的旅游资源,继续塑造旅游品牌,促进旅游消费,大力发展旅游业;二是积极推动养老服务业发展,围绕省政府的《关于加快养老服务业的实施意见》,逐步建立起有青海特色,以居家为基础、社区为依托、机构为支撑,功能完善、布局合理、覆盖城乡的养老服务体系;三是大力发展健康服务业,提升医疗服务,促进健康保险,支持发展健康体检咨询、全民体育健身、健康文化和旅游等多样化健康服务,培育健康服务业相关支撑产业,健全人力资源保障机制,加大人才培养和职业培训力度,夯实健康服务业发展基础。

(四)区域发展动力——统筹发展缩小差距

坚持因地制宜发展区域经济,着力打造三江源生态实验区,将统筹各地区发展作为青海省经济增长动力。一是三江源地区要紧抓青海三江源生态保护和建设二期工程规划启动,力争生态、民生跨越式发展,加大对三江源地区的财政转移支付力度,将三江源地区建设成为水清、天蓝、空气洁净、人民生活殷实的生态之地。二是东部地区资源优势明显,工农业发展基础较好,社会事业相对发达,城镇布局较为紧凑,经济联系日益增强,已经具备城市群发展基础,要进一步发挥西宁作为枢纽城市的作用,辐射带动各市州经济发展。三是继续发挥柴达木循环经济的示范带动作用,加快柴达木地区的优势资源开发,提高资源综合利用水平,实现矿产资源的有效、综合、可持续利用。四是着力改善县域经济水平,提升县域经济整体实力,根据不同区域资源禀赋,采取适应各自特点的发展模式,制定不同发展方向,因地制宜,大力发展适合当地的特色产业,不断做大、做强地区经济。

(四)需求动力——扩大投资提高效益

2011－2013 年,青海省全社会固定资产投资累计投资额 5758 亿元,年均增长 32.3%,位居西部十二省(市、区)第 2 位,而地区生产总值年均增长 12.2%,位居西部十二省(市、区)第 6 位,投资对经济的拉动效果并不显著。2012 年青海省全社会固定资产投资额已经超过地区生产总值,但主要用于弥补历史欠账,基础设施投资比重较高,投资收回成本周期长,投资直接产出相对较少。作为西部后发展地区,加大投资力度对于正处于工业化发展初期的青海具有十分重要的意义。为此,要及时了解掌握国家宏观政策调整情况,做好重点项目跟踪监测,推动一批重大基础设施项目落地实施;做好招商引资,大力承接发达地区的资本和产业转移,以大投资、大项目、大产业来支撑青海省经济的发展并充分发挥投资对产业布局,经济发展的引导作用。在“十三五”期间青海省要加大经济效益显著项目的招商引资工作,要承接中、东部产业转移,以新兴产业带动经济发展,就业发展,居民增收。

完 成 单 位:青海统计局
课题主持人:侯碧波
课 题 成 员:综合处

第二十三章　产业结构演进特征与调整方向选择:以辽宁为例

摘要:振兴东北等老工业基地战略实施以来,辽宁省产业结构和发展方式发生了可喜变化,实现了由传统老工业基地向现代产业基地的转变,以及由主要依靠人力、物力投入向更多依靠人才、科技投入的转变。但是,目前辽宁省战略性新兴产业发展较慢,冶金石化工业发展不容乐观,服务业发展水平仍然较低,科技创新动力不足,这些情况集中反映出辽宁经济的"欠发达"特征,与发达国家及我国东南沿海等发达地区差距仍然十分明显。"十三五"期间,辽宁省需要突破制约产业结构调整和转型升级的种种"瓶颈",着力于提高创新驱动力、改造传统产业、加速服务业发展等重点任务和环节,科学制定产业发展战略。

东北振兴战略实施以来,辽宁经济经历了近十年的高速发展,综合实力显著增强、结构调整不断优化、民生事业全面推进,老工业基地建设再展华彩。但随着国际、国内经济形势的严峻变化,全省经济运行中的矛盾与问题,尤其是产业结构不尽合理的问题逐渐显现。国际经验表明,产业结构优化调整的水平和程度,直接影响并决定着经济发展的活力。从这个意义看,全省必须把调整优化产业结构作为推进经济转型升级的突破口和主攻方向,这也是全省经济能否摆脱困境、行稳致远的关键所在。

一、辽宁产业结构调整与转型升级进程

(一)由传统老工业基地向现代产业基地转变

振兴东北老工业基地战略实施以来,全省三次产业全面发展,产业结构不断优化,现代产业基地建设取得新进展。

1. 现代农业初具规模。一是不断推进农业产业结构调整。全省种植

业、林业、牧业、渔业及农林牧渔服务业增加值构成由2002年的47.7：2.5：31.9：17.9：0.5调整为2013年的43.6：3.4：29.2：19.3：4.5，种植业所占比重有所下降，农林牧渔服务业所占比重显著提高。二是生产能力不断提升。2013年，全省粮食产量达到439.1亿斤，粮食生产实现“十连丰”，居全国主产省行列；肉类产量居全国第8位；禽蛋产量居第4位；奶类产量居第8位；蔬菜产量居第8位，辽宁已跨入全国农业大省行列。三是现代农业示范区建设扎实推进。截至2013年底，全省共确定22个县(市)为全省“一县一业”示范县，这些产业优、基础好、潜力大、区位佳的地区带动了全省农业生产的蓬勃发展。四是农民收入快速增长。2011年，全省农村居民人均纯收入增速首次超过地区生产总值增速。2013年，农村居民人均纯收入比2012年实际增长9.5%，超过生产总值增速0.8个百分点，达到10523元，比全国水平高1627元，居全国第9位。全省城乡居民收入差距进一步缩小，城镇居民人均可支配收入与农民人均纯收入之比已由实施振兴战略以来最高点的2.65：1(2009年)逐步缩小到的2.43：1(2013年)。

2. 工业产业结构不断升级。一是支柱行业的支撑作用逐步增强。2013年，全省四大支柱行业增加值占规模以上工业增加值的比重达到85.2%，高于“十五”末期10.2个百分点。二是装备制造业发展较快。2009年，全省装备制造业增加值占规模以上工业增加值的比重首次超过石化工业，成为辽宁第一大支柱产业。2013年，装备制造业所占比重达到31.5%，占规模以上工业增加值的近三分之一。沈阳机床、大连机床、北方重工、大连重工起重、大连造船厂、渤海船舶重工、大连机车等一批龙头企业蜚声海内外。三是新型产业基地建设取得重大进展。14个大型产业基地被列为国家新型工业化产业示范基地，数量仅次于江苏(16个)和广东(15个)两省，与浙江省并列全国第三位。

3. 服务业发展全面推进。一是服务业步入加速发展阶段。2012年，全省服务业增加值总量居全国位次由第8位上升到第7位。2013年，全省服务业增加值突破万亿，增速达到9.2%，高于地区生产总值增速0.5个百分点，高于第二产业增速0.3个百分点，高于全国服务业增速0.9个百分点。二是服务业在地区生产总值中所占比重实现反转。2005年以来，全省服务业占比持续下滑，2011年降到近十年的最低点(36.7%)。在辽宁成为全国现代服务业综合试点省份和生产性服务业得到进一步发展的背景下，2012年，服务业占比提高至38.1%，2013年又提高到38.7%。三是服务业成为吸纳就业的主渠道。2013年末,全省服务业从业人员达到1110.9万人,占全省从业人员的比重为44.1%,高于2002年7.2个百分点;与2002年相比,从业人员增加了49.6万人,对全省从业人员增长的贡献率达到73.7%。

(二)由主要依赖人力、物力投入向更多依靠人才、科技投入转变

1. 引智工作不断深化。2013年,全省科技活动人员数达到27.6万人,“十五”末期以来年均增长5.1%。根据境外来辽宁工作专家统计调查结果,2013年全省各种类型单位聘请境外专家人数位居全国第七位。一是专家总数呈现增长态势。2013年,聘请境外专家达到20936人次,比上年增长4%,高于近十年平均增长速度2.9个百分点。二是长期专家比重有所提高。2013年,长期专家为10162人次,占境外专家总数的48.5%,比2012年提高了2个百分点,境外来辽宁工作专家的稳定性有所提升。三是长期专家构成更趋年轻化、高层次化。从年龄看,2013年,境外来辽宁工作专家的平均年龄为43.6岁,比上年下降0.7岁;从学历层次看,拥有硕士和博士学位的境外专家总计为5181人次,增长7.1%,占当年长期专家总数的51%;从工作绩效看,引进的长期专家工作认真负责,普遍获得了引进单位的高度评价,2013年工作绩效被评为“好”的达9939人次,占长期专家总数的97.8%,比上年提高0.4个百分点。

2. 创新能力有所增强。一是企业科技活动机构增多。2013年,全省规模以上工业企业拥有专门从事科技活动的机构758个,比上年增长22.3%。二是企业技术创新活动有所增加。2013年,规模以上工业企业共开展活动项目7813项,比上年增长1.3%;项目参加人员8.5万人,增长16.4%;项目实际经费支出271.1亿元,增长15.6%。三是企业技术创新活动成果显著。2013年,全省规模以上工业企业专利申请达11628件,比上年增长16.8%。其中体现企业自主知识产权的发明专利申请数达到5226件,增长27.1%。有效发明专利数6923件,比上年增长37%。

二、辽宁产业结构调整与转型升级面临的困境

振兴东北战略实施以来,全省经济发展取得了优异的成绩。但同时也应看到,经历了高速增长期,辽宁经济已步入转型调整的关键期,长期困扰全省经济发展的结构性矛盾日益凸显,这些矛盾制约着全省产业结构调整

与转型升级的进程。

(一)战略性新兴产业发展较慢

节能环保产业、新一代信息技术产业、生物产业、高端装备制造产业、新能源产业、新材料产业和新能源汽车产业为七大战略性新兴产业。在七大产业中,辽宁新材料产业发展较好,2013 年全省新材料高新技术产品增加值占规模以上工业企业高新技术产品增加值的比重达到 52.6%,而其他重点产业的发展相对缓慢,其中新能源汽车产业在辽宁尚属空白。一是高端装备制造业还需提速。辽宁拥有一批大型主机制造企业,作为全省第一大支柱行业的装备制造业近几年发展较快,但装备制造业产品多以中低端产品为主,一些关键零部件主要依赖进口,关键零部件的自主研发及大型主机的集成和配套能力严重不足,缺少自主知识产权,产业链条短,产品附加值低。2013 年,高端装备制造业主营业务收入占全省装备制造业的比重不足 18%,并且所占比重较大的多个行业主营业务收入增速下降。2013 年,全省金属切削机床制造业(所占比重为 3%)主营业务收入比上年下降 4.6%,海洋工程设备制造业(所占比重为 1.1%)下降 12.5%,冶金专用设备制造业(所占比重为 1.1%)下降 3.3%。二是新能源产业和节能环保产业发展亟待加强。辽宁作为老工业基地,是能源消耗大省,能源和环境保护问题已经成为全省经济实现转型升级的主要制约因素,这意味着新能源和节能环保两大新兴产业是辽宁经济能否实现可持续发展的关键所在。2013 年,全省高新技术产品中,新能源、高效节能产品产值为 0.26 亿元,比上年下降 33.4%,仅占高新技术产品产值的 1.4%;环境保护产品产值为 0.06 亿元,比上年仅增长 0.7%,低于高新技术产品产值增速 21.8 个百分点,仅占高新技术产品产值的 0.3%。三是新一代信息技术产业发展缓慢。计算机行业具有技术含量较高、产业辐射能力强等特点,是众多行业中最具潜力的产业,是以信息化带动工业化进而实现"新型工业化"的重要基石,直接关系到工业发展的基础,关系到传统产业的调整升级,关系到新型工业化的进程。2013 年,全省规模以上计算机、通信和其他电子设备制造业实现增加值比上年增长 2.7%,增速比上年回落 5 个百分点;实现工业增加值仅占规模以上工业增加值的 1.8%。增速和所占比重分别低于全国水平 8.6 个和 4.3 个百分点,广东、江苏、山东、重庆、天津、四川等工业强省的信息技术产业增速、所占比重均远超辽宁。2013 年,全国微型计算机设备的产量达到 145561 万台,辽宁产量仅为2153台。在软件生产中,虽然辽宁有东软集团、大连软件基地等一批实力较强的研发生产企业,但在高新技术领域的产品产值仍未实现零的突破。四是生物产业规模较小。2013年,全省生物、医药和医疗器械高新技术产品产值比上年增长25.3%,增速尽管高于高新技术产品产值增速2.8个百分点,但其产值占高新技术产品产值的比重仅为3.3%。全省医药领域产品仍以基础药材为主,成药所占比重偏少。

(二)冶金、石化工业发展不容乐观

1. 冶金工业产能利用率不高,能源消耗较高。一是存货水平有所增长。2013年,全省钢铁行业(黑色金属冶炼和压延加工业,下同)产成品存货比上年增长40.6%;有色金属行业产成品存货增长39.9%,分别快于全省水平33.3个和32.6个百分点。涵盖全省2426户重点企业的工业企业生产经营及景气状况专项调查数据显示,2013年,钢铁行业产能利用率为71.9%,其中炼铁、炼钢产能利用率分别为66.2%和27.5%;有色金属行业产能利用率为72.2%,其中常用有色金属冶炼产能利用率为65.8%,铅锌冶炼为58%,铜冶炼仅为12%,上述行业的产能利用状况均低于80%的全国水平,更低于国际上公认的82—83%这一利用率合理水平。二是钢铁行业耗能问题应引起关注。2013年,全省钢铁行业的综合能源消费量占规模以上工业能源消费量的32.9%,创造的增加值仅占规模以上工业增加值的9.6%,两者相差23.3个百分点。钢铁行业综合能源消费量比上年增长5.9%,对全省能耗增长的贡献率达到96%,尽管其单位增加值能耗比上年下降了2.43%,但仍高于全省平均水平4.56个百分点。三是一些国家重点开发的钢材品种较少。辽宁钢铁以轻重轨、型钢、宽钢带、镀层板、钢管等为主,而国家重点开发的绿色低碳节能环保型钢材以及航空航天业所需的高性能特钢材料等在我省还处于生产空白阶段。

2. 石化工业产品结构有待优化,能耗与产出比例不够协调。2013年,全省规模以上石化工业增加值比上年增长9.3%,低于规模以上工业增加值增速0.3个百分点。一是石化工业产业链条短,产品附加值低。辽宁石化行业产品主要集中在产业链前端,以炼油为主,抗市场波动的能力较弱。2011—2013年,全省石油加工、炼焦及核燃料加工业连续三年巨亏,亏损额分别为134.7亿元、145.6亿元和56.8亿元。二是精细化工发展不足。精细化工率的高低是衡量一个地区化学工业发达程度和化工科技水平高低的重要标志。全省石化行业主要以成品油作为市场主打产品,炼化一体化程度不高,“油头大、化身小”的产品结构矛盾较为突出,精细化工竞争力不足。2013 年,全省原油加工量 6506.1 万吨,但乙烯产量仅为 128.5 万吨,乙烯炼油比为 1.98%,远低于上海(8.1%)、广东(5.1%)和江苏(4.3%)等石化工业较为发达的地区。2013 年,辽宁精细化工率为 53.2%,而美国、西欧和日本等化学工业发达国家和地区的精细化工率已达到 60—70%。三是石化行业耗能问题较为突出。辽宁石化行业中的石油加工、炼焦及核燃料加工业、化学原料和化学制品制造业两个行业都是高耗能行业。2013 年,全省石油加工、炼焦及核燃料加工业所创造的增加值占规模以上工业增加值的 5.6%,而其能源消耗则占规模以上工业综合能源消费量的 11%,二者相差 5.5 个百分点;化学原料和化学制品制造业所创造的增加值占 6.1%,而综合能源消费量占比则达到 8.8%,二者相差 2.7 个百分点。两个行业都是用较多的能源消耗换取了较少的增加值回报。特别是石油加工、炼焦及核燃料加工业,2013 年单位增加值能耗比上年增长 19.3%,高于规模以上工业单位增加值能耗水平 26.3 个百分点,在全省单位增加值能耗普遍下降的情况下,是六大高耗能行业中唯一能耗上升的行业。

(三)服务业发展水平仍然较低

1. 服务业整体发展水平不高。一是服务业部分行业运行质量欠佳。2013 年,全省规模以上服务业企业营业收入比上年增长 8.7%,增速回落 3.8 个百分点;利润总额比上年下降 1.1%,增速回落 5 个百分点。在规模以上 11 个大类行业中,交通运输、仓储和邮政业(占规模以上服务业企业营业收入的比重为 46.4%,下同)、租赁和商务服务业(10.0%)、科学研究和技术服务业(9.5%)、物业管理和房地产中介服务(2.6%)以及教育(0.4%)等 5 个行业营业收入分别增长 8.0%、3.8%、4.7%、7.9%以及 7.8%,增速均低于全省水平。二是服务业吸纳投资的能力不强。从固定资产投资看,2013 年,服务业投资占全省固定资产投资的比重为 56.7%,低于东部省份 6.2 个百分点。从实际使用外资看,2013 年,服务业实际使用外商直接投资占全省实际使用外商直接投资额的 39.5%,低于东部省份 10.7 个百分点。三是服务业企业竞争力不强。中国企业联合会、中国企业家协会发布的“2013 中国服务业企业 500 强”中,辽宁只有 7 家企业入围,前 100 强仅占 2 席。在前 100 强中,入围企业数量居于前三位的地区分别为北京、广东和上海三地,拥有企业数量分别为43家、15家和9家,数量远远超过辽宁。辽宁服务业企业多数规模小,融资能力不强,抵御外部环境风险的能力较弱。五是服务业生产效率有待提高。产业结构偏离度即某一产业的增加值所占比重与就业人员所占比重之比与1的差。一般来说,产业结构偏离度大于零时,表明该产业的增加值所占比重大于就业所占比重,意味着该产业劳动生产率相对较高;反之,表示该产业劳动生产率相对较低。振兴东北战略实施以来全省服务业产业结构偏离度呈现了由正转负的过程,其数值已由2002年的正偏离(0.12)逆转为2013年的负偏离(－0.12),表明全省服务业的劳动生产率有相对下降趋势。

2. 生产性服务业发展滞后。生产性服务业包括交通运输业、现代物流业、金融服务业、信息服务业和商务服务业等行业。在调结构、转方式的背景下,发展生产性服务业是提高工业附加值、优化社会资源配置的重要途径,也是实现向以技术进步和效率提升驱动为代表的集约式经济增长方式转型的重要途径。总体来看,全省生产性服务业发展相对缓慢,制造业与服务业融合程度不够深入,与发达地区发展水平还存在一定的差距。初步估算,全省生产性服务业增加值占地区生产总值的比重不超过15%,而全国水平在25%左右,发达国家则已超过50%。一是高端生产性服务业发展不足。2013年,在全省规模以上服务业企业中,信息传输、软件和信息技术服务业、租赁和商务服务业、科学研究和技术服务业等高端生产性服务业企业的营业收入所占比重仅为43.5%,发展规模不及传统生产性服务业。传统性生产服务业中仅交通运输、仓储和邮政业一个行业的营业收入所占比重就达到了46.4%。二是生产性服务业的外部化、专业化发展不足。生产性服务业进入门槛一般较高,同时,受传统管理体制影响,许多企业“大而全”、“小而全”的思想根深蒂固,企业自行承担物流、销售、商务服务、售后服务等生产性服务业的全部职能,这一方面导致企业成本上升、服务专业化水平降低,另一方面也挤占了市场空间,限制了其他生产性服务业企业的发展。另外,辽宁的主辅分离工作刚刚起步,在一定程度上也制约了全省生产性服务业的产业化水平。

(四)科技创新的动力不足

一是R&D经费支出虽有所增长,但占地区生产总值的比重仍然较低。2013年,全省规模以上工业企业R&D经费投入333.1亿元,比上年增长

15.1%，但占地区生产总值的比重为1.7%，虽比2002年提高0.5个百分点，但低于全国水平0.4个百分点，分别低于北京、上海、浙江、江苏和广东等沿海省市4.5个、1.7个、1.8个、0.7个和0.6个百分点。二是参与R&D活动的企业相对较少。2012年，辽宁开展R&D活动的企业占全部规模以上工业企业的4.5%，低于全国水平9.2个百分点，分别低于北京、上海、浙江、江苏和广东等沿海创新型省市22.2个、11.5个、21.8个、19.8个和8.9个百分点。

三、辽宁产业结构调整与转型升级的路径选择

（一）以创新驱动为发力点，大力培育新兴产业，为辽宁转型升级注入新动力

1. 提高创新驱动的原动力。一是确保企业科技创新的主体地位不动摇。2013年，全省企业投入资金占R&D经费支出的77.4%，这意味着全省已经初步建立了以政府投入为导向，企业投入为主体的科技投入体系。要继续稳固企业投入的核心地位，充分发挥企业在创新决策、投资、科研和成果转化的主体地位，提供更多机会鼓励具备条件的企业主动承担国家重大科研项目。二是强化政府科技投入的作用。2013年，全省基础研究经费投入占R&D经费支出的3.5%，与发达省份比较，所占比重相对较低。应加大政府的科技投入，同时在坚持科技投入以企业为主体保持不变的前提下，政府投入应重点向基础性研究领域倾斜，形成政府投入搞基础、企业投入搞应用的新格局，为建设创新型辽宁打好基础。三是拓宽科技创新融资渠道。大型企业可以通过境外上市融资或者并购重组等融资渠道，中小企业可利用债券市场和金融贷款进行融资，拓展互联网金融等新兴融资渠道。各级金融机构也应加大对企业科技投入的支持力度。四是强化人才创新驱动。在此基础上，继续引进重点领域、稀缺领域的高层次科技人才、管理人才。利用辽宁强大的教育资源以及国际国内的交流与合作，培养一批高素质的人才队伍。

2. 多措并举发展战略性新兴产业。一是在全省范围内，建立一个统一开放、竞争有序的市场体系，依靠现代市场体系培育新兴产业。实行负面清单的市场准入方式，扩大负面清单以外的、有利于全省经济转型升级的各种行业的发展空间。二是提高高端装备制造产业关键零部件的自主化水平。

在整机方面，辽宁装备制造业的发展已经达到了国内乃至世界先进水平，但一些关键零部件主要依赖进口，整体利润水平不高，应依托沈阳铁西装备制造业、大连"两区一带"装备制造业两大产业聚集区，重点做好关键零部件、元器件的自主研发，进一步提高装备制造业的整机和配套生产能力。三是大力发展新能源产业和节能环保产业。在新能源产业中应积极发展清洁能源和可再生能源，加快新能源技术研发和应用，努力构筑安全、稳定、经济、清洁的现代能源供应体系。在节能环保产业中，应把加强环境保护、推进节能减排、发展循环经济与培育节能环保产业相结合，实施一批水污染治理、空气污染防治等重点环保工程。

(二)以改造提升传统产业为立足点，全面提升产业竞争力，为辽宁转型升级焕发新活力

1. 提高石化产业丰厚度，提升产品附加值。一是把发展精细化工产业作为石化工业转型升级的战略重点。全省石化产业应充分利用精细化工产业链条长、利润高、污染少等特点，重点发展高性能表面活性剂、高效环保型催化剂等专用化学品，推进农药、染颜料等传统精细化工的升级换代，使其成为全省产业结构调整、石化工业优化升级的关键。二是抓好石化产业集聚区建设。重点发展大连、盘锦、抚顺、辽阳等具有行业优势的地区，强化龙头企业的拉动作用。依托大连、营口、锦州、葫芦岛等港口城市，发展临港石化产业，打造以大连石化基地为龙头的环渤海石化产业集聚区。三是强化行业信息服务工作。建立企业、行业协会、政府、中介服务机构一体化的信息共享体系，提高企业决策效率。通过搭建公共信息平台，实现信息在供应链上快速传递，实现企业间原料采购、生产、销售环节的高效运转。应关注大宗产品市场需求、产量和价格的变化，关注长江三角洲、环渤海湾、珠江三角洲等一批炼化企业集聚区的行业动向，准确把握行业中的不确定、不稳定因素，为决策布局提供可靠依据。

2. 淘汰落后产能，实现冶金工业节能降耗和产品优化升级。一是坚决淘汰落后产能。近年来，全省在推动行业重组与淘汰落后产能方面取得了一定的进展，但炼钢、炼铁、电解铝等部分冶金行业仍然存在不同程度的利用率较低现象，仍有个别地区和企业盲目上项目。为此，应加大力度，坚决淘汰耗能高、污染重的落后产能，并严防落后产能死灰复燃，对高耗能、高污染项目坚决制止。二是发展循环经济，促进能耗下降。应重点支持循环经济的技改项目,大力发展循环技术,利用高温炉气发电,将残渣用于建材和城市道路交通建设。通过对能源副产品及废弃物的重复利用达到节能减排、创造更多效益的双重目的。三是提高冶金产品附加值。通过引进技术人才和投入技改资金相结合,重点开发高附加值钢材品种,特别是市场短缺和替代进口的精品钢材、特钢产品,如热轧板、冷轧板、镀锌板等,实现产品的优化升级。

(三)以结构调整为突破口,加快发展服务业,为辽宁转型升级增添新助力

1. 建立适应经济发展的产业结构。一是三次产业比重力争达到合理水平。2013 年,全省三次产业比重为 8.6∶52.7∶38.7。在由工业化后期向后工业化时期过渡的阶段,全省产业结构应该逐步由“二三一”向“三二一”过渡,逐步下调第二产业比重,提高第三产业比重。二是逐步优化产业内部结构。第一产业在稳定种植业生产的同时,逐步提升林业、牧业、渔业的生产水平,形成多点支撑的农业生产格局。工业生产应继续巩固四大支柱产业的地位,装备制造业逐步实现高端化,传统石化、冶金工业实现转型升级,差异化发展应成为农产品加工业的发展目标;服务业发展应在保证传统服务业基础地位的前提下,大力发展现代服务业,做好工业企业的主辅分离工作,提高生产性服务业比重。

2. 加快推进服务业转型升级步伐。辽宁服务业规模小,发展相对滞后。为适应东北老工业基地全面振兴要求,一是大力发展现代服务业。发展现代服务业应坚持市场化、产业化、社会化的方向,从体制机制、政策法规、资金投入和改善环境等多方面采取措施,在信息传输、计算机服务和软件业,金融业,房地产业,租赁和商务服务业,科学研究等重点领域寻求突破。同时,在传统服务领域不断创新服务方式,使传统服务产品更多地融入文化、科技元素。二是加快发展生产性服务业。生产性服务业是加速制造业升级、实现工业由粗放型增长向集约型增长的关键环节,是制造业提高核心竞争力的必然选择。为此,一要加大政策扶持力度,从财税、信贷、土地和价格等方面进一步完善促进生产性服务业发展的政策体系。二要处理好与制造业的分工合作关系。从政策上鼓励制造业企业之间与生产性服务企业之间实施跨地区、跨行业的兼并重组,引导和推动企业通过管理创新和业务流程再造,对生产环节和业务重新进行分工、组合,推进企业内置服务市场化、社会化,将一些非核心的生产性服务环节进行外包,拓展发展空间,实现社会化服务与制造环节的“无缝式对接”。三是促进服务业集聚化发展。重点扶持发展行业领军企业和知名品牌,保护一批有辽宁特色的老字号品牌,支持优势服务品牌企业实行跨地区、跨行业、跨所有制的连锁扩张,成为竞争力较强的大型服务业企业集团。

完 成 单 位:辽宁统计局
课题组成员:王洪奇　张旭东　徐蓉蓉　刘锦程
执　笔　人:张旭东　徐蓉蓉　刘锦程

第二十四章　经济转型升级评价：以福建为例

摘要：经济转型和产业升级是当前福建经济的重要任务，本文通过反映经济转型升级的13个指标体系，从结构调整、经济效率、科技创新、发展质量四个方面来衡量福建省“十一五”以来经济转型升级进展情况，通过数据比较发现，福建近几年来，转型升级效应持续显现但步伐放慢，结构调整压力不小，经济效率提升但有停滞趋势，但科技创新能力显著增强，发展质量稳步提升。根据数据反映的情况，本文建议，在今后一段时期，福建应继续深化改革，创新体制机制，调整结构，尤其是要加快服务业发展；提升效益，推动技术成果转化，并应重视生态建设，加强环境保护，促进经济继续转型升级。

近几年，国内外经济环境发生了较大变化，国际经济疲软，需求减少，贸易摩擦加剧；国内经济增长受到资源环境的约束日益加大，使得经济转型升级成为当前经济发展的重要任务和必然选择。转型升级主要包括经济转型和产业升级两个方面，经济转型在于转变经济发展模式，提高经济发展质量，即通过技术进步和效率提升，实现粗放式增长向集约式增长的转变；产业升级在于产业结构优化和产业层次提升，实质是提升产业竞争力。转型和升级不是孤立的，升级的过程中必然涉及到转型，转型的过程中肯定也伴随着升级。

一、福建经济整体发展情况

“十一五”以来，福建经济发展整体保持了较好的发展势头，纵然经历了2009年的全球金融危机，全省2006—2013年地区生产总值的年均增速仍达到13.0%，2013年GDP为21759.64亿元，是2005年的3.3倍。人均GDP的年均增速为12.2%，从2005年的18353元增加到2013年的57856元，折合 9342 美元,2014 年将突破万美元大关。政府财力不断增强,2013 年,全省公共财政总收入 3430.35 亿元,地方公共财政收入 2119.45 亿元,与 2005 年相比分别增长了 3.4 倍和 3.9 倍。居民收入持续增加,2013 年,全省城镇居民人均可支配收入 30816 元、农民人均纯收入 11184 元,与 2005 年相比均增长了 1.5 倍。

但从转型升级的角度来评价福建经济发展成效,还需要一套更能反映经济结构、效率、创新等方面的指标体系来衡量,为此我们建立了转型升级指标评价体系。

二、转型升级评价指标体系的确立

(一)指标选择

当前,转型升级是个高频词,相关的研究分析也不少,综合考虑了转型升级的各类研究成果后,我们采用了国家统计局 2013 年选取的反映经济转型升级的 13 个指标,从结构调整、经济效率、科技创新、发展质量四个方面来衡量福建省近几年经济转型升级进展情况。

一级指标	二级指标	计量单位
结构调整	1. 高技术制造业增加值占工业增加值比重	%
	2. 服务业增加值占地区生产总值比重	%
	3. 居民消费率	%
经济效率	4. 全社会劳动生产率	元/人
	5. 工业企业总资产贡献率	%
	6. 地区生产总值与固定资产投资之比(投资=1)	
	7. 税收占地区生产总值比重	%
科技创新	8. R&D 经费占地区生产总值比重	%
	9. 每万名就业人员 R&D 人员全时当量	人年
发展质量	10. 居民人均收入与人均 GDP 之比(人均 GDP=1)	
	11. 文化及相关产业增加值占地区生产总值比重	%
	12. 主要污染物排放	万吨
	13. 城镇化质量系数	%

(二)权重的确定

确定权数采用德尔菲法(即专家意见咨询法)。根据各指标的重要性、综合程度、敏感性的不同,分别确定它们在体系中的权重 w_i。

(三)计算发展指数

采用综合指数法对评价体系的不同计量单位的指标进行同度量处理。第 i 个指标 j 年份的指数 $y_{ij}=x_{ij}/x_i(j-1)$,这样计算出各个指标的进步指数,再根据权重得出 j 年份的综合指数 $Y_j=\sum y_{ij}w_i$。

三、转型升级评价结果

根据上述建立的转型升级评价指标体系,福建"十一五"以来的转型升级进展情况如下表:

福建经济转型升级评价指数

	"十一五"年均	2011 年	2012 年	2013 年
转型升级总指数	102.3	102.2	101.6	101.1
结构调整	96.8	95.2	98.6	97.8
经济效率	103.6	103.6	97.0	100.2
科技创新	109.7	111.8	111.3	106.0
发展质量	102.2	102.4	103.7	102.3

四、转型升级评价结果分析

(一)转型升级效应持续显现但步伐放慢

"十一五"期间,福建转型升级年均发展指数为 102.3,2011 年、2012 年和 2013 年的发展指数分别为 102.2、101.6 和 101.1,虽都高于 100 但呈现缓慢回落趋势。这一结果与经济发展的一般特点也基本吻合。通常,经济增长过快,总需求大于总供给,市场压力过小,企业产品创新和产业升级动力就弱,不利于资源要素向新产业转移,经济转型升级步伐相应就慢;经济增长过慢,总需求小于总供给,导致企业生产经营环境恶化,盈利能力下降,用于创新的资源减少,转型升级能力降低。经济过热或过冷,都不利于经济转型升级,只有经济增长适度,既保持一定的转型升级压力,又能够为转型升级提供一定空间,才最有利于经济转型升级。2011—2013 年福建省 GDP 增速分别为 12.3%、11.4%和 11.0%,其转型升级指数为 102.2、101.6 和 101.1,两者成相同的变动方向,说明三年来经济增速回落,对转型升级形成一定压力。“十一五”期间全省 GDP 年均增速为 13.8%,比 2011 年高 1.5 个百分点,其转型升级指数平均为 102.3,只比 2011 年高 0.1 个百分点,表明经济增长到达一定的速度,对转型升级的推动作用不明显,经济过热,转型升级动力不足,效果自然就不理想。

(二)结构调整压力不小

“十一五”期间,结构调整发展指数平均为 96.8、2011—2013 年分别为 95.2、98.6 和 97.8,均低于 100,说明这几年福建省在产业结构升级和需求结构优化方面进展缓慢,经济结构没有向更优的方向调整,反而有所退步。具体来看,高技术制造业增加值占工业增加值比重从 2005 年的 15.0%下降为 2013 年的 9.0%,表明工业发展层次不高,有科技含量、有竞争力的高技术制造业发展不快;居民消费率从 2005 年的 36.4%下降为 2013 年的 30.0%左右,表明投资仍是拉动经济的主导力量,消费拉动的发展模式尚未真正形成;服务业增加值占地区生产总值比重 2005 年为 38.9%,2013 年为 39.1%,基本停滞不前,而全国 2013 年该比重为 46.1%,表明福建省第三产业发展相对滞后,其增速连续多年低于 GDP 增速,对经济的带动作用减弱。

(三)经济效率提升但有停滞趋势

“十一五”期间,经济效率发展指数和 2011 年均为 103.6;2012 年为 97.0,不及上年;2013 年为 100.2,与上年比相差无几。具体来看,全社会劳动生产率从 2005 年的 35599 元/人提高到 2013 年的 84919 元/人,表明随着科技进步和生产管理方式的改进,劳动生产效率也不断提高;税收占地区生产总值比重从 5.4%提高到 7.9%,一定程度上表明企业创收能力在增强;工业企业总资产贡献率 2010 年达到高点后,开始呈下降趋势,2013 年为 15.8%,表明企业资金使用效率有所下降,也是经济环境趋紧的体现;地区生产总值与固定资产投资之比从 2005 年的 2.8 下降到 2013 年的 1.4,表明投资的边际效用在下降,同样的产出需要更多的投入,即投入产出率在下降,更加反映出我们转变经济发展方式的迫切性。

(四)科技创新能力显著增强

科技创新领域是四个一级评价指标中表现最好的。R&D 经费占地区生产总值比重从 2005 年的 0.82%提高到 2013 年的 1.44%,提高了 0.62 个百分点;每万名就业人员 R&D 人员全时当量从 19.2 人年提高到 47.9 人年,增长了 1.5 倍。"十一五"期间,科技创新发展指数年均为 109.7,2011—2013 年分别为 111.8、111.3 和 106.0。表明福建省"科技兴省"战略的实施取得了明显成效,不论在经费还是在人才方面,科技投入强度不断增大,推动科技创新能力有效增强,成为提升福建省竞争力的有力支撑。

(五)发展质量稳步提升

"十一五"期间,发展质量指数年均为 102.2,2011－2013 年分别为 102.4、103.7 和 102.3。具体来看,文化及相关产业增加值占地区生产总值比重从 2005 年的 2.5%到 2013 年的 5.4%,表明文化事业繁荣发展,居民精神生活日益丰富;主要污染物排放量呈下降趋势,表明发展经济的同时,环境保护力度也在加强,大气环境和水环境等逐步改善;居民人均收入与人均地区生产总值之比呈现 V 型走势,2005 年为 45.4%,2011 年为波谷 38.3%,2013 年缓慢回升至 40.0%,表明居民收入增长落后于 GDP 增长,收入分配格局还有待进一步调整;城镇化质量系数从 2005 年的 63.5%回落到 2013 年 56.2%,表明城镇化进程与户籍制度改革还不够协调,并且差距在拉大。

五、对策建议

(一)深化改革,创新机制体制

不论是自觉自醒的选择,还是"不可持续"的倒逼,转型升级都是当前经济工作的重要任务。而创造适合条件和环境是实现转型升级的必要前提。要完善现有的发展成果评价体系和方式,破除唯 GDP 的思想,纠正单纯以经济增长速度评定政绩的偏向,更多地考核反映结构和效益变化的指标,包括结构优化、产业升级、质量效益、创新驱动、资源环境等,更好地发挥政府在推动经济转型升级中的作用。要深化改革,完善现代市场体系,通过市场之手引导经济转型升级。进一步理顺政府和市场的关系,营造"服务型"政府职能,减少政府对资源的管制权利,让各项要素资源回归市场。建立公平开放透明的市场准入制度,着力清除市场壁垒,支持更多的民营资本进入新兴服务领域,构筑有效竞争的市场结构和市场主体,充分发挥市场在资源配置中的决定性作用。

(二)调整结构,加快服务业发展

转型升级中的“升级”实际上就是指产业向“微笑曲线”的两端升级,即产业链从制造向技术研发和营销服务延伸,才能创造出更多的附加值。服务业发展滞后是福建省的一个现实问题,其市场化、产业化、社会化程度不高,在经济中所占比重偏低,大大阻碍了福建省经济转型升级进程。加快服务业发展,就要充分运用市场机制,广开投融资渠道,逐步形成以政府投入为引导、企业投入为主体、民间资本和境外投资共同参与的多元化投融资格局,为服务业的快速发展提供资金支持。优化服务业内部结构,集中力量发展生产性服务业。立足新一代信息技术、新能源、高端装备制造、新材料、节能环保、生物等战略性新兴产业,以生产性服务业为核心,重点突破,优先发展如现代物流业、科技服务业、商务服务业、信息服务业、节能环保服务业等生产性服务业,大力推进服务业与制造业有机融合和互动发展。创新消费性服务业发展模式,大力发展会展业、文化服务业、旅游业等行业。

(三)提升效益,推动技术成果转化

数据显示,福建省科技创新投入是呈现逐年提升的趋势,而高技术制造业增加值占工业增加值比重却逐年下降,也就是说科技成果没能有效地转化为能够实现经济效益的现实生产力。要解决这一矛盾,提高科技成果转化效率可以从三个方面入手。一是加强产学研紧密合作。以高校、科研机构的智力资源优势,吸引企业合作建立科技园、工业园,以此为载体来推进产学研合作,加速科技成果转化。二是建立健全的科技成果转化投资机制。科技成果转化是一项高投入、高风险、高收益且周期长的活动,从常规的商业渠道中难以获得足够的资金支持,可以大力发展风险投资机构,建立完善风险投资机制。政府则要研究建立财政专项资金,与金融资本、风险投资等社会资本的结合机制,形成多元化、多渠道支持科技成果转化的资金投入体系。三是强调企业主体地位。企业是科技成果的需求方和科技成果推广应用的具体实现主体,强化企业主体地位是加快科技成果转化的关键。要采用“分类指导”方式,对于不同类型的企业对症下药。如大型国有企业经济实力很强,但创新动力不足,可以通过加强创新考核推动他们重视创新;中小民营企业有创新的动力,但创新实力不够,政府要通过一些特别支持政策、建立公共服务平台等手段,帮助企业提升创新能力。

(四)生态建设,加强环境保护

福建省已经成全国首个生态文明先行示范区,生态建设已经率先迈出步伐并取得不错成效。但随着资源环境对经济发展的约束加大,节能减排各方面的压力也越来越大。要建立健全监管机制和协调机制,形成国家、省、市、县多级生态环境监管制度。各级政府应实施环境质量公告制度,定期公布城市空气质量、城市噪声、饮用水水质、流域水质和其他生态环境状况的信息,及时发布污染事故信息,接受社会监督。进一步发挥税收政策在环境保护方面的作用,依据“谁污染谁治理”、“谁污染谁付费”的原则,对有污染物或废弃物排放行为以及生产有污染产品的单位和个人征税,以税收手段抑制对环境的污染。建立健全生态转移支付制度,加强生态位势较高地区的环境保护。引导资金由生态位势低的发达地区流入生态位势高的欠发达地区,并做到专款专用以实现生态的可持续发展。进一步发展生态产业,引导绿色消费。加快淘汰落后产能、加大技术改造,积极发展循环经济、低碳经济。引导民众树立绿色消费意识,以绿色消费推动绿色生产,近而缓解环保压力。

完成单位:福建统计局
执 笔 人:林　宇

第二十五章 京津冀产业协同发展合作路径研究

摘要:本文分析了京津冀三地产业协同发展的必要性和可行性,探讨三地产业协同发展合作方向及路径。从必要性和紧迫性来看,三地产业协同发展有利于优化国家区域发展布局、形成新的增长动力,有利于减少重复建设提高资源配置效率,有利于解决三地发展中面临突出矛盾和问题。从可行性来看,三地经济发展阶段不同,产业发展处在不同发展梯度上,存在一定互补性,为实现区域内产业合理分工、协同发展奠定了基础。利用潜力模型计算得出北京、天津和河北省11个地级市的潜力值,根据不同的潜力能级划定出三地开展产业合作的空间圈域——京津核心区,唐山、保定、廊坊、沧州、石家庄、邯郸产业协作区和秦皇岛、邢台、衡水、张家口、承德联动支撑区。核心区应是产业转移方,引领产业高端环节;产业协作区应利用区位优势,根据自身基础承接来自核心区的产业转移;联动支撑区主要承担生态保障、产业支撑等功能。当前应加强顶层设计,尽快编制出台京津冀产业协同发展规划,健全多方位的协同发展保障机制,推进京津冀区域的产业协同发展。

2014年2月底,习近平总书记在北京主持召开专题座谈会,强调将京津冀协同发展提升为国家重大战略,京津冀地区的发展迎来重要战略机遇期。在推动区域协同发展上,涉及的领域和研究角度众多,本文聚焦于京津冀三地的产业合作,分析三地产业协同发展的必要性和可行性,探讨产业合作方向及路径。

一、京津冀产业协同发展的必要性和紧迫性

无论是从全国生产力布局,还是从推动京津冀自身发展来看,推动三地产业协同发展已经迫在眉睫。

首先，推动京津冀产业协同发展，有利于优化国家区域发展布局、形成新的增长动力。京津冀作为我国三大经济圈之一，经济发展水平与长三角、珠三角相比仍存在一定差距：三地人均 GDP 低于其他两个经济圈，经济总量占全国的比重也低于长三角约 10 个百分点。当前，我国经济发展已进入转型升级的新阶段，加强区域间的产业分工协作和资源共享将为经济增长带来新的动力。进一步提高京津冀协同发展水平，将有利于构建大首都经济圈，促进我国区域经济的协调发展。

表 1　2013 年三大经济圈主要经济指标情况

地　区	GDP			人均 GDP（元）	三次产业结构（%）
	总量（亿元）	占全国的比重（%）	增速（%）		
京津冀	62172.1	10.9	9.0	57327.9	6.2∶42.4∶51.4
长三角	118332.4	20.8	8.8	74825.3	4.7∶47.0∶48.3
珠三角	53060.5	9.3	9.4	93114.0	2.0∶45.3∶52.7

其次，推动京津冀产业协同发展有利于提高资源配置效率。当前京津冀由于缺乏跨行政区的整体产业规划，各地在制定发展规划时从本地利益出发追求大而全的发展目标，产业定位重叠，导致资源配置效率不高，区域合作成本上升。比如，在三地“十二五”规划提出要重点发展的 13 个产（行）业中，京津冀相同或相似的行业有 6 个，北京和天津相同或相似的行业有 9 个，天津和河北相同或相似的行业多达 10 个。北京和天津都提出了要发展金融业、会展业、生产性服务业等，如此紧密相邻的两个大城市都要成为金融中心、会展中心等，难以避免无序竞争，大规模的投入达不到预期效果，造成人力物力的浪费。

第三，推动京津冀产业协同发展有利于解决三地发展中面临突出矛盾和问题。一是雾霾倒逼生态环境治理必须走区域联防联控之路。2013 年全国空气质量最差的 10 个城市中有 7 个在京津冀地区。严重的大气污染形势使京津冀三地必须在更大区域范围内联手进行产业升级、联防联控。二是治理北京“大城市病”需要区域协同发展。长期以来，北京凭借其首都优势，集聚了周边乃至全国大量优质资源，不仅导致北京与周边的发展鸿沟越来越深，出现了环首都贫困带，也使北京深受交通拥堵、环境污染、水资源紧缺等“大城市病”困扰。北京必须通过功能疏解和产业升级，在区域合作中寻求发展空间和发展动力。

表 2　京津冀“十二五”规划产业发展定位比较

序号	产(行)业名称	北京	天津	河北
1	都市型现代农业	√	√	√
2	旅游业	√	√	√
3	会展业	√	√	√
4	服务外包	√	√	√
5	战略性新兴产业	√	√	√
6	金融业	√	√	√
7	文化创意产业	√	√	
8	生产性服务业	√	√	
9	生活性服务业	√	√	
10	石油化工		√	√
11	制备制造业		√	√
12	现代物流业		√	√
13	社区服务业		√	√

注:资料来源于各地国民经济和社会发展第十二个五年规划纲要。

因此,产业协同发展是京津冀区域实现要素优化配置的基础,是三地逐步实现经济一体化的有力抓手。习总书记明确指出京津冀协同发展应以产业结构优化升级和实现创新驱动发展为合作重点,京津冀要着力加快推进产业对接协作,理顺三地产业发展链条,形成区域间产业合理分布和上下游联动机制,对接产业规划,不搞同构性、同质化发展。

二、京津冀产业协同发展的可行性

产业转移是实现区域内产业合理分工的主要途径,而产业转移的前提就是区域间存在不同的资源禀赋和发展条件。京津冀地区产业差异分析表明,区域内存在一定发展差距和产业层次上的等级差别,三地具备进行产业转移的基本条件。

(一)经济发展处于不同阶段,存在着梯次发展的需要

结合产业结构、人均 GDP、城市化水平等指标可综合判断出京津冀三地处于不同的发展阶段(见表 3)。北京目前的产业结构已经进入服务型经济

为主的高级阶段，2013 年三次产业结构为 0.8∶22.3∶76.9；第三产业增加值占比分别高出天津和河北 28.8 个和 41.4 个百分点①。2013 年北京人均 GDP 超过 1.5 万美元，城镇化率达到 86.3%，综合判断已进入后工业化阶段。天津的产业结构中二、三产业比重接近，2013 年三次产业结构为 1.3∶50.6∶48.1；人均 GDP 虽高于北京，达到 1.6 万美元，城镇化率为 82%，但三产比重仍不足 50%，且低于二产比重，综合判断仍处于工业化阶段后期。河北仍以一产和二产为主，三产比重较低，2013 年三次产业结构为 12.4∶52.2∶35.5。二产主导同时农业仍占据相对重要的位置，反映出河北工业化进程相对北京和天津还较为落后；人均 GDP 为 6251 美元，城镇化率仅为 48.1%，尚处于工业化阶段中期。总体而言，三地发展阶段不同，产业层次差异明显，互补性较强，具备产业协同发展的前提条件。

表 3　经济发展阶段标准②

判断指标	经济发展阶段判断标准			
	工业化初期	工业化中期	工业化后期	后工业化阶段
人均 GDP(美元)	3000	3000—8000	8000—15000	15000
工业增加值占 GDP 的比重(%)	20—40	40—70	下降	下降
第三产业增加值占 GDP 的比重(%)	10—30	30—60	上升	上升
城市化水平(%)	10—35	35—60	60 以上	上升

(二)工业发展各具特色，存在着互补发展的需要

通过计算产业同构系数③发现，京津冀三地的工业内部结构有所差别，

① 文中 2013 年 GDP 相关数据均为初步统计数。

② 资料来源：王德利著，首都经济圈发展战略研究，中国经济出版社 2013 年 9 月第一版。

③ 1979 年联合国公布《世界各国工业概况和趋同》一书，使用联合国工业发展组织(UNIDO)国际工业研究中心提出的同构系数(Similar coefficient)指标，分析各国及不同地区产业布局的相似程度。计算公式为 $S_{ij}=\sum_{k=1}^{n}X_{ik}X_{jk}/\sqrt{\sum_{k=1}^{n}X_{ik}^2*\sum_{k=1}^{n}X_{jk}^2}$，其中，$S_{ij}$ 表示同构系数值；i、j 分别表示两个相比较的地区；n 表示产业数，且 $k=1,2,3\cdots n$；X_{ik} 表示在地区 i 中，产业 k 在该地区所有产业中的比重；X_{jk} 表示在地区 j 中，产业 k 在该地区所有产业中的比重。S_{ij} 的值在 0 和 1 之间变动。如果其值为 0，表示两个相比较地区的产业结构完全不同；如果其值为 1，说明两个地区间产业结构完全相同。S_{ij} 的值越大，说明两个相比较地区间产业同构度愈大；反之，表明同构程度越低。

存在互补性,有利于地区间的产业分工协作并形成合理的产业链条。计算结果显示,2013年河北和天津的工业内部结构同构系数最高,达到0.8;天津和北京之间的同构系数为0.58,河北和北京的同构系数为0.36。可以说明,北京和河北的工业产业结构具有较强的互补性,而天津与河北、北京的产业结构存在一定的趋同现象,其中与河北的相似程度更大。

表4　2013年京津冀主要行业工业总产值占比情况

单位:%

	北京	天津	河北
黑色金属冶炼和压延加工业	0.9	15.4	26.3
电力、热力生产和供应业	21.5	2.9	6.2
汽车制造业	18.8	7.0	3.9
计算机、通信和其他电子设备制造	12.8	11.5	0.8
石油加工、炼焦和核燃料加工业	4.4	5.2	4.7
化学原料和化学制品制造业	2.0	4.9	5.0
煤炭开采和洗选业	4.1	5.6	2.9
金属制品业	1.7	4.4	5.2
电气机械和器材制造业	4.1	3.8	3.7
农副食品加工业	2.2	3.1	4.5
黑色金属矿采选业	1.0	0.4	5.9
专用设备制造业	3.5	4.5	2.7
非金属矿物制品业	2.8	1.2	4.1
通用设备制造业	3.0	3.7	2.7
食品制造业	1.5	4.3	1.8
石油和天然气开采业	0.0	4.9	0.6
医药制造业	3.4	1.8	1.5

具体看:北京工业总部特征、高端化特征明显,主导行业以电力热力生产供应、电子、汽车为主,3个行业总产值占全市规模以上工业的比重超过一半。2012年全市高技术制造业主营业务收入占规模以上工业的比重达到21.1%,分别高出天津和河北6.2个和18.3个百分点。天津工业兼顾基础

原料深加工和现代制造业，主导行业以钢铁、电子、汽车、石油的开采和加工为主，5个行业占全市规模以上工业的比重达到4成以上。2013年天津原油产量占全国的14.5%，在全国居第3位，钢材产量占全国6.2%，居第5位。近年以滨海新区为代表的制造业增长极发展优势明显，特别是航空航天、新一代信息技术、生物技术与健康、高端装备制造等战略性新兴产业不断发展壮大，与北京工业的相似程度提高。河北工业门类齐全，以资源型和基础型工业为主，具有明显的上游化与初级产品痕迹。2013年河北粗钢、平板玻璃产量分别占全国的24.2%和15.2%，均居全国第1位。黑色金属冶炼压延业产值占工业的比重接近1/3。黑色金属矿采选业、化学原料制造业、石油加工、农副食品加工业和非金属矿物制品业的总产值占工业比重分别为5.9%、5%、4.7%、4.5%和4.1%[①]。

（三）服务业发展差异明显，存在着分工发展的需要

北京第三产业比重已经达到76%以上，以生产性服务业为主，2013年北京生产性服务业增加值占全市经济比重达到50.3%；其中金融服务、流通服务、信息服务、商务服务和科技服务增加值占全市经济比重分别为14.5%、11.6%、9%、7.9%和7.4%。信息传输和科学研究等行业发展较快，2013年占全市经济比重分别为9%和7.4%，分别比2010年提高0.4个和0.7个百分点。天津产业结构正向服务型转变，2005年以来第三产业比重持续上升，目前达到48%左右。批发和零售业、金融业、交通运输业是服务业的主导行业，2013年上述行业增加值占全市经济比重分别为13.2%、8.4%和5%。河北第三产业比重在35%左右，以商贸流通业为主，2013年交通运输业、批发和零售业增加值占全省经济比重分别为8.4%和7.6%。

由此可见京津冀地区服务业发展差异明显。北京生产性服务业，特别是信息、科研等高端生产性服务业优势明显，对区域内产业结构升级至关重要。特别是高端制造业的发展需要大量服务配套，因此京津冀在产业链条衔接，优势产业互补方面有较大合作空间。如北京的科学研究和技术服务业增加值占全国比重已经达到16%左右，要充分发挥北京科技资源优势，促进区域产业结构升级。

---

① 2013年河北工业数据为初步统计数。

表 5 2013 年京津冀三地第三产业增加值占经济的比重

单位:%

	北京	天津	河北
第三产业	76.9	48.1	35.5
交通运输、仓储和邮政业	4.5	5.0	8.4
批发和零售业	12.2	13.2	7.6
住宿和餐饮业	1.9	1.7	1.5
金融业	14.5	8.4	3.7
房地产业	6.9	3.6	3.7
其他	36.9	16.1	10.6

综上所述,京津冀三地的产业发展不在同一个发展梯度上,优势产业各有不同,存在一定互补性,这为下一步实现区域内产业合理分工、协同发展奠定了基础。北京生产性服务业发达,可为天津、河北的工业生产和转型升级提供服务和支持,可以依托其丰富的科研、信息化资源建立创新基地,利用人才、技术、信息的优势推动区域发展。天津在高端装备等现代制造方面发展势头良好,已成为拉动全市经济快速增长的主要带动力量。河北整体来讲,重工业基础雄厚,是区域内人力和生产成本最低的区域,可利用其丰富的劳动力资源和较低的物价水平,承接京津两地制造业,发挥资源供给(包括农产品供应)和物流方面的优势,构建区域产业链的同时促进自身产业结构升级。

三、京津冀产业协同发展的合作方向

如何在三地开展产业合作是本文的研究重点,为了进一步提高针对性,我们将研究对象进一步拓展至北京、天津以及河北省的 11 个地级市①。利用潜力模型对各城市的“潜力值”进行排名,根据不同的潜力能级划定三地开展产业合作的空间圈域,在此基础上进一步明确不同圈域产业合作的方向。

---

① 河北省辖下 11 个地级市包括石家庄市、承德市、张家口市、秦皇岛市、唐山市、廊坊市、保定市、沧州市、衡水市、邢台市、邯郸市。

(一)基于潜力模型确定产业合作的空间圈域

1. 模型方法介绍

西方学者很早就把万有引力定律用于人类空间相互作用的研究。早在1858年,卡利(H. C. Carey)参照牛顿万有引力定律(两物体间的引力与其质量的乘积成正比,与其距离的平方成反比),提出了两地区的互动量公式:$I=P_iP_j/d^2$,公式中,I 为互动量,P_iP_j 为两地人口的乘积,可视为“城市质量”,d 为两地之间距离。

实证分析中,将万有引力模型应用于城市空间与经济相互作用时,常常使用两类模型——重力模型和潜力模型。重力模型能估计出空间两个单元间相互作用力的绝对值,其数值与两点规模(或大小)的某一确定函数正向变化,与这两点间距离的某一确定函数反向变化;潜力模型主要用于测度定位于空间既定点的集合对某点所施加的影响,可用于比较区域中各城市吸引力的大小①。点 i 的总的潜力用 V_i 表示为:

$$V_i = K\sum_j \frac{m_j}{d_{ij}}$$

式中,K 为介质常数,m_j 为 j 点的规模,根据研究问题的不同,可取人口规模、工作机会等,d_{ij} 表示 i、j 两点之间的距离。

在国内,谭成文等(2000)首次采用重力模型和潜力模型对首都圈进行划分,研究的基本思想是:都市圈作为一个具有较强一体化的区域,其内部城市之间应具有较强的相互联系和相互作用——引力;通过计算所有城市两两之间的引力,得到每个城市的潜力——与都市圈内所有城市引力的加权总和,据此便可度量出各城市在都市圈中的能级②。本文的研究也采用这样的思路,并依据京津冀区域内各城市的“能级”确定开展产业合作的不同圈域,以期实现合理的产业空间布局。

2. 实证分析

我们选取北京、天津和河北的11个地级市作为研究对象,依据以下公式计算两两城市之间的引力值:

---

① 马书红、周伟、王元庆,基于潜力模型和经济势理论的卫星城发展研究,《城市问题》2008年第1期。

② 刘美华、罗守贵,基于潜力模型的上海都市圈城市等级划分,《安徽农业科学》2008年第9期。

$$F_{ij}=\frac{\sqrt{P_iE_i}\sqrt{P_jE_j}}{(D_{ij}^2)}$$

式中,F_{ij}表示城市 i 和城市 j 之间的引力值,P_i、P_j 分别为城市 i 和 j 的市辖区人口,E_i 为城市 i 的市辖区地区生产总值,D_{ij}为城市 i 和 j 之间的直线距离。计算中,各城市市辖区的人口和地区生产总值数据来源于《2013中国城市统计年鉴》,均为 2012 年数据;城市间直线距离通过线上百度地图的测距工具获取。计算结果如附表 1 所示。

计算完两两城市间的引力值后,依据以下潜力模型公式计算各城市的潜力值:

$$V_i=\sum_{j=1}k_{ij}F_{ij}$$

式中,V_i 为城市 i 的潜力值,F_{ij} 为城市间引力值,K_{ij} 为权数,它反映城市 i 对F_{ij} 的贡献程度,这里采用刘美华(2008)的方法计算 K_{ij},计算公式为:

$$K_{ij}=E_i/(E_i+E_j)$$

式中,E_i 为城市 i 的市辖区地区生产总值,E_j 为城市 j 的市辖区地区生产总值。

将数据带入潜力模型公式,可得到 13 个城市的潜力值,如表 6 所示。

表 6　京津冀区域各城市潜力值

城　市	潜力值
北　京	1095998
天　津	737150
唐　山	56271
石家庄	8061
廊　坊	5283
保　定	3206
邯　郸	2470
沧　州	1229
邢　台	937
秦皇岛	915
张家口	571
衡　水	255
承　德	249

3. 基本结论

从计算结果可知，京津冀区域内各级城市规模及发展水平差距较大。北京和天津潜力值较高，是绝对的核心区域；河北各市表现出不同的能级。结合潜力值和地理位置，我们将京津冀区域分为三个等级圈域。一是核心区，包括北京和天津，两个城市的潜力值要远高于其他城市，说明两城市的集聚和扩散能力都很强，是决定和影响整个区域的增长重心和经济中枢。两地产业发展水平相对较高，分别处于后工业化阶段和工业化后期，产业分工中应是产业转移方，并引领产业高端环节。二是紧密协作区，包括唐山、石家庄、廊坊、保定、邯郸和沧州 6 个城市。这 6 个城市潜力值相对较高，均具有较好的产业基础，与核心区通勤便利，而且除邯郸外，距离核心区也较近，区位优势明显，将成为核心区产业转移的重要承接地。三是联动支撑区，涵盖其他的周边城市区域，包括邢台、秦皇岛、张家口、衡水和承德。这些城市潜力值较低，距离核心区的距离较远。这一区域将主要承担生态保障、产业支撑等功能。

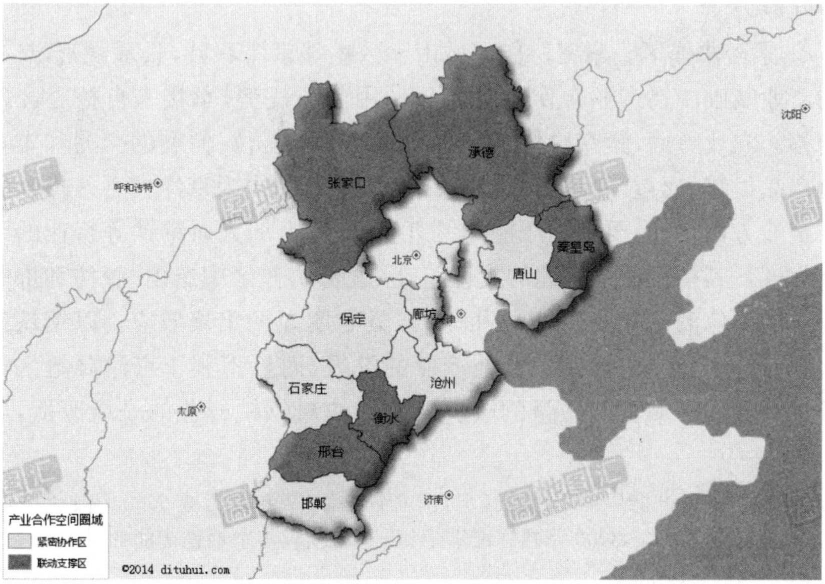

图 1　京津冀地区产业合作圈域划分

(二)不同圈域产业合作方向探析

1. 核心区。京津核心区应以发展服务业、高新技术产业、高端制造业等为主;可将不具有比较优势的一般制造业和部分服务业转移至河北,特别是紧密协作区的城市,加强对协作区和支撑区的辐射带动作用。京津之间,则更多的在功能定位、互补合作上下功夫,如生产性服务业与现代制造业合作、金融合作、科技合作、海空港合作等。工业方面,北京主要保留研发、设计、管理和营销等环节,将一般制造环节逐步移出。天津要继续做大做强航空航天、新一代信息技术、生物技术与健康、高端装备制造业等战略性新兴产业,并利用自身高端产业发展基础,承接北京高技术制造业的对外转移,成为重要的科技成果转化基地。服务业方面,京津在金融、交通等行业发展方面要各有侧重,避免同质化。如金融业,北京作为国家金融决策中心、金融管理中心、金融信息中心和金融服务中心,吸引金融总部入驻;天津金融业的发展重点可确定为金融改革创新基地,为产业投资基金、创业风险投资、各类资金信托业务、创新金融机构和离岸金融等提供服务。交通运输方面,北京空港实力雄厚,天津海港资源丰富,要加强天津海港与北京空港对接合作,通过海陆空联运等方式,进一步提高京津冀区域内资源要素的集散和吞吐能力。

2. 紧密协作区。紧密协作区城市多数毗邻京津双城,联系紧密,具有良好的产业基础。在产业合作中要充分利用区位优势,承接来自核心区的产业转移。农业方面,紧密协作区应借助其特殊的区位、便利的交通和丰富的农副产品优势,通过“农超对接”、“农市对接”等模式为京津核心区提供农产品。工业方面,一是要围绕产能压缩任务①,着力加大对钢铁等行业的改造升级力度。其中钢铁是河北的支柱行业,紧密协作区中唐山、廊坊和邯郸钢铁行业的区位商②均大于1(见附表2),具有明显的集聚效应。以钢铁为主相对单一的产业结构抑制了其他产业的发展,而且不利于京津冀地区特别是环京津核心区域空气质量的改善。要加快对钢铁行业的升级改造,压缩

---

① 按照国家产能压缩下达的任务,河北省到2017年需压减6000万吨钢铁,6000万吨水泥,4000万吨煤,3000万吨标准重量箱平板玻璃,其中钢铁产能的压缩任务占全国五年任务的四分之三。

② 我们计算了北京、天津和河北省内11个地级市工业内部各行业的区位商,请见附表1。这里的区位商指的是某市特定行业产值在该市工业总产值的比重与京津冀地区该行业产值占京津冀地区总产值的比重之间的比值。通常区位商用来判断一个产业是否构成某地区的专业化部门。区位商大于1,可以认为该产业是地区的专业化部门,区位商越大,专业化水平越高,即意味着该产业在当地具有明显的集聚效应,是当地的优势产业。

产能的同时置换发展空间，提升整体产业发展水平。二是要结合优势产业承接京津转移的一般制造业及制造环节，并为京津优势行业做好配套服务。我们列举了各市区位商大于 1 或接近 1 的制造业行业(见表 7)。这些当地已经形成集聚规模的行业，可成为优先承接的发展方向。如廊坊的木材加工、家具制造业，沧州的皮革加工、金属制造业，保定的造纸业等。除了一般

表 7　紧密协作区 6 城市优势制造业

地区	优势行业
廊坊	1. 农副食品加工业；2. 木材加工和木、竹、藤、棕、草制品业；3. 家具制造业；4. 造纸和纸制品业；5. 印刷和记录媒介复制业；6. 文教、工美、体育和娱乐用品制造业；7. 化学原料和化学制品制造业；8. 橡胶和塑料制造业；9. 非金属矿物制品业；10. 黑色金属冶炼和压延加工业；11. 金属制品业；12. 通用设备制造业 *；13. 专用设备制造业 *；14. 计算机、通信和其他电子设备制业 *；15. 废弃资源综合利用业
唐山	1. 金属制造业；2. 非金属矿物制品业；3. 黑色金属冶炼和压延加工业 4. 铁路、船舶、航空航天和其他运输设备制造业 *
沧州	1. 皮革、毛皮、羽毛及其制品和制鞋业；2. 文教、工美、体育和娱乐用品制造业；3. 石油加工、炼焦和核燃料加工业；4. 化学原料和化学制品加工业；5. 橡胶和塑料制品业；6. 非金属矿物制品业；7. 金属制造品业；8. 通用设备制造业 *；9. 专用设备制造业 *；10. 电气机械和器材制造业；11. 仪器仪表制造业
保定	1. 食品制造业；2. 酒、饮料和精制茶制造业；3. 烟草制品业；4 纺织业；5. 纺织服装、服饰业；6. 皮革、毛皮、羽毛及其制品和制鞋业；7. 造纸和纸制品业；8. 印刷和记录媒介复制业；9. 化学纤维制造业；10. 橡胶和塑料制造业；11. 非金属矿物制品业；12. 有色金属冶炼和压延加工业；13. 通用设备制造业 *；14. 汽车制造业 *；15. 电气机械和器材制造业；16. 废弃资源综合利用业
石家庄	1. 农副食品加工业；2. 酒、饮料和精制茶制造业；3. 烟草制品业；4. 纺织业；5. 纺织服装、服饰业；6. 皮革、毛皮、羽毛及其制品和制鞋业；7. 木材加工和木、竹、藤、棕、草制品业；8. 家具制造业；9. 造纸和纸制品业；10. 印刷和记录媒介复制业；11. 文教、工美、体育和娱乐用品制造业；12. 石油加工、炼焦和核燃料加工业；13. 化学原料和化学制品加工业；13. 医药制造业 *；14. 化学纤维制造业；15. 橡胶和塑料制造业；16. 非金属矿物制品业；17. 金属制品业；18. 通用设备制造业 *；19. 电气机械和器材制造业；20. 金属制品、机械和设备修理业
邯郸	1. 农副食品加工业；2. 纺织业；3. 纺织服装、服饰业；4. 木材加工和木、竹、藤、棕、草制品业；5. 家具制造业；6. 化学纤维制造业；7. 非金属矿物制品业；8. 黑色金属冶炼和压延加工业；9. 通用设备制造业 *

注：表中加黑标注 * 的行业为京津两地的优势产业，河北各地应做好配套；加黑且有下划线为高耗能行业，应注重转型升级。

制造业，还可通过为京津优势行业提供配套服务，加快形成区域内垂直加工产业链条。如廊坊在电子行业方面、保定在汽车制造业方面、唐山、沧州、邯郸在装备制造业方面、石家庄在医药制造业方面都具有一定集聚效应。服务业方面，紧密协作区 6 个地级市主要以交通运输和批发零售业为主，这 2 个行业增加值在各地服务业中的比重达到 3—4 成。基于这样的行业结构，紧密协作区应主要以承接京津地区转移的物流和批零市场为主，尤其是要凭借区位优势，发展成为区域性仓储物流中心和交易市场。此外，可承接一些京津地区不具有比较优势的、用人多、占地多的现代服务业，如呼叫中心、数据存储中心等信息服务业。

表 8　联动支撑区 5 城市优势制造业

地区	优势行业
秦皇岛	1. 农副食品加工业；2. 印刷和记录媒介复制业；3. 非金属矿物制品业；4. 黑色金属冶炼和压延加工业；5. 有色金属冶炼和压延加工业；6. 专用设备制造业 *；7. 汽车制造业 *；8. 铁路、船舶、航空航天和其他运输设备制造业 *；9. 金属制品、机械和设备修理业
邢台	1. 农副食品加工业；2. 食品制造业；3. 纺织业；4. 纺织服装、服饰业；5. 文教、工美、体育和娱乐用品制造业；6. 石油加工、炼焦和核燃料加工业；7. 橡胶和塑料制造业；8. 非金属矿物制品业；9. 黑色金属冶炼和压延加工业；10. 通用设备制造业 *；11. 专用设备制造业 *；12. 电气机械和其他电子设备造业
张家口	1. 食品制造业；2. 酒、饮料和精制茶制造业；3. 烟草制品业；4. 印刷和记录媒介复制业；5. 黑色金属冶炼和压延加工业；6. 有色金属冶炼和压延加工业；7. 专用设备制造业 *
衡水	1. 农副食品加工业；2. 酒、饮料和精制茶制造业；3. 纺织业；4. 纺织服装、服饰业；5. 皮革、毛皮、羽毛及其制品和制鞋业；6. 木材加工和木、竹、藤、棕、草制品业；7. 印刷和记录媒介复制业；8. 文教、工美、体育和娱乐用品制造业；9. 化学原料和化学制品制造业；10. 橡胶和塑料制造业；11. 非金属矿物制品业；12. 金属制品业；13. 通用设备制造业 *；14. 电气机械和其他电子设备造业
承德	1. 酒、饮料和精制茶制造业；2. 木材加工和木、竹、藤、棕、草制品业；3. 黑色金属冶炼和压延加工业

注：表中加黑标注 * 的行业为京津两地的优势产业，河北各地应做好配套；加黑且有下划线为高耗能行业，应注重转型升级。

3. 联动支撑区。联动支撑区 5 城市吸引力不及紧密协作区，但劳动力成本相对较低，可作为京津产业转移的纵深地带，依据自身的产业特点承接来自京津的一般制造业转移（见表8）。此外，冀北承德、张家口两地生态资源丰富，是京津冀地区重要的生态屏障，两地的风能资源、太阳能资源较为丰富，可据此发展新能源等新兴产业。以太阳能为例，张家口、承德地区年日照小时数平均为3000—3200小时，为太阳能资源二类地区，具有较大的开发利用价值。

四、政策建议

京津冀协同发展已经上升为国家战略，下一步要进一步加强顶层设计，通过出台统一规划、建立协商机构和健全保障机制等手段，推进京津冀区域的产业协同发展。

要尽快编制出台京津冀产业协同发展规划。目前京津冀三地的产业结构存在一定同质性，从而引致资源配置的效率不高，区域合作成本上升。推进京津冀区域产业合作必须规划先行，明确各地产业定位。建议中央层面尽快编制出台京津冀产业协同发展规划，从全局出发协调京津冀各个城市产业发展方向，合理布局重大的工业项目、农业项目以及城镇开发等建设项目，提升京津冀区域整体的发展水平。

要健全多方位的协同发展保障机制。一是在全国上下深化改革的大背景下，加快体制创新，为京津冀协同发展提供制度保障。体制机制创新是区域经济协调发展的关键。要加快创新区域财税体制、投融资体制、社会保障制度、政府绩效考核制度等，积极推动各种要素按照市场规律在区域内自由流动和优化配置。二是推动交通一体化建设，为京津冀区协同发展提供基础设施保障。三是借鉴国外经验，探索构建区域规划、财政、发展和管理等公共治理方面的法律法规，确保在解决相关问题时有法可依，健全区域间竞争冲突协调机制，以法治保障区域协同发展。

完 成 单 位：北京统计局　北京调查总队
课题组成员：夏沁芳　庞江倩　仲长远　马俊炯
执　笔　人：马俊炯

附表 1

2012 年京津冀区域城市之间引力值矩阵

单位:亿元＊万人/平方公里

	北京	天津	石家庄	唐山	秦皇岛	邯郸	邢台	保定	张家口	承德	沧州	廊坊
天　津	1311605											
石家庄	22052	12273										
唐　山	127475	155067	1291									
秦皇岛	4861	3723	90	2220								
邯　郸	3790	2454	1457	311	25							
邢　台	1817	1182	1134	136	10	2074						
保　定	25040	11248	1845	874	46	162	90					
张家口	10972	2269	192	350	24	33	15	112				
承　德	5036	1861	48	768	64	11	5	30	27			
沧　州	6318	11636	299	642	31	63	30	219	23	13		
廊　坊	129269	40332	148	1961	60	47	22	318	72	44	118	
衡　水	1991	1579	624	143	9	102	64	138	12	4	67	27

附表 2　2013 年京津冀地区工业分行业区位商

	行　业	北京	天津	廊坊	唐山	沧州	保定	石家庄	邯郸	秦皇岛	邢台	张家口	衡水	承德
1	煤炭开采和洗选业	1.04	1.42	0.00	1.45	0.00	0.00	0.58	1.91	0.00	0.99	0.92	0.00	0.12
2	石油和天然气开采业	0.00	2.77	0.00	0.46	2.20	0.00	0.00	0.00	0.00	0.00	0.00	0.00	0.00
3	黑色金属矿采选业	0.28	0.13	0.00	3.97	0.03	0.66	0.24	0.23	1.43	1.85	3.76	0.00	11.67
4	有色金属矿采选业	0.00	0.00	0.00	0.00	0.00	5.61	0.00	0.00	0.00	0.20	10.69	0.00	26.98
5	非金属矿采选业	0.10	0.36	3.20	2.98	0.90	1.46	1.01	0.09	0.59	2.03	5.77	0.00	1.58
6	开采辅助活动	3.50	1.10	0.00	0.00	0.00	0.00	0.00	0.00	0.00	0.00	0.00	0.00	0.00
7	其他采矿业	——	——	——	——	——	——	——	——	——	——	——	——	——
8	农副食品加工业	0.60	0.85	2.38	0.28	0.62	0.51	2.06	1.56	4.23	1.47	0.85	1.53	0.64
9	食品制造业	0.61	1.73	0.78	0.24	0.38	0.97	0.76	0.78	0.14	1.91	2.67	0.92	0.64
10	酒、饮料和精制茶制造业	1.31	0.76	0.54	0.30	0.55	1.15	0.99	0.82	0.59	0.35	1.32	6.78	3.85
11	烟草制品业	1.14	0.00	0.00	0.00	0.00	3.10	4.06	0.00	0.00	0.00	32.35	0.00	0.00
12	纺织业	0.10	0.18	0.33	0.07	0.63	5.18	4.00	2.16	0.10	3.50	0.04	0.81	0.04
13	纺织服装、服饰业	0.90	1.24	0.33	0.08	0.26	1.78	2.11	0.83	0.03	1.70	0.15	2.28	0.04
14	皮革、毛皮、羽毛及其制品和制鞋业	0.05	0.15	0.06	0.01	2.27	1.65	7.01	0.01	0.10	0.47	0.13	3.29	0.00
15	木材加工和木、竹、藤、棕、草制品业	0.27	0.20	5.72	0.13	0.30	0.55	5.06	1.65	0.46	0.05	0.00	0.72	1.27
16	家具制造业	1.05	0.79	5.93	0.41	0.81	0.20	1.63	0.98	0.14	0.30	0.17	0.82	0.00
17	造纸和纸制品业	0.42	0.89	3.44	0.63	0.45	4.62	1.59	0.18	1.01	0.57	0.19	0.46	0.00
18	印刷和记录媒介复制业	1.45	0.62	4.28	0.19	0.20	1.43	2.14	0.28	0.08	0.90	1.04	0.82	0.05
19	文教、工美、体育和娱乐用品制造业	0.69	1.78	0.98	0.03	1.20	0.76	1.06	0.03	0.00	1.53	0.02	2.68	0.01
20	石油加工、炼焦和核燃料加工业	0.93	1.09	0.00	0.66	3.97	0.36	0.72	0.73	0.73	1.40	0.00	0.01	0.35
21	化学原料和化学制品制造业	0.46	1.12	1.74	0.56	1.16	0.39	2.41	0.40	0.60	1.49	0.80	2.63	0.24

续表

	行　业	北京	天津	廊坊	唐山	沧州	保定	石家庄	邯郸	秦皇岛	邢台	张家口	衡水	承德
22	医药制造业	1.75	0.91	0.21	0.06	0.28	0.66	2.98	0.23	0.34	0.68	0.12	0.36	0.29
23	化学纤维制造业	0.00	0.61	0.00	0.18	0.68	2.73	4.92	2.43	0.38	0.45	0.00	0.33	0.00
24	橡胶和塑料制品业	0.33	0.90	1.37	0.39	1.75	3.07	1.43	0.67	0.28	1.42	0.10	5.69	0.03
25	非金属矿物制品业	0.94	0.40	1.36	1.34	1.15	0.87	2.09	0.87	1.64	2.05	0.88	1.68	0.45
26	黑色金属冶炼和压延加工业	0.05	0.85	1.50	2.60	0.76	0.10	0.56	2.78	1.43	0.84	1.48	0.55	1.87
27	有色金属冶炼和压延加工业	0.23	1.93	0.70	0.12	0.46	4.23	0.23	0.23	1.46	0.56	1.08	0.42	0.65
28	金属制品业	0.40	1.02	1.43	1.46	3.27	0.67	0.85	0.45	0.27	0.25	0.34	2.80	0.07
29	通用设备制造业	0.98	1.21	1.56	0.34	0.85	1.48	0.97	1.06	0.45	1.23	0.32	1.67	0.19
30	专用设备制造业	1.05	1.32	0.85	0.52	2.05	0.41	0.70	0.38	1.14	0.89	1.90	0.61	0.04
31	汽车制造业	2.46	0.91	0.78	0.10	0.35	2.90	0.11	0.06	1.29	0.27	0.21	0.46	0.08
32	铁路、船舶、航空航天和其他运输设备制造业	0.92	1.79	0.26	0.94	0.77	0.13	0.18	0.27	3.99	0.77	0.01	0.19	0.00
33	电气机械和器材制造业	1.08	0.99	0.43	0.25	1.32	2.60	1.10	0.53	0.53	2.55	0.47	1.06	0.39
34	计算机、通信和其他电子设备制造	2.03	1.83	0.63	0.01	0.28	0.02	0.21	0.01	0.28	0.01	0.02	0.12	0.00
35	仪器仪表制造业	3.30	0.55	0.59	0.19	1.07	0.48	0.27	0.44	0.10	0.00	0.00	0.59	0.43
36	其他制造业	2.10	1.29	2.07	0.01	0.96	0.66	0.28	0.00	0.00	0.39	0.00	0.49	0.00
37	废弃资源综合利用业	0.14	2.47	1.99	0.27	0.57	1.65	0.14	0.17	0.00	0.00	0.00	0.00	0.00
38	金属制品、机械和设备修理业	2.24	0.54	0.00	0.55	0.16	0.04	3.18	0.06	1.64	0.00	0.47	0.00	0.00
39	电力、热力生产和供应业	2.63	0.35	0.76	0.72	0.53	0.82	0.57	0.79	1.13	0.85	1.95	0.87	0.88
40	燃气生产和供应业	2.76	0.73	1.91	0.25	0.85	0.40	0.27	0.44	0.83	0.38	0.18	0.12	0.00
41	水的生产和供应业	1.98	1.24	0.70	0.00	0.37	0.84	0.82	0.34	1.67	0.20	1.15	0.42	0.43

第二十六章 “十三五”广东区域协调发展研究

摘要：区域协调发展是广东落实科学发展观、全面建成小康社会和建设社会主义和谐社会的内在要求，是广东省经济发展的新动力。区域协调发展对广东未来发展具有重要意义。经过近些年的发展，广东省经济逐渐由珠三角主导拉动向区域协调发展转变，经济发展的区域协调性进一步增强。广东省区域协调发展主要有五个特点：一是区域间相对差距不断缩小，区域差距的变化趋势呈轻微的倒“U”型。二是区域产业结构不断优化，东西北地区升级快于珠三角。三是东西北地区劳动密集型工业迅速增加，珠三角先进制造业加快发展，区域工业实现有序转型。四是区域间产业错位发展，形成了优势互补的区域产业布局。五是产业与就业结构偏差缩小，区域劳动力结构配置不断优化。虽然广东省在区域协调发展上取得了显著的成绩，但仍面临一些问题和矛盾，主要表现为：珠三角与东西北区域间的绝对差距仍在拉大，两地间相对差距与总量差距同时缩小的拐点还没出现，发展不均衡问题仍十分突出；东西北地区中心城市作用不突出，缺乏经济增长极；区域内外产业结构不合理，区域之间优势互补、错位发展还处于起步阶段，珠三角与东西北地区产业专业化分工协作水平不高；区域之间产业同构现象仍居高不下。为促进广东省区域协调发展，要继续突出主导产业的拉动作用。要做大做强区域中心城市，凸显增长极作用。要注重发展特色产业，充分发挥东西北地区的后发优势。要加强区域之间的分工与合作，加大对东西北地区的政策扶植。

区域经济协调发展是广东落实科学发展观、全面建成小康社会和建设社会主义和谐社会的内在要求。努力推进区域协调发展应当成为全省转型升级的主攻方向。

一、广东省区域协调发展的重要意义

区域经济差距过大是制约广东经济发展的重要因素。跨入新世纪以来,伴随着珠三角与东西北地区“双转移”(劳动力转移、产业转移)的不断推进,珠三角经济逐步显“优”,经济发展质量效益不断提升,可持续发展能力不断增强;东西北地区经济逐渐显“快”,后发优势不断显现,区域间的发展差异不断缩小,区域协调发展已初显成效。在新的发展阶段,通过实施区域协调发展战略,各地区互相协作、互相补充,充分发挥各地区的特点和优势,全面提升全省经济的“活力、速度和效益”,能够为全省经济发展注入新动力。

(一)分工形成区域产业集群,产业集聚效应不断显现

产业集聚是指同一产业在某个特定地理区域内高度集中,产业资本要素在空间范围内不断汇聚的一个过程。在广东省委省政府相关规划和政策的引导下,珠三角地区与东西两翼及粤北山区根据各自区域经济发展阶段、产业发展基础和条件的差异,确定了东西两翼、粤北山区的产业发展方向和重点,形成了集聚发展的空间布局。珠三角地区把成本日益提高的劳动与资源密集型低端制造业逐步转移到省内欠发达地区,完成了自身产业结构升级,重点发展高附加值与高技术含量的先进制造业,以及金融、物流、会展、创意等现代服务业。随着珠三角现代服务中心的兴起,其服务的范围可辐射至整个广东区域,不仅服务于珠三角,同时也服务于欠发达地区的转入产业。东西北地区加快承接转移产业,形成了不同的产业集聚中心。如东翼地区定位为包装和石化基地、绿色工业新城和海洋产业基地、家电城和信息产业基地,西翼地区定位为新型工业城和重化工业转移园区、海洋新城和钢铁工业新基地等。

这种产业分工形成了珠三角与东西两翼及粤北山区之间现代服务业与制造业之间的相互依赖,先进制造业与一般制造业之间的相互依赖。通过促进粤东西北地区振兴发展,珠三角地区进一步打通了与周边省区的联系,全面深化与周边省区的经济分工合作,大幅拓展珠三角发展的经济腹地,进一步提升对粤东西北和泛珠三角地区的辐射带动能力,拓宽了自身的发展空间。粤东西北通过加强基础设施建设,加快产业转移工业园的布局和园

内承接产业的发展，产业结构加快升级，经济不断做大做强。

(二)欠发达地区后发优势进一步显现，区域协同发展不断推进

“后发优势”是后进国家或地区在经济发展中所具有的特殊优势，主要表现为后发地区可以向先行者借鉴一些成功经验，从而避免重复发达国家和地区所走过的弯路，如避免“先污染后治理”的发展道路。同时，后发地区不仅在自然资源方面具有开发晚、后备资源比较充足等优势，还有生产要素(土地、劳动力等)成本低、投资成本低、收益高以及“干中学”、“看中学”等特殊优势。

省委、省政府实施《关于进一步促进粤东西北地区振兴发展的决定》两年来，粤东西北地区承接了珠三角地区的产业转移，成为全省经济发展的新增长点，甚至是全国重大战略布局的落子点。据统计，2013 年，东西北地区产业转移工业园共实现产值 4942.9 亿元，税收 194.9 亿元，分别比上年增长 26.9%和 29.9%，产业园区全年实现工业增加值 1091.1 亿元，增长 33%，占粤东西北地区工业增加值的比重约为 22%，较上年提高了 2 个百分点。粤东西北地区主要经济指标增速均超过全省平均水平，有力推动了粤东西北地区工业化进程，促进了区域协调发展。粤东西北的快速发展，让广东的发展态势由单级拉动向区域协调嬗变。

(三)充分发挥各地比较优势，提高整体综合经济效益

资源丰富的粤东西北地区作为广东未来新发展的“主战场”，将成为广东未来 20 年至 30 年发展转型能否成功的关键所在。只有借助当地的丰富资源，使粤东西北地区与珠三角地区齐头并进，才能真正实现区域协调发展。

粤东西北抓住机遇振兴发展，不走当年珠三角不计资源环境代价、总量扩张主导的老路，而是把科学发展主题和转变发展方式主线贯穿振兴发展的全部过程和各个方面。区域经济政策除了要努力缩小地区差距外，还要追求空间配置效率，也就是通过对区域间要素资源的合理配置和产业的优化布局，实现经济活动总产出的最大化。在发展的资源要素方面，粤东西北有各自的禀赋资源，海洋经济将湛茂阳三市联结在一起，潮汕文化成为紧密联结汕潮揭三市的纽带，丰富的生态资源是粤北地区的绿色宝藏，“不同地区的不同资源要因地制宜，从而做到路径各有专攻，最终实现共同发展”，

《决定》指出粤东西北12市的发挥定位，就是要发挥市场配置资源的基础性作用和各区域比较优势，坚持以市为主体，结合主体功能区规划，明确功能定位，实行"一区一策"，努力打造重点突出、特色鲜明，优势互补、错位发展的经济新增长极，提升区域整体竞争力。

二、近年来广东区域经济协调发展特点

(一)区域间相对差距不断缩小，区域差距的变化趋势呈轻微的倒"U"型

广东省区域间差距扩大的趋势有所抑制，区域协调发展的态势日渐明显。作为广东经济先行地的珠三角地区，"十五"、"十一五"和"十二五"期间经济增速分别为15.4%、12.4%和8.9%，与全省平均水平之差由"十五"期间的2.1个百分点，下降为"十一五"期间的1.1个百分点，又降至"十二五"以来的0.2个百分点。全省人均GDP最高的市与最低的市的比值从2003年最高的9.3倍，不断下降至2013年的7.4倍。广东GDP的地理集聚度C2(GDP最大的前2个市所占比重)显示，2005年该数值已开始下降，GDP的地理集聚度C3(GDP最大的前3个市所占比重)已从2007年开始下降，这表明广州、深圳已加快对其他地区的辐射，两极分化的趋势得到抑制。人均GDP的地区差异系数显示，广东的地区差异从2007年开始下降，人均GDP的基尼系数也在2007年开始下降。从各方面看，广东地区差异扩大的趋势已得到有效控制，经济已向协调方向发展。

表1 各区域分时期的GDP、人均GDP增速

单位:%

	时　期	珠三角	东翼	西翼	山区市
GDP增速	2001—2013	13.2	10.8	11.9	12.6
	2001—2005	15.4	7.8	11.6	11.8
	2006—2010	12.4	13.5	13.8	12.7
	2011—2013	8.9	9.1	11.0	11.0
人均GDP增速	2001—2013	13.4	8.7	9.8	12.1
	2001—2005	13.4	6.3	9.1	9.6
	2006—2010	9.2	12.4	12.1	14.1
	2011—2013	7.8	10.1	10.1	8.3

从趋势上看，2000—2013 年广东省地级市之间的变异系数、基尼系数、相对平均离差和泰尔指数等均呈现比较明显的“倒 U”形态。2005、2006 年是区域经济差异演变的拐点。在此之前，区域差距呈现上升态势，在此之后，区域差异出现下降的趋势。这说明在 2006 年后广东省人均 GDP 的地区差异逐渐趋向缩小。2005 年以后，东西两翼以及山区五市的发展逐渐加速，与珠三角的相对差距逐渐缩小，特别是发展较为落后的山区五市，2006、2007 和 2008 年人均地区生产总值增速达到 17.9%、19.6%和 11.7%，分别比珠三角高出 2.7 个、5.7 个和 0.7 个百分点。后发地区的加速发展，近一步缩小了地区差距。人均地区生产总值最大值与最小值之比为 7.7 倍，比 1991 年的 13.7 倍已经有了大降幅下降，其他差异指数也均有不同程度的回落，地区发展差距扩大势头已经得到有效控制。

表 2 广东省区域差异的演变：2000—2013

年 份	最大最小比	变异系数	基尼系数	泰尔指数
2000	8.5729	0.6895	0.3523	0.2050
2001	8.3326	0.6964	0.3570	0.2099
2002	8.9649	0.7304	0.3728	0.2293
2003	9.2906	0.7592	0.3868	0.2476
2004	8.9145	0.7683	0.3916	0.2549
2005	8.1975	0.7692	0.3983	0.2653
2006	8.1908	0.7758	0.3972	0.2642
2007	7.9837	0.7636	0.3909	0.2571
2008	7.7399	0.7216	0.3833	0.2466
2009	6.7572	0.6998	0.3604	0.2166
2010	6.4790	0.6710	0.3478	0.1999
2011	6.6427	0.6578	0.3417	0.1917
2012	7.0847	0.6603	0.3425	0.1925
2013	7.3616	0.6613	0.3463	0.1972

(二)区域产业结构不断优化，东西北地区升级快于珠三角

产业结构是转型升级的外延特征，通过三次产业结构比重能比较直观地看到转型升级的程度。珠三角产业结构层次不断提高，服务业主导地位凸现，山区工业化进程加快，产业转移取得新进展。珠三角第三产业占 GDP 比重从 2000 年的 47.0%提高到 2002 年的 48.6%，随后有所下降至 2006 年的 46.0%,2013 年大幅提高到 52.7%。从其增长速度看,2012 年第三产业增长 9.7%,高出 GDP 增速 1.6 个百分点,高出第二产业增速 2.4 个百分点。2013 年第三产业增长继续高出第二产业,对 GDP 增长贡献率超过 50%,服务业占主导地位。随着政府实施“双转移”战略,区域三次产业结构进一步改善。2013 年,珠三角三次产业比为 2.0∶45.3∶52.7,与 2007 年相比,一产、二产比重分别下降 0.4 个和 5.2 个百分点,三产比重提高 5.6 个百分点。东西北地区三次产业比为 15.2∶46.4∶38.4,与 2007 年相比,一产和二产比重分别下降 1.1 个和 2.0 个百分点,三产比重提高 3.1 个百分点。

表 3　各区域三次产业比重

		珠三角	东翼	西翼	山区市
第一产业	1995	8.5	20.7	31.6	37.2
	2000	5.4	17.4	30.9	32.6
	2005	3.1	12.3	23.8	22.1
	2010	2.1	9.0	19.9	15.4
	2011	2.1	9.1	19.6	16.4
	2012	2.1	8.9	19.3	16.7
	2013	2.0	8.8	18.8	16.3
第二产业	1995	48.7	43.4	36.7	33.7
	2000	47.6	45.3	34.7	31.8
	2005	50.7	49.6	39.0	40.0
	2010	48.6	54.9	40.7	48.0
	2011	47.9	53.3	41.0	44.3
	2012	46.2	54.1	43.4	41.5
	2013	45.3	55.9	42.2	41.7
第三产业	1995	42.8	35.9	31.7	29.1
	2000	47.0	37.3	34.4	35.6
	2005	46.3	38.2	37.2	37.8
	2010	49.2	36.1	39.4	36.6
	2011	50.0	36.9	39.0	39.3
	2012	51.7	36.2	39.6	41.8
	2013	52.7	35.4	39.0	42.0

为更直观判断产业升级水平,我们引入产业结构层次系数对区域产业结构升级程度进行度量,该系数越大说明产业结构越高级。公式如下:

$$W=\sum_{k-1}^{3}\sum_{j-1}^{k}\theta_j$$

(j 为主要产业部门数量,θ 为各产业在区域经济中的比重)

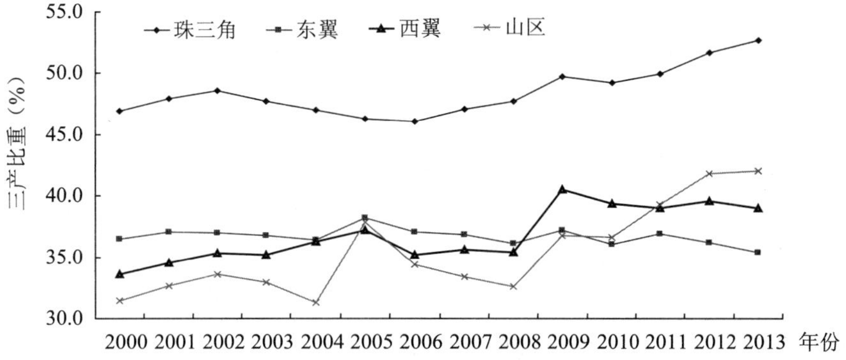

图 1 2000—2013 年各区域三产比重

对 2000 年以来区域产业结构升级计算结果如下：

表 4 区域产业结构层次系数比较

地 区	2000 年	2005 年	2007 年	2010 年	2011 年	2012 年	2013 年
珠三角	2.415	2.432	2.442	2.471	2.478	2.497	2.507
东西北	2.189	2.261	2.189	2.226	2.232	2.242	2.242
粤 东	2.190	2.135	2.271	2.271	2.278	2.272	2.266
粤 西	2.043	2.156	2.140	2.195	2.194	2.201	2.202
粤北山区	1.988	2.432	2.162	2.212	2.229	2.252	2.257

可以看到，广东珠三角和东西北产业结构继续向高度化发展，到 2013 年，珠三角产业结构层次系数达到 2.507，比 2000 年上升 0.092，比 2013 年上升 0.065；同期东西北地区产业升级较快，2013 年为 2.242，比 2007 年上升 0.053。分市看，各市产业结构层次系数均比 2007 年有提高，上升幅度在 0.101—0.001 之间。与 2007 年相比，产业升级步伐最快的市主要集中在东西北地区，清远、湛江和河源分列前三位。东西北地区作为工业转移承接地，除了肇庆、揭阳和阳江出现第三产业比重下降的情况，其余各市在承接工业转移的同时，服务业保持稳步提升的势头，并没有出现服务业螺旋式下降的情况。

（三）东西北地区劳动密集型工业迅速增加，珠三角先进制造业加快发展，区域工业实现有序转型

“双转移”以来，东西北加快吸纳传统劳动密集型工业，延长了广东传统

优势产业的生命周期,使这些产业的国内产业链条日益延长。

我们使用劳动密集系数来划分劳动密集型工业,建立公式:

$$\Phi = K/L \qquad (\text{其中 } K \text{ 为资产}, L \text{ 为劳动力})$$

因该系数因时间不同标准也会有所差异,这里我们将该系数小于 0.4(以 2011 年为计算标准)作为劳动密集型企业。按照该标准,共有纺织业、家具制造业等 14 个行业可归入劳动密集型工业。

通过对比 2007 年和 2013 年此类劳动密集型工业比重变化,可以看到珠三角和东西北地区完全相反的趋势:

表 5　劳动密集型工业占全部工业比重

单位:%

	2007 年	2011 年	变动
全　省	35.7	35.4	−0.3
珠三角	36.8	35.4	−1.4
东西北	29.5	35.1	+5.7

可以看到,全省劳动密集型工业比重呈缓慢下降的趋势。2013 年全省劳动密集型工业占全部规模以上工业比重为 35.4%,比 2007 年下降 0.3 个百分点。从珠三角和东西北两大区域看,呈现截然相反的变化。珠三角劳动密集型工业比重为 35.4%,比 2007 年下降 1.4 个百分点;而东西北地区劳动密集型工业比重上升到 35.1%,比 2007 年上升 5.7 个百分点。可以说,随着"双转移"的实施,劳动密集型工业加快从珠三角向东西北地区流动。

随着部分劳动密集型、资源密集型产业向外转移,珠三角制造业向集中度更大、技术层次更高的方向发展,逐步实现从轻型化到高级化和适度重型化的转变。

装备制造业是先进制造业的主体,往往代表一个地区拥有先进科学技术水平的生产能力。我们选取 2007 年和 2013 年全省规模以上装备制造 7 大行业进行比较,结果如表:

表 6 装备制造工业占全部工业比重

单位:%

	2007 年	2011 年	2012 年	2013 年	2013 年比 2012 年增减(个百分点)
全省比重	44.8	44.9	46.1	46.4	1.6
珠三角	49.7	51.2	52.9	53.8	4.1
东西北	16.7	14.3	15.3	15.6	−1.1

注:因 2011 年工业行业调整,与 2007 年口径略有差别,但不影响计算结果。

可以看到,全省装备制造业发展基本平稳,其中珠三角装备制造业得到进一步加强,占全部工业比重已突破半壁江山,2013 年已经达到 53.8%,比 2007 年上升 4.1 个百分点。东西北地区因为劳动密集型加快发展,装备制造业有所比重下降,2011 年占比为 14.3%,2012 和 2013 年比重有所回升,但仍比 2007 年下降 1.1 个百分点。

(四)区域间产业错位发展,形成了优势互补的区域产业布局

对于一个省来说,产业结构相似系数过高或过低均不利于全省经济协调发展。区域和各市之间产业结构相似程度过高,容易形成重复建设和恶性竞争,产业结构相似程度过低,往往会缺乏协调性,形成区域产业断层。可以利用产业结构相似系数分析广东区域之间和各市之间的产业布局的合理性程度。一般认为随着区域经济趋于协调,该系数会逐渐向中位数(0.5 左右)回归。产业结构相似系数公式如下:

$$P_{ij}=\frac{\sum_{n-1}^{n}X_{in}X_{jn}}{\sqrt{(\sum_{n-1}^{n}X_{in}^{1}\sum_{n-1}^{n}X_{jn}^{1})}}$$

(其中,X_{ij} 和 X_{jk} 分别是两个区域的产业比重)

分别对 2007 年和 2013 年珠三角和东西北地区工业制造业结构相似系数进行计算,结果如下:

表 7　区域工业相似系数比较

	2007 年	2011 年	2012 年	2013 年	2013 年比 2012 年增减
珠三角—东西北地区	0.6225	0.5680	0.5561	0.5450	0.0775
珠三角 9 市平均	0.3974	0.5873	0.6033	0.5881	0.1907
极值(最大)	0.9631	0.9242	0.9133	0.9223	0.0408
极值(最小)	0.0502	0.2892	0.3540	0.3398	0.2896
东西北 12 市平均	0.1736	0.3280	0.3627	0.3508	0.1772
极值(最大)	0.9298	0.8252	0.8490	0.8243	0.1055
极值(最小)	0.0006	0.0611	0.0742	0.0720	0.0714

注:本表按工业增加值计算,其中 2007 年为 39 个行业,2011 年调整为 41 个行业。

可以看到,各个系数均呈向中位数回归的趋势,说明区域的工业产业布局总体趋于合理。一是珠三角与东西北地区结构相似系数继续保持回落趋势,从 0.6225 下降到 0.5561,两大区域进一步凸显优势互补、差异化发展的特征。二是珠三角和东西北各市平均结构相似系数均呈上升趋势,珠三角从 0.3974 上升到 0.5881,东西北从 0.1736 上升到 0.3508。同时无论珠三角和东西北各市之间相似系数最大值和最小值均向 0.5 靠拢,说明区域内产业同构或产业差异过大均得到明显改善。

(五)产业与就业结构偏差缩小,区域劳动力结构配置不断优化

“双转移”战略实施以来,产业转移带动劳动力的迁移和流动,促使东西北地区就业人口结构明显改善。通过计算产业偏离度,可以得到区域产业结构和就业结构的改变情况,结果如表 8。

2007—2013 年,广东省产业与就业结构的差距不断缩小,不对称的局面得到很大改善,总偏离度从 48.1%下降到 36.2%,呈现逐步下降态势。2013 年全省三次产业偏离度分别比 2007 年缩窄 6.0 个、6.0 个和 1.2 个百分点,说明广东就业结构变动速度快于产业产值变动速度,就业结构调化日趋合理。

表 8 三次产业与就业结构比较

单位：%

		第一产业偏离度	第二产业偏离度	第三产业偏离度	总偏离度
2007 年	全 省	24.1	−11.4	−12.7	48.1
	珠三角	10.6	−1.4	−9.2	21.3
	东西北	35.1	−23.5	−11.5	70.1
2013 年	全 省	18.1	−5.4	−12.7	36.2
	珠三角	7.5	5.6	−13.0	26.1
	东西北	30.1	−19.2	−10.9	60.2

注：产业结构偏离度越大，表明产值结构与就业结构的差距越大，产值结构与就业结构愈不对称，反之亦然。

三、广东区域协调发展中存在主要问题

（一）珠三角与东西北区域间的绝对差距仍在拉大，发展不均衡问题仍十分突出

珠三角和东西北区域间的区域发展差异系数从 2007 年的 0.721 缩小到 2012 年的 0.630，表明相对差距不断缩小，但由于两地总量差距过大，它们之间的绝对差距仍在扩大。2007 年，珠三角 GDP 与粤东西北相差 19300 亿元，2013 年，两者之间的绝对差距拉大到 38991 亿元。尽管 2007 年以来，粤东西北地区 GDP 占全省份额逐步上升，粤东、粤西、粤北年均增长速度分别高于珠三角 1.6 个、0.8 个和 0.1 个百分点，但珠三角地区仍占主导地位，2013 年珠三角 GDP 为粤东西北地区的 3.8 倍。从地区间的人均 GDP 看，珠三角与粤东西北差异悬殊，珠三角远高于粤东西北地区。2013 年，珠三角的人均 GDP 为 93114 元，是东翼的 3.4 倍，西翼的 2.8 倍，粤北山区的 3.6 倍。

从主要经济指标看，粤东西北地区在财政收入、投资、消费、出口等方面与珠三角的差距均在不断拉大。2007 年，珠三角财政收入与粤东西北相差 1603.6 亿元，2013 年扩大到 3428.6 亿元，珠三角的财政收入与粤东西北地区相比有着明显优势。在固定资产投资方面，受益于近年来对东西北地区投资力度的加大，粤东西北地区投资明显提高，但 2013 年珠三角投资规模仍

为粤东西北地区的 2.4 倍。

表 9　2007—2013 年珠三角与粤东西北 GDP 对比

	2007 年	2008 年	2009 年	2010 年	2011 年	2012 年	2013 年
珠三角 GDP（亿元）	25759.83	29945.66	32147.00	37673.26	43720.86	47779.56	53060.48
占全省 GDP 比（%）	80.0	79.7	79.7	79.3	79.2	79.1	79.0
粤东西北 GDP（亿元）	6459.35	7624.43	8200.55	9821.66	11499.77	12644.11	14069.12
占全省 GDP 比（%）	20.0	20.3	20.3	20.7	20.8	20.9	21.0
珠三角与粤东西北 GDP 差距（亿元）	19300.48	22321.23	23946.45	27851.60	32221.09	35135.45	38991.36
珠三角/粤东西北	4.0	3.9	3.9	3.8	3.8	3.8	3.8

表 10　2007 年与 2013 年珠三角与粤东西北地区主要指标

指　　标	单位	2007 年		差距	2013 年		差距
		珠三角	粤东西北		珠三角	粤东西北	
地方公共财政预算收入	亿元	1882.01	278.37	1603.6	4666.82	842.19	3824.6
固定资产投资	亿元	6909.74	2401.76	4508.0	16056.89	6801.64	9255.2
全社会消费品零售总额	亿元	7919.89	2811.39	5108.5	18933.00	7061.94	11871.1
出口	亿美元	3540.86	151.53	3389.3	6071.50	292.54	5779.0

（二）东西北地区中心城市作用不突出，缺乏经济增长极

根据区域经济增长极理论，要优先发展具有优势的地区和产业，培育形成增长极，通过增长极的扩散效应带动周边地区和产业的发展，最终实现整个区域的经济增长。从区域经济发展的角度看，中心城市是一定区域内居于社会经济中心地位的城市，即该区域中的增长极，这些城市利用相对有利的条件和良好发展机遇，不断吸引资金、技术、人才、资源等生产要素向其聚集，实现经济实力的迅速增长，并通过扩散经济成果带动周边地区发展，在整个区域的国民经济和社会发展中占核心地位、发挥主导作用。其对区域

经济增长的贡献作用主要表现在四个方面：一是经济龙头作用，二是极化聚集作用，三是扩散辐射作用，四是创新示范作用。

粤东、粤西、粤北各自区域内的中心城市不突出，对区域增长的贡献有限。粤东地区汕头逐渐衰退，被揭阳追赶。汕头经济总量一直靠前，但 2013 年揭阳 GDP 超过汕头，两者 GDP 仅相差 39.45 亿元；从人均 GDP 看，潮州最高为 28837 元，汕头为 28661 元，汕头作为粤东中心城市的经济龙头作用不明显。粤西地区湛江与茂名经济总量接近，2013 年茂名略高于湛江 100 亿，此外，两市在工业增加值、固定资产投资、消费、财政收支、居民人均可支配收入等主要指标上差距均不明显。粤北山区五市，也存在类似的问题。韶关、清远两市经济总量接近、差距小，韶关无法形成经济龙头从而聚集辐射周边地区。泰尔指数的计算结果也印证了这一情况。采用泰尔指数分解方法，根据 2000—2012 年人均 GDP 计算泰尔指数，得到分解结果表明，广东整体泰尔系数经历了由低到高再下降的过程，整体经济差异比较大。泰尔系数从 2000 年的 0.2050 上升到 2006 年的 0.2642，2012 年下降到 0.1925，而且主要表现为珠三角内部的差异和地区间差异，粤东、粤西和粤北山区的内部差异贡献很小，粤东差异贡献高于山区和粤西。粤东西北地区内部差异小，说明粤东西北地区内部没有形成增长极，中心城市作用不突出。

(三)区域内外产业结构不合理，珠三角与东西北地区产业专业化分工协作水平不高

经济增长理论指出，经济发展的不同阶段，经济结构会呈现不同特征。随着经济的发展，农业在整个国民收入中的比重不断下降，工业比重不断上升，服务业比重大体不变或略有上升，经济的发展会导致产业结构不断优化。从四大区域看，珠三角经济总量大，经济辐射和聚集力强，珠三角地区产业结构由 2008 年的 2.4∶50.3∶47.3 调整到 2013 年的 2.0∶45.3∶52.7，第三产业比重不断提高，二产比重降低，符合发达国家产业结构水准。但从珠三角内部看，2013 年，珠三角地区 9 市，第三产业比重达到 50%以上的仅有广州、深圳和东莞，其他地市第三产业比重有待提高。东翼地区产业结构由 2008 年的 9.8∶54.1∶36.1 调整到 2013 年的 8.8∶55.9∶35.4；西翼地区产业结构由 2008 年的 21.2∶43.4∶35.4 调整到 2013 年的 18.8∶42.2∶39.0；北部山区产业结构由 2008 年的 17.0∶50.4∶32.6 调整为 2013 年的 16.3∶41.7∶42.0。从 2013 年粤东西北地区三次产业结构看，产

业层次总体水平不高,三产占比有待提高。东翼的工业发展水平较高,二产占比珠三角地区高3.8个百分点,工业化阶段明显,第三产业发展相对较慢,占比为四大区域中最低。西翼与山区产业结构较为类似,农业在区域生产结构中占一定比例,均处于农业生产结构向工业化转变阶段,两地区差异化发展不明显。

(四)区域之间产业同构现象仍较明显

随着产业转移加快,东西北部分市之间已出现产业雷同的现象。利用39个工业大类行业的增加值计算结构相似系数,2012年,珠三角与粤东西北之间的工业结构相似系数达0.5561,区域间产业差异不明显。珠三角城市群内部产业结构也不尽合理,各市工业结构相似系数平均为0.6032,区域分工合作不明显,产业结构雷同,对粤东西北辐射的能力非常有限。服务业内部结构转换与升级比较雷同,各市服务业总体层次不高、结构不优,同构现象比较突出。2012年珠三角与东西北服务业相似系数达到0.8849;珠三角和东西北地区内各市相似系数平均分别为0.8943和0.9107,均处于较高的水平。

四、“十三五”广东促进区域协调发展重点方向

(一)继续突出主导产业的拉动作用

主导产业技术先进、增长率高、产业关联度强,对区域经济发展和产业结构升级有较强带动作用。东西北地区要根据自己的自然资源状况、经济技术水平、交通通讯条件、贸易市场环境、消费水平和国民收入等实际情况,结合区域规划,在对经济技术发展的总体趋势和消费结构、产业结构变动规律进行科学分析和预测的基础上,制定出自己的主导产业发展规划,并制定相应的支持政策,采取切实有力的措施,有步骤、有重点、分阶段地逐步实施。深入推进经济结构战略性调整,大力推进新型工业化和农业现代化,推动信息化与工业化深度融合,加快发展培育一批特色资源型项目,打造一批创新能力强、行业领先的大型龙头企业,形成一批带动力强、集约化水平高、关联度大的主导产业和产业集群,构建布局合理、特色突出、结构优化的产业发展新格局。

（二）做大做强区域中心城市，凸显增长极作用

区域中心城市是区域经济发展的增长极，具有较强的聚集、辐射功能以及指挥、调节和综合服务的作用，在集聚资金、技术、人才、资源等要素的同时，又将经济动力、产业功能和创新成果扩散到腹地，带动区域实现跨越式增长。要扩大各区域中心城市的规模，解决各区域中心城市缺位或失位的问题，加强各区域中心城市与省内外经济圈、经济带的联系与对接，带动区域经济的发展，增强城市的竞争力和对周边地区的辐射带动能力。

当前，广东全省核心城市（广州、深圳）的经济发展正逐步从高速向中高速转变，产业输出能力减弱。这时对于广东东西北地区的各个区域中心城市来说，是发展的有利时机。如下图所示，全省核心城市与各区域中心城市的正处于图中的T－T’区间内。加快做强做大区域中心城市，缩短T—T’周期，可使区域中心城市加快承接都市的部分功能，成为新的区域增长极，有力促进区域经济发展。

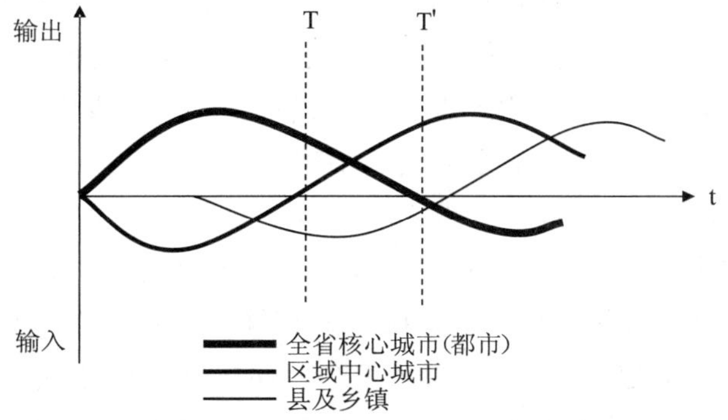

制定推动粤东西北地区地级市中心城区扩容提质的实施方案。通过拓展各地级市中心城区空间，增强资源集聚度和辐射带动作用。集聚发展与组团布局相协调，提升中心城区的承载力、竞争力和辐射带动力。加快建设各市中心城区间高等级公路，推进城市公共交通、供电、供水、供气等市政基础设施管网化建设，完善教育、医疗、文化、体育等公共服务设施，加强社会综合治理，推动管理精细化、智能化。

（三）发展特色产业，充分发挥东西北地区后发优势

区域经济的发展壮大都是围绕特色经济或特色经济展开的，都是在对区域中的某种优势利用与优化的基础上的。立足于现有的产品和产业的先行优势,通过提高工艺和技术水平发展规模经济和范围经济,进行优势延伸。通过挖掘潜在优势,培育新的特色产品和产业,就可以接替原有特色产品和产业,成为新的主导型特色,或强化支撑原有特色,成为新的辅助型特色,从而使特色经济能够持续发展。基于已有的特色经济,我们应该在充分利用优势的前提下,加大科技投入度,利用高科技进行产业转型,提升产品的国内国际竞争力,努力打造自己的品牌,走持续发展的道路,不断的把区域特色经济做大做强。

加强投资引导,充分利用产业集群的优势,发展区域特色经济。针对当前的实际情况,特色产业群的发展要遵循重点突破的原则,率先在若干条件较为优越的地区选择特色产业加以重点培育特色产业群,在区域的示范和扩散效应下带动周边地区的发展,逐渐带动整个区域的发展。

(四)加强区域之间的分工与合作,加大对东西北地区的政策扶植

珠三角地区经过多年高速发展,目前要以促进产业升级,调整经济结构为主,由产业价值链低端向产业价值链中、高端发展转变,由价格竞争为主向技术、质量、品牌和服务等非价格竞争为主转变,由高投入高排放的产业发展模式向高效益、低排放的产业发展模式转变。要实现以上转变,就必须进一步促进资源依赖型、原材料和劳动密集型产业向省内山区和东西两翼地区转移,提高省内三大经济区域之间的专业化分工水平,支持山区和东西两翼地区的内生工业化进程,加大对当地中小企业的扶持力度。东西两翼以及粤北山区要继续做好珠三角地区产业转移及承接工作,加快产业集聚,以推动其工业化进程。同时,要加大对东西两翼和山区这些落后地区的政策支持,根据区域产业优先发展目录,制定区域金融支持政策,实行差异化信贷管理,并增加财政转移支付力度,逐步缩小各大区域之间的差距。

鼓励珠三角地区的企业去粤东西北投资办厂,鼓励珠三角开发区与粤东西北开发区共建工业园区,鼓励和引导省内外发达地区资本到粤东西北地区创办科技含量高、经济效益好、吸纳劳动力多的企业,这对于加快粤东西北工业化进程,促进当地经济发展将起到关键作用。

完 成 单 位:广东统计局
课题主持人:王文森
课题组成员:马建强　彭惜君　周媛媛
执　笔　人:马建强　彭惜君　周媛媛

第二十七章　我国西北五省区及中亚五国区域经济协调度研究

摘要：本文使用2000—2013年的数据，对我国西北五省区及中亚五国共10个地区的区域经济协调度进行了测算，从而观察丝绸之路经济带区域融合发展的程度和状况。测算结果表明，10个地区的区域经济协调度较高，这为丝绸之路经济带的建设提供了良好的基础，但这种协调是低发展水平上的协调，随着丝绸之路经济带建设的推进，这种低发展水平上的区域经济协调状态有可能被打破，出现协调度的下降。为使区域经济协调度保持在可以接受的限度内，需要各省区及相关国家建立高效的沟通协调机制，高水平推进丝绸之路经济带软硬件建设。

2013年9月6日，习近平总书记在访问哈萨克斯坦时提出建设“丝绸之路经济带”重大战略构想。古丝绸之路是联系东西方文明的重要通道，在新的历史时期建设丝绸之路经济带，对于发挥我国中西部后发优势、加强中国与周边国家经济合作、提高中国在国际经济和政治中地位等方面具有重大意义。经济带发展成熟的主要标志之一是经济带地区之间形成高水平的协调发展格局，因此，制定及落实丝路经济带发展规划的过程中，需要始终监测所涉及地区的区域经济协调度。然而，日前我国对于“丝绸之路经济带”的具体范围尚无明确的界定，但是，从历史沿革和建设丝路经济带的战略目标来看，我国西北五省区（陕西、甘肃、青海、宁夏、新疆）及中亚五国（哈萨克斯坦、吉尔吉斯斯坦、塔吉克斯坦、乌兹别克斯坦和土库曼斯坦）是丝路经济带必然涉及的地区，甚至可视为丝路经济带的核心地区，其经济协调发展水平的高低直接关系到整个“一带一路”战略的成败。基于这种认识，本文尝试对这10个地区的经济协调度进行测算和分析，以期对丝绸之路经济带发展战略的制定提供参考。

一、我国西北五省区及中亚五国经济发展概况

统计资料显示,10个地区土地面积总和706.95万平方公里,其中,哈萨克斯坦、新疆维吾尔自治区、青海省①分别以272.49万平方公里、163.78万平方公里和71.75万平方公里位居前三位,分别占经济带总面积的38.5%、23.2%和10.1%;陕西省面积20.56万平方公里,占该区域总面积的2.9%,居第7位。10个地区自然资源丰富,很多矿产品储量居世界之首,如哈萨克斯坦钨储量居世界第一位,塔吉克斯坦拥有世界上最大的银矿等。除此之外,金、铜、铅、锌、汞、钨、锑、钼和磷等矿产资源储量也非常大,这些地方的矿产资源几乎包括了化学元素周期表上的全部元素。该地区动植物资源也非常丰富,煤炭、石油、天然气的储量更是可观,具有良好的资源禀赋,经济发展前景广阔。

表1 2013年我国西北五省区及中亚五国主要经济指标

地 区	面积(万平方公里)	占比(%)	人口(万人)	占比(%)	GDP(亿美元)	占比(%)	人均GDP(美元)	占比(%)
总 计	706.95	100	16486.76	100	9152.85	100	5580	
哈萨克斯坦国	272.49	38.5	1703.75	10.3	2244.00	24.5	13172	236.1
吉尔吉斯斯坦国	19.99	2.8	571.95	3.5	72.00	0.8	1263	22.6
塔吉克斯坦国	14.26	2.0	820.78	5.0	85.00	0.9	1037	18.6
土库曼斯坦国	48.81	6.9	524.01	3.2	419.00	4.6	7987	143.1
乌兹别克斯坦国	44.74	6.3	3024.11	18.3	568.00	6.2	1878	33.7
陕西省	20.56	2.9	3763.70	22.8	2606.37	28.5	6935	124.3
甘肃省	45.37	6.4	2582.18	15.7	1018.17	11.1	3947	70.7
青海省	71.75	10.1	577.79	3.5	341.29	3.7	5931	106.3
宁夏自治区	5.20	0.7	654.19	4.0	416.67	4.6	6403	114.8
新疆自治区	163.78	23.2	2264.30	13.7	1382.36	15.1	6148	110.2

注:五省数据来源为各省统计年鉴,2013年数据来源于各省2013年统计公报。对于需要折算为美元的数据,按照《中国统计年鉴》发布的当年现价GDP和世界银行发布的现价美元数据进行倒推,得出汇率,用此汇率来折算各省以美元为单位的数据。

① 各省土地面积数据来源于《中国区域经济统计年鉴—2012》。

2013年末，该地区常住总人口1.65亿人，其中陕西省人口最多，占经济带比重为22.8%，其次是乌兹别克斯坦占18.3%。2013年，10地区生产总值达9152.85亿美元，陕西占比最高为28.5%，其次为哈萨克斯坦占24.5%。2013年，该地区人均GDP为5580美元，其中，哈萨克斯坦人均GDP最高为1.32万美元，相当于10地区人均GDP的2.4倍；土库曼斯坦第二，相当于10地区人均的1.4倍；陕西第三，相当于10地区人均的1.2倍。从世界各国的发展历程来看，人均GDP在5000美元以上的阶段，表明该地区经济发展进入了活跃的加速发展阶段，也是现代化进程中的关键阶段。因此，这个时候在这个地区共建融合发展的经济带，不仅具有良好的经济基础，而且符合各方的经济利益。

二、10地区区域经济协调度测算及分析

本文通过研究前人对区域经济协调度测评的方法，借鉴学者覃成林[①]等人对区域经济协调度的评价方法，选取人均GDP、GDP增长速度等指标，测算2000—2013年10地区区域之间的经济联系度、区域经济增长差异度、区域经济水平差异度和区域经济协调度。

（一）区际经济联系度

用Moran's I系数测度区际经济联系度，计算公式为：

$$I=\frac{n}{\sum_{i=1}^{n}\sum_{j=1}^{n}W_{ji}}\times\frac{\sum_{i=1}^{n}\sum_{j=1}^{n}W_{ji}(x_i-\bar{x})(x_j-\bar{x})}{\sum_{i=1}^{n}(x_i-\bar{x})^2}$$

其中，n为区域数量，变量x_i，x_j分别代表某固定年份i区域与j区域的人均GDP，$\bar{x}$为对应年份的人均GDP均值，W_{ji}是i区域与j区域的空间相邻权重矩阵，$W_{ji}=1$表示i区域与j区域相邻，$W_{ji}=0$表示i区域与j区域不相邻。$-1<I<1$，$I>0$表示i区域与j区域经济增长为正相关，区际经济联系度较紧密；$I<0$表示i区域与j区域经济增长为负相关，区际经济联系较

---

① 覃成林、张华、毛超：《区域经济协调发展：概念辨析、判断标准与评价方法》，《经济体制改革》2011年第4期。

弱。

通过计算得出,10 地区 2013 年区际经济联系度为 0.266,与 2000 年的 0.354 相比有所降低,与 2012 年比也有所降低,表明该地区区域之间经济联系虽为正相关,但区域经济联系度存在减弱趋势。

(二)区域经济增长差异度

采用区域经济增长率变异系数来测度区域经济增长差异度,计算公式为:

$$\beta_t = \frac{\sqrt{\frac{\sum_{j}^{n}(y_j - \bar{y})^2}{n}}}{\bar{y}}$$

其中,β_t 表示 t 年 n 个地区间 GDP 增长率的变异系数,y_j 为 j 区域的 GDP增长率,$\bar{y}$ 为 n 个区域 GDP 的平均增长率,计算时采用按经济总量加权平均法计算平均增长率。变异系数越大,即区域经济增长的相对差异越大,表明区域之间的经济增长的正向促进作用欠佳。

经过测算,2013 年 10 地区的经济增长变异系数为 0.18,与 2000 年和 2012 年相比均出现缩小,表明该地区区域间经济增长的差异程度正逐步缩小。2013 年,各区域经济增长速度最高值为陕西增长 11%,最小值为哈萨克斯坦,增长 6%,均值为 9.6%,均处于中高速增长状态。

(三)区域经济水平差异度

采用区域经济水平变异系数来测度区域经济差异度,计算公式为:

$$V_{mw} = \frac{\sqrt{\frac{\sum_{j}^{n}(x_j - \bar{x})^2}{n}}}{\bar{x}}$$

其中,x_j 为 j 区域的人均 GDP,$\bar{x}$ 为 n 个区域的人均 GDP 的平均值,n 为区域数。该系数越大,表明区域经济水平差异越大。

经测算,2013 年 10 地区区域经济水平差异系数为 0.638,与 2000 年比区域间的经济水平差异度在扩大。

(四)区域经济协调度测算

通过测算区域经济协调发展的实际值与期望值之间的比较来判断区域经济协调发展达到的程度，计算区域经济协调度 U 的函数式如下：

$$U = \exp\left\{-\frac{(z - z')^2}{s}\right\}$$

其中，z 为某个年份区域经济协调发展的实测值，是 I、β 和 V 的简单平均数。计算 z 时，由于 β 和 V 都是逆向指标，为了消除正向指标和逆向指标差异、统一量纲，我们将正向指标 I 取 $(1-I)/2$。z，为区域经济协调发展的虚拟最优值（分别计算 $(1-I)/2$、β、V 三项指标各自样本中的最小值，然后取三个最小值的简单平均数），s 为 $(1-I)/2$、β 和 V 的标准差。

$0 < U < 1$，U 越接近 1，表明区域经济协调发展度越高，U 越接近 0，表明区域经济协调发展度越低。

经测算，2000 年以来 10 地区经济发展的协调度持续较高，最低值都在 0.7 以上，2000 年最高，之后波动下行，2009 年最低为 0.761，随后开始波动上行，2013 年为 0.973。表明区域间相互协调发展程度较好，区域经济一体化发展具有较好基础。

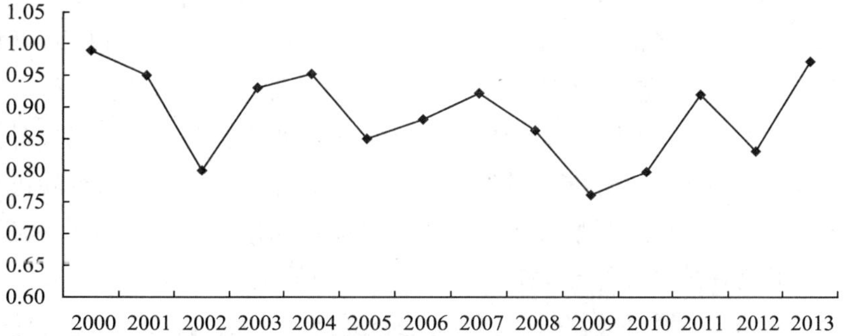

2000 年以来新丝绸之路经济带区域协调度变化情况

三、基于区域协调视角的丝绸之路经济带建设方略

对 10 地区经济协调度的测算结果表明，该地区区域间经济发展协调度较高，这为丝绸之路经济带建设提供了难得的基础。但是，需要注意到，目前这种较高的经济协调度是在经济发展水平整体较低的情况下实现的，目

前,10 地区人均 GDP 均低于中国全国平均水平,整体人均 GDP 相当于全国平均水平的 82.5%。区域经济理论和国际经验均表明,随着经济增长和一体化水平的提高,区际差距一般会先扩大再缩小,也就是说,区域协调度具有“U”型变化的规律。基于这种考虑,我们认为,如果未来丝绸之路经济带的各种政策得以落实,地区间交易费用的相对下降和要素流动的增加,一方面会增加所有 10 个省区和国家的经济发展机会,另一方面也很有可能逐渐拉大区域间发展差距,使经济协调度出现一定的下降。因此,丝绸之路经济带的建设不仅要保证各地区经济实现更好的发展,即通过经济带相关制度安排实现各方要素配置的“帕累托改进”,同时也需要严密监测经济协调度的变化,通过充分的协商设立适度的经济发展目标,将区域差距控制在可以容忍的限度内。习近平总书记在访问哈萨克斯坦时提出的“五通”,为建设丝绸之路经济带建设指明了方向,为此,我们围绕“五通”分别阐述了促进丝绸之路经济带区域协调发展的对策,希望对促进丝绸之路经济带建设有所裨益。

(一)加强“政策沟通”,实现共建共赢

丝绸之路经济带文化多元,民族众多,面对不同民族、不同信仰、不同文化背景的国家,各地区应坚持团结互信、平等互利、包容互鉴、合作共赢的原则,从丝绸之路经济带大视角出发,建立区域经济协调机制或机构,做好整个区域政策协商及完善,协调丝绸之路沿线经济带各地的角色,使得区域国家在“互利共赢”前提下取得政治互信。成立丝绸之路经济研究院,对沿线国家相关信息进行搜集分析,对相关课题进行探索研究,对相关经验进行总结推广,对发展趋势进行监测研判,更好地服务和推进经济带建设和发展。同时,利用现有的合作平台,如 APEC 会议、西洽会、农高会、欧亚经济论坛等国际性会议、会展机遇,深化与丝绸之路经济带沿线国家的广泛交流和友好合作。充分发挥新疆战略高地、甘肃黄金段、陕西新起点的相应作用,与哈萨克斯坦、土库曼斯坦、乌兹别克斯坦等核心国务实合作,做到既有分工,又有合作,求同存异,共谋发展。

(二)构建“道路联通”,打通区域交通运输网

丝路建设交通先行,开辟交通和物流大通道是丝绸之路经济带建设的重要内容。铁路建设方面,应积极推进各国签署《国际道路运输便利化协

定》，加快构建泛亚铁路，加强中国与中亚地区及其邻国的铁路建设，通过高铁将中国与中亚连通起来。公路建设方面，应充分利用现有基础，使骨干道路高速化，加快构建辐射亚欧的丝绸之路经济带全天候、无障碍交通网络，全面提升公路交通通达能力。航空建设方面，重点发展航空运输业，开通更多面向中亚地区的国际直航线路，搭建国际国内高效中转航线网络，增强航空运输能力。采取多种金融、保险、信贷等手段，协调丝绸之路沿线地区和城市加快铁路、公路、航空等基础设施建设，使空中交通网络化、铁路运输连通化、公路运输高速化，将丝绸之路沿线主要城市全部连接起来，形成公路、铁路、飞机立体化的交通网络，打通双方交流的大动脉。

（三）促进“贸易畅通”，加快区域产业协同发展

国家商务部已明确提出，要加快丝绸之路经济带沿线地区自贸区建设，支持设立境外经贸合作区。通过前文分析可以看出，丝绸之路经济带地区之间的贸易规模较小、对外开放水平较低，丝绸之路经济带自贸区的建设是促进贸易便利化的必然选择。丝绸之路沿线地区应紧抓良好的国际合作机遇，加快推进自贸区建设，扩大对外开放。在贸易中，应根据各国的产业现状，充分利用西北五省与中亚五国的产业互补，如陕西可以依托其国家级杨凌农业高新技术产业示范区的农业科技优势与产业化开发能力，加强与中亚、西亚、东欧等地区的干旱、半干旱农业生产合作，探索在中亚建设果蔬、棉花等现代农业基地，发展农副产品加工制造业；青海可以依托其丰富的历史文化资源探索与丝绸之路沿线地区的文化产业合作发展之路，增强文化交流及贸易往来；甘肃利用其独特的地理区位优势及丰富的新能源资源禀赋，发展新能源产业等。丝绸之路经济带各地区通过发挥产业比较优势，逐步打造一条分工明确、优势互补、充分发挥各自资源禀赋的产业链，采用“引进来、走出去”战略促进自贸区建设，最终实现区域经济协调可持续发展。

（四）致力“货币流通”，构建区域性金融中心

在丝绸之路经济带的建设和发展中，金融是推动经济带发展的重要因素，由于中亚各国货币与人民币还不能在国际上自由兑换，对双方商品与服务贸易带来一定困难，因此，构建区域性金融中心，对支持沿线地区的经济发展尤为重要，也是实现“货币流通”的重要方式。中国和西亚等国在本币结算方面已经有了很好的合作，并且积累了大量的实践经验，在此基础上，

如果能够构建一个服务丝绸之路经济带的区域金融中心,必将降低沿线国家和地区的流通成本,增强抵御金融风险的能力,极大地促进丝绸之路经济带沿线国家和地区之间的经济发展。政府应加快制定支持人民币回流的政策,加大人民币的流动性,提高人民币在丝绸之路经济带沿线国家和地区的认可度。尽快在西北五省建立丝绸之路区域金融中心,鼓励我国商业银行在中亚五国建立分支机构,为境外人民币结算提供便利,率先在中亚五国实现人民币自由兑换,最终实现丝绸之路经济带货币流通。

(五)联手“民心相通”,助推区域经济持续发展

“民心相通”,就是人才交流、文化交融与旅游联动。一是广泛开展丝路沿线地区的人才交流活动。比如加强沿线省区的大学对留学生的招生力度,增加相互访学机会,支持中国学生到中亚国家深造,或者在对方设立孔子学院,为丝绸之路沿线培养更多优秀人才。二是通过各类官方和民间的文化交流,增强丝绸之路地区的文化融合。比如,文化艺术团体互访、建立友好城市、互办“国家文化日”活动等,吸引中亚国家的人们在家门口感受东方文化的魅力。三是依托高品质旅游资源,打造一条丝绸之路旅游黄金圈。丝绸之路经济带具有数量客观、品质较高的旅游资源,比如唐蕃古道、敦煌艺术、大美青海等,打造以丝绸之路为轴,以沿线重要历史、宗教等文化旅游黄金景段为点的丝路黄金旅游圈,实现旅游联动。通过沿线国家和地区人才交流、文化交融与旅游联动,加强各国人民友好往来,增进相互了解和传统友谊,助推丝绸之路经济带建设和发展。

完 成 单 位:陕西统计局
课题组成员:王冬羽　赵　翔　张伟琴
程　飞　潘英杰

附件：

2000 年以来新丝绸之路经济带区域协调度相关指标测算结果

年　份	I	β	V	U
2000	0.354	0.269	0.466	0.989
2001	0.338	0.325	0.514	0.950
2002	0.314	0.496	0.539	0.801
2003	0.314	0.323	0.576	0.930
2004	0.288	0.240	0.643	0.953
2005	0.275	0.380	0.709	0.850
2006	0.257	0.302	0.798	0.879
2007	0.247	0.213	0.805	0.922
2008	0.251	0.338	0.762	0.862
2009	0.249	0.472	0.643	0.761
2010	0.230	0.420	0.672	0.798
2011	0.229	0.268	0.675	0.919
2012	0.293	0.402	0.767	0.831
2013	0.266	0.180	0.638	0.973

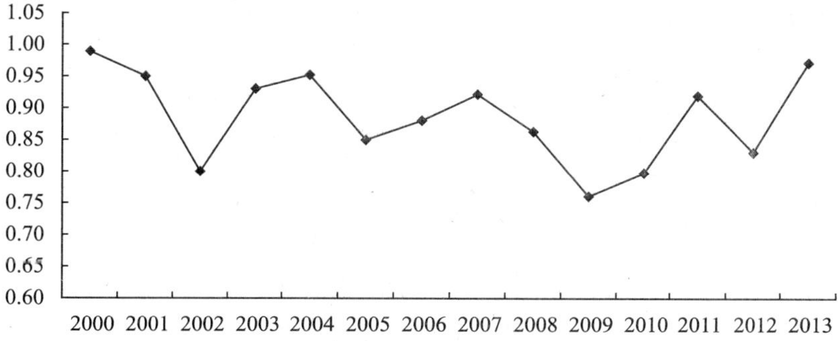

2000 年以来新丝绸之路经济带区域协调度变化情况

第二十八章　京津冀协同发展机遇与天津增长新动力

摘要:推进京津冀协同发展,对于拓展天津经济发展空间、挖掘经济增长动力具有重要意义。本文首先对天津经济增长的动力现状进行了简要分析,呈现四个特点:一是实体经济稳健支撑,在抵御下行压力、稳定经济增长方面发挥了重要作用;二是投资创新双轮驱动,投资拉动作用依旧强劲,创新驱动的引领作用逐步上升;三是民营经济成为亮点,为全市经济增长注入新的动力;四是区县经济多元发展,滨海新区开发开放步伐加快,中心城区服务功能明显提升,郊区县经济实力继续增强。随后,深入探讨了京津冀协同发展的现实基础以及为天津带来的机遇:一是产业协作潜力巨大,优质资源将向天津聚集;二是需求动力各有侧重,天津投资增长空间广阔;三是经济联系广泛密切,天津经济中心地位更加突出;四是空间布局逐步明朗,天津区县经济优势明显。在此基础上,明确了天津在京津冀协同发展中的方向选择和重点定位:一是建设高端项目,助推产业对接,主要是加快打造现代制造中心,努力构建现代服务经济体系;二是发挥双港优势,强化集聚辐射,主要是加快建设国际航运中心,提升天津机场承载能力;三是推进创新发展,优化增长方式,主要是强化科技创新对转型升级的支撑作用,释放制度创新对市场环境的优化效应,发挥商业模式创新对企业发展的促进作用。最后,提出相应政策建议:一是向实体经济要动力,在京津冀协同发展中促进产业转移对接;二是向海空两港要动力,在京津冀协同发展中提升集聚辐射功能;三是向改革创新要动力,在京津冀协同发展中拓展经济发展空间。

当前,天津正处于加快实现城市定位的关键时期,面临做大总量与推进转型升级的双重任务。近年来,天津经济保持较快增长,综合经济实力不断增强,为新阶段经济持续发展储备了良好的基础和条件。在经济发展进入新常态、传统增长动力有所减弱之际,天津经济发展也面临新的挑战。京津冀协同发展上升为重大国家战略,这是继滨海新区开发开放纳入国家发展战略之后，天津面临的又一次难得的历史机遇，将为天津经济增长注入新的动力。

一、天津经济增长动力及特点

天津经济在历经多年快速增长、跻身“万亿俱乐部”之后，正步入转型发展的新阶段，经济增长动力形成多点支撑，创新驱动、内生增长特征逐步显现。

(一)实体经济稳健支撑

近年来，天津实体经济在抵御下行压力、稳定经济增长方面发挥了重要作用。**从工业看，**先进制造业继续壮大，战略性新兴产业加快发展。2013年，全市规模以上工业总产值2.65万亿元，其中高新技术产业比重达到31.4%，比上年提高1.2个百分点；航空航天、新一代信息技术、生物技术与健康等战略性新兴产业不断发展壮大，产值增速保持在20%以上，占规模以上工业的五分之一。**从服务业看，**全年服务业增加值与GDP同步增长12.5%，占GDP的比重达到48.1%，比上年提高1.1个百分点，服务业成为稳增长的重要力量；其中，房地产、批发零售、交通运输等支柱行业增加值分别增长11.9%、11.2%和10.0%。

(二)投资创新双轮驱动

天津正处于由投资驱动向创新驱动转型的过渡期，投资拉动作用依旧强劲，创新驱动的引领作用逐步上升。**从投资看，**2013年全社会固定资产投资超过1万亿元，其中实体经济投资比重达到64.5%，加快形成新的生产能力，对经济增长产生直接的拉动作用；装备制造、航空航天、生物医药等工业优势产业投资比重达36%，在壮大经济总量的同时，推动产业结构进一步优化。**从创新看，**全社会研发经费支出占GDP的比重达到2.98%，比上年提高0.19个百分点；科技型中小企业达到4.92万家，其中“小巨人”企业2435家，涌现出红日药业、瑞普生物等一批创新型领军企业；工业企业新产品占全部销售收入的20.8%，比上年提高1.9个百分点，反映企业研发成果市场价值和竞争力进一步提升。

(三)民营经济异军突起

民营经济占天津经济你的比重超过四成,是推动全市经济较快增长的重要力量。近年来,天津出台一系列支持民营经济发展的政策措施,进一步激发了民营经济发展活力,为全市经济增长注入新的动力。2013 年,全市新注册民营企业 3.03 万户,比上年多增 4400 余户;民间投资增长 23.5%,快于全社会投资 9.4 个百分点,比重达到 50.4%,主要投向制造业、房地产业、租赁和商务服务业;民营工业企业增加值增长 25.0%,快于规模以上工业 12 个百分点;民营企业出口增长 16.4%,快于全市出口 14.9 个百分点。

(四)区县经济多元发展

近年来,滨海新区、中心城区和郊区县按照三个层面联动协调发展的要求,立足自身特点,充分挖掘潜力,形成了多点联动、竞相发展的良好局面。**滨海新区开发开放步伐加快。**综合配套改革全面推进,整合提升后的 7 个功能区建设加快,重点项目建设进展顺利,融资租赁、商业保理等新型业态规模发展,口岸通关效率进一步提高。2013 年,滨海新区 GDP 增长 17.5%,快于全市 5 个百分点,比重达到 55.8%。**中心城区服务功能明显提升。**高端服务业集聚发展,建成一批总部聚集区、特色街区、创意产业园区,楼宇经济发展势头良好。中心城区服务业增加值占 GDP 比重达到 89.3%,比上年提高 4.4 个百分点。**郊区县经济实力继续增强。**深入实施“三区”联动发展战略,示范小城镇建设扎实推进,31 个示范工业园区拓展区建设加快,设施农业提升工程和农业科技创新工程进展顺利。9 个郊区县 GDP 增长 16.6%,快于全市 4.1 个百分点。

二、京津冀协同发展为天津带来的机遇

当前,在中央关于京津冀协同发展战略部署的指导下,天津正在加快实现城市定位,经济结构转型不断推进,与北京、河北的互补性进一步增强,奠定了协同发展的坚实基础。

(一)产业协作潜力巨大,优质资源向天津聚集

京津冀产业体系具有较强的互补性。2013 年,北京三次产业结构为 0.8

：22.3：76.9，服务经济特征凸显；天津产业结构为1.3：50.6：48.1，二三产业双轮驱动；河北产业结构为12.4：52.1：35.5，工业经济占据主导。当前，北京已形成以服务业为主导的产业结构，总部经济、科技研发优势突出；天津制造业基础雄厚，培育了一批高端产品，形成了一批产业聚集；河北基础原材料产业占有重要地位，钢材、平板玻璃、焦炭等产品产量居全国前列。京津冀产业内部结构梯度明显，合作提升空间较大，主要体现在以下两个方面：

一是天津与北京服务业阶段性特征差异显著。从服务业自身发展的规律看，其内部结构一般呈现"由流通类为主导向非流通类为主导演变"的趋势。天津流通类服务业具备传统优势，批发零售、交通运输等行业占据重要地位；北京非流通类服务业功能完善，尤其是金融、信息、商务、科技等高端行业辐射带动能力强。2013年，天津服务业增加值中，批发零售、交通运输比重分别为27.6%和10.5%，规模效应明显；北京服务业增加值中，金融、信息、商务、科技比重分别为18.8%、11.7%、10.3%和9.6%，比较优势突出。深化区域合作，可以充分发挥北京高端生产性服务业的供给能力，为带动天津服务业发展、满足先进制造业发展需求提供有力支撑。

表1　2013年京津服务业各行业增加值比重

单位：%

行业分类	北京	天津
服务业合计	100	100
交通运输、仓储及邮政业	5.9	10.5
信息传输、计算机服务和软件业	11.7	2.6
批发和零售业	15.8	27.6
住宿和餐饮业	2.5	3.5
金融业	18.8	17.4
房地产业	8.9	7.5
租赁和商务服务业	10.3	6.3
科学研究、技术服务和地质勘察业	9.6	7.4
其他服务业	16.4	17.3

二是天津与河北制造业延长产业链有一定基础。2013年，天津与河北工业增加值排名前10位行业中，有6个行业重合。天津装备制造业较为发达，电子信息、汽车制造、通用设备、电气机械、航空航天五个行业增加值合

计占规模以上工业的24.8%;河北黑色冶金行业占比达到20.5%,生铁、粗钢产量占全国的1/4。石油开采、石油加工分别是天津与河北的主导行业,分处石化产业链上下游,产品供需高度衔接,具有天然的合作发展基础。

表2 2013年津冀规模以上工业前十大行业增加值比重

单位:%

行业分类	北京	天津
规模以上工业合计	100	100
黑色金属冶炼和压延加工业	10.5	20.5
汽车制造业	6.0	3.7
食品制造业	5.4	1.6
通用设备制造业	3.6	3.3
电气机械和器材制造业	3.4	3.0
化学原料和化学制品制造业	3.3	4.5
石油和天然气开采业	17.7	
计算机、通信和其他电子设备制造业	8.4	
煤炭开采和洗选业	5.2	
铁路船舶航空航天和其他运输设备制造业	3.4	
石油加工、炼焦和核燃料加工业		3.8
非金属矿物制品业		4.3
纺织业		3.4
农副食品加工业		3.0

产业协作的广阔空间和天津自身优势为天津创造了巨大的发展机遇,各类资源要素有加速向天津集聚的趋势。协同发展要求打破行政壁垒,要素自由流动,天津在港口、产业、政策、土地等方面的优势非常明显,有利于资源要素按照市场规律向天津集聚,汇集更多的人流、物流、资金流、信息流。**从港口优势看,**天津港是我国北方功能最完备的综合性港口,也是北京便捷的出海通道;天津机场具有货运、公务机以及吞吐量快速增长的优势,特别是T2航站楼投入运营,将进一步承接首都机场的溢出分流需求。**从产业优势看,**天津制造业发达,生产性服务业需求大、潜力大,为科技成果的落地转化提供了有效载体。**从政策优势看,**批准滨海新区开展综合配套改革试验,是国家给予天津的最大、最具含金量的政策,随着改革红利的不断释放,将进一步推进投资与服务贸易便利化。**从土地优势看,**天津滨海新区拥

有大量可供开发土地，为承接首都产业转移提供了足够空间。

（二）需求动力各有侧重，天津投资增长空间广阔

北京以消费拉动为主，天津与河北以投资拉动为主。2013年，京津冀全社会固定资产投资占GDP比重分别为36.1%、70.4%和82.0%。当前，天津滨海新区开发开放进一步提速，河北城镇化空间较大（2013年末城镇化率为48.1%），投资需求依然旺盛，尤其是民间投资活跃。2013年，天津民间投资5103.52亿元，增长23.5%，快于全社会投资9.4个百分点，占比为50.4%；河北民间投资17760亿元，增长20.7%，快于固定资产投资2.2个百分点，占比为78.5%。随着城市群建设和产业链条的延伸拓展，制造业和基础设施将成为津冀投资合作的重点领域。

京津冀三地的需求结构差异为天津孕育了深厚的增长潜力，未来天津的投资需求将更加旺盛。推进京津冀交通互联互通、生态环境联防联控，对海内外投资的吸引力将大大增强。以固定资产投资效果系数（GDP增量与同期固定资产投资额的比率）来衡量，初建期投资效果系数为0—0.2，成长期为0.2—0.4，成熟期为0.4—0.6。目前，浦东新区和深圳特区均大于0.4，已进入成熟期；而天津滨海新区是0.23，正处在成长期，投资的边际效益正处在上升通道。投资总量保持合理增长，一方面有助于加快打造承接首都产业转移的功能平台，吸引更多大项目好项目落地；另一方面可以促进以商招商，完善配套能力，增强产业链拉动效应。

（三）经济联系广泛密切，天津经济中心地位更加突出

京津冀互联互通、融合发展趋势明显。一是人口流动更加频繁。北京、天津经济发达，就业机会较多，对河北人口吸纳效应明显。根据第六次人口普查资料，北京外来常住人口中，来自河北的最多，占22.1%，来自天津的占1.2%；天津外来常住人口中，来自河北的最多，占25.2%，来自北京的占0.8%。**二是资金投入不断加大。**2013年，天津利用内资到位资金中，北京资金971亿元，占31.1%；河北资金341亿元，占10.9%。截至2013年末，北京中关村企业在天津设立分支机构269家，在天津股权交易所挂牌的河北企业达到77家，累计融资23.9亿元。**三是科技合作前景广阔。**京津冀汇集了全国1/4以上的著名高校、1/3的国家重点实验室和工程中心、2/3以上的两院院士，拥有中关村国家自主创新示范区、天津经济技术开发区等20家国

家级高新区和经济技术开发区,是我国科技智力资源最密集的地区。借重北京研发优势,用好天津、河北产业化空间和载体,加快培育战略性新兴产业,将有力辐射带动区域一体化发展。

新阶段京津冀三地融合发展加速推进,天津经济的中心地位将更加突出。三地功能定位逐渐明确,北京作为全国政治中心、文化中心、国际交往中心、科技创新中心,经济功能将有所弱化,天津北方经济中心地位会进一步凸显。从总量看,2011 年天津 GDP 超过万亿(11307.28 亿元),2013 年达到 14370.16 亿元,“十二五”前三年年均增量为 1715 亿元;从增速看,2010—2013 年 GDP 增速连续四年在全国 31 个省区市中位居第一。天津经济总量快速扩张,经济发展走在全国前列,进一步巩固了经济中心城市地位,奠定了天津在推动京津冀协同发展中的经济主导地位。

(四)空间布局逐步明朗,天津区县经济优势明显

京津冀城市群建设已具雏形。北京构建“高精尖”的经济结构,控制人口过快增长,调整疏解非首都核心功能。天津根据“双城双港、相向拓展、一轴两带、南北生态”的城市总体规划,着力优化空间布局,京津产业新城、中关村科技新城等合作功能区建设正在加快推进。河北充分发挥保定和廊坊首都功能疏解及首都核心区生态建设的服务作用,进一步强化石家庄、唐山在京津冀区域中的两翼辐射带动功能。随着交通网络的逐步完善,京津冀区域将在北京、天津两个中心城市的辐射下,带动周边一批节点性城市快速发展。

随着城市群建设深入推进,区县经济空间将更加广阔。京津冀要形成以都市圈为主要特征的城市群联动发展格局,有利于各区县发挥优势、做大做强。天津除滨海新区外,西青、武清、东丽、北辰等区发展基础较好,2013 年生产总值均超过 700 亿元,有望率先成为 GDP 千亿城区,同时在就业容量、配套设施、服务功能、资源禀赋等方面具有比较优势,正在加快建设生态环境好、商务成本低、生活质量优的现代化新城,可作为京津冀城市群的重要支点,在承接非首都核心功能疏解方面发挥积极作用。

三、天津在京津冀协同发展中的方向选择和重点定位

当前,京津冀协同发展到了提速推进的新阶段,天津应进一步完善功能

定位，明确区域合作的重点领域，在推进京津冀协同发展中不断挖掘新的增长动力。

（一）建设高端项目，助推产业对接

产业创新驱动和产业转移对接，是京津冀协同发展有望率先突破的重点领域之一，是带动区域一体化发展的关键支撑。在京津交通通道沿线上，聚集了中关村自主创新示范区、天津滨海高新区、武清、宝坻、东丽、北辰等重点园区以及河北廊坊经济技术开发区，正在加速形成京津走廊高新科技产业带。

从产业对接现状看，天津与北京共同规划建设了京津合作示范区，滨海高新区与北京中关村签署了全面合作协议，成功吸纳了中关村多个转移项目，京津产业新城、中关村科技新城、京津新城现代服务业聚集区等功能平台加快建设，在京国际国内500强企业总部纷纷来津设立分支机构或兴建项目；河北的长城汽车、英利太阳能到天津投资建设，津冀开展了中医药合作项目，天津商品交易所投资入股石家庄股权交易所。

表3　京津合作功能区情况

合作功能区	坐落地	产业重点
京津中关村科技新城	宝坻区	物流业、高端制造业、新能源、环保产业、创业服务业
天津未来科技城（京津合作示范区）	宁河县	新能源及新能源汽车、新一代信息技术、航空航天、生物医药、高端装备制造
京津产业新城	武清区	形成京津科技谷产业园、京津高村科技创新园、京滨工业园、汽车零部件产业园和电子商务产业园等特色园区，重点发展高科技产业、先进制造业和现代服务业
京津州河科技产业园	蓟县	现代装备制造、新型材料、绿色食品加工
京津新城现代服务业聚集区	宝坻区	教育、文化、金融和商务休闲等现代服务业

从未来发展方向看，应重点依托合作功能区建设，打造承接优质资源和对接互补项目的有利平台，以高端制造业和现代服务业为对接重点，加强与京冀的上下游产业协作，延长发展链条，形成分工合理、相互支撑的区域产业发展格局。重点从以下两个方面加快推进：

一是加快打造现代制造中心。对照现代制造中心的目标，天津工业发

展还存在着结构偏重、产业链短、产品竞争力不强等问题，冶金、石化等原材料行业占全市工业比重近四成，大飞机、直升机本地配套率仅为5%，缺乏具有国际竞争力的创新型企业和国际知名品牌。应坚持规划引导，围绕优势支柱产业，高水平编制重点产业发展规划，优先发展航空航天、高端装备、电子信息、生物医药、新能源、新材料、节能环保等高端新兴产业，改造提升石化、冶金、汽车、轻工四个传统产业；加快京津合作示范区等载体建设，吸聚首都创新资源，做好孵化、转化、产业化，提升产业能级和聚集度；探索在曹妃甸、保定等地区共建产业园区，构建产业链上下游对接合作平台，促进产业集群、链式发展。

二是努力构建现代服务经济体系。天津服务业占GDP比重不到50%，尤其是附加值较高的非流通类服务业发展相对滞后，与北方经济中心地位不相匹配，这既是差距，也是潜力。应落实国家加快发展生产性服务业的决策部署，细化全市已出台的加快现代服务业发展意见，支持重点领域加大投入、加快发展。依托制造业优势，大力发展研发设计、仓储物流、电子商务、金融服务、市场营销等生产性服务业，实现从生产型制造向服务型制造转型；推进京津新城现代服务业聚集区等功能平台建设，积极开展金融、信息、会展、旅游等高端服务业项目合作，主动承接养老、医疗、教育机构转移；加快西青、武清等新城建设，强化产业支撑，促进产城融合，推进生活服务便利化，提高小城镇经济和人口集聚能力。

(二)发挥双港优势，强化集聚辐射

海空两港是天津最突出的比较优势，也是推进京津冀协同发展最具现实性的抓手和平台。海港方面的优势体现在，天津港是北京最近的出海口，也是华北、西北最便捷的出海口，腹地面积近500万平方公里，已成为我国北方功能最完备的综合性港口，为主动融入区域协同发展创造了有利条件。空港方面的优势体现在，天津机场具有货运、公务机以及吞吐量快速增长的优势，特别是二期航站楼扩建工程竣工后，完全可以乘势而为，拓展航班航线，以优质服务承接首都机场的溢出分流需求。

从港口合作现状看，天津港集团与河北港口集团共同出资组建渤海津冀港口投资公司，建立利益共享的合作机制，有利于渤海湾区域港口群优化资源配置，聚集航运物流要素，提升区域港口国际竞争力。2014年7月，京津冀海关区域通关一体化改革启动实施，进一步提高了通关效率。2013年

天津口岸进出口总额中，来自北京、河北的货物比重为34.2%；天津港外贸重量箱中，来自北京、河北的货物占40.7%；在天津口岸（进出口）通关的京津冀企业达2.3万家，占口岸通关企业的47%。

表4　2013年京津冀主要港口情况

港　口	泊位个数	#万吨级	货物吞吐量（万吨）	集装箱吞吐量（万标箱）	货物种类
天津港	160	103	50063	1301.2	北疆港区以集装箱和件杂货作业为主，南疆港区以干散货和液体散货作业为主。2013年矿石占港口吞吐量的22%，煤炭占18%，石油、天然气及制品占11%。
秦皇岛港	86	42	27260	38.8	东港区以能源运输为主，西港区以集装箱、散杂货进出口为主。2013年煤炭和矿石分别占货物吞吐量的67%和27%。
黄骅港	40	23	17103	23	以一般散杂货、集装箱和成品油、液体化工品运输为主，2013年煤炭和矿石分别占货物吞吐量的80%和16%。
唐山港	79	74	44620	72.8	以煤炭和矿石为主，2013年分别占货物吞吐量的42%和39%。
京唐港区	34	29	20102	57.6	以煤炭和矿石为主，2013年分别占货物吞吐量的50%和29%。
曹妃甸港区	45	45	24518	15.2	以矿石和煤炭为主，2013年分别占港口吞吐量的46%和35%。

从未来发展方向看，应发挥海空两港的基础性先导性作用，打造现代化交通体系，吸引各类资源要素聚集，并推动海空两港转型升级，充分发挥口岸辐射服务功能，带动临港产业和临空经济发展。重点从以下两个方面加快推进：

一是加快建设国际航运中心。环渤海地区有10个亿吨大港，其中天津、青岛、唐山、大连4个港口居全球港口前10位，是世界上大型港口最集中的区域。应抓住海运业发展上升为国家战略这一难得机遇，强化天津港在环渤海地区的主导地位，打造具有较强竞争力的全球资源配置枢纽。完善港口功能布局，充分用好渤海津冀港口投资公司这一合作平台，有效整合港口资源,与周边港口合理分工,共同打造世界级港口群;发挥东疆政策优势,加快航运物流要素聚集,建设进口商品分拨基地,辐射北京及河北各主要城市;优化临港产业结构,承接北京高端制造业转移,发展船舶、海工装备、港口机械制造等临港工业,延伸发展旅游、金融、贸易等相关产业,形成多层次、全方位的航运服务体系。

二是提升天津机场承载能力。首都机场定位为面向国际的大型复合枢纽机场,货邮年吞吐量超过180万吨,旅客年吞吐量超过8000万人次,目前每小时航班起降量为88架次,已达到上限,亟待分流疏解。天津机场定位为北方国际航空物流中心和大型门户枢纽机场,随着T2航站楼投入使用,货邮年吞吐能力将达到110万吨,旅客年吞吐能力将超过5000万人次,可以有效承接首都机场的溢出分流需求。应加快完善辐射周边、便捷高效的地面综合交通网络,新建一批异地城市候机楼,争取更多客源,以服务天津及周边区域发展。充分利用客货双区运行航空港的有利条件,以建设航空物流园区为契机,加快发展航空物流、航空金融、邮件快递等临空产业,吸引大型核心企业入驻,构建中国北方最便捷的航空物流运作平台。

(三)推进创新发展,优化增长方式

创新驱动是大势所趋,也是实现经济持续健康发展的根本出路。目前,滨海新区正在着力推进投资与服务贸易便利化综合改革,在科技、金融、行政管理等领域先行先试,带动全市改革创新步伐不断加快。中国天津自由贸易试验区方案正在等待审批中,如成功获批,在外汇管理创新、服务贸易开放、区域便利化等一系列政策推动下,将为贸易、航运、金融等领域带来重大发展机遇。

从创新发展现状看,天津大力实施创新驱动发展战略,搭建创新平台,优化创新环境,吸引创新人才,积极开展科技创新、制度创新和商业模式创新,全力推进投资与服务贸易便利化。一是加快科技创新。着力深化与科技部、中科院等国家部委和院所合作;加大借重首都科技资源力度,2013年吸纳北京技术合同成交额33亿元,增长40%。二是加快制度创新。滨海新区成立国内首家地区级行政审批局,实现“一颗印章管审批”,有效提升了行政审批效能。三是加快商业模式创新,电子商务产业集聚效应初步显现,全国20强电商全部落户天津,渤海商品交易所、铁合金交易所等一批大宗商品电子商务交易平台投入运营;融资租赁快速发展,业务规模约占全国的四分

之一。

从未来发展方向看，要继续发挥滨海新区先行先试的政策优势，强化创新驱动作用，促进投资和服务贸易便利化，充分释放改革红利，激发市场主体活力，为经济增长注入新的动力。重点从以下三个方面加快推进：

一是强化科技创新对转型升级的支撑作用。京津冀地区共有7个国家级高新区，其中中关村R&D经费内部支出占七成左右，研发优势突出，开展协同创新将有效推动天津产业向高端化发展。应着力完善规划布局，加快创建滨海高新区国家自主创新示范区，借鉴中关村管理经验，探索实施“一区十五园”，为推动万企转型升级、培育科技小巨人领军企业提供有力支撑；着力提高产出水平，在支持以高校和科研院所为主体的基础科学研究的同时，更加注重支持以企业为主体的、面向应用和市场的创新，重点打造一批在全国叫得响的“杀手锏”产品；着力提供政策保障，加强对科技创新活动的法律保护，探索合理的利益分配机制，在吸纳科研人才、激励自主创新等方面提供良好的政策环境。

二是释放制度创新对市场环境的优化效应。从上海自贸区对经济发展的促进作用看：负面清单管理模式激发了外商投资热情，今年上半年新增外资项目占全市的46.7%，新设企业中的外资企业比例从去年末的3%左右上升至12%；跨境人民币贷款等金融创新举措，使企业融资成本平均降低10%至20%，电子、软件开发和生物技术等创新型企业纷纷入驻；免税、保税、完税等贸易便利化功能，有力促进了金融、商贸、文化等服务业发展，区内超过90%的入驻企业是贸易、服务类企业。应抓住申报天津自贸区的契机，加快形成与国际通行规则相衔接的制度安排。通过推进投资自由化，不断改善利用外资结构，加强与大型跨国公司合作，促进产业结构转型升级；通过推进金融国际化，降低企业融资成本，为中小企业和创新型企业提供资金保障；通过推进贸易便利化，加速现代服务业集聚和配套发展，改善服务业结构，促进服务贸易发展。

三是发挥商业模式创新对企业发展的促进作用。天津电子商务交易额约占全国的3%，大部分交易平台还在建设阶段，应用程度不够。应加快推进电子商务发展三年行动计划，大力发展平台经济，促进第三方支付、大宗商品、贸易、多媒体等平台企业发展，强化大数据采集、开发、分析、利用，为其他企业提供信息咨询服务。同时，充分发挥金融创新先发优势，进一步创新金融体系、金融市场、金融产品，引进更多有影响力的地区总部、结算中心、后台中心,形成更加完备的金融服务体系,打造金融创新运营中心,为实体经济发展提供充足的资金支持。

四、政策建议

当前,我国经济正处于增长速度换挡期、结构调整阵痛期、前期刺激政策消化期“三期叠加”阶段,在这个阶段,经济增长速度不可避免受到一定影响。经过十几年的快速增长,天津经济发展传统动力有所减弱,新生动力正在成长。在这一背景下,天津经济既要保持合理增速,又要加快转型升级,必须积极适应经济发展的新常态,抓住京津冀协同发展这一难得的历史机遇,发挥比较优势,拓展发展空间,在更大范围内寻求新的发展动力,努力实现有质量有效益可持续的发展。

(一)向实体经济要动力,在京津冀协同发展中促进产业转移对接

一是促进高端制造业与生产性服务业融合发展。运用先进技术和一流设备,加快新兴产业与传统产业有机融合,逐步构建起以高新技术产业为引领、装备制造业为核心、先进制造业为支撑的现代工业体系;依托先进制造业和研发转化基地建设,拓展金融、信息、科技、商务等领域服务需求,推动生产性服务业发展。二是健全完善合作发展载体平台。加快推进京津合作功能区建设,使之成为承接首都功能转移的先行区,吸聚首都科技、研发、高端人才等优质资源来津发展;加强与河北产业对接,结合产业转型升级和产业链条的延伸拓展,以推动建设园区载体、输出管理模式等为重点,开展重大项目合作。

(二)向海空两港要动力,在京津冀协同发展中提升集聚辐射功能

一是推动海港空港转型发展。立足长远、有取有舍,优化港口货物和产业结构,大力发展航运物流、金融、信息、贸易等现代服务业,聚集高端制造业;大力发展临空经济,加快发展航空客货运输、航空金融、航空物流、邮件快递等产业;延伸发展总部经济、会展经济、旅游经济、文化娱乐等与海港空港相关联的产业,努力成为具有较强竞争力的全球资源配置枢纽。二是加快提升服务环境和水平。在加强“智慧化”建设、建设电子商务平台、提升电子口岸信息化水平上下功夫,提供更加人性化、便利化的服务,打造优质服

务品牌，增强竞争力和吸引力。

（三）向改革创新要动力，在京津冀协同发展中拓展经济发展空间

一是全面深化区域发展体制机制改革。以申报自贸区为契机，与京冀共享改革红利，共同探索建立统一的财政税收、金融投资、产权交易、技术研发、创业就业政策，推动资本、技术、产权、人才、劳动力等生产要素自由流动和优化配置。二是大力发展京津冀城市群。统筹推进京津冀城市群建设，完善配套设施，增强服务功能，扩大就业质量，突出地域特点和文化特色，提高城市综合承载能力和内涵发展水平，努力打造一批生态环境好、商务成本低、生活质量优的现代化新城，推动公共服务一体化，为各类人才和企业发展创造良好的条件。

完成单位：天津统计局
课题组成员：黄　瑛　郑　礼　陈　钊
执笔人：黄　瑛　郑　礼　陈　钊

第二十九章　跨越“中等收入陷阱”的国际经验与启示

摘要:本文首先分析了“中等收入陷阱”的基本概念与特征;其次分别以西欧、美国、日本、韩国和拉美、东亚、中欧、俄罗斯等国为例分别总结了跨越和陷入“中等收入陷阱”的经济体正反两方面的经验教训;再次,分析了我国经济发展的阶段性特征;最后,基于以上分析提出了跨越“中等收入陷阱”、顺利迈向高收入阶段的战略思考与路径选择。

一、“中等收入陷阱”的基本概念与特征

(一)“中等收入陷阱”的基本概念

2007年世界银行在《东亚复兴—经济增长的思路》中首先提出“中等收入陷阱”的概念,引起世界各国关注。其基本涵义是一个经济体从中等收入向高收入迈进的过程中,前期经济快速发展积累的矛盾集中爆发,原有增长机制和发展模式无法有效应对由此形成的系统性风险,以往的经济发展政策与战略处于失效状态,难以顺利实现产业结构升级和经济发展方式转变,原有经济发展模式难以转变,导致经济增长持续动力供给不足以至发展停滞的一种状态,其人均收入水平始终难以进入高收入国家行列。

“中等收入陷阱”是一个世界性的发展难题。自19世纪中叶第一次工业革命以来,全球230多个经济体中只有70个左右的经济体国家进入高收入发展阶段,绝大部分至今还停留在中等收入阶段,少数仍未走出低收入行列。美国、欧洲在经济起飞过程中,都曾经出现过经济危机周期性爆发、社会贫富两极分化、政治腐败十分普遍、阶级矛盾冲突的现象,拉美国家是最典型的陷入“中等收入陷阱”的例子,东亚先进经济体则是成功跨越的范例。

(二)“中等收入陷阱”的基本特征及原因分析

1. 经济增长停滞。陷入“中等收入陷阱”的经济体,经济增长往往出现

较大的起伏，即使在短期内实现高增长，也难以持续，这一特征在拉美国家尤其突出。

2. 贫富分化加剧。陷入“中等收入陷阱”的经济体普遍表现出收入差距过大问题。处于中等收入水平的国家或地区实际上是一个对收入分配高度敏感的时期，分配状况是否公平，既影响经济发展，也影响社会稳定，最终在经济发展效果上表现为大分化。

3. 公共服务短缺。由于政府财力不够、利益集团掣肘、管理能力不足等诸多原因，很多社会政策实施效果不佳，公共服务短缺现象普遍存在，一般民众特别是弱势群体受益更少。

4. 创新能力不足。进入中等收入阶段的经济体，原有的低成本优势逐步丧失，在低端市场难以与低收入国家竞争，在中高端市场则由于研发能力和人力资本条件制约，难以与高收入国家抗衡。在这种上下挤压的环境中，很容易因为创新能力不足失去增长动力。

5. 社会矛盾爆发。在中等收入发展阶段，资源环境状况、改革与调整进程、社会稳定程度以及国际市场影响等因素，容易造成社会分化、矛盾爆发。对陷入“中等收入陷阱”的原因有诸多理论探讨：一是恶性循环论。由于对高资本积累率和高储蓄率、低劳动力成本、出口导向型经济发展战略和进口替代型技术引进路线“路径依赖”的惯性和惰性，原有的“成功模式”逐渐“失灵”，开始遭遇“成长的烦恼”甚至“阵痛”，不仅无力继续推进经济发展，而且形成“恶性循环”。二是福利超前论。超前的社会福利体系增加了政府公共财政支出，超出经济所能承受的水平，降低政府对企业的支持，导致企业技术创新能力下降，从而陷入“经济增长陷阱”。三是社会代价论。由于长期的产业结构失衡和粗放型经济增长，形成畸形发展，而带来社会两极分化、社会动荡不安等一系列沉重的社会代价。四是转型失败论。经济发展模式转型、民主政治转型以及社会转型的失败是导致发展中国家坠入“中等收入陷阱”的重要原因。五是社会固化论。社会流动性不足引发社会利益结构逐步固化，由此造成的社会不平等，导致经济增长的长期低迷和停滞。

二、成功跨越“中等收入陷阱”典型经济体类型的经验与启示

（一）西欧国家：制度转型激发经济增长内生活力

从历史发展进程来看，西欧曾经落入中等收入陷阱，时间跨度大约是一

战之前到二战结束（1913—1950 年），期间，不仅爆发了两次规模最大的世界大战，而且发生了自工业革命以来最严重的经济衰退和金融危机。20 世纪 50 年代，在第三次技术革命浪潮的推动下，他们依托制度转型，建立了新的增长机制，激发了经济增长的内生动力，开始了新一轮经济起飞，进入了 20 多年的快速增长期，并逐步迈进高收入国家行列。

1. 加强民主建设，推动社会和解。二战后，西欧各国都开始推行以公民权为基础的普选制度，这是在阶级斗争的压力下、阶级和解的基础上政治制度的重大转折，推动了民主化进程，缓和了社会矛盾。

2. 建立福利国家，实行社会市场经济。二战后，他们一方面推行凯恩斯经济政策，加强对经济的干预，刺激经济增长，运用国家力量调节市场机制不足；另一方面通过健全社会保护机制，加强社会再分配，提高居民消费倾向，扩大内需，推行社会市场经济。发挥市场和政府两方面的作用，为促进经济的恢复和繁荣起到了重要作用。

3. 充分利用第三次科技革命发展机遇，加强教育和人才培养。西欧国家战后与战前的不同之处就是教育权利的平民化，具有较高教育素质的劳动力充分发挥创新能力，以科技之力助推了经济繁荣。

4. 签署关税与贸易总协定，实行积极的开放政策。英法从过去帝国内贸易和与殖民地不等价交换的零和贸易，过渡到利用各自的比较优势，强化国际分工实现互利的双赢合作，有效利用国际资源拓展了国际市场，加快了本国经济发展。

5. 欧洲一体化发挥重要作用。二战后的欧洲一体化促进西欧顺利跨越"中等收入陷阱"，一方面通过欧洲多级治理机制控制了利益集团的分利能力，并在更广泛的区域内实现了财富共享；另一方面通过关税同盟和共同市场建设，解决了单个国家市场和资源的不足，深化了区域内部分工，使技术进步有更好的依托，加快了经济发展。

（二）美国：制度和创新推动经济成功实现多次转型

从世界经济发展的历史来看，并非所有国家在发展过程中都要经历"中等收入陷阱"，美国经济发展历史上就没有出现"中等收入陷阱"，人均收入基本保持着自然上升的态势，中间虽有停滞或下滑，但并非发生在人均收入的某一特定阶段。究其原因，稳定制度和创新能力推动美国经济多次成功转型，有效避免了"中等收入陷阱"，不断向更高阶段迈进。

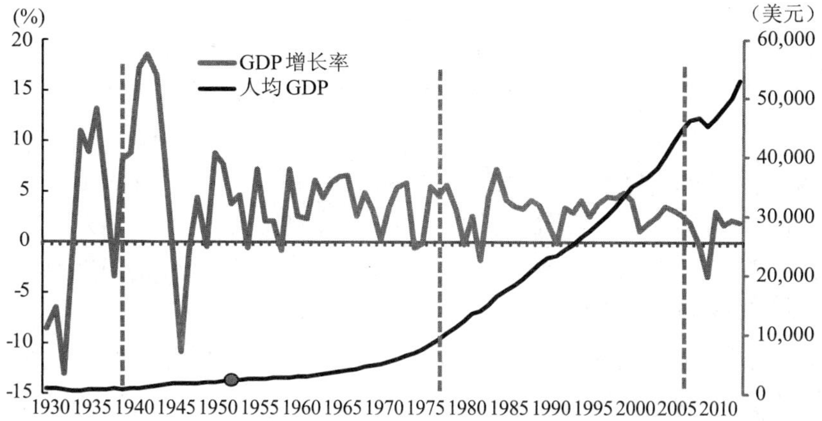

图 1　美国人均 GDP 及经济增长率变动趋势

资料来源：美国经济分析局网站。

第一次转型：20 世纪 30 年代。1929 年美国金融体系崩溃，带来了大危机和大萧条。1929—1933 年美国经济下降 26.7%，失业率从 3%升至 25%。在此背景下，1933 年推行凯恩斯主义国家干预经济模式的罗斯福新政，通过增加政府对经济直接或间接干预的方式大大缓解了大萧条所带来的经济危机与社会矛盾。新政之后，美国工业生产指数逐年回升，政府调控宏观经济能力得到全面提高，1934—1939 年，美国经济增长 50%，经济衰退时间进程也比过去经济危机和萧条时间总和大大缩短，到 1939 年，人均 GDP 接近 700 美元。第二次世界大战爆发后，新政基本结束，但罗斯福新政时期产生的一些制度或机构如社会安全保障基金、美国证券交易委员会、美国联邦存款保险公司、美国联邦住房管理局等至今仍产生着影响。

第二次转型：20 世纪 50 年代至 70 年代。二战结束后，美国出现经济衰退，1945—1949 年美国经济下降 10%。第三次技术革命带来美国经济的第二次转型，50 年代中期至 70 年代初期达到高潮，70 年代以后进入一个新阶段，在推动生产力、提高劳动效率方面起着越来越重要的作用。这一时期经济持续增长的时间延长，出现了战后最长的一个经济周期，经济增长的波动性大大降低。1950—1973 年，美国经济增长 1.7 倍，年均增长 4%。

第三次转型：20 世纪 80 年代至 21 世纪初期。70 年代中后期，美国遭遇了“两次石油危机”、布雷顿森林体系瓦解等外部环境变化，同时国内的传统产业出现饱和、而新兴产业尚未形成规模，经济一度出现滞涨。80 年代，里根借鉴“供给学派”的主要思想，推出“经济复兴”计划，通过支持市场自由竞争、降低税收和公共开支、降低政府对企业经营的控制等方式,缓解了滞涨,为其后电脑、网络等信息产业蓬勃发展创造了良好环境。进入 90 年代,美国迎来历史上增长时间最长、增长稳定性最高的发展时期,1992—2007 年经济增长 65.1%,年均增长 3.2%,到 2007 年美国人均 GDP 超过 4.5 万美元。

第四次转型:2007 年至今。 2007 年的全球金融危机,引起了国际金融危机和经济衰退,同时暴露出美国经济缺乏新增长动力、过度依赖虚拟经济以及过度消费的缺陷。金融危机后,美国第三次工业革命显露迹象,经济发展再现长期优势和增长动力。在"再工业化"战略推动下,以技术创新为依托的新兴高端制造业使其在产业链高端环节的优势更加明显,而新能源革命成为影响全球经济领域的新因素。经济复苏一直保持在良性轨道。服务业竞争在新技术的支撑下,进一步占据价值链高端的核心,物联网、云计算、智慧地球等大数据服务成为其重要的生产要素。2010—2013 年,美国经济增长 9.1%,年均增长 2.2%,人均 GDP 超过 5 万美元。

(三)东亚国家:从低成本优势战略向技术创新战略转型

从东亚先进经济体看,20 世纪 50 年代以来有五个国家和地区跻身高收入水平,这些国家跨越"中等收入陷阱"的共同特征为成功实现从低成本模仿战略到技术创新战略的转型,其中日本和韩国是"东亚奇迹"的领跑者。

1. 日韩两国跨越"中等收入陷阱"的经济发展轨迹

二战以来,日本经历三个发展阶段成功跨越"中等收入陷阱",成为高收入国家。从经济增长发展阶段看:1947—1955 年,战后迅速恢复阶段,年均经济增长 9%,经济恢复到战前水平;1957—1973 年,高速增长阶段,经济年

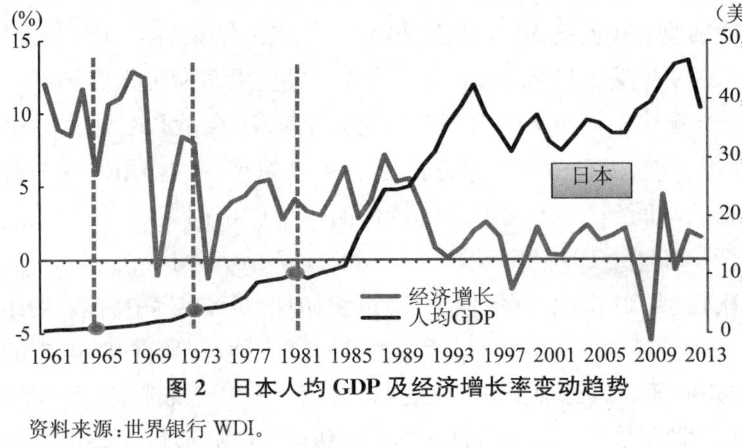

图 2　日本人均 GDP 及经济增长率变动趋势

资料来源:世界银行 WDI。

均增长 9.3%；1974—1981 年，稳定增长阶段，经济年均增长 3.6%。从人均 GDP 发展水平看：1956—1965 年，低等收入阶段；1966—1973 年，偏下中等收入阶段；1973—1980 年，偏上中等收入阶段。1981 年，日本人均 GDP 超过 1 万美元，迈入高收入国家行列。

70 年代以来韩国经济结构和社会结构顺利转型，1971—2000 年，经济总量增长 8 倍，年均增长 7.3%，人均 GDP 从 302 美元提高到 11300 美元，跨入高收入国家行列。第一次跨越在 70 年代末，从贫困阶段进入中下收入阶段；第二次跨越在 80 年代末，从中下收入阶段进入中上收入阶段；第三次跨越在 90 年代末，从中上收入阶段进入高收入阶段。

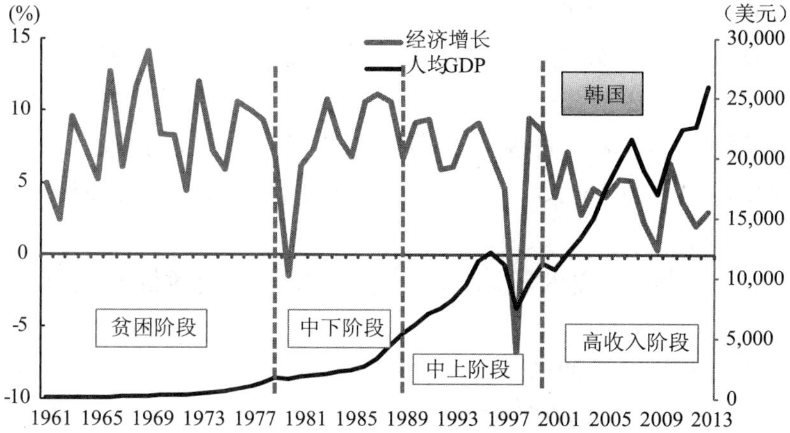

图 3　韩国人均 GDP 及经济增长率变动趋势

资料来源：世界银行 WDI。

2. 日韩两国跨越“中等收入陷阱”的基本经验

（1）转变经济发展战略与经济增长方式。日韩分别在 20 世纪 70 年代和 90 年代实现经济增长方式的明显转变，成功摆脱低成本优势战略，转换到创新优势战略，通过技术吸收培育自主创新能力，使其高科技制造业在全球占据重要地位，全要素生产率对经济增长的贡献率不断上升，为迈向高收入阶段奠定了坚实基础。

（2）科技创新能力和机制建设。通过“技术引进→模仿创新→自主创新”的技术发展路径，日本和韩国实现了高起点的赶超，从“模仿时代”进入了真正意义上的“创新阶段”。主要的政策措施有：一是确立科技立国战略，自主创新能力构建以民间企业为主，政府与大学实验室为辅的科研体制；二是制定知识产权保护与发展战略，为技术创新提供制度支撑；三是大幅增加基础研究与技术开发的投入，为技术创新提供财政与人才支撑。

（3）调整经济结构与产业升级。从20世纪50年代初到80年代，日本实现了轻工业、重工业和第三产业的适时转换升级，完成了由"贸易立国"到"技术立国"再到"文化立国"的转变，不断推动经济结构高度化，为成功跨越"中等收入陷阱"奠定了物质与文化基础。韩国从20世纪60年代中期至80年代初期实施的三次产业结构调整和升级，奠定了韩国经济腾飞和工业现代化的基础。

（4）发展动力转换和收入分配均等化。在经济达到中等收入水平后消费结构升级加速，消费率通常会出现一定幅度的上升，然后稳定在一个较高的水平上，成为支撑经济增长的主要动力，日本、韩国投资率和消费率变动分别呈现平缓的"马鞍型"和"倒马鞍型"曲线态势。从基尼系数变化看，日本的基尼系数从1966到1990年基本保持在0.35左右的水平，此间国民收入增加了约19倍，韩国的基尼系数从1976年的0.35下降为1995年的0.32，此间人均GDP增长了10倍，表现出较高的收入均等化水平。

三、陷入"中等收入陷阱"典型经济体类型的教训与启示

目前，国际上公认的已经跌入中等收入陷阱的典型经济体是以阿根廷、巴西、智利、墨西哥为代表的拉美国家，尤其以巴西最为典型；东亚、东南亚以及东盟国家和地区正面临中等收入陷阱的挑战，尤以马来西亚最为典型；中东和俄罗斯等资源立国型国家，也有可能落入中等收入陷阱。

（一）拉美国家的主要教训

1. 错失发展模式转换时机，长期奉行的进口替代战略未能及时调整。在实施进口替代战略之初，拉美国家曾实现了一段时间的快速经济赶超，特别是二战后还创造了广受国际社会关注的"拉美奇迹"。但自20世纪70年代末起，这些国家的工业化陷入困境，经济增速明显下降，落入"中等收入陷阱"。究其原因：拉美国家国内市场空间比较狭小，受保护的产业难以形成规模经济，无法创造足够的非农就业机会。而实行进口替代战略，又使国内产业缺乏创新动力。进口替代部门大量进口资本品和机器设备，所需外汇靠初级产品出口难以满足，不得不大量对外举债，即使在20世纪70年代初石油危机后，还是维持"举债增长"，使进口替代战略延续了半个世纪。企业

效益偏低，政府财政收入必然匮乏，入不敷出，政府宏观调控能力也明显下降。随着债务规模持续上升，长期性债务越来越难以筹措，不得不大量借入短期债务，导致宏观经济的不稳定性加剧。

2. 过度城市化，超前的城市化进程超过工业化的承载能力。拉美国家仅用了20多年的时间就使本国的城市化水平超越了发达国家，在人均GDP处于3000—5000美元时，就实现了78%的城市化率。拉美城市化的超前进程与工业化发展水平不相适应，工业化难以为急剧增加的市民提供足够的就业岗位。大量破产农民涌入城市只能生活在贫民窟里，政府为了选票必须不断向市民提供福利承诺和福利支出，庞大的政府福利开支制约了经济发展。同时，超前的城市化进程加剧了经济发展和人口地理分布的失衡，远离中心城市的偏远地区更加贫困落后。

3. 收入分配不公平，对发展公平性重视不够。二战后，拉美国家在进入中等收入国家行列之后，在对待分配问题上的主流理念是“先增长后分配”。由于收入差距迅速扩大导致中低收入居民消费严重不足，消费需求对经济增长的拉动作用减弱。20世纪70年代，拉美国家基尼系数高达0.44—0.66，巴西在90年代末仍高达0.64。目前，拉美仍被视为全球收入分配最不公平的地区，两极分化使社会结构极不稳定。由于贫富悬殊，社会严重分化，引发激烈的社会动荡，甚至政权更迭，对经济发展造成严重影响。

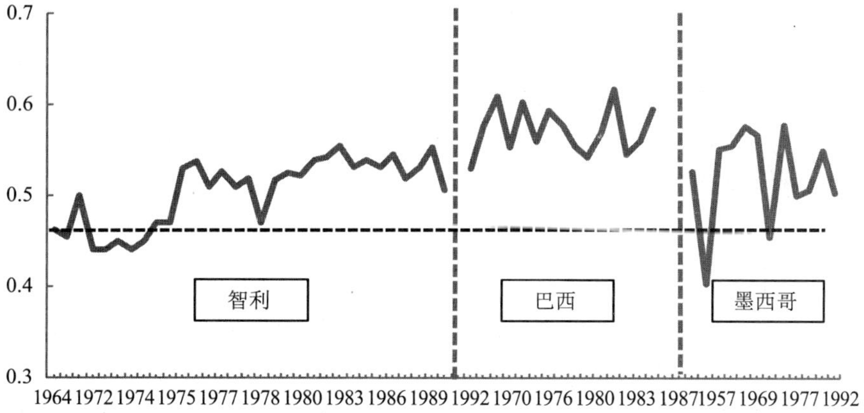

图4　拉美国家20世纪60年代到90年代基尼系数变动

资料来源：世界银行WDI。

4. 宏观政策出现偏差，过度推崇新自由主义政策。20世纪80年代，美国对拉美债务国家提出了推行新自由主义的贝克计划，要求拉美各债务国推进私有化，减少政府干预，实行金融自由化和贸易自由化，改革税收体系和劳动力市场。新自由主义改变了拉美进口替代的工业化模式，但随之也带来政府债台高筑，通货膨胀和国际收支不平衡、失业增加等突出问题难以消除，政府作用被极度削弱，宏观经济管理缺乏有效制度框架，政策缺乏稳定性，经济危机频发造成经济大幅波动。80 年代的拉美债务危机、1994 年墨西哥的金融危机、1999 年巴西的货币危机、2002 年阿根廷的经济危机，主要是因过度推崇这一政策造成的。

5. 体制变革严重滞后，市场配置资源严重扭曲。在拉美国家，体制变革受到利益集团羁绊，严重滞后于经济发展，精英集团的"现代传统主义"片面追求经济增长和财富积累，反对在社会结构、价值观念和权力分配等领域进行变革，或者把这种变革减少到最低限度。经济财富过度集中，利益集团势力强大，造成寻租、投机和腐败现象蔓延，市场配置资源的功能受到严重扭曲。

（二）东亚国家的主要教训

与拉美国家相比，亚洲经济发展水平整体较低，进入中等收入行列的时间较晚，20 世纪 80 年代末 90 年代初才开始进入中等收入发展阶段。亚洲金融危机以来，印度尼西亚、马来西亚、泰国、菲律宾等国经济增速明显放缓。主要原因是：出口导向战略的缺陷日益显露，如对国外市场过度依赖，而忽略了国内市场的开发；盲目追求利用外资的数量，而忽略了监管；外贸依存度高，产业结构和内外部经济结构失衡；货币政策的失误，实行与美元挂钩的固定汇率制度，未能及时建立起以市场为基础的汇率形成机制以及对实体经济的过度轻视。

（三）中东和俄罗斯国家的主要教训

这些国家在 20 世纪 70 年代至 80 年代，由危机期间靠大量出口石油，使人均收入迅速达到中等收入国家水平。但是，以资源立国的经济体由于出口单一，虽然石油和天然气等自然资源使得这些国家摆脱了低收人国家的状态，或者大大提高了它们的实际收入，但由于这些经济体产业结构单一，过于依赖自然资源，其他配套设施和行业发展缓慢，难以形成有效控制外部冲击的体制屏障，极有可能跌入中等收入陷阱的怪圈。

四、我国经济发展道路上的阶段特征分析

改革开放以来，我国经济发展经历了三次历史性的跨越。

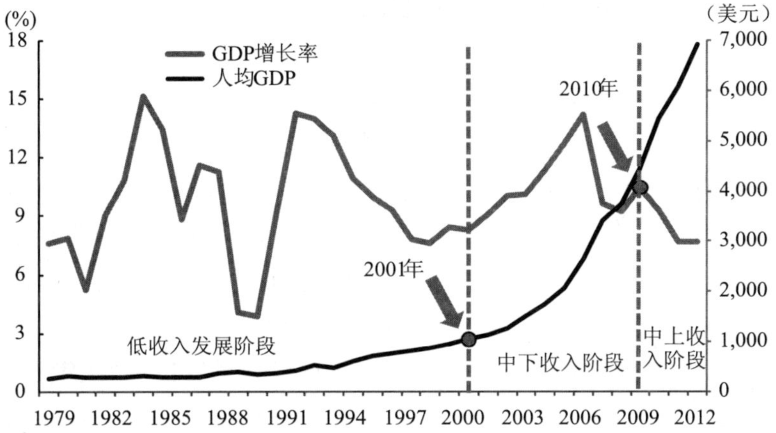

图 5　我国人均 GDP 及 GDP 增长率变动趋势

资料来源：中国统计年鉴(2012)。

第一个历史跨越：1978－2001 年，实现从低收入阶段到中下等收入阶段的跨越

1978 年，我国人均 GDP 仅为 270 美元，到 2001 年超过 1000 美元，历经 24 年的时间从低收入国家迈入中下等收入国家。1978－2000 年为我国经济成长的市场驱动阶段，这个阶段我国 GDP 年均增长率为 9.7%。特别是 1992 年确立社会主义市场经济体制后，经济增速进一步加快，1992－2000 年，我国 GDP 年均增长率达到 10.6%，推动我国顺利跨越低收入阶段。

第二个历史跨越：2001－2010 年，实现从中下等收入阶段到中上等收入阶段的跨越

在这个阶段，我国仅用 9 年的时间人均 GDP 突破 4000 美元，实现了从中低发展阶段到中上发展阶段的跨越，成功跨越“中等收入陷阱”的初级阶段。2001－2009 年年均 GDP 增长率为 10.5%，在这个发展阶段，经济增长带有劳动驱动、资源驱动、资本驱动甚至土地驱动的“有形要素驱动”的历史特征，总体上表现为粗放式增长，资源类、土地以及房产等资产类价格出现快速攀升。此外，加入 WTO 这个历史性机遇，为我国带来全球市场的巨大

发展空间,但伴随着对外贸易的快速增长,国际收支出现失衡,积累了巨额的贸易顺差和外汇储备,2005 年开始新一轮汇改,人民币对美元汇率进入升值通道。与 20 世纪 80 年代日本和 90 年代韩国类似,人民币对美元汇率的持续升值,也成为促进人均 GDP 水平快速提升的重要因素。

第三个历史跨越:2010 年以来,我国面临从中上等收入阶段到高收入阶段的跨越

2010 年以来,我国开始了中上等收入发展阶段,2013 年我国人均 GDP 达到 6920 美元。当前我国正处于关键的历史时期,处于“三期”叠加时期。一是经济增长速度处于换挡期,人口红利逐步下降、原有改革边际效应下降,资源成本上升等因素,导致我国经济的潜在增长由高速回落到中高速。二是经济结构调整处于阵痛期,传统的以消耗资源、能源、牺牲环境为代价的粗放式的增长方式正在转向追求集约经济增长。三是宏观经济处于前期刺激政策消化期,应对国际金融危机实施的一揽子经济刺激政策和措施还处于消化期。“三期叠加”效应减缓了我国经济增长,2010—2013 年我国年均 GDP 增长率回落到 8.8%,我国经济发展今后最大的挑战将是如何实现转型与升级。

我国经济经过 30 多年的高速增长,已经走过了低成本扩张的阶段,经济发展中的不平衡、不协调、不可持续的问题比较突出,制约科学发展的体制机制障碍愈加明显,面临着“中等收入陷阱”的严峻挑战。如人口红利正在不断消失,劳动力“刘易斯转折点”到来;经济增长动力不断衰减,传统经济增长模式正在受到越来越严峻的挑战;收入分配差距不断扩大,劳动者报酬在国民收入中占比较小;土地、能源、矿产等资源供应和生态环境承载能力不足与经济社会发展需求的矛盾加剧。

五、我国跨越“中等收入陷阱”的战略思考与路径选择

(一)我国应对“中等收入陷阱”的战略思考

1. 抓住经济发展转型的历史机遇,避免“转型陷阱”。在当前的上中等收入发展阶段,我国经济社会面临新的阶段性特征,经济发展面临新的矛盾和问题,传统经济增长动力正在衰竭,经济下行压力加大。这就需要我们抓住历史机遇,充分利用各种有利条件,准确把握发展趋势,在推进经济发展方式的转型中解决发展中出现的突出矛盾和问题,以顺利跨越“中等收入陷

阱”。拉美国家的发展历程就是一次次错失转型时机，导致经济发展长期停留于中等收入阶段。

2. 实现“包容性增长”，防止“拉美陷阱”。从世界各国基尼系数中可看出，凡是经济发展水平低的国家，基尼系数一般都较高，凡是高收入的发达国家，基尼系数都较低，且一般不超过0.4的国际警戒线。而曾长期陷入“中等收入陷阱”的国家基尼系数普遍较高，如拉美是世界上基尼系数最高的地区。这些现象说明，收入公平与经济发展之间具有高度相关性。我国目前基尼系数虽低于拉美的中等收入国家，但却高于很多亚洲发展中国家，且呈逐渐攀高的趋势。改革开放以来，中国的发展成就举世瞩目，但收入分配不公、收入差距越来越大的问题不容忽视。因此，尽快进行收入分配制度改革，加快户籍制度改革，积极推动城镇化进程，缩小城乡差距，缩小两极分化，将是顺利跨越“中等收入陷阱”的必要举措。

3. 社保制度与经济增长同步发展，跨越“福利陷阱”。我国经济处于上升期，社保制度也同样处于建设高涨期，但目前我国的问题是社保制度没有跟上经济高速发展的步伐，制度建设相对滞后，没有充分发挥保障居民消费和扩大内需的应有作用。在进入上中等收入阶段之后，加快推进的城镇化、大规模的非农化和生活水平的整体提高，必将使社保制度的现状显得更为滞后，尤其是经济增长的预期使人们对社保制度的要求更高，社保制度面临的压力更大。在这种情况下，我们要保持清醒头脑，居安思危，吸取欧洲发达国家和拉美国家的经验和教训，努力实现社保制度与经济增长同步发展，既不滞后，也不超前，防止出现从一个极端走向另一个极端的倾向。

(二)我国跨越“中等收入陷阱”的路径选择

1. 经济增长速度调整到合理区间，由高速、粗放型增长向均衡增长、可持续发展转变。要改变经济增长过度依赖投资、出口增长，过度依赖工业增长，过度依赖物质资源消耗的格局，下决心将发展资源更多地用于经济社会结构转型，培养结构性增长动力。一是支持需求结构调整，实现由外需导向、生产型结构向内需导向、消费型结构转换。二是支持产业结构调整，将发展资源更多地用于发展服务业，实现产业结构由以工业为主向服务业为主转变。三是支持资源要素结构配置和调整，将发展资源更多地用于开发新技术，降低物耗、能耗和环境成本等，最终使经济增长由粗放型向依靠科技进步的集约型转化。四是支持推进城镇化,实现社会结构向市民社会转型。

2. 扩大中产阶层群体,由"生产型社会"向"消费型社会"过渡。无论是当前还是未来,扩大内需,开拓国内消费市场,建立"消费型社会"是我国经济持续增长的关键所在。第一,大力培养和扩大中等收入群体,即中产阶层。从日韩的经验看,它们在跨入高收入国家门槛之前,中产阶级群体已占人口的70%以上。而当前我国中产阶层占人口比重明显偏低,必须加快国民收入分配结构调整和体制改革,应充分利用公共权利和公共资源,给国民创造更多的增收机会,使得中等收入者成为未来中国社会的主体,成为扩大内需、拉动社会消费的主要力量和稳定社会的中坚群体。第二,加快推进城镇化。目前我国城市化率略超过50%,属于典型的城市化滞后型经济。要协调工业化与城镇化的关系,消化过多的工业产能,加快推进城镇化进程,重点是发展中小城市和小城镇,加强和完善这些城镇的基础设施和公共服务体系,提高其人口承载能力,增强对农民的吸引力。

3. 加快改造传统产业,支持发展战略性新兴产业,促进经济实现高端化、低碳化发展。一是调整产业结构,不断提高服务业在经济中的比重。服务业快速发展有利于优化产业结构,为适应建立消费型社会创造供给条件。要放宽垄断性服务行业的准人限制,尽快形成多元化的市场发展主体。二是改变我国产业在国际分工中的不利地位,降低低端领域和环节的产出,增加高附加值、高加工度化和高技术含量产品的产出量。三是大力支持战略性新兴产业的发展,促进经济发展从"中国制造"向"中国创造"转变。发展战略性新兴产业是中国产业结构从重化工业化向高附加值化、高加工度化进而向知识技术密集化方向发展的关键所在,是实现产业发展低碳化、绿色化和智能化的重要支撑。四是积极推动能源供求结构调整,放弃高碳发展道路,进行一场新的能源革命。

4. 加快推进体制改革,为促进经济结构调整和社会结构转型创造制度条件。向高收人国家行列迈进,意味着经济增长新动力的获取必须进行制度创新。我国正处于经济结构和社会结构大变迁的时代,要通过加快体制改革,从政治体制、经济体制、社会体制以及其他体制方面,有效促进中国城市人口占全社会人口比重、中等收人者占全社会比重、国内消费占GDP比重由小变多。要通过加快财税体制、金融体制、收入分配制度、社会保障制度、城乡二元体制、国有企业体制、对外贸易和投资体制、资源性产品价格形成机制和要素市场、人才培育和引进机制等方面的改革，鼓励社会创新，支持企业技术进步，引导经济增长依靠内需特别是消费扩张实现，依靠产业结构调整和升级实现。

完 成 单 位：上海统计局
课题组组长：秦丽萍
课题组成员：甄明霞　周群艳　屠孟樵
陈君君　张　诚
执　笔　人：甄明霞

参考文献

1. 伯特 M 索洛等(2003):《经济增长因素分析》,商务印书馆。
2. 蔡昉.中国经济如何跨越低中等收入陷阱?[J],中国社会科学院研究生院学报,2008(1)
3. 陈波.居民消费需求拉动中国经济增长的有效性分析[J].社会科学,2014(7),58—60.
4. 陈文玲.未来十年中国经济发展趋势研判.新华文摘,2014(7),45—49.
5. 董君成.兵团对外贸易与经济增长关系研究[J].商场现代化,2013(32),67—69.
6. 樊敏、洪芸,城市空间体系理论研究综述[J],云南财经大学学报,2007(2).
7. 高德利.海南如何迎来现代服务业的的“春天”[M].海南:海南出版社,2012.
8. 顾光海.新疆生产建设兵团体制转型研究——基于组织同构的视角.武汉大学博士学位论文,2009(4),63—71.
9. 顾为东、方敏.江苏经济结构调整对社会发展的促进.宏观经济研究.2003,(8).
10. 国家发改委宏观经济研究院课题组.我国“十二五”时期至 2030 年经济增长潜力和经济增长前景分析研究.经济学动态,2008(3).
11. 郝斌.热带农业与现代工业如何实现优势发展[M].海南:海南出版社,2010.
12. 何逊峰.海南产业结构调整及其对经济增长的影响研究[D].海南大学经济与学院,2009.
13. 孔泾源.“中等收入陷阱”的国际背景、成因举证与中国对策[J].改革,2011(10).
14. 李富强、董直庆、王林辉.制度主导、要素贡献和我国经济增长动力的分类检验.经济研究,2008,(4).
15. 李金叶等.新疆跨越式发展研究[M].北京:经济科学出版社,2013(9),15

—35.
16. 李凯.海南三次产业的发展机遇与风险研究[D].海南大学经济与管理学院,2012.
17. 李敏晖.美国:繁荣背后的四次转型——世界部分国家和地区经济转型系列分析之一.上海统计应用研究,2011(5).
18. 李扬.2014年中国经济形势分析与预测.北京:社会科学文献出版社.
19. 李仲生.中国产业结构与就业结构的变化.人口与经济.2003,(6).
20. 林毅夫.解读中国经济[M].北京:北京大学出版社,2012.
21. 刘伟.突破中等收入陷阱"的关键在于转变发展方式[J].上海行政学院学报,2011(1).
22. 刘美华、罗守贵,基于潜力模型的上海都市圈城市等级划分[J],安徽农业科学,2008(09).
23. 卢晓峰.在2014年兵团科技工作会议上的讲话[J].新疆农垦科技,2014(3),3—4.
24. 马书红、周伟、王元庆,基于潜力模型和经济势理论的卫星城发展研究[J].城市问题,2008,(01).
25. 马晓河.跨越"中等收入陷阱"的战略选择[M].中国经济分析与展望.
26. 马岩.我国面对中等收人陷阱的调整及对策[J].经济学动态,2009(7).
27. 马云泽、刘春辉,京津冀产业结构优化:基于区域产业结构趋同的实证分析[J],商业研究,2010(05)
28. 蒲晓晔、赵守国.经济增长动力变迁的国际比较及对中国的启示.经济问题,2011(1).
29. 钱运春.西欧跨越中等收入陷阱:理论分析与历史经验[J].世界经济研究,2012(8).
30. 邱晓华等.中国经济增长动力及前景分析中国经济增长动力及前景分析.经济研究,2006(5).
31. 全毅.跨越"中等收入陷阱":东亚的经验及启示[J].世界经济研究,2012(2).
32. 上海市发改委课题《2014—2020年上海经济增长底线和潜力测算研究》.2014.
33. 沈利生.我国潜在经济增长率变动趋势估计.数量经济技术经济研究,1999(12).

34. 沈坤荣、付文林、李子联.中国经济增长的动力机制与发展方式转变.江苏行政学院学报,2011(1).
35. 宋晓梧.三维市场经济与地方政府职能界定.新华文摘,2014(6).
36. 王德利,首都经济圈发展战略研究[M],中国经济出版社,2013年9月第一版
37. 王多生.推进丝绸之路经济带建设构筑兵团开放型经济新体制.兵团日报,2014.6.6.
38. 王江.兵团对外贸易与经济增长关系实证分析[J].石河子大学学报(哲学社会科学版),2012(3):10—11.
39. 王涛哲.海南新兴产业的发展趋势和对经济的贡献率研究[J].海南日报,2012.11.21.
40. 王婷.中国城镇化对经济增长的影响及其时空分化.人口研究,2013(5).
41. 王小鲁、樊纲、刘鹏.中国经济增长方式转换和增长可持续性.经济研究,2009(1).
42. 王永静.新疆生产建设兵团经济发展方式转变研究[D].石河子大学,2008.
43. 汪再非.江苏省产业结构变动对经济增长影响的实证分析.江苏大学学报,2004(5).
44. 文魁、祝尔娟主编,京津冀区域一体化发展报告(2012)[M],社会科学文献出版社,2012年3月第一版
45. 新疆生产建设兵团史志编纂委员会.新疆生产建设兵团发展史[M].乌鲁木齐:新疆生产建设兵团出版社,2011.
46. 邢子政、马云泽,京津冀区域产业结构趋同倾向与协同调整之策[J],现代财经,2009,(09).
47. 徐伟华.积极参与丝绸之路经济带建设着力培育开放型经济发展新优势.兵团日报,2014.9.1.
48. 易纲、樊纲、李岩.关于中国经济增长与全要素生产率的理性思考.经济研究,2003(8).
49. 原新、唐晓平,都市圈化:日本经验的借鉴和中国三大都市圈的发展[J],求是学刊,2008,(03)
50. 张进海,陈冬梅,段庆林．中国西北发展报告(2014).北京:社会科学文献出版社.

51. 张延群、娄峰.中国经济中长期增长潜力分析与预测:2008—2020年.数量经济技术经济研究,2009(12).
52. 郑秉文."中等收入陷阱"与中国发展道路——基于国际经验教训的视角[J],中国人口科学,2011(1)
53. 郑京海、胡鞍钢等.中国的经济增长能否持续——一个生产率视角.经济学季刊,2008(3).
54. 郑玉歆.全要素生产率的再认识——用TFP分析经济增长质量存在的若干局限.数量经济技术经济研究,2007(9).
55. 宗伟.海南"两头在外"的经济发展模式探析[J].海南日报,2011.07.11.
56. 周振华.现代经济增长中的结构效应[M].上海:上海三联书店,1996.
57. 邹至庄.中国经济转型[M].中国人民大学出版社,2005.